WEITES LAND

GERD RUGE
Weites Land

RUSSISCHE ERFAHRUNGEN
RUSSISCHE PERSPEKTIVEN

BERLIN VERLAG

2. Auflage 1996
32. bis 51. Tausend

© 1996 Berlin Verlag
Verlagsbeteiligungsgesellschaft mbH & Co KG
Berlin
Alle Rechte vorbehalten
Umschlaggestaltung: Nina Rothfos und Patrick Gabler, Hamburg
Gesetzt aus der Bembo
durch psb – presse service berlin
Druck & Bindung
Franz Spiegel Buch GmbH, Ulm
Printed in Germany 1996
ISBN 3-8270-0200-1

Gedruckt auf chlor- und säurefreiem Papier

INHALT

EINLEITUNG:
RUSSISCHE ERFAHRUNGEN
7

DIE LAST DER GESCHICHTE:
ALTE UND NEUE ZAREN
17

TAUWETTER:
MOSKAU IN DEN FÜNFZIGERN
36

FERN VON MOSKAU:
DURCH SIBIRIEN — AUF CHRUSCHTSCHOWS GEHEISS
93

STAATSAFFÄREN:
KONRAD ADENAUER UND WILLY BRANDT IN MOSKAU
137

STILLE VOR DEM STURM:
LEBEN UNTER BRESCHNEW
156

PERESTROIKA:
EIN LAND VERWANDELT SICH
210

ZERFALL:
DAS IMPERIUM LÖST SICH AUF
250

SCHLUSSAKT:
DIE PARTEI TRITT AB
274

VON ST. PETERSBURG NACH MOSKAU:
DURCH DAS HERZ RUSSLANDS
308

ZEIT DER UNORDNUNG:
GEWINNER UND VERLIERER
363

AM KAUKASUS:
AKTIVISTEN DER MARKTWIRTSCHAFT
394

SCHLUSS:
RUSSISCHE PERSPEKTIVEN
452

EINLEITUNG:
RUSSISCHE ERFAHRUNGEN

Bitte anschnallen. In wenigen Minuten landen wir auf dem Flughafen der Heldenstadt Leningrad«, verkündete der Pilot über die Lautsprecher, während er zur Landung in Rußlands alter Hauptstadt ansetzte. Als ich zwei Tage später vom gleichen Flughafen abflog, hieß die Stadt wieder Sankt Petersburg. Das war im Oktober 1991, sechs Wochen nach dem gescheiterten Putschversuch in Moskau. Mit der Namensänderung wollte Bürgermeister Sobtschak einen Schlußstrich unter die kommunistische Geschichte der Stadt ziehen, und die meisten Bürger hatten ihm in einer Umfrage zugestimmt. Nur zwei Dutzend meist älterer Leute standen an diesem kalten Herbsttag verloren mit ihren roten Fahnen vor der Stadtverwaltung, um dagegen zu protestieren, daß die Stadt nun wieder den Namen trug, den ihr Zar Peter der Große gegeben und den sie als Hauptstadt des Zarenreichs getragen hatte. Die Tausende, die an der kleinen Demonstration vorbeigingen, schauten gar nicht hin. Es schien sie nicht zu bewegen, daß ihre Stadt, die 67 Jahre nach Lenin benannt worden war, nun ihren alten Namen zurückerhalten hatte. Im Jahr 1991 hatte sich so viel in ihrem Land und in ihrem Leben geändert. In einer Zeit neuer Hoffnungen und zerfallender Sicherheiten vollzog sich der Umbruch in atemberaubendem Tempo. Der symbolische Akt, den einer der neuen Führer vollzog, beeindruckte die Bürger der Stadt kaum. Schließlich war das ganze Land dabei, sein politisches System und bald auch den Namen zu wechseln.

Vier Jahre später fällt mir auf, daß sich die meisten Bürger an den neuen, alten Namen ihrer Stadt immer noch nicht gewöhnt haben. Manchmal benutzen sie »Leningrad« und »Sankt Petersburg« im gleichen Satz – ähnlich wie Moskauer Politiker »Sowjetunion« sagen, wenn sie Rußland meinen und sich dann ein wenig verlegen korrigieren müssen. Das hat weniger mit Politik zu tun als mit lebenslanger Gewohnheit. Vielleicht denken enttäuschte Altkommunisten noch an Lenin, aber für die meisten älteren Leute ist »Leningrad« einfach die Stadt, in der sie aufgewachsen sind und fast ihr ganzes Leben verbrachten. Lenins Revolution liegt ein dreiviertel Jahrhundert zurück, und in ihrer Lebenszeit hat das Land in Furcht und Hoffnung ganz andere Erschütterungen überstanden.

Ein alter Offizier, der seine erste Verwundung und seinen ersten Tapferkeitsorden erhielt, als die deutsche Wehrmacht die Stadt belagerte und sie auszuhungern suchte, sagte zu mir: »Für mich heißt die Stadt immer Leningrad.« So hieß sie, als er für ihre Rettung in den Schützengräben lag, und noch heute versteht er ihre Befreiung als einen Wendepunkt in der Geschichte Rußlands. Der 76jährige Pensionär hat unter den roten Fahnen mit den Bildern Lenins und Stalins gedient. Nun gibt es keine Sowjetarmee mehr, und die Kommunistische Partei ist eine von vielen, die um Regierungsämter in Moskau kämpfen. Manchmal denkt der alte Mann, die letzten Jahre hätten alles entwertet, woran er geglaubt und wofür er gekämpft hat – nicht nur seine Pension. Aber dann stellt er sein Soldatenleben in den großen Fluß patriotischer, russischer Geschichte und sagt: »Im Großen Vaterländischen Krieg hat nicht Stalin und der Kommunismus gesiegt, sondern das russische Volk.« Wo zieht man nach einem dreiviertel Jahrhundert Sowjetunion den Trennungsstrich zwischen dem, was kommunistisch war und was russisch? Nur die ganz jungen Leute haben solche Probleme nicht. Sie sprechen weder von Leningrad noch von Sankt Petersburg, sondern nennen ihre Stadt lieber ›Piter‹, und wenn sie von ihrer Geschichte sprechen, dann eher wie Lokalpatrioten: Ihre alte Hauptstadt sei doch immer schöner und zivilisierter gewesen als Moskau.

In Sankt Petersburg werden die Denkmäler des alten Rußland restauriert: die Adelspalais an den vielen Kanälen, nach denen sich die Stadt das Venedig des Nordens nennt, und die Geschäftshäuser an der Prachtstraße Newski-Prospekt mit ihren Gründerzeitstatuen vor protzig ausladenden Fassaden. Während am Stadtrand die riesigen Werke der Schwer- und Rüstungsindustrie stillstehen, wird der Kern der alten Hauptstadt nach Jahren der Schäbigkeit und des Verfalls wieder auf Hochglanz gebracht. Am Ufer der Newa, gleich neben dem Zarenschloß Eremitage, das eines der großen Museen der Welt ist, wird der Marmorpalast renoviert, den einst eine Zarin für ihren Geliebten baute. Jahrzehntelang hatte er als Lenin-Museum gedient, und in einigen Räumen hängen noch Lenin-Zitate in roten Buchstaben an der Wand, unter denen Erinnerungsstücke an den toten Staatsgründer wie Reliquien der kommunistischen Machtergreifung ausgestellt waren. Aber in anderen Räumen sind die Wände frisch gestrichen, das kostbare Parkett und der Stuck der Decken schon erneuert. Nun zeigt hier das Russische Museum Bilder und Installationen moderner Künstler, die in der Zeit der Sowjetunion nicht ausgestellt, ja von den Museen nicht einmal für den Fundus angekauft werden durften. Die Bilder sind aus dem Ausland zurückgekehrt: Ein deutscher Sammler, Peter Ludwig, hat sie dem Russischen Museum zur Verfügung gestellt, ein Stück der russischen Kunstgeschichte, dessen Unterdrückung in den reichen Museen Rußlands eine Lücke hinterließ. Die alten Museumswächterinnen im Marmorpalast betrachten die neuen Werke mit Mißtrauen. Jahrelang haben sie Lenins Nachlaß vor den Fingern neugieriger Schulkinder geschützt, und nun scheint ihnen die neue Ausstellung, auf die der Direktor so stolz ist, weder schön noch verständlich. Da gehen sie zur Erholung lieber in den Prunksaal im Erdgeschoß, wo nun wieder die Zaren von der Wand blicken, so, wie sie von den Hofmalern würdig und geschönt porträtiert wurden.

Am anderen Ufer der Newa liegt der Kreuzer »Aurora«, mit

dessen Salve die Oktoberrevolution begonnen hatte. Einige
Jahre war er verschwunden, und ein Fernsehjournalist verbreitete, man habe ihn heimlich in der Ostsee versenkt. Aber nun
ist er frisch gestrichen wieder da; aus der Weihestätte der Revolution ist eine Attraktion für Touristen geworden. Einen
Teil der Innenräume hat die Stadt an Händler vermietet, die
Souvenirs, Süßigkeiten, Limonade, Champagner und Wodka
anbieten. Der Kreuzer »Aurora« ist den Familien aus der Provinz, die an Sommerwochenenden auf die Ausflugsdampfer
drängen, einen Zwischenstopp auf dem Weg zu den Fontänen
des Zarenschlosses Peterhof wert.

In Sankt Petersburg gibt es kein Lenin-Museum mehr, aber
Lenins Denkmäler und Büsten stehen noch in kleinen Parks
und auf Fabrikhöfen. Schon 1990 hatte man in manchen Städten Rußlands die Denkmäler kommunistischer Führer vom
Sockel geholt. Gleich nach dem Putschversuch der Altkommunisten waren in Moskau Denkmäler von Lenin, den Staatsoberhäuptern Swerdlow und Kalinin und dem Gründer der
Geheimpolizei Felix Dserschinski abgerissen worden. Die meisten von ihnen liegen immer noch und inzwischen ganz unbeachtet hinter der neuen Tretjakow-Galerie. Aber die, die es
damals nicht getroffen hat, werden nun wohl noch lange in den
Städten und Dörfern Rußlands stehenbleiben. Manchmal liegt
noch ein vertrockneter Blumenstrauß auf dem Sockel, aber die
meisten Menschen nehmen die Büsten und Denkmäler gar
nicht mehr wahr, so, wie sie schon lange vor dem Umbruch
für sie einfach zu einem gewohnten Stück Stadtbild ohne besondere Bedeutung geworden waren. So sind sie stehengeblieben, denn die Verwaltungen scheuen sich, über ihren Abbruch
neuen Streit zu entfesseln.
»Sie sollen den Lenin doch stehenlassen«, sagt eine vierzigjährige Buchhalterin. »Hier habe ich mich mit meinem Mann
getroffen, ehe wir heirateten, und unseren Hochzeitsstrauß
haben wir hier auf dem Sockel niedergelegt.« Was sie mit den

alten Symbolen verbindet, sind eben oft nicht politische Erinnerungen, sondern vielmehr ganz persönliche Erlebnisse aus Tagen, in denen sie und ihr Mann jünger und glücklicher waren. Sogar die Wahltage der alten Sowjetunion vergoldet der Glanz der Erinnerung. »Das waren Feste mit Blumen und Blasmusik«, sagt die Buchhalterin. »Da sind wir alle gemeinsam hingegangen. Mein Mann hatte seine Ziehharmonika dabei, und vor dem Wahllokal haben wir auf der Straße getanzt.« Und als ich einwende, damals habe es doch gar keine Wahl, sondern nur einen Kandidaten gegeben, sagt die Frau: »Aber Festtage waren es doch.«

Selbst meine Bekannten in Moskau, die nie wieder die Kommunisten wählen wollen, erinnern sich an vergangene Tage mit Nostalgie. Da waren die Weltjugendfestspiele, das ist nun schon vierzig Jahre her, da haben sie auf den Straßen getanzt, und das war schön, auch wenn die Festspiele bald wieder zu Ende gingen. Da war der Stolz auf den Sputnik, den künstlichen Erdsatelliten, mit dem die Sowjetunion Amerika überholte. Da waren die Olympischen Spiele in Moskau und natürlich die Familienfeste in den Restaurants, wo sie getrunken, getanzt und gesungen haben. Natürlich gab es auch das andere, das alltägliche Leben: das Katzbuckeln vor den Gewerkschaftsfunktionären, wenn man eine Wohnung suchte, das Schlangestehen um ein Stück Wurst, die Angst, daß der Junge eingezogen und nach Afghanistan in den Krieg geschickt werden könnte. Aber häufiger hebt ihre Erinnerung die goldenen Tage hervor – nicht nur bei denen, die ihren Schreibtisch im Ministerium durch die Reformen oder ihre Renten und Ersparnisse durch die Inflation verloren haben.

»Nein, den Kommunismus brauche ich nicht noch einmal«, sagt ein früherer Fernsehingenieur, der nun eine eigene kleine Firma hat. »Aber manchmal denke ich, daß ich damals auch nicht schlechter gelebt habe: ruhiger, ohne Streß. Man wußte doch, wie man dran war, und konnte sich anpassen.«

Jetzt scheint sich Moskau von Monat zu Monat in rasendem

Tempo zu verändern. Der Manegeplatz unterhalb des Kreml ist ein riesiges Loch, in dem Tiefgaragen und Einkaufszentren entstehen sollen. Hier hatten sich in der Vergangenheit die Panzerkolonnen vor den Paraden zum Revolutionstag aufgestellt. Hier hatten sich die Hunderttausende versammelt, die vor fünf Jahren das Ende der kommunistischen Herrschaft forderten. Solche Massendemonstrationen gibt es nicht mehr und auch keine Paraden vor den Führern von Partei und Staat. Der Rote Platz war monatelang zugebaut mit Kiosken und einer Bühne für die Konzerte ausländischer Rockbands und Opernstars. Aber nun sorgt die Polizei schon wieder dafür, daß Rußlands schönster Platz nicht kommerziell entweiht wird. Am Lenin-Mausoleum zieht zur Enttäuschung der Touristen keine Ehrenwache mehr im Stechschritt auf, aber Lenin liegt immer noch unter dem Klotz aus rotem Granit. Die Diskussionen darüber, ob er in Sankt Petersburg neben dem Grab seiner Mutter beigesetzt werden soll, haben sich erst heiß- und dann totgelaufen. Schräg gegenüber ist die Kathedrale der Gottesmutter von Kasan wiederaufgebaut worden. Nebenan drängen sich Moskauer und Besucher aus der Provinz unter den Glasdächern des GUM, das als Staatliches Universal-Magazin das Schaufenster der bescheidenen sowjetischen Konsumgüterproduktion gewesen war: Nun schütten große Warenhauskonzerne aus Deutschland, Frankreich und Italien hier das Füllhorn westlicher Produkte aus.

An Stalins Prachtstraße, die früher nach dem Schriftsteller Gorki und nun wieder nach der Stadt Twer heißt, sind Modefirmen und Parfümerien in die Geschäfte eingezogen, und McDonald's baut ein spiegelndes Bürohaus. Neu gegründete russische Banken haben die schönsten der alten Adelspalais übernommen und aufwendig restauriert. Im Südwesten der Stadt wächst ein gewaltiges Bankenzentrum aus Stahl und Glas, wie es in New York oder Chicago stehen könnte. Aber auch dieses Monument des neuen Kapitalismus, der selbst noch auf unsicherem Boden steht, wird von Moskaus gewaltigster Großbaustelle in den Schatten gestellt: der Wiedererrichtung der Christus-Erlöser-Kirche, die einmal die größte, wenn auch nicht schönste Kirche Moskaus war.

1883 erst war der riesige Bau am linken Moskwa-Ufer geweiht worden, der an Rußlands Sieg über Napoleon erinnern sollte. Stalin hatte die Kirche sprengen lassen, um an ihrer Stelle den noch größeren Palast der Sowjets zu errichten, den eine riesige Lenin-Statue krönen sollte. Aber der Palast wurde nie gebaut, und aus der riesigen Baugrube hatte der praktische Chruschtschow Moskaus größtes Freiluft-Schwimmbad gemacht. Als 1990 die erste kleine Prozession orthodoxer Geistlicher und Gläubiger zum Schwimmbad wallfahrtete, um den Wiederaufbau der Kirche zu fordern, staunten die Moskauer über dieses hoffnungslose Unternehmen einer kleinen Gruppe rührend-naiver Phantasten: Wer sollte die Unsummen für den größten Kirchenbau im Europa des 20. Jahrhunderts aufbringen, und das in einer Zeit, in der Rußlands Wirtschaft im Niedergang der Umbruchskrise war? Aber dann hatte Moskaus neuer Bürgermeister Juri Luschkow den Plan aufgegriffen. Seitdem waren siebentausend Arbeiter in Tag- und Nachtschichten auf der Baustelle. Der Bürgermeister, der mit den Verwaltungsstrukturen ebenso clever umzugehen versteht wie mit den neuen Kapitalisten, hatte Billionen Rubel aufgetrieben, um zu Rußlands und wohl auch seiner Ehre in Moskau eine Kirche zu bauen, deren Hauptkuppel über hundert Meter hoch und deren Innenraum fast siebentausend Quadratmeter groß werden soll.

Im August 1995 sah ich Luschkow den Rohbau inspizieren – an der Spitze einer ungewöhnlichen Prozession von Herren in Nadelstreifen. Zwei Dutzend stämmiger Leibwächter begleiteten die Vertreter der Moskauer Banken und führten große Kisten mit sich. Darin schleppten sie Goldbarren, eine Spende privater Geldinstitute für den Patriarchen von Rußland. Er wird die fünf Kuppeln der Christus-Erlöser-Kirche damit vergolden lassen. Dies schien mir ein eigenartig symbolischer

Vorgang nach dem Ende der kommunistischen Ära: die Verschmelzung totgesagter russischer Tradition mit dem neuen Wildwest-Kapitalismus.

Was wird aus dieser Hauptstadt, die heute als chaotische, dynamische Großbaustelle eines Umbruchs dasteht, den Millionen Menschen im Land nur als Zerfall und Verarmung erleben? Jahrhundertelang waren das russische und das sowjetische Reich von einer Hauptstadt beherrscht worden, die die Maßstäbe setzte, das Denken vorschrieb, das weite Land von Polen bis zum Pazifik lenkte und kontrollierte, gestaltete und prägte. Nun gibt Moskau keine klaren Antworten mehr, wenn die Menschen in Rußland nach der Zukunft fragen. Das Ende der ideologischen Herrschaft der Kommunisten und der erzwungenen Einstimmigkeit hat ein Trümmerfeld teils abgelebter, teils unausgegorener Ideen zurückgelassen, eine Verwirrung der Begriffe und Erwartungen, aus der sich nur schwer eine demokratische Politik destillieren läßt.

Im Kreml herrschte Rußlands erster demokratischer Präsident wie ein nicht immer ganz aufgeklärter Autokrat. Neue Kommunisten verbündeten sich mit orthodoxen Priestern gegen die Einflüsse des westlichen Liberalismus. Liberale Demokraten verwandelten sich in unbeugsame ideologische Dogmatiker der Marktwirtschaft. Funktionäre der Staatswirtschaft entdeckten die Segnungen privaten Eigentums. Ehemalige Dissidenten, die das totalitäre System bekämpft hatten, sahen Rußlands Heil in imperialer Machtentfaltung und der Wiederkehr autokratischer Herrscher, gleich ob unter Zaren oder Kommunisten. Und diejenigen, die für Rußland eine demokratische Zukunft erhofften, bekämpften und zerstritten sich – auch sie kaum vorbereitet auf eine politische Kultur der Kompromisse, die den Russen in ihrer Geschichte immer verdächtig prinzipienlos erschienen war.

In den letzten Jahren der Sowjetunion hatten die Russen stundenlang vor den Fernsehgeräten gesessen und verfolgt, wie die Redner im Parlament das Denkgebäude des Kommunismus in erregten Debatten in Frage stellten, die Funktionäre anklagten und ihre Politik verspotteten. Aber nach einigen Jahren schon betrachteten sie die Wortgefechte der Politiker wie ein Schauspiel aus einer anderen Welt, dessen Ausgang ihr Leben nicht wirklich berührte. »Rußland ist groß, und der Zar ist weit«, hatte es immer geheißen, auch als kommunistische Führer im Kreml saßen. Die alte Devise gilt heute noch, wenn sich die Russen durchs Leben schlagen, zäh und bereit, vieles zu ertragen, ungläubig und gläubig zugleich, hin und her gerissen zwischen ihrer Liebe zur kleinen, privaten Anarchie und dem Wunsch nach einem starken und großen Staat.

So habe ich sie in großen Städten und einsamen Dörfern kennen- und liebengelernt – in vierzig Jahren bedrückender wie begeisternder Begegnungen und Erfahrungen, unter dem Sowjetregime und in der Zeit des Umbruchs. Es wäre ein Wunder gewesen, scheint mir, wenn sich das große Land nur vier Jahre nach dem Ende des sowjetischen Imperiums in einen normalen demokratischen Staat mit zuverlässiger, zivilisierter Ordnung verwandelt hätte. Solche Wunder der Verwandlung gibt es nicht, aber es steht auch keine Wiederkehr des abgelebten Systems bevor. Rußland wird nicht Amerika, wie es manche im Westen hoffen und manche Russen halb wünschen und halb fürchten. Das große Rußland lebt nach seinem eigenen Gesetz, heißt es in einem Volkslied, und hat seine eigene Wahrheit.

DIE LAST DER GESCHICHTE:
ALTE UND NEUE ZAREN

Am 31. Dezember 1991, kurz nach 18 Uhr, wurde die rote Fahne der Sowjetunion über dem Kreml eingezogen. Das geschah fast beiläufig, ohne jedes Zeremoniell. Die Posten vor dem Lenin-Mausoleum blickten wie immer starr geradeaus und bemerkten gar nicht, daß hinter ihnen das Symbol der Sowjetmacht verschwand. Einige alte Frauen, die auf dem Roten Platz den Schnee wegfegten, schauten nicht einmal hin. Am Nachmittag hatte schon ein falscher Alarm die Kamerateams zum Kreml gelockt: Die Fahne sank, aber dann wurde sie wieder hochgezogen, und die Windmaschine ließ sie noch einmal stolz flattern. Es sei nur eine Probe gewesen, erklärte das Presseamt des russischen Präsidenten. Zwei Stunden später sank die Fahne für immer.

Um Mitternacht warf ein Feuerwerk die neue weißblaurote Fahne Rußlands an den Himmel über dem Roten Platz. Auch das war kein demonstrativer Staatsakt. Der demokratische Bürgermeister von Moskau hatte nicht geplant, sondern nur genehmigt, daß eine Firma aus Deutschland dem neuen Rußland zu dieser Stunde ein sprühendes Werbegeschenk machte. Einige tausend junge Leute tanzten und sangen auf dem Roten Platz, tranken Wodka und Sekt und freuten sich über das Feuerwerk. Zwei Dutzend Kommunisten mit roten Fahnen drängten durch die Menge zum Lenin-Mausoleum. Es gab weder Streit noch Diskussion. Die jungen Leute feierten Silvester. Die Posten mit aufgepflanztem Bajonett blickten unbewegt von den Stufen des Mausoleums über die Menge. So endete das Sowjetimperium, so begann die Geschichte des neuen Rußland.

Das Weltreich, das Zaren erobert und Kommunisten beherrscht hatten, war auseinandergebrochen. Was blieb, nannte sich schmucklos Gemeinschaft Unabhängiger Staaten und war ein staatsrechtlich kaum definierter Verbund von selbständigen Republiken, die nichts als eine Vergangenheit unter Moskaus Herrschaft gemeinsam hatten. Die größte unter ihnen ist die Rußländische Föderation, das Kernstück des früheren Reichs und mit 150 Millionen Menschen zwischen Europa und Alaska einer der mächtigsten Staaten der Welt.

Die Sowjetunion war innerhalb weniger Monate auseinandergefallen. Der Prozeß vollzog sich in ungeplanten Schritten und Überraschungsmanövern, auf die weder die Bürger noch der Präsident der Sowjetunion, Michail Gorbatschow, vorbereitet gewesen waren. Auf die Frage nach der zukünftigen Gestalt des Landes hatten die Menschen keine Antwort bekommen, und vielleicht stellte sich ihnen diese Frage nach der Zukunft, nach der Ordnung von Staat und Gesellschaft noch gar nicht. »Rußland, Rußland«, hatten Zehntausende gerufen, die Boris Jelzin im August 1991 gegen die Putschisten verteidigten. Rußland war das Losungswort, das sie im Protest gegen die Rückkehr des alten Sowjetsystems verband. Nun gab es wieder einen Staat, der Rußland hieß, aber auf welchen Traditionen des vorrevolutionären russischen Reichs sollte er aufbauen? Seine Grenzen waren enger als die des Imperiums, und Millionen Russen entdeckten, daß sie im Ausland lebten, in neuen Nationalstaaten, die sich an der Westgrenze und in Zentralasien Moskaus Herrschaft entzogen. Das Reich der Zaren und die Union der Kommunisten war ein Vielvölkerstaat unter russischer Vorherrschaft gewesen. Mit ihrem Ende war ein großes Stück russischer Geschichte weggebrochen: Länder in Asien und im Transkaukasus, die baltischen Staaten und sogar jenes Land, in dem Rußland geboren wurde – die Ukraine.

Die Geschichte Rußlands ist nicht nur in zwei Hauptstädten, in Moskau und St. Petersburg, das in den Jahren des Kommunismus Leningrad hieß, geschrieben worden. Der erste russische Staat war die Rus, die sich um Kiew gebildet hatte. Nun war dieses Kiew mit dem Ende der Sowjetunion die Hauptstadt eines selbständigen ukrainischen Staats geworden. Eine neue Grenze trennte Rußland vom Ursprung seiner Geschichte. In Kiew hatte Großfürst Wladimir vor tausend Jahren für seinen Staat das Christentum angenommen, das Rußlands Geschichte und Denken über das kommunistische Zwischenspiel hinaus formt und prägt. Die Nachkommen Wladimirs hatten ihre Herrschaft nach Norden und Nordosten ausgedehnt und in Städten wie Nowgorod, Rostow und Susdal Kirchen und Festungen gebaut. Die Rus war das Grenzland Europas, durch den Glauben mit Byzanz und durch politische Beziehungen und Heiraten mit dem Westen verbunden. An der Kiewer Rus brachen sich die Wellen asiatischer Eroberungsstürme, wurden Mongolen und Tataren auf ihrem Zug nach Westen zurückgeworfen. Aber die Einheit der Rus zerfiel in den Machtkämpfen neuer russischer Fürstentümer. Sie wurden erobert oder unterwarfen sich, und für große Teile des slawischen Reiches begann die Zeit der Fremdherrschaft, des mongolisch-tatarischen Jochs. Sie endete erst 1380, als der Moskauer Fürst Dimitri Donskoi, gestützt auf die Hilfe der Kirche, die Heere der Enkel des Dschingis-Khan vernichtete. Die Schlacht auf dem Feld von Kulikowo blieb bis heute eines der großen Daten russischer Geschichte, gefeiert von Zaren, Sowjetführern und Nationalisten als ein Tag, an dem Rußland seinen Staat und die westliche Zivilisation rettete.

Nach dem Sieg von Kulikowo dauerte es Jahrzehnte, bis sich das Land von der Fremdherrschaft erholt hatte und eine Blütezeit der russischen Kultur, der Ikonenmalerei, Architektur und der Literatur der Chronikschreiber begann. Das Fürstentum Moskau wurde mächtiger und löste Kiew ab, seine Fürsten eigneten sich andere Fürstentümer an. Sie begannen, sich Zaren zu nennen, Caesaren also im Verständnis der alten europäischen Geschichte. Sie machten Moskau zum dritten Rom, zum Zentrum der russisch-orthodoxen Christenheit, das den

Platz von Byzanz einnehmen sollte. Ihr Land, das nun in seiner Größe anderen europäischen Staaten entsprach, blühte auf. Kathedralen, Klosterfestungen und Paläste zeugen bis heute davon. Russische Mönche schufen die Kunst der Ikonen, die bis heute das innerste russische Wesen verkörpert.

Die Zaren waren oft harte und grausame Herrscher, aber sie waren auch weitblickende Staatsmänner, die das Reich stetig ausdehnten. Und sie stärkten die eigene Macht: Zar Iwan IV. stellte sich über Adel und Kirche und proklamierte das göttliche Recht russischer Herrscher, als Zaren zugleich Gottes Stellvertreter auf Erden zu sein. So hat sich die Autokratie in Rußland 350 Jahre lang gerechtfertigt, länger als in anderen Ländern Europas. Von 1613 bis 1917 saß das Geschlecht der Romanows auf Rußlands Thron. Adelsrevolten und Bauernaufstände wurden niedergeschlagen, Bergwerke und Manufakturen zur Stärkung des Reichs gegründet. Die ersten Schulen und Hochschulen bildeten die Verwaltungsbeamten des nun riesigen Staatsgebiets aus. Rußland entstand als der zentrale Einheitsstaat, der es bis zum Ende des 20. Jahrhunderts blieb. Hundert Jahre nach der Thronbesteigung des ersten Romanow hatte der Staat seine Grenzen weit vorgeschoben: über den Ural nach Sibirien, über das Einzugsgebiet der Wolga zur Ostsee und im Kampf gegen Litauer und Polen nach Westen. Russische Reisende und Handelsleute entdeckten und beschrieben die Länder an Chinas Grenze und an der Pazifikküste, deren Eroberung in den nächsten Jahrhunderten Rußlands Ziel blieb.

Moskau, das Zentrum gewaltiger Macht, war der Mittelpunkt auch von Kultur und Wirtschaft. Adelsherren, politisch entmachtet, aber unerhört reich, rekrutierten aus ihren Leibeigenen Scharen von Baumeistern, Musikern, Schauspielern und Tänzern. Aber als sich 1672 der erste Theatervorhang Rußlands in Moskau hob – vor einem Stück aus der biblischen Geschichte, bei dem ein deutscher Geistlicher die Schauspieler anleitete –, hatte die Aufführung nur einen einzigen Zuschauer:

den Zaren Alexander, der allein im Saal saß. Was immer an Neuem entstand – Rußland blieb Zarenland.

Moskau aber blieb nicht die Hauptstadt. Das neue Machtzentrum des Reichs entstand im äußersten Norden des Landes, als Peter I. befahl, in den Sümpfen des Newa-Flusses die Stadt St. Petersburg zu gründen. Es wurde eine ganz künstliche Stadt, nur dem Kopf eines Zaren entsprungen, der den Adel zwang, in seiner Residenz Paläste zu bauen. Mit der Stadt an der Ostsee wollte er Rußland ein Fenster zum Westen öffnen und zugleich einen Seehafen bauen, wie seine Flotte ihn brauchte. Peter der Große, der 1689 auf den Thron gekommen war, erneuerte Rußland, auch gegen den Willen von Adel und Volk. Er hatte in Holland gesehen, was sich im Westen, aber nicht in Rußland entwickelte. Um Rußlands Macht zu sichern, brauchte er eine neue Armee und eine moderne Flotte. Er brauchte Werften, Bergwerke, Metallhütten und Akademien, die Techniker, Offiziere und Verwaltungsbeamte für seinen Staat ausbilden konnten.

In seiner neuen Hauptstadt verschmolzen italienische und russische Architekten die Kunst des westeuropäischen Barock mit russischen Traditionen zu einem neuen Stil steinerner Eleganz. Die Kunst der Ikonenmaler trat zurück hinter die weltliche Malerei, in deren Porträts sich die Adelsgesellschaft zu spiegeln wünschte. Maler, Tänzer, Musiker, Literaten und Wissenschaftler wurden aus dem Westen gerufen, und es begann ein Prozeß intensiver Aneignung europäischer Vorbilder. Aber während Lebensstil und Umgangsformen der Oberschicht in der neuen Hauptstadt sich mehr und mehr an Pariser Beispiele anlehnten, verweigerte sich das politische System des riesigen Reichs den Ideen, die sich in Westeuropa ausbildeten. Mörderische Machtkämpfe und Hofintrigen, wie es sie in dieser Größenordnung schon hundert Jahre zuvor im Westen nicht mehr gegeben hatte, entschieden über die Zukunft des Staats. Noch für Katharina die Große, Brieffreundin Voltaires und anderer französischer Aufklärer, galten Mord und zügellose

Günstlingswirtschaft als selbstverständliche Werkzeuge zur Erhaltung der Macht, mit denen sie Rußlands Armee und Wirtschaft stärkte und dem Reich neue Provinzen eroberte. Die Vorstellung einer konstitutionell begründeten Herrschaft, die am Ende des 18. Jahrhunderts aus dem Westen nach Rußland hineingetragen wurde, erweckte bei den Alleinherrschern nur Furcht und Ablehnung.

Starke Zarinnen und Zaren hatten für Wissenschaft, Technik und Kunst das Fenster nach Europa geöffnet, aber ein neues politisches Denken sollte in Rußland keine Wurzeln schlagen. Die Zaren herrschten uneingeschränkt und nach ihrem Willen über den Adel. Die adligen Gutsbesitzer wiederum stärkten ihre Macht über die Leibeigenen. Bauernaufstände in den Provinzen wurden niedergeschlagen. Der erste russische Schriftsteller, der nach einer Reise von St. Petersburg nach Moskau die russischen Zustände offen und realistisch beschrieb, Alexander Radischtschew, mußte mit sieben Jahren sibirischer Verbannung büßen. Westliche Reisende schilderten Rußland als ein Land willkürlicher Machtausübung und berichteten mit Abscheu von der Korruption des öffentlichen Lebens, der Bestechlichkeit der Richter, der Borniertheit der Bürokratie, vom Handel der Adligen mit Leibeigenen und vom Schmutz des dörflichen Bauernlebens.

Aber Rußland war im 18. Jahrhundert auch eine europäische Großmacht geworden. Es hatte sich bis an die Küste des Schwarzen Meeres ausgedehnt, die östliche Hälfte Polens, Kurland, Litauen und Lettland und den größten Teil der Ukraine gewonnen. Ein moderner Staat war es dennoch nicht, als die überlegenen Armeen Napoleons in das Land vorstießen, die russischen Streitkräfte zum Rückzug zwangen und in Moskau einzogen. Aber selbst die ärmsten Bauern wollten nicht von einem französischen Kaiser befreit werden. Sie verbrannten die Dörfer, flohen mit dem Vieh in die Wälder, hielten dem Zaren die Treue. Die Moskauer Bürger ließen ihre Stadt in Flammen aufgehen, und Napoleon war zum Rückzug durch den

russischen Winter gezwungen. Trotz Elend und Unterdrük-
kung hatte sich das Volk hinter den Zaren gestellt, um das Land
gegen die fremden Eindringlinge zu schützen.

Napoleons Macht war an Rußland zerbrochen, und im März
1814 zogen Kosaken in Paris ein. Nun war der Zar gleichbe-
rechtigter Mitspieler im Konzert der siegreichen Mächte und
Monarchen, bereit, alle Ansätze demokratischer Entwicklung
in ganz Europa unterdrücken zu helfen. Junge Offiziere hatten nach dem Sieg über Frankreich aus Paris Vorstellungen und
Pläne für einen modernen russischen Staat mitgebracht. Ge-
heime Gesellschaften bildeten sich in der Armee unter jungen
Adligen. Als eine neue Nachfolgekrise 1825 den Zarenthron
erschütterte, ließen die Offiziere auf dem Senatsplatz in
St. Petersburg Truppen aufmarschieren, um den liberaleren der
beiden Zarensöhne auf den Thron zu setzen und eine kon-
stitutionelle Monarchie zu erzwingen. Es war die letzte der
Adels- und Palastrevolutionen, und sie scheiterte, weil nur ein
kleiner Kreis sie getragen hatte. Die Anführer der Dekabristen – wie sie nach dem Datum ihrer Erhebung im Dezember
hießen – wurden hingerichtet oder nach Sibirien verbannt. Die
Hoffnungen auf ein aufgeschlossenes, aufgeklärtes Herrscher-
tum wurden in einer neuen Periode erbitterter Reaktion erstickt. Der neue Zar, Nikolaus I., ließ nur eines modernisieren:
Geheimpolizei, Spitzelwesen, organisiertes Denunziantentum.
Im Inneren waren die Reformbemühungen gescheitert, aber
an den Grenzen marschierte die Armee weiter. Das Imperium
eroberte riesige Ländereien in Zentralasien, unterwarf in langen grausamen Kriegen die Völker des Kaukasus, drängte die
Türken zurück und gliederte sich Armenien, Georgien und
Aserbaidschan an. Als mächtiger Koloß überwölbte es große
Teile Europas und Asiens und war dabei zu dem Völkergefängnis geworden, gegen das sich die Eroberten bis zum Ende
der Sowjetunion auflehnen sollten.

Gefängnis und Verbannung wurden zum Schicksal vieler russischer Intellektueller, aber in seltsamer Gleichzeitigkeit begann

23

das »Goldene Zeitalter« einer russischen Kultur, deren Formen und Inhalte nicht mehr vom Westen entliehen waren, sondern nun selbst auf den Westen ausstrahlten. Rußland fand seine eigene Stimme, aber sie erhob sich nur in der Kunst und in der Literatur. Daß die neuen Kräfte, die von politischer Reform und Modernisierung sprechen wollten, unterdrückt wurden, schuf ein Klima tiefer Verbitterung und Unzufriedenheit. Diejenigen, die über Reform und Demokratisierung nicht mitreden durften, sprachen heimlich von Umsturz und Revolution. Hier wuchs eine vom politischen Diskurs ausgeschlossene Intelligenzija heran, die keinen Platz in der Gesellschaft fand und zum Nährboden künftiger Berufsrevolutionäre wurde.

Die alte Ordnung entsprach nicht mehr der wirtschaftlichen und gesellschaftlichen Wirklichkeit. Die Alleinherrschaft der Zaren verhinderte den Erfolg auch der zögerlichsten Reformen. 1861 schaffte Alexander II. die Leibeigenschaft ab. Die Bauern wurden zu Menschen erklärt, die nicht mehr verkauft, verschenkt oder verpfändet werden konnten, aber sie blieben den Gutsherren meist durch Frondienste unterworfen, weil sie Grund und Boden nicht kaufen konnten. Doch weil Bauern nun aus dem Dorf in die Städte abwandern konnten, setzte die Aufhebung der Leibeigenschaft Arbeitskräfte frei, die die junge kapitalistische Industrie dringend brauchte. In ganz Rußland wuchsen die Städte, entstanden neue Industriegebiete, begann ein Aufschwung von Produktion und Handel. Die Zahl der Arbeiter wuchs, aber mehr noch die Bedeutung des Bürgertums. Gegen Ende des 19. Jahrhunderts hatte Rußlands industrielle Entwicklung ein Tempo angeschlagen, mit dem es Westeuropa einzuholen schien.

St. Petersburg blieb die Hauptstadt eines Adels, dessen Macht mit der Bedeutung des Landbesitzes verfiel. Moskau galt der feinen Gesellschaft von Petersburg immer noch als Provinzstadt mit engen Straßen und Holzhäusern, die sich mit den Palästen an der Newa nicht messen konnten. Aber in Moskau saß die neue Klasse bürgerlicher Industrieller und Kaufleute. Sie schufen sich ihre Wirtschaftsimperien, protzige Banken, Theater, Kunstsammlungen und Jugendstilvillen. Im Wildwuchs des verspäteten Frühkapitalismus wurden Vermögen angehäuft, durch Bankrotte zerstört und wiederbegründet. Die neue Klasse entglitt immer mehr der Herrschaft des bürokratischen Apparats der Krone, während sich zugleich in den Fabriken der Großstädte die Arbeiter zum Kampf um mehr Rechte und ein besseres Leben zusammenschlossen. Nach dem »blutigen Sonntag« von 1905, als der erste Arbeiteraufstand in St. Petersburg niedergeschlagen wurde und im ganzen Land Unruhen aufflackerten, schien den Anhängern einer verfassungsmäßigen Monarchie der Zeitpunkt gekommen, zu dem eine Modernisierung des politischen Systems unumgänglich geworden war. Aber alle demokratischen Verfassungsentwürfe scheiterten an der Grundformel der Autokratie, daß der Wille des alleinherrschenden Zaren unumstößlich sei. Zwar gab der Zar dem Land eine neue Verfassung und schuf sich die Reichsduma als Beraterversammlung, er gestand ihr ein Recht auf Gesetzgebung zu, aber ihre gewählten Mitglieder schienen ihm bald zu ungebärdig, und er löste die erste Duma schon nach zehn Wochen wieder auf. Von da an hatte Rußland bis zur Revolution ein Parlament mit beschränkten Vollmachten. Es gelang nicht, »den Deckel des Bleisargs« – wie liberale Politiker sagten – zu heben und den neuen Kräften, die in Gesellschaft und Wirtschaft entstanden waren, Einfluß und Wirksamkeit zu verschaffen. Schon ehe der Weltkrieg begann, hatte die Autokratie die kurze bürgerliche Ära Rußlands, das »Silberne Zeitalter der russischen Kultur«, erstickt.

Trotzdem schwor ganz Rußland auf Zar und Vaterland, als der Krieg begann. Fast alle Parteien und fast das ganze Volk standen hinter dem Zaren, bereit, im Krieg gegen Deutschland und Österreich Opfer zu bringen. Aber der Zar und seine Minister wußten mit solcher Unterstützung nichts anzufangen. Der Herrscher schickte die Duma-Abgeordneten nach Hause und entließ alle liberalen Minister, weil sie nach einer Koalitionsregierung nationaler Einheit gerufen hatten. Je schlechter die Nachrichten von der Front waren, je größer die Verluste der russischen Truppen und je deutlicher die Niederlage wurde, um so mehr sank das Ansehen des Zaren, der mit aller Macht auch alle Verantwortung trug. Die Wirtschaft des Landes verfiel, und mit Polizeimaßnahmen ließen sich die Hungerunruhen im Volk so wenig unterdrücken wie die wachsende revolutionäre Stimmung in den großen Städten. Die Kriegsmüdigkeit schlug in Meuterei und Massenstreiks um. Zu spät versuchte der Zar, Gardetruppen in die Hauptstadt zu holen, um die Monarchie zu verteidigen. Am 12. März 1917 war Petrograd, wie St. Petersburg seit Beginn des Krieges mit Deutschland hieß, in der Hand aufständischer Regimenter und bewaffneter Arbeiter. Noch war für die Romanows nicht alles verloren. Alle Parteien der Duma, mit Ausnahme der Konservativen, forderten vom Zaren die Ernennung eines neuen Premierministers. Aber der Zar zögerte, und während die Parteien über eine neue Regierungsbildung verhandelten, war bereits eine Gegenregierung entstanden. Im Petrograder Sowjet saßen sozialistische Abgeordnete, Kommunisten, Vertreter von Streikkomitees und meuternden Regimentern. Es einte sie nur der Wille zum Sturz der Zarenherrschaft, ihre eigenen politischen Vorstellungen lagen im Widerstreit, und nun rächte sich, daß sich unter dem »Deckel des Bleisargs« keine politische Kultur entwickelt hatte, deren Führer zu demokratischem Konsens fähig gewesen wären.

Eine provisorische bürgerliche Regierung wollte die Einheit des Staates retten und den Krieg nicht verloren geben. Aber die vaterländische Begeisterung von 1914 war nicht wiederzuerwecken, und als die schwache Regierung in vier Monaten Amtszeit die Hoffnung der Bevölkerung nicht erfüllen konnte, entdeckten die Bolschewiki, welche Macht ihnen zugewachsen war. Ihre zweite Revolution im Oktober 1917 war ein Staatsstreich, der einer unvollendeten bürgerlich-demokratischen Revolution den Todesstoß versetzte. Im Januar 1918 jagten die Kommunisten die verfassunggebende Versammlung auseinander, die zum erstenmal in Rußlands Geschichte aus demokratischen Wahlen hervorgegangen war. Es folgte, wie Lenin sagte, die vollständige Liquidierung der formalen Demokratie im Namen der revolutionären Diktatur. In Petrograd und Moskau hatten die Bolschewiki die Macht, aber im weiten Land ging der Bürgerkrieg weiter. Da kämpften nicht nur russische Monarchisten, bürgerliche Nationalisten und Bolschewiki gegeneinander. Da schien vielen Völkern des Imperiums die Zeit gekommen, aus dem Völkergefängnis auszubrechen. Im Transkaukasus, in der Ukraine, den baltischen Staaten und den Khanaten Zentralasiens wurden nationale Regierungen ausgerufen. Manche sympathisierten mit den kommunistischen Herrschern in Moskau, die das alte Reich vor der Revolution auch als Völkergefängnis angeprangert hatten. Aber nun war es die von der Sowjetmacht geführte Rote Armee, die die abtrünnigen Länder des Zarenreichs zurückeroberte und dem neuen Machtzentrum Moskau unterwarf. Nur Finnland und den drei baltischen Staaten gelang der Ausbruch aus dem russischen Reich, das von nun an ein kommunistisches Imperium war. In der Union Sozialistischer Sowjetrepubliken ließ die nur scheinbar föderative Nationalitätenpolitik, wie sie Stalin entwarf, den Völkern keinen Raum für neue Freiheit und selbständige Entwicklung. Ein neues moskowitisches Imperium erstreckte sich von Polen bis zum Pazifik, vom Weißen Meer bis nach Afghanistan.

In Rußlands Geschichte begann die 74jährige kommunistische Ära als eine Zeit des Bürgerkriegs gegen die wirtschaftlichen und geistigen Führungsschichten. Unter dem Druck von Hungersnöten und Meutereien in der Roten Armee mußten die kommunistischen Führer die härtesten Mittel der Unterdrückung und Verfolgung einsetzen, wenn sie die Herrschaft über das Land behalten wollten. Aber im Kampf um die Macht vernichtete Stalin auch alles, was an Demokratie in der Partei selbst noch erhalten war und Raum für Diskussionen über die politische Linie gelassen hatte. Er schaltete seine Gegner in der Partei aus und legte die Grundlagen für eine neue Alleinherrschaft. Ausgeprägter noch als zur Zeit der Zaren oder zu Lebzeiten Lenins war dies ein zentralisierter Machtstaat, in dem schließlich nur Wort und Wille des obersten Chefs galten. Auf dem Lande wurde aus der Zwangseintreibung des Getreides ein Vernichtungsfeldzug gegen das Bauerntum, der bis heute die Wurzel der Versorgungsprobleme und der ländlichen Armut ist. Die Gewerkschaften wurden gleichgeschaltet und die Arbeiter, wenngleich besser versorgt, wieder entmündigt. Dennoch gelang es der Partei, eine Stimmung fieberhaften Enthusiasmus zu beschwören, mit der die großen Aufgaben einer Modernisierung des Landes unter ebenso großen Opfern in Angriff genommen wurde. Während der ersten Fünfjahrespläne entstanden die Grundlagen einer sozialistischen Schwerindustrie, die nur als Kommandowirtschaft funktionieren konnte. Kohle- und Erzgruben wurden erschlossen, Traktoren- und Lastwagenfabriken, Flugzeug- und Panzerwerke, ganze Industriestädte entstanden. Ein gewaltiger Schritt zur modernen Industrialisierung des Landes schien getan, als Stalin sich Mitte der dreißiger Jahre zum unumschränkten Alleinherrscher machte – zum»Chosjain«, zum Herrn, der sich bald »Woschd« – Führer – nennen ließ. Die neue Sowjetverfassung, die Stalin dem Lande 1936 gab, schrieb die Herrschaft der Kommunistischen Partei fest, und die Partei beherrschte nur einer, Stalin selbst. In der Gesellschaft entstand ein Stufensystem von Privilegien. Die Einkünfte führender Männer aus Partei, Staatsapparat, Geheimpolizei und Armee, aber auch nützlicher Künstler und Wissenschaftler lagen weit über denen der Arbeiter und Bauern, Lehrer, Ärzte und Ingenieure. Es waren Vorrechte, über die nicht gesprochen werden durfte und die die Führung jederzeit wieder entziehen konnte. Über der ganzen Sowjetunion lag die Glocke einer erstickenden Furcht. Stalins Mißtrauen, das sich zuvor gegen Rivalen in der Partei gerichtet hatte, wurde grenzenlos und zog immer mehr Men-

schen in den Strudel seiner »Säuberungen« hinein. In den fünfundzwanzig Jahren seiner Alleinherrschaft ließ er zwanzig Millionen Menschen verhaften. Sie wurden in KGB-Gefängnissen
erschossen oder verloren ihr Leben bei der Vernichtung der
Bauernschaft, als Deportierte und als Gefangene im Archipel
Gulag, der mörderischen Welt sibirischer Lager. Millionen aber
bewunderten ihn so, wie ihn die Propagandamaschine malte:
als gütigen Landesvater, als weisen Führer. Künstler und Historiker stellten ihn in die Reihe der großen Zaren, die mit harter, aber auch starker Hand das Land groß und mächtig gemacht hatten. Stalin hatte die Grenzen des alten Zarenreichs
wiederhergestellt und im Abkommen mit Hitler die baltischen
Staaten und Ostpolen zurückgeholt. Er hatte mit dem forcier-
ten Aufbau der Schwerindustrie seinem Land auch die militärische Macht gegeben, die es zum Überleben brauchte, als die
Truppen des Großdeutschen Reiches in die Sowjetunion ein-
fielen.

Bis heute sind Schuld und Verdienst Stalins als militärischer
Führer im Zweiten Weltkrieg umstritten. Er hatte die erfahrensten Generale der Roten Armee liquidieren lassen. Die Sowjetarmee war schlecht vorbereitet, die Deutschen schlossen
riesige Truppenteile ein, eroberten die Ukraine und Südrußland, belagerten Leningrad und stießen auf Sichtweite bis Moskau vor. Aber Stalin war auch der Feldherr im Kreml, als die
Armee das Land vor den Deutschen rettete und befreite. Den
Sieg hatte wieder ein geschundenes Volk erkämpft, das bereit
war, sich für sein Land zu opfern. Stalin hatte diese Opfer-
bereitschaft bald nach Kriegsbeginn in seine Rechnung einbezogen. In seinen Aufrufen standen von da an nicht mehr die
Erfolge der neuen kommunistischen Ordnung im Mittelpunkt,
sondern das russische Nationalgefühl, das in der Zeit der Gefahr zum wirklichen Band zwischen Partei, Staat und Volk
wurde. Am Ende des Krieges saß Stalin mit Churchill und
Roosevelt an einem Tisch, als die Grenzen der Machtbereiche
gezogen wurden. Er behielt, was seine Truppen besetzt hatten,

und sicherte der Sowjetunion eine Herrschaftssphäre, die in Europa bis zur Elbe reichte. War das Zarenreich nach dem Sieg über Napoleon auf dem Wiener Kongreß als europäische Großmacht in die Geschichte getreten, so rückte die Sowjetunion nun in den Rang einer Weltmacht auf. Dafür hatte das Land mit zwanzig Millionen Menschen bezahlt, die im Krieg ums Leben gekommen waren. Siebzigtausend Dörfer, siebzehnhundert kleine und große Städte waren von deutschen Soldaten zerstört worden. Die neue Großmacht war ein verwüstetes Land.

Stalins Herrschaftssystem, das im Krieg durch die Beschwörung von Patriotismus und russischer Schicksalsgemeinschaft gemildert erschien, zeigte sich nun so starr und bösartig wie zuvor. Ganze Völkerschaften, die Stalin im Krieg unzuverlässig erschienen waren, wurden nach Zentralasien deportiert. Selbst die Ukrainer hätte Stalin umgesiedelt, wenn es nicht so viele gewesen wären, berichtete Chruschtschow später. So traf es vor allem die kleinen Völker des Kaukasus. Stalins Mißtrauen richtete sich auch gegen alle, die den Krieg in Gefangenschaft oder Zwangsarbeit überlebt hatten. Er ließ die Heimkehrerzüge gleich in sibirische Lager weiterrollen. Von Jahr zu Jahr steigerte sich sein Verfolgungswahn. Er wandte sich gegen Wissenschaftler und Künstler und vor allem gegen die Juden, die er »wurzellose Kosmopoliten« nannte. Als er am 3. März 1953 starb, war das Regime zur schrankenlosen Despotie entartet, zu einem Polizeistaat, in dem auch die Kommunistische Partei und ihre höchsten Führer Stalins Geheimdiensten ausgeliefert waren. In seinen letzten Lebensjahren war die ganze Sowjetunion in Schrecken erstarrt und versteinert.

Stalin lag im Säulensaal des Gewerkschaftshauses aufgebahrt, und das Land weinte, als habe es seinen Vater verloren. Sein Bild hatte das Leben der Menschen jahrzehntelang Tag und Nacht beherrscht, nun stürzte sein Tod die meisten in Furcht und Verwirrung. Sie konnten sich einfach nicht vorstellen, wie das Leben ohne Stalin weitergehen sollte. Zehntausende Men-

30

schen zogen weinend an seinem Sarg vorbei. Zehntausende
mehr wollten zu ihm und drängten in die Innenstadt, die Son-
dereinheiten der Geheimpolizei abgeriegelt hatten. In einem
Ausbruch von Panik wurden mehr als fünfhundert Menschen
von der Menge zu Tode getreten oder von den Polizeitruppen
erdrückt. Dichter, Wissenschaftler, Journalisten und Parteifunktionäre priesen den Toten in hymnischen Nachrufen. Die
Führer des Politbüros aber, die seinen Sarg auf ihren Schultern
zum Mausoleum trugen, lagen schon miteinander im Kampf
um die Macht. Selbst sie hatten Angst um ihr Leben haben
müssen, wenn der Diktator die Stirn runzelte.
Eines war ihnen gemeinsam: Keiner von ihnen konnte wollen,
daß ein neuer Alleinherrscher die Macht übernahm. Keiner
von ihnen durfte ein neuer Stalin werden, der mit der Will-
kürmacht der Geheimpolizei die anderen vernichten konnte.
Vorsichtig begannen sie, sich von Stalins Terrormethoden abzusetzen. Die letzten Opfer seines Verfolgungswahns, die
Kreml-Ärzte, denen er Mordpläne unterstellt hatte, wurden aus
dem Gefängnis entlassen. Das Parteiorgan *Prawda* versprach ein
Ende von Willkür und Ungesetzlichkeit. Eine allgemeine Am-
nestie kündigte sich an, und die Parteiführer konspirierten gegen die Übermacht der Geheimpolizei. Im Juli 1953, vier
Monate nach Stalins Tod, umstellten Armee-Einheiten den
Kreml. Lawrenti Berija, Stalins Polizeiminister und Mitglied
des Politbüros der Partei, der eine solche Verschwörung für
unmöglich gehalten hatte, wurde überrascht und verhaftet. Ein
halbes Jahr später meldeten die Zeitungen, er und sechs seiner
engsten Mitarbeiter seien nach einem geheimen Prozeß erschossen worden.
Nun hatten Partei und Land eine kollektive Führung, und sie
ließ erkennen, was anders werden sollte: eine bessere Versorgung der Bevölkerung, mehr Rechtssicherheit, Raum für Forschungsarbeit und Diskussion – und besonders die Auflösung
der riesigen Zwangsarbeitslager, an die fast jede Familie einen
Verwandten verloren hatte. Der neue Kurs wurde von den al-

ten Parteiführern dekretiert. Es war ein großer Schritt von der Diktatur eines Mannes zur Gruppenherrschaft, aber an den Veränderungen waren weder die Parteimitglieder noch das Volk beteiligt, das die Erlasse der neuen Männer vorsichtig studierte und nicht zu diskutieren wagte. Immerhin gab es Anzeichen für eine Änderung des politischen Klimas, und Ilja Ehrenburgs neuer Roman gab der Zeit den Namen: »Tauwetter«.

Niemand wußte, wie die neuen Führer ihre Entscheidungen trafen und ob im Politbüro etwa abgestimmt wurde, wenn es verschiedene Meinungen und Vorschläge gab. Abstimmungen hatten in der Sowjetunion seit den dreißiger Jahren stets einstimmige Ergebnisse gebracht, die vorher angeordnet waren. Wer nun in der sowjetischen Presse zwischen den Zeilen las, konnte spüren, daß es gewisse Unterschiede in den Reden der Führer gab. Georgi Malenkow schien technokratische Verbesserungen im Wirtschaftsprozeß stärker hervorzuheben. Zitate, die Wjatscheslaw Molotow einflocht, deuteten darauf hin, daß der Klassenkampf für ihn längst nicht zu Ende war und gegen jede Abweichung weitergeführt werden müsse. Nikita Chruschtschow ließ erkennen, daß er an den Neubeginn eines dynamischen Kommunismus glaube, so als müsse man nach Stalins Herrschaft nun nur die Weichen neu stellen, um in hohem Tempo einem neuen Aufbruch entgegenzufahren.

Solange keiner der Führer mächtiger war als die anderen, lebte das Land in der Ungewißheit des Schwebezustands. Solange die Führer nicht eine Sprache sprachen, war vorsichtiges Nachdenken und leise Diskussion unter Menschen, die einander vertrauten, wieder möglich geworden. Um das, was man Demokratie nennen könnte, ging es nicht, nicht einmal um einen Rückgriff auf jene innerparteiliche Demokratie, die im ersten Sowjetjahrzehnt Meinungsverschiedenheiten in der kommunistischen Führung erlaubt hatte. All das lag zu lange zurück, und nichts sprach dafür, daß die neuen Führer ihre Macht in der Partei zur Disposition stellen wollten, indem sie den Parteimitgliedern Mitsprache erlaubten. Hinter den Kremlmauern gab es einen unsichtbaren Machtkampf, jeder versuchte, Verbündete zu sammeln. Wieder schien die Zukunft des Landes in Palastintrigen entschieden zu werden.

Drei Jahre nach Stalins Tod riefen die neuen Führer zum XX. Parteikongreß in den Kreml. Die Delegierten aus dem ganzen Land erwarteten keine Überraschungen. Wer nicht in Moskau lebte, hatte die Zeichen des Umschwungs kaum bemerkt. Die propagandistischen Vorbereitungen waren nach altem Muster abgelaufen. Zum Auftakt hatte die *Prawda* einen Einstimmungsartikel veröffentlicht, der sich kaum anders las als die Aufrufe, mit denen Stalin seinen letzten Parteikongreß vorbereitet hatte: »Die Werktätigen der Sowjetunion erklären ihre einstimmige Unterstützung für die innere und äußere Politik der Kommunistischen Partei und für die Generallinie. Überall, in den Städten und Dörfern unseres Landes, in Fabriken und Betrieben, in Gruben, in Kraftwerken und auf den Kolchosen, in wissenschaftlichen Forschungseinrichtungen und in den Einheiten der Armee spricht man voller Bewegung über den XX. Parteikongreß. Überall bringen die Werktätigen begeisterte Zustimmung zum Ausdruck.«

Aber am 25. Februar 1956, dem letzten Tag des Parteikongresses, erstarrten die Delegierten im großen Kremlsaal: Stalins Denkmal wurde vom Sockel gestoßen. Der Erste Parteisekretär selbst, Nikita Chruschtschow, rechnete mit dem toten Führer ab. Stalin habe den ideologischen Kampf durch administrative Gewalt, Massenunterdrückungen und Terror ersetzt. Wer immer ihm widersprochen habe, sei zu moralischer und physischer Vernichtung verdammt worden. Massenverhaftungen und Hinrichtungen trafen viele ehrliche Kommunisten, die durch grausame und unmenschliche Folterungen zu falschen Geständnissen gezwungen wurden. Die Zerstörung der Partei, die doch auf dem richtigen Weg geblieben sei, stellte Chruschtschow als Stalins eigentliches Verbrechen dar. An drastischen Beispielen schilderte er die Furcht, in der selbst die höchsten Parteiführer gelebt hatten. Sie wagten Stalin nur zuzuhören und seine Gedanken zu loben, nie eine eigene Meinung auszudrücken oder ihm gar zu widersprechen. Stalin, so sagte Chruschtschow, sei zu einem Übermenschen mit den übernatürlichen Eigenschaften eines Gottes erhoben worden, zum »größten Genie der Welt«, »großen Architekten des Kommunismus«, »gütigen, weisen Lehrer und Führer«, zum »Meister ruhmreicher Siege« und zur »glorreichen Sonne«. Nun enthüllte der neue Parteisekretär, daß Stalin ein paranoider Diktator gewesen war.

Aber Chruschtschow mußte auch eine Antwort auf die Frage finden, die niemand im Saal zu stellen wagte: Warum die kommunistische Revolution einen solchen Diktator hervorgebracht hatte, der sich selbst gerne mit den furchterregendsten Zaren vergleichen ließ. Wie hatte die Partei seinen Aufstieg dulden können? Das waren Fragen, die an die Wurzel gingen: Wie ließ sich die Machtausübung einer Partei rechtfertigen, die einen Stalin hervorgebracht hatte und zu seinem Werkzeug geworden war? Für Chruschtschow gab es darauf eine Antwort: Erst in seinen letzten zwanzig Lebensjahren habe sich Stalin die Partei unterworfen, nach dem XVII. Parteikongreß im Jahr 1934. In den folgenden großen Säuberungen seien über die Hälfte der Delegierten dieses Parteikongresses und zwei Drittel der Mitglieder des neugewählten Zentralkomitees Stalins Verfolgung zum Opfer gefallen. Aber im Jahrzehnt zuvor – so stellte es Chruschtschow dar – sei die Generallinie der Partei richtig gewesen. Forcierte Industrialisierung, Zwangskollektivierung und die Liquidierung der Klassenfeinde seien auch unter Stalins Führung der richtige Weg zum Aufbau der Sowjetunion gewesen, argumentierte Chruschtschow. Stalins Schreckensherrschaft sei nur ein Abweichen, eine vorübergehende Abirrung auf dem geschichtlichen Weg zum Kommunismus gewesen. Von diesem Irrweg sei die Partei zurückgekehrt, und das Zentralkomitee habe schon einen zukunftsweisenden Beschluß gefaßt: Die marxistisch-leninistische Position zur Frage der Persönlichkeit in der Geschichte werde geklärt werden. »Das Zentralkomitee widersetzt sich entschlossen dem Kult der Persönlichkeit, der dem Geist des Marxismus-Leninismus fremd ist und durch den der eine oder andere Führer in einen Wundertäter und Helden verwandelt und die Rolle der Partei und der Massen herabgesetzt wird.« Aber als die Parteitagsdokumente veröffentlicht wurden, fehlte Chruschtschows große Rede. Die Abrechnung mit Stalin, die die Parteidelegierten aufgeschreckt hatte, war zu gefährlich. Im Volk hätte sie eine Erregung auslösen können, die den Glauben an die Partei erschüttert hätte. Die Formel vom Kult der Persönlichkeit als Ursache allen Unheils wäre dann ein zu dürftiger Schutzwall gewesen.

Aber auch wenn die ganze Wahrheit Geheimwissen der Partei bleiben sollte, war die Verschwörung des Schweigens gebrochen. Die Geschichte der Sowjetunion mußte umgeschrieben werden, so, wie zuvor die Geschichte Rußlands zum Vorspiel des Sowjetstaats umgewertet worden war. Chruschtschow hatte Stalin begraben, und ohne Stalin war die Sowjetunion ein anderes Land.

TAUWETTER:
MOSKAU IN DEN FÜNFZIGERN

Als ich im Sommer 1956 mein Visum bei der Sowjetbotschaft in Bonn abholte, fragte ich vorsichtig, an welche Zensurbestimmungen sich ein Korrespondent in Moskau zu halten habe. »Zensur? Machen Sie sich da keine Gedanken«, sagte der Presseattaché. »In der Sowjetunion gibt es keine Zensur.« Drei Tage später wußte ich es besser. Keine sowjetische Stelle in Moskau hatte mich darauf hingewiesen, aber ein englischer Kollege hatte mir die Regeln erklärt, und ein kurzer Test hatte mich belehrt: Schon der Versuch, am Telefon mit der Heimatredaktion über den Leitartikel der *Prawda* zu sprechen, endete nach wenigen Sekunden mit einer toten Leitung. Von da an wußte ich: keine Dienstgespräche von einer privaten Nummer, alle Artikel maschinengeschrieben an einem Schalter im Zentraltelegrafenamt einreichen und den Text von dort erst durchgeben, wenn er mit einem kleinen Stempelaufdruck versehen zurückgereicht worden war – manchmal mit schwarzem Bleistift zusammengestrichen, manchmal nach Stunden oder sogar nach Tagen. Der Stempel trug die Buchstaben »Glawlit«. Später erfuhr ich auch, was er bedeutete. Ohne die Genehmigung von Glawlit, der Hauptverwaltung für Literatur, konnte in der Sowjetunion keine Zeitungsmeldung, kein Gedicht und kein Rechenbuch erscheinen. Beim nächsten Urlaub in Bonn machte ich den Presseattaché höflich darauf aufmerksam, daß seine Kenntnis der Regeln für Korrespondenten nicht ganz vollständig sei. »Ach, das ist es, was Sie meinten«, sagte er. »Das ist keine Zensur. Das ist eine Hilfe, damit durch Mißverständnisse und Irrtümer keine Fehlinformationen veröffentlicht werden.«

Wir lebten in diesem Sommer in Moskau in einer seltsam un-
wirklichen Welt, in der die Worte nicht bedeuteten, was sie
zu heißen schienen. Das ging nicht nur uns Ausländern so, sondern auch den Russen. Manchmal schien mir, als wüßten sie
weniger über ihr Land als wir, denn wir tauschten Meinungen
und Eindrücke unter uns Korrespondenten und mit den Experten westlicher Botschaften aus, und wir sprachen ziemlich
offen untereinander. Wir drückten uns vorsichtshalber höflich
aus, wenn wir über sowjetische Zustände sprachen, weil wir
wußten, daß in einer Zentrale irgendwo in Moskau jedes Wort
mitgehört und aufgezeichnet wurde. Uns konnte die Ausweisung drohen, aber wir brauchten weniger Angst zu haben als
die Moskauer, und wir konnten uns manchmal einen Witz
über die Mithörer erlauben.

Einmal saßen wir bei Bier und Wodka zusammen und sagten
recht laut, daß uns die Leute am Ende der Leitung leid täten,
weil sie sicherlich nichts zu trinken hätten. Da klingelte das Telefon, aber aus dem Hörer erklang keine Stimme, sondern das
Gluck-gluck einer Flasche, aus der eingeschenkt wurde.

Unheimlich blieb es doch, wenn das Telefon klingelte, sobald
man ins Zimmer kam, und sich niemand meldete oder wenn
sich, vielleicht als Ausdruck des Mißfallens und zur Warnung,
solche Geisteranrufe in einer Nacht stündlich wiederholten.

Vor dem Hoteleingang warteten Männer in Ledermänteln, und
wenn ich nicht gerade den täglichen Weg zum Zentraltelegrafenamt nahm, folgte mir häufig einer, blieb stehen, wenn ich
in ein Schaufenster blickte, ging in den Laden, wenn ich in den
Laden ging. Er hielt Abstand, trat zurück, wenn ich ihm ent-
gegenging, und wandte sich ab, wenn ich den Fotoapparat hob.
Manchmal entkam ich ihm in der Menge der Fußgänger und
sah ihn dann am Straßenrand nach mir spähen. Mit solchen
harmlosen Spielchen die Bewacher zu ärgern, war manchmal
gut für die Nerven und ein Ventil, durch das man den Druck
ständiger Überwachung mindern konnte. Man konnte ihn
nicht vergessen, auch wenn man sich schließlich daran ge-

wöhnte, bei jedem Wort und Schritt an die »anderen« zu denken.

Wir wußten nicht, wer sie waren. Besonders brutal oder böse sahen sie nicht aus, und bei denen, die etwas freundlicher wirkten, sagte ich schließlich guten Tag oder nickte ihnen zu, wenn ich aus dem Hotel kam. Geantwortet haben sie nie. Sie taten, als gäbe es sie nicht. Nur einmal lächelte mich einer an, da hatte ich ihm einen Gefallen getan. Laut und deutlich hatte ich an der Hoteltür gesagt: »Ich fahre nachher zum Silberwäldchen. Da liegt tiefer Schnee, da muß ich Stiefel anziehen.« Und als ich eine halbe Stunde später losging, da hatte der Mann, der mir folgte, tatsächlich Stiefel an.

Auf der vierten Etage saß immer eine Frau am Pult, die den Gästen die Zimmerschlüssel gab und notierte, wann einer kam oder ging. Manche der Frauen waren gleichgültig oder bärbeißig, wenige lächelten auch einmal. In den drei Jahren, in denen ich auf der vierten Etage des »National« wohnte, kam ich nur einmal spätabends mit einer solchen »Deschurnaja« ins Gespräch. Sie war besser angezogen als die anderen, und ihre großen Bernsteinohrringe waren mir aufgefallen. Ich sagte, daß ich Journalist sei, und sie erzählte, daß ihr Mann als Redakteur bei der satirischen Zeitung *Krokodil* arbeitete. Es war ein kurzes Gespräch, aber danach war sie freundlich zu mir, und einmal sagte sie bedeutungsvoll: »Heute ist wieder ein heißer Abend«, als vor dem Hotel besonders viele Bewacher standen. Während ich die Treppe hinunterging, hörte ich, wie sie halblaut ins Telefon sprach – wahrscheinlich um mich anzumelden.

Tag für Tag ging ich mehrmals den gleichen kurzen Weg: heraus aus dem Hotel »National«, nach links um die Ecke zur Gorkistraße, an Bäckerei, Fischgeschäft und einem Theater vorbei, zum großen Bau des Zentraltelegrafenamts, um zu telefonieren, Manuskripte am Schalter abzugeben oder zu fragen, ob Glawlit sie schon bearbeitet hatte. Manchmal mußte ich mich durch die Menge der Leute drängen, die zum Einkaufen ins Zentrum kamen. Das waren Moskauer, aber mehr noch

Leute vom Lande. Männer in Anzügen aus grobem Stoff und Frauen mit großen Kopftüchern kauften, was es nur in der Hauptstadt gab. Sie sprachen nicht miteinander, und ihre Gesichter waren verschlossen. Einmal rief mich einer zur Ordnung, weil ich einen Zigarettenstummel zu Boden fallen ließ, und wich erschrocken zurück, als er merkte, daß ich ein Ausländer war. Noch immer lag der Schatten Stalins über dem Land, noch immer konnte der kleinste Kontakt mit Ausländern zu Verdächtigung und Verhaftung führen. Jahrzehntelang hatte die Propaganda gewarnt, daß Ausländer Spione, Konterrevolutionäre und Feinde seien. Da war es schwer, ins Gespräch zu kommen, selbst wenn man beim Essen mit Russen an einem Tisch saß. Der Warteraum im Telegrafenamt kam mir schließlich fast wie ein Zuhause vor. Die Telegrafenbeamtinnen hinter den Schaltern für Auslandsgespräche hatten sich an das Dutzend ausländischer Korrespondenten gewöhnt. Sie schwatzten schon mal mit uns über das Wetter und die Gesundheit und glucksten ihr mitleidiges »Oi, oi«, wenn wir nach stundenlangem Warten vergeblich nach unserer Verbindung fragten.

Im ersten Moskauer Jahr beschränkten sich meine Kontakte fast völlig auf offizielle Interviews, Fabrikbesichtigungen und Empfänge. Gelegentlich luden sowjetische Journalisten zu längeren Gesprächen ein. Wir nannten sie die »Halbleiter«, denn ihnen war erlaubt oder befohlen, ausländischen Kollegen die Politik differenzierter zu erläutern, als es die Zeitungen taten. Wir aßen und tranken zusammen. Auch sie waren neugierig, und wir redeten nicht nur über die Themen, die ihnen aufgegeben waren, sondern auch über Film und Theater und schließlich über unser Leben und was wir über Dinge dachten, die nicht gerade hochpolitisch waren. Es waren vernünftige Leute darunter, und mit einem, der später Historiker wurde, bin ich heute noch befreundet.

Dann wies mir das UPDK, die »Verwaltung für Dienstleistungen für das Diplomatische Corps« eine Dolmetscherin und Übersetzerin zu. Jeder Ausländer wußte, daß diese Behörde ausgebildetes Personal schickte, das jede Woche dem KGB berichten mußte. Deshalb verstand ich nie, warum man mir Ljubow Golowanowa schickte, eine temperamentvolle, aber ziemlich skurrile Blondine. Sie bat mich als erstes um Hilfe bei einer Übersetzung. Für einen Musikverlag sollte sie Mozarts Briefe an seine Base ins Russische übertragen, und sie kam verständlicherweise mit der verspielten Sprache sowenig zurecht wie mit den Scherzen, die sie unflätig fand.

Ihre große Liebe waren Theater und Oper, und sie konnte Stunden damit verbringen, Karten zu organisieren. Als die berühmte Primaballerina Galina Ulanowa in »Romeo und Julia« auftrat, brachte sie mich zum Nebeneingang des Bolschoi-Theaters, wo uns ein älterer Mann mit tiefer Verbeugung empfing und in die Intendantenloge leitete. Ich fragte, als wen sie mich ausgegeben habe, aber das überhörte sie. Wenn sie vormittags für mich die Provinzzeitungen durchging, stieß sie mit Sicherheit auf Skandalgeschichten: Betrügereien, Halbstarken-Krawalle, Meldungen über leichtsinnige Mädchen mit angekränkelter Moral. In den großen Zeitungen der Hauptstadt stand über so etwas kein Wort. Wie die meisten Russen glaubte Frau Golowanowa, daß dies die Geschichten über die Sowjetunion seien, die einen Ausländer wirklich interessierten. Die Leitartikel langweilten sie ohnehin, über die Politik wußte sie viel weniger als ich, und ich gab es auf, darüber mit ihr zu sprechen.

Schließlich weihte sie mich in ihre eigene Skandalgeschichte ein. Im Urlaub am Schwarzen Meer habe sie einen fabelhaften Mann kennengelernt und nun in Moskau wiedergetroffen. Im Urlaub war er mit ihr zum Tanzen ausgegangen, aber nun hatte sich herausgestellt, daß er ein stellvertretender Minister war und noch dazu verheiratet. Da konnte er sich mit ihr nirgends zeigen. Manchmal ließ er sich mit ihr in seinem Dienstwagen durch die Stadt chauffieren, bei zugezogenen Gardinen, und dann wollte er sie auf seine Datscha mitnehmen, aber das war ihr zu unmoralisch. Die Geschichte zog sich wochenlang hin, und dann versickerte sie. Über sowjetische Politik lehrte sie mich nichts, aber sie ließ doch erkennen, daß hinter den uns verschlossenen Türen in Moskau mehr stattfand als nur politische Schulung.

Für uns ausländische Korrespondenten begann jeder Tag damit, daß wir uns in den großen Zentralzeitungen Moskaus Informationen und Andeutungen zusammensuchten. Sie waren die kleinen Teilchen im großen Puzzle, das ein Bild der politischen Auseinandersetzungen und Machtkämpfe hinter den Kremlmauern ergeben sollte. Warum schrieb die Regierungszeitung *Iswestija* einen Artikel, der mehr Konsumgüter versprach, während das Parteiorgan *Prawda* die Sowjetbürger aufforderte, härter für das Wachstum der Schwerindustrie zu arbeiten? In welcher Reihenfolge standen die Führer auf dem Mausoleum während der letzten Parade am Roten Platz? Wer waren die neuernannten Parteisekretäre, mit wem hatten sie früher in der Provinz zusammengearbeitet, zu welcher Seilschaft gehörten sie? Wenn Molotow als Außenminister zurücktrat und das Ministerium für Staatskontrollen übernahm – sprach das dann für einen Machtverlust? Wenn Marschall Schukow, der beliebteste Heerführer des Zweiten Weltkriegs, den Stalin abgehalftert hatte, nun als Verteidigungsminister zurückkehrte – welche Fraktion im Parteipräsidium würde er stärken? Wer hatte im Zentralkomitee die Hauptrede über die Wirtschaftsplanung gehalten, welche anderen Redner wurden länger, welche nur kurz zitiert? Glaubte man den Zeitungen, dann wurde das Land von einer geeinten kollektiven Führung regiert, aber wenn an einem Tag im Zentralkomitee eine staatliche Wirtschaftskommission mit neuen Vollmachten eingesetzt wurde und das gleiche Zentralkomitee am nächsten Tag dem Vorschlag Chruschtschows zur Dezentralisierung der Wirtschaftsplanung zustimmte, dann war das mehr als eine ökonomische Debatte. Im Schattenspiel der gefilterten Berichterstattung ließen sich die Umrisse eines Machtkampfes erkennen. Da rangen Männer, die das von Stalin ererbte System nur vorsichtig verändern wollten, mit anderen, die die Verkrustung einer bürokratischen Ordnung aufbrechen und das Land wieder in Bewegung bringen wollten.

Zu diesem Prozeß im Innern des Parteiapparats wagte sich keiner unserer sowjetischen Gesprächspartner zu äußern. Es gab nur einen Mann in Moskau, der manchmal erstaunlich offene Worte sagte: Nikita Chruschtschow, der Erste Sekretär der Partei. Wir trafen ihn auf den Empfängen im weiß-goldenen Georgssaal des Kreml oder an Nationalfeiertagen in den Botschaften. Anlässe gab es genug, denn nun kamen ausländische Regierungsdelegationen häufiger nach Moskau, und die führenden Männer aus Partei und Regierung erschienen in einer Geste neuer Offenheit nicht nur zu ihrer formellen Begrüßung, sondern auch zu den Cocktails und Stehbanketts. Weil wir nur zwölf westliche Korrespondenten waren, wurden wir jedesmal eingeladen. Bei Botschaftsempfängen drängten wir uns vorbei an den stämmigen Männern vom Protokoll, die die Führer umringten. Chruschtschow und Ministerpräsident Bulganin gaben ihnen oft ein Zeichen, uns durchzulassen.

Auf Kreml-Empfängen war das Zeremoniell anders, die Zugänglichkeit Chruschtschows aber nicht weniger erstaunlich. Das Kopfende des Georgssaals war durch eine rote Kordel abgetrennt. Jenseits der Kordel standen die ausländischen Regierungsgäste, die Parteiführer und Minister, im größeren Teil des Saals drei- oder vierhundert Eingeladene, die wir das »Gästeproletariat« nannten. Auf langen, weißgedeckten Tischen standen Platten mit Stör, Kaviar, Pilzragout und Aufschnitt neben den Flaschen mit Champagner, Wodka und Mineralwasser. Beim Essen und Trinken kamen wir mit anderen Gästen ins Gespräch – vielleicht mit dem schnauzbärtigen General Budjonny, dessen Reiterarmee seit dem Bürgerkrieg eine Legende war. Oder mit einem hohen Offizier der Raketentruppen, mit einem stellvertretenden Kulturminister oder einem Beamten des Staatlichen Planungskomitees. Die Konversation mit ihnen blieb gewöhnlich oberflächlich und konventionell, doch immerhin war es eine Gelegenheit, führende Leute aus der Nähe zu beobachten. Je ranghöher der Gesprächspartner, desto ungezwungener war die Unterhaltung. Die meisten Gäste, die von ihrer Dienststelle oder Fabrik als Statisten entsandt waren, aßen schweigend in staunender Verwunderung darüber, daß sie das große Los einer Einladung in den Kreml gezogen hatten. Am lebhaftesten waren Gespräche mit bekannten Schauspielern, Musikern oder auch Schriftstellern, die gern über ihre Arbeit und ihre Erfahrungen redeten. Im Laufe der ersten Stunde arbeiteten wir Korrespondenten uns durch Tischreihen und Gäste an die rote Kordel heran.

Die Sowjetführer und ihre Ehrengäste hatten inzwischen die protokollarisch vorgeschriebenen Trinksprüche erledigt. Man sah, daß ihre Unterhaltung nicht gerade lebhaft, sondern in der abgezirkelten Sprache der Diplomatie verlief. Chruschtschows Sprache war das nicht. Selbst offizielle Reden würzte er gerne mit Bauernsprichworten, ja sogar mit Anspielungen auf Bibelzitate. Der Austausch von Förmlichkeiten langweilte ihn besonders, wenn er schon einige Wodka getrunken hatte. Das war der Zeitpunkt, zu dem wir westlichen Korrespondenten an der roten Kordel stehen und ihm zuwinken mußten. Dann kam er herüber, manchmal, um gleich einen Streit anzufangen. »Ist hier ein Engländer?« fragte er kurz nach der Suez-Krise, und dann setzte er dem Reuters-Korrespondenten den Finger auf die Brust und sagte: »Dem britischen Löwen haben wir ganz schön den Schwanz abgekniffen!« Er antwortete auf Fragen oder nahm sie zum Anlaß, loszupoltern und sich Luft zu verschaffen. Dann redete er über den schlechten Zustand der Landwirtschaft, über niedrige Ernteerträge, verrostende Maschinen und die Trägheit der Kolchoschefs und der Bauern. Oder er sprach unvermittelt davon, daß an den Universitäten nur die Kinder von Funktionären studierten und nicht einmal zehn Prozent der Studenten aus Bauern- und Arbeiterfamilien stammten. Einmal schimpfte er darüber, daß es zu viele Juristen gebe und nun auch seine Tochter Julia Jura studieren wolle. Und daß viele Jurastudenten Juden seien, die alle nicht arbeiten, sondern nur eine höhere Bildung bekommen wollten. Meistens richtete sich sein Zorn gegen die Bürokraten in Partei- und Staatsapparat. Wir spürten, daß dieser Mann in der Spannung eines harten Kampfs um die Reform des Systems lebte, und auch, daß er ein gefährlicher Gegner war. Stellten wir eine Frage, die ihm mißfiel, dann bekam sein joviales, gerötetes Gesicht eiskalte Schweinsaugen und erinnerte uns daran, daß Chruschtschow für Stalin die Säuberungen in der Ukraine organisiert hatte.

Chruschtschow nutzte auch die Gelegenheit solcher informellen Gespräche ganz bewußt, um dem Westen Signale zu geben. Dann sagte er Dinge, die in keinem offiziellen Text zu finden waren und andere Leute ihren Posten gekostet hätten. Wir staunten, wenn Chruschtschow uns sagte, der Kommunismus bedeute nicht Revolution und Umsturz des Kapitalismus. Auch Parlamente könnten echte Organe der Arbeiterklasse sein und die Zusammenarbeit mit Sozialdemokraten sei für Kommunisten nicht nur möglich, sondern notwendig. Er sprach sogar davon, daß es verschiedene Wege zum Sozialismus gebe. Für solche Gedanken hatten kommunistische Theoretiker in den Jahrzehnten zuvor ihr Leben verloren.

Manchmal schien uns, daß Chruschtschow einen Sieg verkündete, den er noch gar nicht errungen hatte. Gefragt nach der kollektiven Führung, in der er die Macht mit anderen teilte, formulierte er sehr genau: »Die kollektive Führung ist das Zentralkomitee unserer Partei. Das Parteipräsidium ist ein ausführendes Organ des Zentralkomitees. Die kollektive Führung besteht nicht nur aus Mitgliedern des Zentralkomitees, die kollektive Führung wird in unserer ganzen Partei von oben bis unten ausgeübt.« Weil Chruschtschow der Erste Sekretär der Partei war, klang das wie eine Ermächtigungserklärung, mit der er seine Mitregenten beiseite schob. Wir fragten uns, ob der

Wodka in ihn gefahren sei. Aber einige Wochen später sagte Chruschtschow fast wörtlich die gleichen Sätze in einem Interview, das von dem Parteiorgan *Prawda* veröffentlicht wurde. Chruschtschow hatte uns an jenem Abend im Kreml gesagt, was er plante und durchsetzen wollte und zu diesem Zeitpunkt noch nicht offiziell verkünden konnte.

Einmal erlebten wir Chruschtschow in einem erstaunlichen, schockierenden Ausbruch. Ende 1956 gab der chinesische Ministerpräsident Tschou En-lai einen Empfang in der chinesischen Botschaft. Er war von einer Reise durch Osteuropa zurückgekehrt, auf der er nach dem Ungarn-Aufstand die Brüche des Systems zu kitten und die politische Entwicklung auf eine korrekte ideologische Formel zu bringen versuchte. Der chinesische Kommunist erschien wie ein Schiedsrichter, der nach den Krisen und Spannungen, die Chruschtschows Entstalinisierung heraufbeschworen hatte, den Weltkommunismus wieder in Ordnung brachte. Der Empfangssaal der Botschaft war überfüllt, die Gäste redeten lebhafter als sonst. Vielleicht hatten sie die Kraft des Hirseschnapses Mao-Tai unterschätzt, der zwanzig Prozent mehr Alkohol als der Wodka hat. Chruschtschow stand mit gerötetem Gesicht und heftig gestikulierend hinter dem Bankettisch der Ehrengäste. Die offiziellen Reden waren vorbei, als er sich an die westlichen Diplomaten im Saal wandte. »Erheben Sie Ihr Glas auf das Wohl der Volksrepublik China«, sagte er. »Trinken Sie auf den Sieg des Kommunismus, dieser Sieg wird kommen. Es ist historisch gewiß, daß wir Sie begraben werden.« Die Aufforderung war erstaunlich genug, aber Chruschtschow redete weiter: »Ob Sie wollen oder nicht, der Kommunismus kommt. Das ist, wie wenn eine Frau schwanger wird und ein Kind gebiert, dann kann man das Kind auch nicht ...« Staatspräsident Mikojan zog Chruschtschow am Arm. »Nikita Sergejewitsch, wir haben schon verstanden.« Aber Chruschtschow ließ sich nicht unterbrechen. »Wenn eine Frau ein Kind kriegt, dann kann das kein Arzt in die Mutter zurückdrücken, das geht nicht, das kann keiner. Der Kommunismus siegt.« Mikojan wirkte erleichtert, als Chruschtschow nun zu den Floskeln vom Rad der Geschichte zurückkehrte. Die stocknüchternen Chinesen blickten unbewegt vor sich hin und nippten nur an ihren Gläsern. Die westlichen Diplomaten waren verunsichert: Einige tranken auf Chruschtschows Toast mit, die anderen stellten die Gläser ab. Anastas Mikojan zog Chruschtschow vom Tisch zurück, hielt ihn am Jackenknopf fest und verwickelte ihn in ein Gespräch.

Nach solchen Empfängen trafen wir Korrespondenten uns im Zentralen Telegrafenamt, verglichen unsere Notizen und reichten unsere Berichte am Zensurschalter ein. Das Ergebnis war immer das gleiche: Alles, was Chruschtschow gesagt hatte, wurde gestrichen. Von meinem Bericht über den Empfang in der chinesischen Botschaft blieben nur drei Sätze mit der Information stehen, daß der Empfang stattgefunden hatte. Das war frustrierend, aber wir hatten doch aufregende Einblicke in das Denken des Parteichefs bekommen, mit denen wir die parteioffiziell veröffentlichten Texte besser bewerten konnten.

Die sowjetische Politik war unübersichtlich geworden, nicht mehr nur undurchsichtig wie in den Stalin-Jahren, die konservative ausländische Diplomaten manchmal fast mit Bedauern als eine Zeit erinnerten, in der man wenigstens wußte, wo der Feind stand. Die Sowjetunion schien unter Chruschtschow unberechenbarer, wenn sich Blockadedrohungen und grobe Warnungen mit seinen fast freundlich-neugierigen Auslandsbesuchen und Reden über die friedliche Koexistenz der Blöcke abwechselten. Im Inneren deuteten viele Zeichen auf eine Auseinandersetzung in der kommunistischen Führung hin, in der es nicht nur um die Macht einzelner Männer, sondern um die Struktur der Gesellschaft ging. Da schien Ministerpräsident Georgi Malenkow für eine technokratische Ausrichtung zu stehen, die den großen Wirtschaftsmanagern mehr Entscheidungsspielraum verschaffen sollte. Wjatscheslaw Molotow und Lasar Kaganowitsch, die wir die Alt-Stalinisten nannten, standen für den zentralen Apparat und seine strenge Kontrolle. Chruschtschow als Erster Sekretär stellte in seinen Reden und Thesen fast immer die Rolle der Partei über die der Regierungs- und Wirtschaftsapparate. Formal gab es eine klare Trennung der Aufgaben von Partei einerseits und staatlicher Verwaltung andererseits. Aber Chruschtschow beschrieb einen neuen Typus junger Parteifunktionäre, die mit gleicher Kompetenz Probleme der Produktion, der Volkserziehung und der internationalen Beziehungen regeln könnten. Das entsprach seiner Vorstellung von sich selbst, der ja auch an einem Tag über die Technik des Maisanbaus, am nächsten über die Weltpolitik und am dritten über Kunst und Literatur sprach – manchmal sogar am gleichen Tag und in einer Rede. Er verschreckte die führenden Leute der Verwaltung, deren Kompetenz die Lenkung des verästelten Planungsapparats war, ebenso wie die Leiter der großen Wirtschaftskonzerne, die sich nicht unerfahrenen Parteifunktionären unterordnen wollten.

Nikita Chruschtschow, der selber wie ein Bauer aussah und redete, verstand, daß sich die Versorgung der Arbeiter nur verbessern ließe, wenn die Bauern wieder Interesse am Erfolg ihrer Arbeit haben würden. Die Industrie war auf Kosten der Landwirtschaft aufgebaut worden. Die fähigen Leute waren vom Dorf in die Stadt gegangen, und diejenigen, die auf den Kolchosen geblieben waren, lebten fast im Zustand der Leibeigenschaft: Ohne eine schriftliche Genehmigung des Kolchosvorsitzenden durften sie das Dorf nicht einmal zu einem Stadtbesuch verlassen. Die Bauern atmeten auf, als sie unter Chruschtschow wieder Personalausweise bekamen, mit denen sie sich außerhalb ihres Dorfes bewegen konnten. Dafür waren sie dankbar. Aber zugleich machte er ihnen angst mit seinen Plänen für eine totale Umwälzung des dörflichen Lebens. Chruschtschow verkündete den Bau von Agro-Städten als nächsten Schritt der Modernisierung auf dem Lande. In solche Städte sollten die Bauern aus den Dörfern umgesiedelt werden. Morgens würden die Kolonnen von Lastwagen und Autobussen aus den Städten heraus zu weit entfernten riesigen Feldern fahren. Abends hätten die Bauern den Komfort von Kinos, Sportanlagen, Geschäften und allen Vorteilen der Groß-stadt. Es war der Plan einer Industrialisierung der Landwirt-schaft, die auch das Bewußtsein der Bauern verändern sollte. Aber die Bauern fürchteten die Umsiedlung in Agro-Städte, in denen sie keinen Garten und kein Vieh mehr haben sollten, und die Landwirtschaftsexperten verwiesen darauf, daß Haus-gärten und privates Vieh in einem Maße zur Versorgung bei-trugen, der weit über ihrem tatsächlichen Anteil an Boden und Viehbestand lag. Chruschtschows Vision riesiger Agro-Städte, die die Bauern zu Arbeitern und die Landwirtschaft zur Groß-industrie machen sollte, beunruhigte die Sowjetbürger und er-schreckte die Funktionäre.

Daß Veränderung notwendig sei, schienen die meisten Füh-rer von Staat und Partei, auch Chruschtschows Gegner, einzu-sehen. Nach den Jahren des Wiederaufbaus unmittelbar nach dem Krieg hatte sich das Wirtschaftswachstum der Sowjetunion ständig verlangsamt. Der überalterte Planungsapparat arbeitete ohne Rücksicht auf Kosten und Verluste. Chruschtschows Ge-genspieler setzten auf eine Verfeinerung des Steuerungssystems, auch auf materielle Prämien und Anreize, die die Produktivi-tät erhöhen und die Produktionsverluste vermindern sollten. Die Sowjetgesellschaft sollte sich in ihrer Schichtung stabilisie-ren und sich in einen zentral gelenkten Gesetzesstaat verwan-deln, der nicht unbedingt gerechter, aber wenigstens berechen-barer sein würde. Chruschtschow wollte dem Konzept einer stabilisierten sowjetischen Gesellschaft und dem erstarrenden Planungsmechanismus der Wirtschaft eine dynamische, wieder-belebte Parteiherrschaft entgegenstellen.

Zug um Zug erneuerte er das Zentralkomitee, und die neuen Männer waren seine Gefolgsleute. Ins Parteipräsidium und in die Regierungsspitze zogen Parteisekretäre aus der Provinz ein, die Chruschtschow verbunden waren. Er drängte seine Gegen-

spieler in die Ecke, und als sie ihn beseitigen wollten, hatte er
schon die Macht, sie zu stürzen. Aber anders als zu Stalins Zeit
vernichtete er seine Gegner nicht physisch. Molotow wurde
Botschafter in der Mongolei, Malenkow Kraftwerksdirektor
in Zentralasien, Kaganowitsch Direktor eines Asbestwerks im
Ural, Außenminister Schepilow Professor an einer Provinz-
universität. Nun konnte Chruschtschow beginnen, seine
Vorstellungen von Reformen umzusetzen. Fünfundzwanzig
Industrieministerien der Unionsregierung, die die Wirtschaft
verwaltet hatten, wurden aufgelöst, ebenso wie entsprechen-
de Ministerien in den Unionsrepubliken. An die Spitze des gewaltigen staatlichen Planungsapparats stellte Chruschtschow
einen auf diesem Gebiet wenig erfahrenen Mitarbeiter aus dem
Parteisekretariat. Die Wirtschaft des Landes sollte in Zukunft
von regionalen Volkswirtschaftsräten geleitet werden, an deren
Spitze ein Mann der Partei, häufig der Zweite Parteisekretär,
gesetzt wurde, dem nun außer Politik, Justiz und Kultur auch
noch Verwaltung und Wirtschaft unterstanden.
Theoretische Artikel in den Parteiorganen erweckten manchmal den Eindruck, die Sowjetunion sei nun auf dem Weg zum
Absterben des Staates, wie Lenin es versprochen hatte. Jedenfalls war Chruschtschow bemüht, den Staatsapparat durch den
Apparat der Partei zu ersetzen. Chef der Partei und Herr des
Landes und der Politik war Chruschtschow, und die neuen,
jüngeren Männer, die nach der Ausschaltung seiner Gegner
nachrückten, verdankten ihm ihren Aufstieg. Selbst wenn sie
damals schon Zweifel an Chruschtschows erratischer Politik
gehabt haben sollten, brauchten sie Jahre, bevor sie sich gegen
ihn auflehnen konnten. Wie sie die Entwicklung sahen und
wie fest sie wirklich hinter Chruschtschows Politik standen,
konnten wir ausländischen Beobachter so wenig erkennen wie
die Bürger des riesigen Landes.

Im Zentrum von Moskau liegt der Lubjanka-Platz, der damals
noch Dserschinski-Platz hieß und auf dessen Mitte das Denk-

mal von Felix Dserschinski, dem Gründer der sowjetischen Geheimpolizei, stand, bis es im August 1991 von Demonstranten vom Sockel gestürzt wurde. An der Nordseite des Platzes lag das neueröffnete Warenhaus »Kinderwelt« mit bunten Kleidchen, Puppen, Holzspielzeug und natürlich den kleinen Kalaschnikow-Maschinenpistolen für die Jungen. Hier gab es immer ein größeres und besseres Angebot als in den anderen Kaufhäusern, zur Freude russischer Eltern und Großeltern, die die Kinder gerne verwöhnen. Schräg gegenüber davon lag, was die Moskauer flüsternd die »Welt der Erwachsenen« nannten: der große gelbe Bau des Lubjanka-Gefängnisses, die Zentrale des KGB. Da stand kein Posten vor dem Bronzetor des Eingangs und da war auch nichts abgesperrt, aber niemals ging ein Moskauer auf dieser Seite des Platzes über den Bürgersteig. Auch ich wählte wie sie den Umweg über die Ostseite des breiten Platzes, wenn ich von der Busstation vor der »Kinderwelt« zu einem gelben verschnörkelten Bau im historisierenden Stil der Jahrhundertwende ging. Im Polytechnischen Museum hielt die Gesellschaft »Snamja« (Wissen) Vorlesungen nach Art einer Volkshochschule ab. Hier erläuterten Parteireferenten die weltpolitische Lage, und wenn ihre Vorträge auch selten Neues boten, so war es doch interessant, aus den Fragen der Zuhörer auf ihre Besorgnisse und Interessen zu schließen. Hier konnte man auch hören, wie der Bevölkerung Parteibeschlüsse nahe gebracht wurden. In einer Zeit, in der Chruschtschow dem bürokratischen Staatsapparat eine wiederbelebte, starke Partei entgegenstellen wollte, war gerade für die politisch interessierten Bürger, die zur Volkshochschule kamen, offensichtlich nicht klar, was das für sie und die sowjetische Gesellschaft bedeuten könnte.

Einerseits hatten die neuen Führer nach Stalins Tod angekündigt, daß in der Sowjetunion statt unvorhersehbarer Willkür in Zukunft sozialistische Gesetzlichkeit das Leben berechenbarer und sicherer machen sollte. Andererseits forderte Chruschtschow nun einen verschärften Kampf gegen Überbleibsel

des Kapitalismus, wie er es nannte, gegen gesellschaftsfeindliche
und parasitäre Elemente, und den sollten nicht mehr Gerichte
und Polizei, sondern die sowjetische Öffentlichkeit führen. Vor
schweigenden Zuhörern im Vortragssaal des Polytechnischen
Museums legte ein parteiamtlicher Agitator dar, daß in Zukunft
solche gesellschaftsfeindlichen Elemente von Nachbarschafts-
versammlungen kontrolliert und bestraft werden sollten. Gauner, Herumtreiber, Säufer, amoralische Elemente oder Frauen,
die sich wie Prostituierte aufführten, erläuterte er, seien Menschen, die nicht von ihrer Arbeit lebten, sondern sich auf Kosten der Werktätigen bereicherten. »Nach den Beschlüssen des
XX. Parteikongresses der KPdSU muß ein Klima geschaffen
werden, in dem Menschen, die die Prinzipien der Sowjetmoral
verletzen, durch die ganze Gesellschaft verurteilt werden. Diesen Beschlüssen wird der Gesetzentwurf dadurch gerecht, daß
nicht nur die Behörden, sondern breite Schichten der Sowjet-
öffentlichkeit zum Kampf gegen gesellschaftsfeindliche, parasitierende Elemente herangezogen werden.«
Nach dem Vortrag gab es ein paar Verlegenheitsfragen, aber
ein jüngerer Mann äußerte so etwas wie Kritik: Im Entwurf
des neuen Gesetzes heiße es doch, wer nur zum Schein arbeite,
sich aber faktisch auf Kosten der Werktätigen bereichere, sei
ein parasitäres Element, das von der Bürgerversammlung bestraft werden müsse. »Wenn der Mann nur zum Schein zur Arbeit geht, warum wird er dann nicht entlassen? Und wenn er
sich Geld für seinen Lebensunterhalt illegal beschafft, dann be-
geht er doch ein Verbrechen, für das er vors Gericht gehört«,
sagte der Mann. Mir schien, daß viele Zuhörer die Bedenken
teilten, die seine Frage ausdrückte. Der Redner setzte zu einer
Wiederholung der Argumente seines Vortrags an: »Es ist nur
natürlich, daß die gesellschaftlichen Organisationen stärker
herangezogen werden, wenn es um die Bekämpfung parasitärer
Elemente geht. Die Bürgerversammlung von Menschen, die
in der gleichen Straße wie ihr Schädling wohnen, kennt einen
solchen Mann sicherlich besser als die Richter. Es ist die Pflicht

der Parteiorganisation, alle Kräfte der Öffentlichkeit zu nutzen. Der Sowjetmensch ist ein aktiver Erbauer des Kommunismus. Für ihn stehen die Interessen des Staates und der Gesellschaft über allem. Die wirtschaftlichen und sozialen Wurzeln der Laster des Kapitalismus sind vernichtet. Nun aber müssen wir Schluß machen mit den Überbleibseln der Vergangenheit. Vergessen Sie nicht: Die junge Generation hat die rauhe Schule des Kampfes nicht durchgemacht. Manche denken, die heutigen Lebensbedingungen hätten schon immer existiert. Es ist notwendig, die Aktivität der gesellschaftlichen Organisationen auf die Bekämpfung der Anschauungen und Gewohnheiten zu richten, welche vom Kapitalismus vererbt wurden. Das ist der Sinn des Beschlusses des XX. Parteikongresses, der Sinn des Gesetzentwurfs.«

Zehn Tage später hörte ich im selben Saal einen Vortrag zum selben Thema. Er klang recht ähnlich, aber schon die erste Frage an den Redner, offenbar von einem juristisch gebildeten Zuhörer, war präziser gestellt. Ob das Strafmaß von zwei bis fünf Jahren Verbannung, das die Nachbarschaftsversammlung verhängen dürfe, nicht so hoch sei, daß nur ein Gericht sie aussprechen könne? In seiner Antwort betonte der Redner immer wieder, daß er den Gesetzentwurf grundsätzlich für richtig halte. Er hob hervor, daß alle Sowjetbürger die Notwendigkeit des Kampfes gegen Überbleibsel der Vergangenheit mit Recht hoch einschätzten. Aber dann ließ er durchblikken, daß der neue Gesetzentwurf noch präzisiert und verbessert werden sollte. »Er trägt noch nicht völlig den Prinzipien des Kampfes gegen die Verbrecher und der Festigung der sozialistischen Gesetzlichkeit sowie der Stärkung des Schutzes der Rechte der Sowjetbürger Rechnung«, formulierte er etwas umständlich. »Natürlich müssen wir die Initiative des Volkes unterstützen und den gemeinsamen Versammlungen von Bürgern, von Nachbarn oder Einwohnern eines großen Wohnblocks das Recht gewähren, den Verletzern der Sowjetmoral eine öffentliche Verwarnung zu erteilen und die Behörden zu ersuchen, zweifelhafte Elemente zur Verantwortung zu ziehen.«

Wer im Saal genau hinhörte, verstand die Nuance. Der Redner ließ erkennen, daß staatliche Organe und nicht Nachbarschaftskomitees die letzte Entscheidung haben sollten. Weiter konnte er nicht gehen, ohne gegen die Linie der Partei zu verstoßen. Nach dem Ende des Vortrags hörte ich einem Gespräch zu, in dem vier Männer, vermutlich Jurastudenten, weiter über das Thema nachdachten. Einer sagte: »Bettler und Landstreicher können ja von Bürgerversammlungen abgeurteilt werden, bei ihnen ist die gesellschaftsfeindliche, parasitierende Lebensart typisch. Aber der Entwurf trifft sehr viele Leute, die eigentlich schon von den Gerichten verurteilt werden. Spekulation, Prostitution, Diebstahl sind Verbrechen, auf die schon jetzt strenge Strafen stehen.« Und ein anderer ergänzte: »Verbannung von zwei bis fünf Jahren ist eine strenge Maßnahme, wie sie ihrem Charakter nach nur durch ein Gericht verhängt werden kann. Auch wenn sie aufgrund des gesellschaftlichen Urteils einer Bürgerversammlung angeordnet wird, muß die Verbannung unvermeidlich mit der Verhaftung des Verurteilten verbunden sein. Aber Artikel 127 der Verfassung der UdSSR besagt doch: ›Niemand kann verhaftet werden ohne gerichtlichen Beschluß oder Entscheidung der Staatsanwaltschaft.‹«

Das war natürlich mehr als ein juristisches Fachgespräch, auch wenn keiner – jedenfalls solange ich mithörte – politische Folgerungen zog. Aber mir schien klar, daß dieser Hinweis auf die Verfassung die Besorgnis widerspiegelte, die Ansätze einer gesetzlich geregelten Ordnung könnten schon wieder von einer unberechenbaren Parteiherrschaft überrollt werden, die sich als Wille des Volkes ausgab. Mir fiel ein, wie Chruschtschow auf einem Kreml-Empfang über die Juristen geschimpft hatte. Hörte man Chruschtschow reden, so schien es, als sei die Sowjetunion im Aufbruch und bewege sich schnell auf die Verwirklichung des Kommunismus zu. Gesellschaftswissenschaftler führten aus, was der Parteichef umrissen hatte: Der Neue Mensch sei im Entstehen, ein Mensch, der sich begeistert für die Gesellschaft einsetzte und seine persönlichen Interessen zurückstellte. Er werde keine materiellen Ansprüche mehr erheben, zum Beispiel nicht den Wunsch nach einem eigenen Auto haben. Es werde Autos geben, aber sie sollten Gemeinbesitz sein. Jeder könne sie benutzen und dann wieder abgeben oder stehenlassen für einen anderen, der ein Fahrzeug brauche. So hatte es Chruschtschow selber gesagt, und die Wissenschaftler machten sich daran, seinen Gedanken zu systematisieren und auszubauen. Manchmal schien mir, als überschlage sich ihre Begeisterung für die Ideen des Ersten Sekretärs. In der *Literaturnaja Gaseta* beschrieb ein Professor, wie edel der Neue Mensch sein werde: ohne den Wunsch nach privatem Besitz, ohne Habsucht, ohne Eitelkeit, ja sogar ohne Eifersucht, so daß es in künftigen Ehen nie zu Konflikten oder gar Scheidungen kommen werde. Er werde in seiner Arbeit in Betrieb und Partei aufgehen und dazu noch sein Schöpfertum als künstlerischer Gestalter entfalten.

Vor dem XXI. Parteikongreß legte Chruschtschow in seinen Thesen dar, daß bald die Zeit anbreche, in der »jeder nach seinen Fähigkeiten arbeiten und jedem nach seinem Bedürfnis gegeben« werde. Das war die alte kommunistische Verheißung, aber die meisten Sowjetbürger hatten sie längst nicht mehr ernstgenommen. Sie lebten in einer Gesellschaft, in der Macht, Privilegien und Einkommen fast hierarchisch verteilt waren und sich die Schichten nach Wohlstand und Lebensstil deutlich voneinander abgrenzten. Im Theater oder im Restaurant ließ sich fast auf den ersten Blick unterscheiden, wer Funktionär war oder Wirtschaftsführer, wer Wissenschaftler, Angestellter oder Arbeiter. Sie waren nicht nur unterschiedlich angezogen, sie sprachen und bewegten sich anders. Bauern vom Lande sah man in Moskau nur auf der Straße vor Warenhäusern und an den Bahnhöfen, und man erkannte sie sofort. Das war keine Gesellschaft, die eine Einebnung ihrer

Lebensverhältnisse anstrebte. Die oberen Schichten, die Chruschtschow als ungehobelten Bauern betrachteten, erhofften vom Tauwetter nach der Stalinzeit alles andere als eine gleichmacherische Parteipolitik. Sie wollten besser leben, sie wollten nicht mit politischen Schulungskursen und Forderungen der Partei behelligt werden.

Vielleicht hatte Chruschtschow gehofft, die jüngeren Arbeiter in Bewegung zu bringen. Aber gerade an denen war die politische Schulung vorbeigegangen. Junge Arbeiter stellten ihre Fragen oft ziemlich unbefangen und wollten praktische Antworten. Die Funktionäre des Jungkommunistenverbands hatten es dann schwer, ihre Begeisterung für die »lichte Zukunft« weiterzugeben. Bei einer Komsomolversammlung am Rande eines Großbauprojekts, der ich angemeldet und mit Genehmigung zuhören durfte, schien dem Redner sehr bewußt, daß ein Ausländer teilnahm, aber er konnte nicht verhindern, daß die jungen Arbeiter und Arbeiterinnen Fragen stellten, die nicht in das Schema kommunistischer Geschlossenheit paßten.

Zunächst hatte das Referat fast wörtlich Chruschtschows Rede auf einem Kongreß des Komsomol, des Jungkommunistenverbands, wiedergegeben. Aber dann hatte sich ein Junge mit Pelzmütze gemeldet: »Jeder nach seinen Fähigkeiten, jedem nach seinen Bedürfnissen, das ist das Hauptprinzip des Kommunismus. Jeder nach seinen Fähigkeiten, das ist verständlich. Aber was sind Bedürfnisse? Jeder versteht darunter doch etwas anderes.« Und ein anderer junger Arbeiter ergänzte: »Da kann einer doch gierig sein. Der will ein Haus, Fernseher, Eisschrank, jeden Tag Fleisch und dann und wann etwas zu trinken. Oder vielleicht will er zehn Anzüge, zehn Paar Schuhe und ein Auto.« – »Was braucht einer viele Anzüge? Einer genügt, und wenn der kaputt ist, bekommt er einen anderen«, hielt eine junge Schweißerin ihm entgegen. Der Junge mit der Pelzmütze blieb hartnäckig. »Wenn wir den Kommunismus haben, dann will ich jeden Tag einen anderen Anzug anziehen, vielleicht ist das ein Bedürfnis meiner Seele.« – »Wenn jeder nehmen kann, was er will, dann nehmen sich die Gierigsten immer das meiste«, rief eine Mädchenstimme von hinten.

Der Komsomolfunktionär bemühte sich, die Diskussion auf Linie zu bringen. In der Frage nach Anzügen und Autos drücke sich eine kleinbürgerliche Mentalität aus, sagte er. »Sind denn die materiellen Güter wirklich das Wichtigste? Natürlich treten solche Wünsche auf. Kleidung, Nahrung und Wohnung benötigt der Mensch, aber, wie es heißt, der Mensch kann nicht vom Brot allein leben. Er hat auch geistige Bedürfnisse. Die Antwort auf eure Fragen finden wir bei Marx und Engels. Was ist Bedürfnis? Es tritt im Prozeß der menschlichen Lebenstätigkeit auf und ist von der Gesellschaft bedingt, in der er lebt. Ein wahrer Mensch, der im Geist Lenins lebt, widmet sich dem Kampf um das Glück aller Menschen.« Er merkte, daß seine Zuhörer nicht mehr sehr aufmerksam waren, und suchte nach weiteren Argumenten. »Es geht also nicht nur um Nahrung, Kleidung und Wohnung. Ein Überfluß an materiellen Gütern ist noch nicht Kommunismus. Denkt an Amerika. Das ist ein reiches Land, aber könnte man da einfach den Kapitalismus abschaffen und Kommunismus haben? Kommunismus heißt doch: Verteilung der Güter nach den Bedürfnissen. Aber das können die Amerikaner nicht erreichen, solange sie ihre Psychologie nicht ändern. Sie sind eben nicht in der Gesellschaft der Kollektivisten erzogen worden. Menschen, die im Kommunismus leben, werden kommunistische Bedürfnisse haben. ›Nicht ein Herrenleben wird es geben im Kommunismus, sondern ein Leben der Arbeit, der Kultur und der vielfältigen Interessen‹, hat Chruschtschow gesagt.«

Einem der jungen Arbeiter war das immer noch zu abstrakt, und er fragte noch einmal, ob sich dann jeder nehmen könne, was er wolle, und ob sich dann nicht die größten Egoisten auf Kosten der anderen bereichern würden. Und der Funktionär, dem dieses Gespräch vor den Ohren eines ausländischen Korrespondenten nun unangenehm wurde, setzte noch einmal linientreu nach: »Das Bedürfnis wird abhängig sein vom Bewußtsein, und das Bewußtsein wird ein kommunistisches sein. Natürlich wird man da einiges ausgleichen müssen. Das Maß des Bedürfnisses hängt von Begabungen wie von den Berufen ab. Aber erstes Bedürfnis wird für jeden sein: schöpferische Aufbauarbeit leisten und für andere sorgen. Wenn in einer Gesellschaft kein Überfluß da ist, dann sind Einschränkungen und Abstufungen notwendig, aber es gibt keinen Zweifel, daß wir im Kommunismus Überfluß haben werden.« Als sich die Versammlung auflöste, hörte ich einen jungen Arbeiter zu seinem Nachbarn sagen: »Das war ein richtiger Vortragskünstler.«

Unter den sechs Millionen Menschen, die Ende der fünfziger Jahre in Moskau lebten, gab es nach offziellen Angaben dreihunderttausend Agitatoren, die die Politik der Partei den Menschen nahebringen sollten. Besonders vor Wahlen liefen sie treppauf, treppab von Wohnung zu Wohnung und forderten die Bürger auf, aus den Wahlen eine Demonstration der Einheit des Sowjetvolks zu machen. Dabei wußte natürlich jeder, daß das 99prozentige Ergebnis ohnehin feststand. Die Bürger waren denn auch weniger an der politischen Aufklärung interessiert, sondern benutzten die Gelegenheit, um Klagen und Bitten vorzubringen. Wann ihr Gesuch auf Zuteilung einer größeren Wohnung behandelt werde, fragten sie den Agitator, ob ihre Rente erhöht oder wann die Wasserleitung repariert werde. Manchmal gab der Agitator solche Klagen weiter, und eine Behörde unternahm etwas, aber meistens waren Agitatoren bestenfalls eine Art Meinungsforscher, die etwas über die Wünsche und Stimmungen erfuhren, wenn sie ihren Text aufgesagt hatten. Ihre Arbeit war eigentlich nur eine Formalität, denn die Bürger hatten sich schon in die Wahllisten eintragen lassen, sonst wären sie aufgefallen, und am Wahltag stand ohnehin nur ein Name auf dem Stimmzettel.

Der politische Prozeß war bloß ein Ritual, so, wie der Enthusiasmus der Agitatoren und Redner gesteuert war. Die geschicktesten Funktionäre verbanden politische Schulung mit ganz praktischen Fragen und sprachen über Probleme des täglichen Lebens oder der Arbeit im Betrieb. Auch sie kannten den Spruch, der damals unter den Leuten umging: »Unsere Führer sagen uns, daß wir besser leben. Und wir sagen unseren Führern, daß wir besser arbeiten.« Mir erzählte Frau Golowanowa diesen Witz, als wir die Leistungsschau der Landwirtschaft und Industrie besichtigten, wo wir uns Traktoren und Blechpressen, Zuckerrüben und Weintrauben, Wandgemälde, Produktionsstatistiken und Leninzitate anschauten. Der Witz schien Frau Golowanowa in erster Linie zu zeigen, daß die Arbeiter sich wenig Mühe gaben und vom Staat verhätschelt wurden. Da war sie ganz ein Kind ihrer Bildungsschicht. Solche Redensarten hörte ich meistens, wenn wir im Freien zu einem Termin gingen. Die mir amtlich zugeteilte Sekretärin und Übersetzerin war natürlich zu klug, mir ihre milden politischen Scherze in dem Hotelzimmer zu erzählen, in dem wir arbeiteten.

Frau Golowanowa ging gern in die besseren Restaurants der Hauptstadt, und weil ihr dazu Geld und Gelegenheit fehlten, organisierte sie Abendessen für mich und meine Kollegen, zu denen sie uns begleitete. So fanden wir uns unter den Mosaiken des georgischen Kellerrestaurants wieder, in dem Stalin getafelt hatte, oder wir saßen auf Teppichen im Restaurant »Ararat« und aßen Forellen, die vom Sewansee in Armenien eingeflogen worden waren. Seltener brachte sie uns in Restaurants, deren Ruf nicht ganz zweifelsfrei, aber in denen besonders viel los war.

An einem Nebenarm der Moskwa, jenseits der Großen Steinbrücke neben dem Kreml, lag ein schwimmendes Restaurant, ein grüngestrichenes hölzernes Schiff, auf dem sich abends Männer aus dem Kaukasus und aus Zentralasien trafen. Sie waren auf Dienstreise in Moskau, oder sie kamen mit Waren, die in Moskau knapp waren. Sie verkauften sie zu hohem Preis und dann kauften sie ein, was in der Hauptstadt günstig zu haben und in ihrer Heimat Mangelware war. Die Tische im

Restaurant bogen sich unter Cognac- und Sektflaschen, Kaviar, Lachs und Stör, Schaschlik und gebratenen Haselhühnern. Meiner blonden Sekretärin schickten sie von Tisch zu Tisch Blumen und Sekt, Frau Golowanowa dankte mit würdigem Nicken, aber sie blickte die Spender nicht lange an, denn dann hätten sie sich zu uns an den Tisch gesetzt und wären nicht wieder weggegangen. Die Zigeunerkapelle spielte, junge Frauen in bunten Kostümen tanzten, und manchmal zog einer der Gäste einen größeren Rubelschein aus der Tasche, spuckte darauf und klebte ihn dem Geiger liebevoll auf die Stirn.

Gegen halb elf erschienen gewöhnlich zwei Polizisten, um den Gästen zu zeigen, daß nun geschlossen würde. Aber meistens ließen sie sich im Garderobenraum von fröhlichen Gästen durch ein paar Rubelscheine überzeugen und kamen erst nach Mitternacht wieder. Die Polizei duldete die zwielichtige Gesellschaft. Das Wort Mafia gab es im russischen Sprachschatz noch nicht. Aber jeder wußte, was »Blat« war. Es hieß soviel wie Protektion oder Beziehungen. Vieles in der Staatswirtschaft funktionierte nur, wenn Engpässe durch »Blat« überwunden wurden. »Blat« hieß in der Sprache der Lager auch das Netz, das Kriminelle und Bewacher verband, und stand für die Untergrundwirtschaft und ihre Beschützer in Regierungsstellen. »Blat‹ ist stärker als Stalin«, sagten die Taxifahrer immer noch, um zu erklären, warum es einigen besser ging als anderen.

Russische Funktionäre, Manager und Intellektuelle traf man im schwimmenden Restaurant nicht. Sie hatten ihre eigenen Treffpunkte. Journalisten gingen ins Journalistenhaus, Schriftsteller zum Schriftstellerverband, Musiker ins Haus der Sowjetischen Komponisten – alles Adressen mit vorzüglicher Küche und Kellnern, die beim Einschenken die linke Hand auf den Rücken legten und eine kleine Verbeugung machten. In diese Häuser wurden auch Ausländer manchmal eingeladen. Die Restaurants der Ministerialbürokratie und der Parteifunktionäre

waren für uns unzugänglich. Leute aus dieser Schicht sahen wir
am ehesten in den Restaurants der großen Hotels, die unweit
vom Kreml lagen. Auch in diesen besten Häusern der Hauptstadt gab es meist nur wenige von den Gerichten, die auf der
Speisekarte verzeichnet waren, und vor der Bestellung fragten
die Gäste, statt die Karte zu studieren, was denn vorrätig sei.
Aber was es gab, war gewöhnlich klassische russische Küche aus
der Zeit vor der Revolution. Die Atmosphäre war eher langweilig, die Gäste sprachen höflich-halblaut, wenn sie im Speisesaal des Hotels »National« saßen, der an den Frühstücksraums
eines englischen Provinzhotels der Jahrhundertwende erinnerte.

Mein Zimmer lag vier Stockwerke darüber, und an einem
Winterabend 1958 hörte ich ganz überrascht, was für Musik da
aus dem Restaurant heraufklang: das war eindeutig Cool Jazz.
Der Speisesaal war überfüllt, und an den Tischen saßen Leute, die ich in solchen Restaurants nie gesehen hatte. Da war
ein junger Schauspieler im Rollkragenpullover, das Haar kurz
zum Tituskopf geschnitten. Ein anderer hatte einen Existen-
tialistenbart und rauchte Pfeife. Junge Mädchen in schwarzen
Pullovern trugen ihr Haar nach Art von Juliette Gréco. An einem Tisch saßen Männer, die ich in Konzerten auf dem Podium gesehen hatte: ein Pianist und zwei Geiger, mit ihnen ein
Komponist aus Armenien. Sie klatschten einer Musik Beifall,
die man sonst in Moskau nicht öffentlich hören durfte. Die
fünf Musiker hinter Flügel und Schlagzeug waren junge Männer. Zwei studierten am Konservatorium, die anderen waren
begabte Amateure (zwanzig Jahre später gehörten drei von
ihnen zur Elite des Sowjetjazz, die Underground-Konzerte in
Universitätsinstituten gab).

Der Direktor des Hotels war keineswegs besonders jazzfreund-
lich, aber das Restaurant war in den Wintermonaten, wenn
wenig ausländische Touristen in die Stadt kamen, ziemlich leer
gewesen, und da hatte der Direktor sich daran erinnert, daß bei
den Weltjugendfestspielen eine Moskauer Band den zweiten

Preis gewonnen hatte und damit sozusagen amtlich anerkannt war. Seit sie im »National« spielte, waren alle Tische besetzt. Schauspieler, Schriftsteller und Musiker trafen sich da, aber auch Männer, die wie junge Ingenieure und Ärzte aussahen, mit adrett gekleideten Töchtern der Oberschicht. Sie kannten diese Musik aus den Jazzsendungen der »Stimme Amerikas«, die anders als die Auslandsnachrichten in Moskau ungestört empfangen werden konnten. Sie schnitten die Sendungen auf Magnetophongeräten mit, die gerade im Warenhaus GUM verkauft wurden und reißend weggingen, oder sie schnitten kratzige Schallplatten auf alte Röntgenbilder. Wenn man sie im »National«-Restaurant reden hörte, gingen ihnen die Namen amerikanischer Jazzstars mit Selbstverständlichkeit von der Zunge.

Versuchte aber ein Paar zu tanzen, standen meist junge Männer auf und brachten sie an ihren Tisch zurück. Durch die großen Fenster des Saals blickte man auf die Kremltürme mit ihren roten Sternen, und wenn es schon ein Wunder war, daß hier Jazz gespielt werden durfte, dann konnte es sicher nicht gutgehen, wenn auch noch wild getanzt würde. Ohnehin kamen zu oft Hotelgäste in den Saal, die ihr Abendessen kopfschüttelnd und murmelnd einnahmen und mißtrauisch auf die Kapelle und die Stammgäste blickten. Hotelgäste beschwerten sich über die ausländische Musik, wenn sie im überfüllten Restaurant keinen Platz fanden.

Nach ungefähr acht Wochen war alles vorbei. Die Musiker hatten gefordert, bezahlt zu werden, und der Direktor hatte die Gelegenheit benutzt, ihre Auftritte abzusagen. Wahrscheinlich war es ihm unheimlich geworden bei dem Gedanken an die Kritik, die früher oder später in den Zeitungen des Jungkommunistenverbands gedruckt werden würde. Er engagierte eine Kapelle von Berufsmusikern. Von nun an erklangen der Amurwellenwalzer oder auch mal die westliche Donkeyserenade. Das Restaurant war nicht mehr so gut besucht, aber der Direktor war nicht unzufrieden. Jetzt hatte er wieder sein vertrautes Publikum, weniger Gäste, so sagte er mir, die mehr aßen und tranken und Geld ausgaben. Jazz wurde nur noch gelegentlich und ohne Ankündigung in Nebenräumen der Universität und der technischen Hochschulen gespielt – manchmal als Volksmusik der unterdrückten amerikanischen Schwarzen deklariert.

Die Zeitungen verurteilten die Freunde von Jazz und westlicher Tanzmusik als Opfer dekadenter kapitalistischer Einflüsse. Aber man merkte, daß es ein Abwehrkampf war, wenn die Redaktionen Briefe junger Arbeiter abdruckten, in denen gefragt wurde, ob denn die Neigung zu solcher Musik wirklich und automatisch auf die abschüssige Bahn politischer Abweichung führe. Kulturklubs in Fabriken und Instituten engagierten Kapellen, deren sowjetische Tanzmusik immer mehr nach Glenn Miller klang. Unterderhand kauften und tauschten junge Leute Platten aus Polen, der Tschechoslowakei und der DDR, deren Musik westlicher und moderner war. Schallplatten aus den Ländern des »sozialistischen Lagers« durfte man gefahrlos besitzen. Wer westliche Schallplatten hatte, geriet in Verdacht, auch westlichen Ideen nachzuhängen. Deshalb mußte er nicht gleich eine Bestrafung befürchten, aber irgend jemand machte in seiner »Charakteristik« ein schwarzes Kreuz, und wenn es darum ging, ob der Jugendverband oder die Gewerkschaft seine Zulassung zum Studium oder seine Beförderung befürwortete, fiel das gegen ihn ins Gewicht. Doch die jungen Studenten hatten immer weniger Angst davor, sich in Schwierigkeiten zu bringen. Ihnen fehlte die Erinnerung an die Stalinzeit, die die Älteren davon abhielt, die Grenzen ihres Freiraums abzutasten. Moskauer über dreißig vermieden noch immer Kontakte mit Ausländern, aber die Jüngeren waren unbefangener und neugierig, besonders seit sie bei den kommunistischen Weltjugendfestspielen erlebt hatten, wie einige tausend junge Ausländer auf Moskaus Plätzen, in der Uni und in den Kulturparks tanzten und diskutierten.

Es gab in Moskau noch eine andere Welt, die sich der Reglementierung durch die Parteipolitik auf stille Weise entzog. Man fand sie in einer Nebenstraße des alten Stadtviertels Arbat, in einem kleinen Privathaus mit dem Schild »Skrjabin-Museum« neben der Tür. Da trat man in eine Wohnung mit Jugendstilmobiliar, wie sie zu Beginn des Jahrhunderts Moskauer Künstler bewohnt hatten. Wenn sich das Auge an das Halbdunkel gewöhnt hatte, erkannte man die Umrisse eines großen Schreibtisches, eines Schaukelstuhls, eines Sofas und eines Flügels. Ich saß in einem altmodischen bequemen Sessel, und im dunklen Raum spürte ich das Atmen von schweigenden Menschen. Dann kamen knackende und kratzende Geräusche aus dem Nebenraum, und von einer Schallplatte erklangen die ersten Takte der h-Moll-Messe Johann Sebastian Bachs.

Die Zuhörer waren gekommen, um Musik zu hören, die ihnen sonst nicht zugänglich war. Seit Jahrzehnten hatte kein Moskauer Orchester eine Bach-Messe aufführen dürfen. Auch religiöse Musik galt als Opium für das Volk. Die Zuhörer im Skrjabin-Museum erschienen mir wie eine kleine Gemeinde: Frauen mit gutgeschnittenen, sensiblen Gesichtern unter dem weißen Haar, aber bescheiden, fast ärmlich gekleidet; ältere Männer in abgeschabten blauen Anzügen. Aber da war auch eine Reihe junger Leute, Mädchen in hochgeschlossenen Kleidern und junge Männer, die, den Kopf aufgestützt, mit geschlossenen Augen der Musik lauschten. Nach einigen solcher Abende erkannte ich manche von ihnen, die immer wieder kamen, aber manchmal waren ganz andere da, Musiker und Komponisten mittleren Alters, die sich eine Schallplatte mit den Carmina Burana von Orff anhören wollten. Bei solchen Gelegenheiten setzte sich hin und wieder ein berühmter Pianist an den Flügel und spielte Skrjabins Musik voll düster glühender Farben, die in den Konzertsälen nicht zu hören war, seit die Kulturfunktionäre der Partei sie als dekadent abgestempelt hatten. Die Wohnung des Komponisten blieb dennoch Museum — eine seltsame Folge des Widerspruchs zwischen der Verehrung des Künstlers und der Furcht vor seiner Kunst.

Im Moskauer Konservatorium erlebte ich ein ganz andersartiges Publikum: Musikstudenten, die anderen Studenten zuhörten, wenn sie sich für die Teilnahme am internationalen Tschaikowsky-Wettbewerb junger Pianisten und Violinisten qualifizierten. Da lag ein angenehmes Werkstattklima ohne jeden Überschwang über dem Saal. Während ein junger Pianist spielte, drängten Zuhörer durch die Tür, andere gingen leise hinaus zu ihrer Unterrichtsstunde. Auf den Gängen und auf der Treppe hörte man sie diskutieren, im Saal steckten sie flüsternd die Köpfe zusammen, machten lobende und kritische Bemerkungen. Sie wirkten sehr ernst, fast wie junge Russen des 19. Jahrhunderts, und sie schienen ihr Leben auf ganz altmodische, aber anrührende Weise der Kunst zu weihen. Sie klatschten begeistert, wenn einer der Solisten sie überzeugte. Doch die jungen Leute im Saal des Konservatoriums kritisierten auch scharf und wußten genau, wann einer der jungen Pianisten Beifall verdiente.

Es war ein anderes Publikum als in den großen Konzertsälen der Hauptstadt, wo stets eine kleine Gruppe von Kennern und Kunstfreunden in einem Meer von Zufallsbesuchern saß. Das waren die Leute, die einfach dabeigewesen sein wollten, Leute aus der Provinz, denen Freunde eine Karte besorgt hatten, Männer auf Dienstreise, denen ihr Ministerium oder ihr Partnerunternehmen etwas bieten wollte, und Angestellte und Arbeiter aus Moskauer Industriebetrieben, denen ein Kartenkontingent zugeteilt wurde. Es waren Zuhörer, die begeistert klatschten, aber das staatliche Verteilungssystem verhinderte, daß in Moskau ein Stammpublikum für große Konzerte entstand. Musiker wie Regisseure beklagten, daß sie selbst im begrenzten Rahmen des Erlaubten kein Experiment wagen konnten. Die frühen Werke von Prokofjew und Schostakowitsch waren lange als formalistisch verpönt gewesen, und nun schien es in Moskau kein großes Publikum mehr zu geben, das Zugang zu ihnen finden konnte.

In Moskaus Konzertsälen brillierten Solisten von Weltrang und

große Orchester. Aber die Musikszene, wie die Kunst überhaupt, lebte vom Rückgriff auf die Klassiker oder von Werken sowjetischer Komponisten, die die Zensur des Kulturministeriums und des Komponistenverbands passiert hatten. Sie bewerteten Musik nach ihrem »Ideengehalt«, also danach, ob sie die erhabenen Gefühle widerspiegelte, die die Partei als Grundstimmung des vorwärtsstrebenden Sowjetmenschen dekretiert hatte. Sie wollte das »Massenlied« zum Prüf- und Grundstein der Neuen Musik machen, und selbst berühmte Komponisten wie Dmitri Schostakowitsch und Aram Chatschaturjan unterwarfen sich der Forderung nach Propaganda- und Unterhaltungsmusik, die sie mit technischer Brillanz komponierten. Ein junger Komponist erzählte mir von seinem Doppelleben: daß er erfolgreiche Filmmusik schreibe und zugleich für die Schublade und ein paar Freunde Dinge komponiere, die in Konzertsälen nicht aufgeführt werden dürften. »Aber ein Künstler braucht den Maßstab ehrlicher, verständnisvoller Kritik, die Zustimmung oder Diskussion in der Öffentlichkeit«, sagte er. »Man müßte schon ein einzigartiges Genie sein, um im hermetisch abgeschlossenen Raum zu arbeiten, ohne auf die Dauer alle Maßstäbe zu verlieren.«
Die Musik, angewiesen auf den Apparat der Orchester und Konzertsäle, hatte sich leichter gleichschalten lassen als die Literatur, und in den Konzertsälen wurde das Tauwetter weniger spürbar als in den literarischen Zeitschriften. Die »dicken Zeitschriften«, wie die Leser sie nannten, hatten im geistigen Leben Rußlands immer eine besondere Bedeutung gehabt. Viele Lebensfragen, die die Leser bewegten und die die Politik verdrängte, fanden sie in Erzählungen und Gedichten wieder. Die Schriftsteller blieben oft näher am Leben der Menschen als die Journalisten. Manches, was die Zensur in den Buchverlagen nicht durchgehen ließ, erschien in den Zeitschriften, weil angesehene, mit Staatspreisen geehrte ältere Schriftsteller sich in ihren Redaktionskollegien für Erzählungen jüngerer Autoren einsetzten.

1956 veröffentlichte die Zeitschrift *Nowy Mir* einen Roman, der unter den Lesern sofort Erstaunen und Diskussion hervorrief. Geschrieben im Stil des sozialistischen Realismus, stellte er dessen Prinzipien auf den Kopf. In dem Buch *Der Mensch lebt nicht vom Brot allein* kämpfte ein einzelner, ein Ingenieur, gegen Parteibürokraten und Filz. Das Wunder war, daß dieser einzelne der Gerechte war und nicht die Vertreter der Partei. Der Autor war ziemlich unbekannt. Er hatte für wenig auffällige Erzählungen die üblichen kleinen Preise in Wettbewerben von Zeitungen und Zeitschriften des Jungkommunistenverbands bekommen. Nun hatte sein Roman ganz offenbar Fragen aufgeworfen, die viele sowjetische Leser bewegten. Ich bat ganz vorschriftsmäßig einen Sekretär des Schriftstellerverbands, mir ein Interview mit dem Autor Wladimir Dudinzew zu vermitteln.

»Aber das ist doch ein ganz uninteressanter Mensch«, sagte der Sekretär. »Sie werden enttäuscht sein. Der Mann sieht aus wie ein Buchhalter, und sein Roman ist ein Zufallstreffer ohne große Bedeutung.« Aber der Sekretär machte dann doch einen Termin, nicht in der Wohnung des Schriftstellers, sondern in einem Empfangssaal des Staatskomitees für kulturelle Beziehungen mit dem Ausland. Wir saßen in einem kühlen, etwas muffigen Saal, und unsere Umgebung hatte trotz der plüschigen Stilmöbel die Intimität eines Bahnhofswartesaals. In ähnlichen Räumen hatten mich manchmal Funktionäre der Künstlerverbände zu offiziellen Gesprächen empfangen. Dudinzew wirkte vor dieser Kulisse ganz verloren, mit grobem Schuhwerk, einem Anzug, der auch in Moskau altmodisch-provinziell aussah, mit abweisendem, fast undurchdringlichem Gesicht hinter runden Brillengläsern. Aber während er sprach, merkte ich, daß sein Roman mehr als ein Zufallstreffer war, der einen Trend der öffentlich geduldeten Diskussion nur illustrierte. Dudinzew sprach ruhig, fast ausdruckslos, aber er formulierte Gedanken, die mir zutiefst russisch erschienen – auch oder gerade weil ich sie in den sowjetischen Texten nicht gefunden hatte. »Als ich jung war, verstand ich den Hauptzug der russischen Literatur nicht«, sagte er. »Heute bin ich neununddreißig Jahre alt, und ich beginne ihren Wesenszug zu begreifen. Ich habe immer überlegt, warum es so viele Aufstände bei uns gab, so viele eigenartige Formen revolutionärer Auflehnung. Oder warum es in der Malerei kaum Interesse für Landschaften und Interieurs gab, sondern immer nur für den Menschen mit seinen Freuden und seinen Tränen. Früher gab es Bauern, die keine Fremdsprache beherrschten, aber eine eigene Philosophie hatten. Das Nachdenken über sein Schicksal ist dem russischen Menschen nicht zu nehmen. Immer hatten die Künstler das glühende Verlangen, den Menschen zu helfen. Sie suchten den Dolch und fanden die Feder. Auch der Dolch kann manchmal nützlich sein, sie aber wählten das überzeugende Wort. Wo ein starker Wille die Feder bewegt, wird die Form dem Stoff untertan. Wenn ein Schriftsteller versucht, den Menschen zu verstehen und ihm zu helfen, dann wird die Hand so stark, daß sich die Form unterordnet, um dem hohen Ziel mit Liebe zu dienen.«

In diesem Gespräch äußerte er kein Wort der Zustimmung oder Kritik zur Politik der Partei. Einmal sagte er etwas, das wie ein persönliches Glaubensbekenntnis klang. »Mit dem Denken erreichen wir nie die Tiefe des Gefühls, das rationale Denken reicht nicht aus. Es muß mit dem Ethos beginnen, auf dem Wege Kants. Das soll nicht heißen, daß ich diese Lehre völlig teile. Man kann natürlich auch über andere Doktrinen reden«, sagte Dudinzew, aber er redete nicht über sie. Zuerst hatte die Kritik seinen Roman ablehnend, aber nicht feindselig behandelt. Aber als *Der Mensch lebt nicht vom Brot allein* unter den Studenten zum Kultbuch wurde, mehrten sich bösartige Kritiken und politische Vorwürfe.

Schließlich verurteilte Chruschtschow den Roman als eine Entstellung der sowjetischen Wirklichkeit. Dem sowjetischen Außenministerium mißfiel, daß wir ausländischen Korrespondenten diese Entwicklung als ein Zeichen wiederbeginnender

Intoleranz einschätzten, und so lud uns der Schriftstellerverband zu einem Gespräch mit einem der alten Schriftsteller ein, mit Konstantin Simonow, dessen Romane über den Krieg sich durch Realismus und anständigen Patriotismus auszeichneten. Er schien sich in seiner Rolle nicht wohlzufühlen, sprach lange und ausführlich über den Geist der klassischen russischen Literatur und kam dann ungefragt auf den Fall Dudinzew. Er verstehe nicht, sagte der alte Schriftsteller, warum man im Westen glaube, Dudinzew werde für seinen Roman bestraft. Es gehe ihm gut, er arbeite viel, gegenwärtig an einem Roman über das Leben der Fischer in Sibirien, und außerdem habe ihn die *Literaturnaja Gaseta* mit Reportagen über Sibirien beauftragt, die ihn von Moskau fernhielten. Simonow umging jede Kritik an dem Roman, so als sei er entschlossen, jede Verurteilung zu vermeiden. Aber ich war mir sicher, daß er nicht die Wahrheit sagte, denn Dudinzew selbst hatte mir gesagt, er schreibe einen Roman über das Schicksal der russischen Intelligenz. Daß dies die Wahrheit war, erfuhren wir jedoch erst dreiundzwanzig Jahre später, als das Buch *Weiße Gewänder* zur Zeit von Gorbatschows Glasnost veröffentlicht werden durfte. Solange erschien keine einzige Zeile von Dudinzew.

Nach Chruschtschows Geheimrede über die Verbrechen Stalins waren zunächst sogar Texte erschienen, die – ohne die Massenverhaftungen selbst zu beschreiben und zu untersuchen – von Tragödien berichteten, die sich zwischen Mitgliedern einer Familie abspielten, von Beziehungen zwischen Freunden und Verwandten, die in die Mühle des Denunziantenapparats geraten waren. In der Zeitschrift *Nowy Mir* erschien sogar eine Erzählung über die Lager des KGB in Sibirien – »Ein Tag im Leben des Iwan Denissowitsch« – von einem ganz unbekannten Autor: Alexander Solschenizyn.

Die Veröffentlichung war der Zeitschrift verboten worden, aber der Chefredakteur Twardowski, einer der angesehensten Männer der sowjetischen Literatur, hatte seine Stellung aufs Spiel gesetzt und sich direkt an Nikita Chruschtschow ge-

wandt. Der erste Mann der Sowjetunion selber genehmigte die
Veröffentlichung. Vielleicht war er der einzige, der das durchsetzen konnte, vielleicht hoffte er, seine Position im Kampf mit
den politischen Konkurrenten zu stärken. Chruschtschow hatte
unter Moskauer Intellektuellen als ein ungebildeter Provinz-
funktionär gegolten, aber nun änderte sich ihre Einstellung,
weil er die Schriftsteller immer wieder zur Kritik ermunterte,
allerdings zu einer konstruktiven Kritik, die sich mit Mißständen im Alltagsleben befaßte, aber grundsätzliche Fragen aus-
ließ. Die schönfärberische, lackierte Darstellung des sowjetischen Lebens schmeckte ihm nicht. Aber der Realismus mußte
dort seine Grenze haben, wo die kritische Darstellung auch
Funktionäre und damit die Partei selbst ins Visier nahm.
Chruschtschow war kein systematischer Denker, sondern ein
Pragmatiker, der Erfolge sehen wollte. Formale und ästhetische
Fragen interessierten ihn nicht. Seine allgemeinen, oft improvisierten Äußerungen ermöglichten es den Redakteuren und
Autoren, darüber zu diskutieren, ob ein Gedicht oder eine Erzählung noch tragbar, weil nur kritisch, oder untragbar, weil
negativ sei. In einer Phase, in der die Reden der Parteiführer
nicht mehr Direktiven, sondern »erzieherische Darlegungen«
genannt wurden, konnten die mutigeren Redakteure sich
manchmal gegen die vorsichtigen oder linientreuen durchsetzen. Aber auch Chruschtschow, auf den sich manche Schriftsteller beriefen, stand unter dem Druck der Kollegen und Konkurrenten in der kollektiven Führung. Sie warfen ihm vor, mit
seiner Stalin-Rede die Grundlagen der Parteiherrschaft in der
Sowjetunion und Osteuropa erschüttert zu haben. Er selber,
dem Literatur und Kunst nur als Helferinnen der Politik galten, schien zu bemerken, daß er Schleusen geöffnet hatte,
durch die sich ein Strom unkontrollierten Denkens zu ergie-
ßen begann.
Er ließ Schriftsteller, Musiker und Maler zu einem Gartenfest
auf die Parteidatscha am Rande Moskaus einladen. Zwischen
den Holztischen mit Schaschlik, Wodka und Champagner

fühlten sie sich wohl und geehrt, bis der Erste Parteisekretär seine Rede begann. Er warnte die Intelligenz vor der Selbstüberschätzung, und manche seiner Gäste glaubten aus seinen Worten so etwas wie Enttäuschung über die Intellektuellen, sogar Verachtung herauszuhören. Und dann sprach er unter klarer Anspielung auf kritische sowjetische Autoren von der Rolle, die die ungarische Intelligenz bei der Vorbereitung des Aufstands in Ungarn 1956 gespielt hatte. »Hier ist nicht Ungarn«, rief er den Künstlern zu. »Unsere Hand wird nicht zittern.« Und dann sprach wieder der joviale Chruschtschow. Er verglich die kritischen Autoren der Tauwetterperiode mit Verbrechern, die sich nach ihrer Verurteilung gebessert hätten oder bessern könnten. »Es gibt ein russisches Sprichwort, und das heißt: ›Man tritt einen Mann nicht, wenn er am Boden liegt.‹« Es war nicht einfach zu erkennen, was die Partei verlangte oder duldete.

Ein Jahr später erzählte mir ein älterer Schriftsteller, unmittelbar nach dem Datschenfest sei der jüngste und »liberalste« Mann der Parteispitze, Schepilow, zu ihm gekommen und habe ihn und seine Kollegen beruhigt. Man müsse Chruschtschows Warnung nicht zu ernst nehmen, habe Schepilow gesagt. Chruschtschow rede eben etwas drastisch, aber er verstehe nichts von Literatur und kümmere sich glücklicherweise kaum um sie. Schepilow, mit dem Spitznamen »der fortschrittliche Dimitri«, galt unter den Intellektuellen als verhältnismäßig liberaler Protektor der Künste. Aber wer wußte schon Genaues über die Rollenverteilung unter den Führern?

Einen Monat nach diesem Gespräch ging ich zu einem Empfang der *Zeitschrift für ausländische Literatur.* Kurz zuvor hatte Chruschtschow seine Rivalen in der Partei ausgeschaltet: Malenkow, Molotow, Kaganowitsch und ihr »Mitläufer« Schepilow waren als »parteifeindliche Gruppe« entlarvt und abgeschoben worden. Die Zeitschrift hatte zu einer Tasse Tee eingeladen, aber es gab ein kaltes Büfett mit viel Wein und Wodka. Als die Stimmung sich ein wenig gelockert hatte, fragte ich einen der Funktionäre des Schriftstellerverbands, ob der Sturz Schepilows nicht nachteilige Folgen für die Autoren haben würde. Aber mein Gesprächspartner schüttelte den Kopf. »Schepilow hat alle getäuscht. Zu uns ist er gekommen und hat gesagt: ›Schreibt die lebendige Wahrheit, damit die Leser ihre eigene Welt erkennen.‹ Und dann ging er zum Parteipräsidium und sagte, unter den Schriftstellern seien gefährliche Revisionisten und man müsse hart durchgreifen.«

Wie immer bei solchen Äußerungen konnte ich nicht abschätzen, ob mein Gesprächspartner ganz ehrlich war. Stimmte, was er sagte, oder sollte er nur einem ausländischen Journalisten vermitteln, daß sich unter Chruschtschow der Kurs nicht verhärten werde? Ein paar jüngere Schriftsteller, die unserem Gespräch zugehört hatten, wandten sich schweigend ab, ehe ich sie nach ihrer Meinung fragen konnte. Das Parteiorgan *Kommunist* stellte den Fall in seiner Abrechnung mit dem gestürzten Parteiführer jedenfalls anders dar als der Funktionär auf dem Empfang. Die Zeitschrift warf Schepilow vor, er habe versucht, die Leitung und Kontrolle der Partei durch die bürgerlich-idealistische Idee von schöpferischer Freiheit zu ersetzen. Das allerdings konnte auch nicht die Wahrheit sein, es war höchstens die Zuspitzung eines Vorwurfs im Rahmen des Katalogs ritueller Beschuldigungen. Redakteure und Schriftsteller aber lasen es als Warnung. Chruschtschow hatte die starren Köpfe der alten Garde ausgeschaltet, aber das bedeutete nicht, daß das Land zur freieren Diskussion der Tauwetter-Zeit zurückkehrte.

Kritische Erzählungen mit eindeutig politischem Bezug fand man nun in den sowjetischen Literaturzeitschriften nicht mehr. Aber manche Texte jüngerer Autoren hatten jetzt einen deutlich anderen Ton als in den Jahren des rigiden sozialistischen Realismus. Es waren stille, fast klassische Erzählungen, die an Tschechow und Bunin anzuknüpfen schienen – Erzählungen über Schicksale und Menschen, die nach den inneren Veränderungen in ihrem Leben fragten. Nach vielen Jahren, in denen die Literatur kämpferische Sowjetmenschen auf dem Weg zu kommunistischen Erfolgen geschildert hatte, standen nun einfache Menschen mit ihren Gefühlen im Mittelpunkt von Erzählungen, die sie in die weite, oft düstere Landschaft des russischen Lebens stellten. Diese kleinen lyrischen Erzählungen überzeugten durch die Feinfühligkeit und genaue Beobachtungsgabe ihrer Autoren, es fehlte jener sozialistische Inhalt, den die Partei verlangte, und sie wären einige Jahre zuvor nicht gedruckt worden. Aber auch jetzt gab es eine Grenze, die die Parteikritik gegen Formalismus und Individualismus gezogen hatte, und davor schon die Selbstzensur der Redakteure und Schriftsteller. Die Älteren sorgten dafür, daß kein Ärgernis entstand und die Funktionäre wieder härter eingriffen.

Gerade ältere, berühmte Autoren setzten sich – nicht öffentlich, aber in privaten Gesprächen – für junge Schriftsteller ein und versuchten, sie zu schützen. Einige der großen alten Männer der Sowjetliteratur erkannten sich wohl in den jungen Schriftstellern wieder, fühlten sich durch deren Erzählungen an die eigene Arbeit erinnert und an das eigene Leben in der Zeit, bevor Stalin sie zu »Ingenieuren der menschlichen Seele« ernannt hatte. Wenn sie selber Erinnerungen veröffentlichten, spürte man so etwas wie Wehmut in der Schilderung der aufregenden Jugendzeit oder stiller Tage in der Provinz. Für solche Bücher gab es viele Leser. »Das ist abseitige Literatur für Lehrerinnen«, sagte ein Abteilungsleiter im Schriftstellerverband verächtlich zu mir. Aber die öffentliche Kritik zog es vor, solche Abweichungen großer alter Männer der Sowjetliteratur zu übersehen.

Der berühmteste unter ihnen war Michail Scholochow, der Autor von *Der stille Don*, dem großen und vielgepriesenen Epos über die Kollektivierung im Kosakenland. Für ein paar Tage bezog er während eines Schriftstellerkongresses Quartier in dem Hotel, in dem ich wohnte, direkt neben meinem Zimmer. Abends hörte ich seine laute, polternde Stimme durch die Wand. Morgens stand eine Batterie von Wodka- und Mineralwasserflaschen vor seiner Tür. Er war ein untersetzter, breitschultriger Mann mit gerötetem Gesicht, und eines Abends sprach ich ihn auf dem Flur vor unseren Zimmern an. Ich wollte ihn fragen, wann der zweite, abschließende Band seines Romans *Neuland unterm Pflug* erscheinen würde. Vielleicht hielt er mich für einen der Moskauer Literaten, die er nicht ausstehen konnte, jedenfalls fuhr er mich an: Er wisse auch nicht, was sozialistischer Realismus sei, das wisse überhaupt niemand. Schon gar nicht die Funktionäre des Schriftstellerverbands, dieser Vereinigung toter Seelen. Da gehörten der Sektion Lyrik Tausende Schriftsteller an – ich glaube, er sagte: fünftausend –, und in der ganzen russischen Literatur habe es keine zwei Dutzend Dichter gegeben. Dann ging er in sein Zimmer und schlug die Tür zu.

Später verstand ich, warum ihn meine Frage gereizt hatte: Der erste Band seines Neuland-Romans war zwanzig Jahre zuvor erschienen. Und noch immer forderten die Literaturfunktionäre von ihm, den zweiten Band umzuschreiben, weil ihnen das Ende unbefriedigend und negativ erschien. Niemand konnte es wagen, ihn als antisowjetischen Autor zu tadeln, und es gab wohl auch keinen Grund dafür. Chruschtschow feierte ihn schon als Klassiker. Der Schriftstellerverband hatte ihn für den Nobelpreis nominiert. Aber der zermürbende Streit um eine wahrhaftige Darstellung der harten Bauernwelt zog sich über Jahre hin.

Vielleicht gab es in Moskau keine andere Wohnung, in der eine verknautschte Baskenmütze neben einem Picasso-Plakat hing, dachte ich, als ich zum erstenmal Ilja Ehrenburg besuchte. Ein altes Dienstmädchen führte mich durch den halbdunklen Salon, an dessen Wänden ich Lithographien und Ölbilder von Picasso, Braques und Léger erkannte. Ehrenburg wartete am Schreibtisch vor hohen Bücherregalen, ein älterer Herr in hellblauem, gutgeschnittenem Anzug mit passender Krawatte – ein ergrauter Intellektueller, immer noch von ein bißchen Boheme-Luft umwittert. Er hielt den Telefonhörer in der Hand, und eine junge Stimme voll jovialer Sicherheit erklang am anderen Ende der Leitung so kräftig, daß ich fast jedes Wort verstehen konnte. Der Anrufer war gerade zum Herausgeber eines Essaybands von Ehrenburg über Stendhal und die französische Literatur bestellt worden. Ehrenburg ließ sich noch einmal seinen Namen nennen und fragte, ob er ein Spezialist für französische Literatur sei. Die Stimme aus dem Telefon sagte ohne jede Verlegenheit: »Nun, also noch nicht lange.« Er müsse sich dringend mit Ehrenburg unterhalten, denn sein Vorgänger habe ihm einige Unklarheiten hinterlassen. Ehrenburg fragte mit kühler Stimme nach den beiden Briefen, in denen er sich schon dazu geäußert habe. Die müsse der Anrufer erst kennen, ehe ein Gespräch Sinn habe. Ehrenburg sprach kühl, und die Stimme des Herausgebers klang etwas weniger jovial, als er sich verabschiedete. Ich wußte nicht, wer er war, aber ich verstand seine Rolle. Ehrenburgs Essay über Stendhal war in einer Zeitschrift veröffentlicht worden, und Kritiker hielten ihm vor, daß er durch sein Lob für einen »bürgerlichen Realisten« die geistige Enge des sozialistischen Realismus »bloßzustellen« versuche. Nach Anweisung seiner Vorgesetzten im Verlag und nach Absprache mit den Funktionären des Schriftstellerverbands sollte der neue Herausgeber den Essayband so bearbeiten, daß man ihn der Zensurbehörde Glawlit ohne Sorge vorlegen konnte. Bei einem Mann wie Ehrenburg, der durch viele Stalin- und Staatspreise ausgezeichnet worden war, würde der Herausgeber es nicht leicht haben. Der Schriftsteller legte den Hörer auf und steckte sich eine Zigarette an − eine Gauloise. Da ich Deutscher war, erinnerte er sich an das Berlin der zwanziger Jahre, sprach von Muratti-Zigaretten und vom Hotel Kempinski. Das Berlin der zwanziger Jahre, in dem er gelebt hatte, stand ihm ganz deutlich vor Augen: eine häßliche Stadt, aber amerikanischer als Amerika, mit ungeheurem Tempo. »Die Deutschen sind überhaupt Maximalisten«, sagte er. »Es ist gar nicht wahr, daß die

Russen mystisch, die Französinnen leichtfertig oder die Deutschen berechenbar sind. Deutsche sind Maximalisten. Aber wonach streben sie heute? Nur nach maximaler Prosperität? Es geht ihnen in Westdeutschland doch schon ganz gut, sie haben den dritthöchsten Lebensstandard in Europa. Aber was wollen sie nun?«

Das klang so ganz anders als die stereotypen Darstellungen von Streiks, Ausbeutung und Militarisierung im Westen, die ich aus den Zeitungen kannte. Ehrenburg machte sich nicht die Mühe, parteioffizielle Redensarten nachzubeten, eher genoß er es, sich als unabhängiger Mann von Welt darzustellen. Ich versuchte, das Thema zu wechseln und ihn zu reizen. Der Erste Sekretär des Schriftstellerverbands, Surkow, habe kürzlich gesagt, Ehrenburgs Essay über Stendhal sei eine kaum verdeckte Kritik am sozialistischen Realismus, er habe ihn einen Selbstmörder genannt, der paradoxes Zeug schreibe.

Ehrenburg reagierte ärgerlich, aber gelassen. »Sehe ich wie ein Selbstmörder aus?« fragte er. »Man sollte die Entwicklung eines Landes nicht nach den Ereignissen eines Tages beurteilen. Ob das Tauwetter vorbei ist? An einem Tag ist es kälter, am anderen wärmer, und die Entwicklung geht weiter. Man muß nicht immer nur darauf achten, was die Funktionäre sagen. Das Leben hat viele Seiten. Natürlich muß man den Sozialismus aufbauen, aber die Stadt des Sozialismus hat viele Häuser. Die einen bauen mit bester Absicht Hochhäuser in einem Stil, den ich und andere schrecklich finden. Es gibt eben verschiedene Temperamente und Geschmacksrichtungen. Das verstehen viele Ausländer nicht. Die einen malen unser Land wie die Hölle, die anderen wie das Paradies, beides ist falsch, ohne Tiefe und ohne Relief. Aber, wie Boris Pasternak in einem Gedicht sagt: ›Der Gott der Liebe ist der Gott der Details.‹ Das gilt nicht nur für die Frauen, sondern für vieles andere.«

Mich überraschte, daß er Pasternak zitierte. Dessen Roman *Doktor Schiwago* war noch nicht erschienen, aber die Verbandsfunktionäre hatten ihn schon verurteilt. Also fragte ich weiter, nach Pasternak und dem umstrittenen Buch. Ehrenburg lehnte sich zurück: »Boris Pasternak ist ein großer Dichter und ein großer Egozentriker. Ohne zu posieren, nimmt er ganz private Assoziationen in ein Gedicht auf – Dinge, die vor sechs Monaten geschahen und die außer ihm vielleicht nur noch eine Frau weiß. Er ist der größte Egozentriker, den ich kenne, egozentrisch wie ein Kind, was nichts gegen seine Qualitäten als Dichter sagen soll. Auch seine Prosa ist immer dichterisch, immer ein paar Handbreit über der Erde, aber es ist stets große Prosa, voll von dichterischen Bildern. Ich habe das Manuskript von *Doktor Schiwago* gelesen, die Beschreibung jener Zeit ist ausgezeichnet. Wir sind Altersgenossen, deshalb kann ich das beurteilen.«

Ehrenburg machte eine Pause, dachte einen Augenblick nach und fuhr dann fort: »Wie gesagt, ich habe den Roman gelesen, das Manuskript. Ich bin allerdings noch nicht am Ende, sondern gerade bis zur Revolutionsepoche gekommen. Bis dahin, das muß ich wiederholen, ist die Beschreibung jener Zeit ganz ausgezeichnet.« Der alte Fuchs, der so viele Gefahren überlebt hatte, verstand es, sich zu decken. Es wäre ihm peinlich gewesen, ein Werk großer Dichtung nicht anzuerkennen, aber er vermied es geschickt, sich zu jenem Teil des Romans zu äußern, den die Funktionäre des Schriftstellerverbands verurteilten.

Wenn Ehrenburg über Schriftsteller sprach, nannte er fast nur Autoren, die mehr oder weniger deutlich kritisiert worden waren, und er nannte ihre Erzählungen ehrliche und reine Werke, als setze er sie dadurch gegenüber der offiziell gelobten Literatur ab. »Heute sind die Leser interessanter als die meisten Bücher, die sie bekommen.« Wir führten eines jener scheinbar offenen Gespräche, in denen man die kritische Meinung nur hinter den Sätzen heraushören und aus dem Zusammenhang erraten konnte. Aber solche Gespräche waren wichtig, denn sie korrigierten die Leitartikel und Hochglanzbroschüren, in denen eine monolithische Sowjetunion auf dem Marsch ins kommunistische Glück dargestellt wurde.

Die Funktionäre fanden es immer schwieriger, der Welt das glatte Bild einer Sowjetunion ohne Brüche und Spannungen aufzudrängen. Die meisten hatten zu lange selbstherrlich bestimmen können, was öffentliche Meinung sein sollte, um Ausländern ihre Weltsicht glaubwürdig zu vermitteln. Das wurde nie deutlicher als in der Auseinandersetzung um Pasternak. Sein Roman *Doktor Schiwago* lag abgeschlossen bei der Literaturzeitschrift *Nowy Mir*. Angeblich war keine Entscheidung gefallen, aber eine Veröffentlichung in Moskau wurde immer unwahrscheinlicher. Nur: Das Manuskript war bereits in Italien. Und der Verleger Feltrinelli war nicht bereit, die Veröffentlichung weiter zurückzustellen. Da wurde der Erste Sekretär des Sowjetischen Schriftstellerverbands, Alexej Surkow, Mitglied des Zentralkomitees der KPdSU, nach Mailand in Marsch gesetzt, um das Erscheinen des Romans zu verhindern. Feltrinelli war ein eingeschriebener Kommunist, und in Moskau war man überzeugt, daß er der Partei Gehorsam schulde. Surkow war ein robuster Mann mit überlauter Rednerstimme, aber auf Verhandlungen mit ausländischen Verlegern, auch mit italienischen Kommunisten, hatte ihn nichts in seiner Karriere vorbereitet. Seine grobschlächtigen Argumente erreichten nur eins: Der italienische Verleger verließ die Partei, und die italienischen Kommunisten waren verärgert. Der Roman *Doktor Schiwago*, von dem bis dahin im Westen nur wenige Eingeweihte gehört hatten, erregte internationales Aufsehen, ehe er überhaupt erschienen war. Die offizielle Intervention in Mailand hatte nicht nur den Namen Pasternak in die Schlagzeilen der westlichen Presse gebracht, sondern auch für Linke und Kommunisten die Frage nach der Lage der Intelligenz in der Sowjetunion aufgeworfen. In Moskau beschloß das Staatskomitee für kulturelle Beziehungen mit dem Ausland, westliche Korrespondenten in die Schriftstellerkolonie Peredjelkino einzuladen, damit sie berichten konnten, wie gut Boris Pasternak lebte.

Ich weiß heute nicht mehr, welchen Empfang ich erwartet hatte, als ich Ende 1957 durch den großen Garten zum zweistöckigen Holzhaus Pasternaks ging. Keine Begegnung in der Sowjetunion ließ mich erwarten, daß dort ein Mann winkend und lachend auf der Treppe seines Hauses stehen würde. Da war nichts von jener Atmosphäre der Vorsicht und des Mißtrauens, die mir als Ausländer fast überall entgegengeschlagen war. Pasternak zog mich aus der scharfen Winterkälte in die warme Küche. Er schüttelte mir beide Hände, und als ich mich auf russisch vorstellte, sagte er: »Sie sind also der angekündigte Korrespondent aus Westdeutschland.« Und dann auf deutsch: »So jung und schon so verdorben.« Das war eine Anspielung auf meine Herkunft aus dem verruchten kapitalistischen Westen, und der Witz gefiel ihm so gut, daß er mich später oft damit aufzog, wenn er mit dem Glas in der Hand bei Tisch einen Trinkspruch ausbrachte.

Es war eine ebenso herzliche wie chaotische Begrüßung, bis seine Frau Sinaida kam und mir ein wenig distanzierter die Hand gab. Sie führte uns in den ersten Stock in einen hellen, fast leeren Raum. Das war das Arbeitszimmer des Dichters: ein Kleiderschrank, ein paar Koffer, Holzstühle, am Fenster ein altmodisches Stehpult. Pasternak sah, daß mir das auffiel, und sagte schnell, er sei ein moderner Mensch, das Stehpult erinnere ihn zwar an Goethe, aber er habe es wegen eines alten Beinleidens aufgestellt. Und dann war er schon im Gespräch: Er müsse in der Formenwelt der Gegenwart schaffen, und die sei anders als die Kunst früherer Zeiten. Bei Goethe hätten sich noch alle Strömungen seiner Zeit im Werk wiederfinden können, überindividualistisch, jenseits der Aktualität und doch nicht nur als persönliches Bekenntnis oder als impressionistischer Eindruck. Als wären wir alte Bekannte, begann er ein turbulentes Selbstgespräch. »Kafka habe ich noch nicht gelesen, gerade erst bekommen«, sagte er und zeigte auf eine deutsche Kafka-Ausgabe, die neben einer dicken russischen Bibel stand. »Ich lese eben Proust. Sehr, sehr schön zuweilen, aber irgend etwas fehlt mir.«

Als versuchte er sein eigenes Werk zu definieren und abzugrenzen, sprach er von Rilke, Thomas Mann, T. S. Eliot und James Joyce. Namen tauchten auf und verschwanden im Strudel der Vergleiche. »Die Kräfte von Thomas Mann und Rilke in einem Werk vereinigt – das gäbe ein Kunstwerk«, sagte Pasternak. Thomas Mann, das sei zuviel psychologisches Experiment, manchmal auch Essayistik für literarische Zeitschriften. Aber seine Kunst, verbunden mit der Tiefe und dem Sinn für Transzendenz jenes Rilke, der den *Malte Laurids Brigge* geschrieben habe, das wäre ein unglaubliches Kunstwerk. Und der *Ulysses* von Joyce sei ein unerhört großes Buch, aber ihm fehle darin die Klarheit der Erzählungen von den *Dubliners*.

Ich merkte, wovon er in Wirklichkeit sprach – von den Schwierigkeiten mit seinem eigenen Roman, von seiner eigenen Wandlung vom Dichter esoterischer Lyrik zu einem Prosaiker, der die innere Geschichte seiner Zeit erzählte. Er selbst, sagte er, sei doch ein Dichter schwieriger Lyrik gewesen, aber im Krieg und nach dem Krieg habe er erfahren, wie viele einfache Menschen seine Gedichte liebten, sie sogar auswendig kannten, obwohl sie jahrelang nicht mehr gedruckt wurden. Der große Mann stellte sich plötzlich kerzengerade hin, die Hände an die Hosennaht gelegt. »Da habe ich mir gesagt, du mußt strammstehen vor deinem eigenen Namen. Ich dachte mir, daß ich diesen Namen erst noch verdienen müsse, nicht durch Gedichte, sondern durch Prosa, durch etwas, was mehr Arbeit, Mühe, Zeit und vielleicht noch etwas anderes kosten könnte.«

Die Kritiker hatten von ihm gesagt, er lebe gut als Übersetzer der Weltliteratur im elfenbeinernen Turm der inneren Emigration. Aber nun sollte sein Roman *Doktor Schiwago* ein ganz allgemeinverständliches Zeugnis sein, keine Anklage der Sowjetgesellschaft, auch kein autobiographisches Buch, aber eines, das über das Schicksal von Menschen, die er gekannt habe, berichtete. »Wie der *Simplicissimus* von Grimmelshausen«, sagte er, »wie *Onkel Toms Hütte*.« Sein Buch sei das Zeugnis eines Künstlers, nicht eines Politikers. »Die Zeit der Revolution ist

vorüber. Die Proklamation, der Lärm, die Aufregung sind vorbei. Nun wächst etwas anderes, etwas Neues. Es wächst unauffällig und leise wie das Gras. Es wächst wie eine Frucht und wächst unmerklich in den Kindern. Das Wesentliche dieser Epoche ist doch, daß eine neue Freiheit im Entstehen ist.«
Ich war von der Begegnung mit Pasternak bewegt und erschüttert. Aber ganz glaubte ich ihm nicht, wenn er seinen Roman der politischen Diskussion entziehen wollte. Nur schien mir, daß er diese politische Auseinandersetzung nicht gesucht und erwartet hatte, als er sein Manuskript zur Veröffentlichung in der Sowjetunion vorlegte. Vielleicht hatte er die Entwicklung falsch eingeschätzt, dachte ich, vielleicht war er jener glückliche, naive Egozentriker, als den Ehrenburg ihn beschrieben hatte.
Später lernte ich ihn besser verstehen. Er lud mich nach Peredjelkino ein, manchmal zum Mittagessen, manchmal zu langen Spaziergängen, so als sei das in der Sowjetunion etwas ganz Normales. Ich hatte keine Genehmigung, Moskau zu verlassen, und so suchte ich mir ein Taxi, fuhr ein Stück durch die Stadt, stieg irgendwo in die Metro und schließlich am Kiewer Bahnhof in die elektrische Vorortbahn. Von der Station Peredjelkino wanderte ich zur kleinen orthodoxen Kirche und dann über den Friedhof. Einmal schloß ich mich einer Trauergesellschaft an, einfachen Leuten, die mit Ziehharmonikamusik vom Grab zurück ins Leben zogen. Ich ging vorbei am »Haus des Schöpfertums«, dem Erholungsheim für Mitglieder des Schriftstellerverbands, und schließlich, so gelassen wie möglich, auf der kleinen Seitenstraße zwischen Birken und Schriftstellerdatschen zum Haus Pasternaks.
Er liebte es, sonntags viele Gäste zu haben, und sie nahmen mich auf, als ob ich nur ein weiterer Freund sei und nicht ein verdächtiger Ausländer. Es waren Schriftsteller und Schauspieler, unter den Musikern erkannte ich den Pianisten Swjatoslaw Richter. Manchmal waren junge Wissenschaftler da, Freunde seines Sohns Leonid, der Kernphysik studierte, und manche

waren von bemerkenswerter Bildung, zitierten Shakespeare und Aischylos, Kafka, Hemingway oder Augustinus. Es war eine Welt, die mir in Moskau nie begegnet war. Pasternak liebte die langen Gespräche, und er hielt uns auf, wenn wir gehen wollten. »Es ist noch so viel zu essen und trinken da«, sagte er dann. »Ihr wollt doch nicht, daß ich mich ans Telefon hänge und Leute anrufen muß, die beim Essen mithelfen.« Als sei es nicht sein Wunsch nach Gespräch und Gesellschaft, schob er die Schuld auf seine Frau. »Biber müssen einen Damm bauen, egal, wo sie sind. Sie können einen Biber ins Schlafzimmer sperren, und er baut auch da sofort einen Damm. Mit meiner Frau ist es ähnlich. Jeden Sonntag kocht sie das riesige Mittagsmahl, gleichgültig, ob wir Gäste erwarten oder nicht.«

Sinaida Pasternak ging umsichtig zwischen Küche und Tafel hin und her. Sie hatte ihren Mann in den schweren Jahren der Kriegs- und Nachkriegszeit vor den materiellen Schwierigkeiten des Lebens bewahrt. Manchmal, so schien mir, war es ihr unheimlich, wenn ihr weißhaariger Mann kleine Tischreden hielt, die ein wenig ironisch klangen. Mit dem Wodkaglas in der Hand verkündete er, er wolle nun einen patriotischen Toast ausbringen: Er müsse seiner Epoche und seinem Land dankbar sein, denn sein Werk und seine Kraft seien von dieser Epoche und von diesem Land geformt worden. Also trinke er auf die literarische Erziehungsarbeit, die im Sowjetstaat geleistet werde. Er sei ein esoterischer, in Phantasien und Impressionen verlorener Dichter gewesen, aber nun sei er über diese Erziehungsarbeit froh. »Ich bin kein sozialistischer Realist geworden. Aber ich wurde ein Realist, und dafür bin ich dankbar.«

Wenn wir allein hinter dem Haus unter den großen Kiefern spazierengingen, sprach Pasternak manchmal anders. Dann schienen ihn Traurigkeit und Selbstzweifel zu überkommen. Er erzählte von der Furcht in den Jahren der großen Säuberung, als Dichter verschwanden und Funktionäre Erklärungen zur

Unterschrift vorlegten, in denen für Gegner Stalins die Todesstrafe gefordert wurde. Ich mochte nicht fragen, ob er unterschrieben hatte, aber er litt unter dem Gefühl, sich nicht selbstlos genug für andere eingesetzt zu haben. Einmal habe ihn Stalin persönlich angerufen, erzählte er, erst habe er an einen schlechten Scherz von Freunden geglaubt, aber dann doch verstanden, daß es der Herrscher selbst war, der ihn nach einem anderen Dichter, nach Ossip Mandelstam, fragte. Ob der denn ein großer Dichter sei? Und da sei er nicht für Mandelstam eingetreten, sondern habe nur gesagt, man dürfe eine schöne Frau nie nach einer anderen schönen Frau fragen. Nun, zwanzig Jahre später, mache er sich zum Vorwurf, daß er nicht entschiedener für Mandelstam eingetreten war – vielleicht hätte es ihn vor dem Tod im Lager bewahren können.
In diesen grauen Spätherbsttagen spürte Boris Pasternak, daß sich auch über ihm düstere Wolken zusammenzogen. Sein Roman war in Italien veröffentlicht worden, dann in Amerika, Westdeutschland, Frankreich und vielen anderen Ländern. Das Buch wurde zum literarischen Weltereignis, weil die Leser spürten, daß hier nach langem Schweigen die Stimme eines anderen Rußland wieder aufklang. Aber es hatte im Westen auch politische Kommentare gegeben, die Pasternak nicht nur als einen unsowjetischen, sondern als einen antisowjetischen Autor darstellten. Die Intervention des Verbandssekretärs Surkow beim italienischen Verleger hatte das Buch erst recht zu einer politischen Sensation gemacht. Von all dem wußten die vielen Freunde von Pasternaks Gedichten nichts, aber sie sprachen darüber, daß ein neuer Roman von ihm im Ausland erschienen sei. Eine Gruppe italienischer Dichter besuchte Moskau, sie lasen auf einer öffentlichen Veranstaltung aus ihren Werken und sollten dann Fragen beantworten.
Schon der erste der russischen Zuhörer, die meist junge Studenten waren, fragte nach Pasternak: Ob seine Gedichte in Italien gelesen würden, mehr als die anderer sowjetischer Dichter? Und die zweite Frage lautete: Ob es stimme, daß ein Ro-

man Pasternaks in Italien veröffentlicht worden sei? Der Erste Sekretär des Schriftstellerverbands, Surkow, ergriff das Wort, ehe die Italiener antworten konnten: Es sei wahr, daß im Ausland ein Roman Pasternaks existiere, aber er sei eine Entstellung und Verleumdung der sowjetischen Wirklichkeit. Als Surkow sagte: »Wir haben daher entschieden, daß der Roman in der Sowjetunion nicht veröffentlicht wird«, riefen mehrere Studenten aus dem Publikum: »Was heißt: Wir?« Surkow antwortete: Es sei der Beschluß des Kollektivs der sowjetischen Schriftsteller. Tiefe Stille legte sich über den Zuschauerraum, als Surkow an den Roman *Mahagoni* erinnerte, der ebenfalls nur im Ausland erschienen sei, und an das Schicksal seines Autors Boris Pilnjak. Im Saal wußten wohl nur wenige, wer Boris Pilnjak war, daß er lange vor ihrer Geburt verschwunden und erschossen worden war. Aber sie verstanden, daß Surkows Worte eine Drohung waren.

Auch Chruschtschow hatte von dem Erscheinen des *Doktor Schiwago* im Ausland gehört und ließ nachfragen, ob das Buch Erfolg habe. Als er hörte, daß es in viele Sprachen übersetzt worden sei, sagte er: »Das ist doch sehr interessant. Warum schicken wir Pasternak nicht für einige Zeit nach Baku? Im Kaukasus war er doch früher schon. Soll er doch berichten, wie sich das Leben der Erdölarbeiter seit der Revolution gewandelt hat. So ein Roman wäre doch für die Ausländer sehr interessant.« Dazu kam es nicht. Pasternak konnte die Anfrage mit dem Hinweis auf eine alte Knieverletzung und seine angegriffene Gesundheit ablehnen. Auch im Schriftstellerverband hatten viele Kollegen Verständnis dafür, daß Pasternak sich für diesen Auftrag nicht begeisterte, denn auch sie konnten nicht wollen, daß Schriftsteller gegen ihren Wunsch an abgelegene Orte geschickt würden.

Und noch immer gab es keine offizielle Entscheidung, wie der »Fall Pasternak« zu behandeln sei. Was sich da abspielte, blieb für normale russische Bürger völlig unverständlich. Die meisten kannten Pasternaks Namen, viele liebten seine Gedichte, und nun wurde geredet und gerätselt. Sogar die Zollbeamten am Moskauer Flughafen begannen aufgeregt, aber nur halblaut zu diskutieren, als sie Ende 1957 in meinem Koffer das Manuskript eines Bandes neuer Gedichte von Pasternak fanden. Schließlich reichten acht Beamte das Manuskript von Hand zu Hand herum und zogen sich dann damit in ein Nebenzimmer zurück. Ich wußte, daß ich nichts Verbotenes tat, aber angenehm war es mir doch nicht, eine Dreiviertelstunde allein, als letzter der angekommenen Passagiere, am Zollschalter stehen zu müssen.

Immerhin hatte ich Zeit, einen meiner Koffer langsam mit dem Fuß am Zollschalter vorbeizuschieben. Eingepackt in Hemden und Pullover waren darin die ersten sechs gebundenen Exemplare des *Doktor Schiwago*, die Pasternak bekommen sollte. Schließlich kamen zwei der Offiziere wieder und gaben mir das Manuskript zurück. Es schien ihnen unbedenklich, denn unter jedem Gedicht stand eine Fußnote mit der Angabe einer sowjetischen Zeitschrift, in der es angeblich bereits abgedruckt war. Pasternaks Freunde im Westen, die ihm das Manuskript zur Korrektur zurücksandten, ehe es im Ausland gedruckt wurde, hatten die Fußnoten erfunden, und die Zollbeamten, die diese Angaben nicht so schnell nachprüfen konnten, waren nun überzeugt, daß die Gedichte schon einmal die sowjetische Zensur passiert hatten. Sie verabschiedeten sich höflich, fast freundlich von mir, entschuldigten sich für die Verzögerung und ließen mich mit meinem Koffer unkontrolliert gehen.

Im Frühjahr 1958 kündigte sich an, daß Pasternak den Nobelpreis für Literatur erhalten würde. Er zeigte mir stolz und gerührt einen ermutigenden Brief, den ihm Albert Camus, der letzte Träger des Preises, geschrieben hatte. Immer häufiger kamen Briefe mit Sätzen wie: »Vielleicht sehen wir uns im Herbst in Stockholm.« Im Spätsommer versuchte ein Vertreter der Schwedischen Akademie in Moskau, die Stimmung offizieller Stellen abzutasten. Aber der Leiter der Auslandsabteilung des Schriftstellerverbands, Boris Polewoi, äußerte sich nur allgemein: Der Roman *Doktor Schiwago* gelte in der Sowjetunion als wertlos und falsch. Gegen Pasternak selbst habe man jedoch nichts, er sei ein großer Lyriker, der einen solchen Preis wohl eher für seine Dichtung verdient hätte. Am Vormittag des 23. Oktober kamen Nachbarn zu Pasternak und berichteten ihm, die BBC habe gemeldet, er sei der aussichtsreichste Kandidat für den Literaturnobelpreis, die Verkündung finde am Nachmittag statt. In der Stunde, in der der Sekretär der Schwedischen Akademie in Stockholm die Verleihung des Preises bekanntgab, zog sich Boris Pasternak den Mantel an, setzte die alte Schirmmütze auf und ging hinaus in den strömenden Regen. So fanden wir Korrespondenten ihn, als wir ihm die Nachricht überbringen, ihm gratulieren und ihn befragen wollten. Aber Boris Pasternak hatte nicht viel zu sagen. Er dankte für die Gratulationen. Er verbarg seine Freude nicht, aber er mochte sich nicht unterhalten. Beim Spazierengehen könne er am besten nachdenken, sagte er, und er müsse weiter spazierengehen und weiter nachdenken.

In seinem Haus sammelten sich Nachbarn und Freunde. Sie feierten mit ihm an diesem Tag, an dem er selbst fast sprachlos war. Er dankte der Schwedischen Akademie. »Unendlich dankbar, bewegt, stolz, erstaunt, beschämt«, schrieb er in seiner steilen, altmodischen Schrift auf ein Telegrammformular und schickte Freunde damit zur nächsten Poststation. Sie kamen mit einer Handvoll Glückwunschtelegramme zurück. Und alle am großen Tisch in Pasternaks Speisezimmer meinten, es sei ein gutes Zeichen, daß die sowjetische Post, die so oft Auslandsbriefe verschwinden ließ, nicht den Auftrag hatte, die Grußtelegramme zurückzuhalten.

Am nächsten Tag holte ein amerikanischer Kollege eine offizielle Stellungnahme ein. Kulturminister Michailow wiederholte, was Polewoi zuvor gesagt hatte: Der Roman sei schwach, aber Pasternak ein guter Lyriker und großer Übersetzer, es wäre einleuchtender gewesen, wenn er den Preis zehn Jahre früher für sein dichterisches Werk erhalten hätte. Das klang wie eine beruhigende Auskunft, aber zu dieser Stunde war schon der erste Artikel in Arbeit, mit dem ein Kesseltreiben gegen Boris Pasternak eröffnet wurde. Die *Literaturnaja Gaseta*, das offizielle Organ des Schriftstellerverbands, nannte Pasternaks Roman eine »übelriechende Schmähschrift« und die Verleihung des Nobelpreises »einen sorgfältig geplanten Akt ideologischer Wühlarbeit« gegen die Sowjetunion. Der Artikel fuhr drohend fort: »Der innere Emigrant Schiwago, von kleinmütiger und niederträchtiger Spießernatur, ist den Sowjetmenschen ebenso fremd wie der gehässige literarische Snob Pasternak. Er ist ihr Gegner und der Verbündete derjenigen, die unser Land hassen. Er hat eine Waffe in die Hände des Feindes gegeben, indem er sein mit antisowjetischem Geist erfülltes Buch bürgerlichen Verlagen übergab ... Man muß entweder mit jenen gehen, die den Kommunismus aufbauen, oder mit denen, die seinen Vormarsch aufhalten wollen. Pasternak hat seine Wahl getroffen. Er hat den Weg der Schande und Ehrlosigkeit gewählt.«

Die Pressekampagne steigerte sich von Tag zu Tag. Die *Literaturnaja Gaseta* führte unter der Überschrift »Zorn und Empörung« eine Sonderspalte ein, in der haßerfüllte Leserbriefe abgedruckt wurden, von Menschen, die den Roman nicht kannten und seinen Autor um so schärfer verurteilten. Auf einer Massenversammlung von Jungkommunisten, an der Nikita Chruschtschow teilnahm, nannte der Komsomolchef Semitschastny Pasternak »ein Schwein, das den eigenen Futtertrog beschmutzt« und forderte die Ausweisung des Dichters aus seinem Heimatland. Der Schriftstellerverband schloß Boris Pasternak aus, erklärte ihn des Titels »sowjetischer Schriftsteller« unwürdig und forderte ebenfalls die Verbannung Pasternaks aus der Sowjetunion. Vor Pasternaks Haus in Peredjelkino zogen organisierte Gruppen von Jungkommunisten mit Transparenten auf, auf denen sie ihn einen »Judas« nannten. Betrunkene, die nachts über den Waldweg gingen, schleuderten Flüche gegen das Haus. Ein Polizeiposten wurde eingerichtet, weil man fürchtete, die Demonstranten könnten das Haus stürmen, beschädigen oder in Brand stecken. Ständig war ein Arzt in Bereitschaft. Ein Selbstmord Pasternaks mußte verhindert werden. Die beiden anderen Dichter des großen Dreigestirns der zwanziger Jahre, Majakowski und Jessenin, hatten sich das Leben genommen. Pasternaks Selbstmord als Folge der Haßkampagne hätte den Skandal ins Unermeßliche gesteigert und Millionen sowjetischer Leser erschüttert.

Boris Pasternak schrieb an Nikita Chruschtschow, den Ersten Sekretär der Kommunistischen Partei: »Verehrter Nikita Sergejewitsch, ich wende mich an Sie persönlich, an das Zentralkomitee der sowjetischen Kommunistischen Partei und an die sowjetische Regierung. Ich habe aus der Rede des Genossen Semitschastny erfahren, daß die ›Regierung meiner Ausreise aus der Sowjetunion keinerlei Hindernisse in den Weg legen würde‹. Für mich ist das unmöglich. Ich bin durch meine Geburt, mein Leben und meine Arbeit mit Rußland verbunden. Ich kann mir mein Schicksal nicht getrennt und außerhalb von Rußland vorstellen. Was immer meine Fehler und Irrtümer gewesen sein mögen, so habe ich mir doch nicht vorstellen können, daß ich in den Mittelpunkt einer politischen Kampagne geraten würde, die man im Westen um meinen Namen entfaltet hat. Nachdem mir das klargeworden ist, habe ich die Schwedische Akademie von meinem freiwilligen Verzicht auf den Nobelpreis in Kenntnis gesetzt. Das Verlassen meines Landes wäre für mich gleichbedeutend mit dem Tod, und deshalb bitte ich Sie, diese äußerste Maßnahme nicht gegen mich zu ergreifen. Mit der Hand auf dem Herzen kann ich sagen, daß ich etwas für die sowjetische Literatur getan habe und ihr noch nützlich sein kann. B. Pasternak, 31. Oktober 1958.«

Sein Telegramm an die Schwedische Akademie lautete: »In Anbetracht der Bedeutung, den die Gesellschaft, an der ich teilhabe, dieser Auszeichnung unterstellt, muß ich den unverdienten Preis zurückweisen, der mir zuerkannt wurde. Seien

Sie durch meine freiwillige Ablehnung nicht verletzt. Pasternak.«

Chruschtschow beantwortete Pasternaks Brief nie, keine Behörde nahm die Ausweisungsdrohung zurück. Eines Tages aber verschwanden die Demonstrantenkolonnen und kamen nicht wieder, gehässige Schlagzeilen in den Zeitungen wurden seltener und blieben schließlich aus. Schriftsteller und Verbandsfunktionäre konnten uns Ausländern und vielleicht sich selbst nicht erklären, wie es zu dieser plötzlichen Kampagne gekommen war. Sie schien uns bezeichnend für den oft chaotischen, hektischen Aktivismus der Chruschtschow-Ära, bei denen der erste Mann der Partei seinen Zornausbrüchen und Drohungen oftmals keine harten Maßnahmen folgen ließ.

Die Frau, die in *Doktor Schiwago* das Vorbild der Lara war, versuchte in den Tagen der Angst, im Gespräch mit einflußreichen Schriftstellern und Funktionären das Schlimmste von Pasternak abzuwenden und mit dem Hinweis auf die Gefahr eines Selbstmords ein Ende der Kampagne zu erwirken. Im Sommer vor der Zuerkennung des Nobelpreises hatte mich Pasternak gebeten, seine Geliebte vieler Jahre zu besuchen. Er wollte, daß jemand im Ausland von ihr wisse, falls ihr nach seinem Tode etwas zustoße oder sie Verfolgungen ausgesetzt wäre. Deshalb sandte er später noch weitere ausländische Freunde zu ihr.

Ich traf sie in ihrer Wohnung in einer Moskauer Nebenstraße, wo sie mit Tochter und Sohn aus erster Ehe auf mich wartete. Olga Iwinskaja war eine blonde, etwas füllige, immer noch schöne Frau, die mich, so schien mir, für einen deutschen Germanisten hielt, der über den Goethe-Übersetzer Pasternak arbeitete. So sprachen wir über seine Arbeit. Ich war gehemmt, weil ich nicht wußte, was Pasternak und Olga Iwinskaja von mir erwarteten. Wir tranken Tee, aßen Ananas mit Zucker, und ich suchte nach Fragen, die nicht allzu direkt auf ihre Beziehung zu Pasternak anspielten. Der Besuch eines Ausländers schien mir gefährlich für die Frau, die sich durch ihr Eintreten für Pasternak schon früher verdächtig gemacht hatte.

88

Außerdem hatte ich von Pasternak einen Auftrag bekommen, der uns alle in Schwierigkeiten bringen konnte. Er hatte mich gebeten, Olga Iwinskaja eine möglichst große Summe Geld zu überlassen, damit sie im Fall seines Todes nicht mittellos dastehe. Darüber sprach ich leise und vorsichtig mit ihrer Tochter Irina.

In den nächsten Monaten hielt ich mit Irina telefonisch Kontakt, rief gelegentlich von Münzfernsprechern in U-Bahn-Stationen und Theatern an und bemühte mich, eine möglichst große Summe Rubel zusammenzubringen. Ich hob bei der Staatlichen Außenhandelsbank mehr Geld ab, als ich benötigte, und tauschte in der Botschaft mit Aussiedlern, die ihre Rubel nicht mit nach Deutschland nehmen durften. Bevor ich Moskau verließ, traf ich Irina Iwinskaja in der Metrostation Majakowski-Platz. Wie im Vorübergehen, in einer halben Minute, gab ich ihr, in Zeitungspapier eingeschlagen, das Bündel Rubelscheine, und dann verschwanden wir auf getrennten Wegen in der Masse der U-Bahn-Passagiere. Andere Geldboten, die aus Italien kamen, waren später weniger vorsichtig und unauffällig. Nach Pasternaks Tod im Jahre 1960 stellte man seine Lara unter dem Vorwand angeblicher Devisenvergehen vor Gericht und verurteilte sie zu langer Lagerhaft.

Die Zeit des Tauwetters und der Lockerungen war zu Ende. Türen, die sich geöffnet zu haben schienen, schlossen sich wieder. Gespräche versandeten in vorsichtigen, halboffiziellen Redensarten. Die Kampagne gegen Pasternak hatte unter den Schriftstellern Meinungsverschiedenheiten ausgelöst, aber über die politischen und persönlichen Konflikte sprachen sie nicht mit uns. Noch fast dreißig Jahre später, als der Roman *Doktor Schiwago* zu Gorbatschows Zeiten erscheinen durfte, brach Streit darüber aus, wer sich damals schäbig, wer sich einigermaßen und wer sich ganz anständig verhalten hatte.

Einige der älteren Schriftsteller, auch Ehrenburg, hatten an der Verurteilung im Schriftstellerverband nicht teilgenommen, sondern sich unter durchsichtigen Vorwänden entschuldigt. Ein einziger, einer der allerjüngsten, hatte für Pasternak das Wort ergriffen: Der junge Dichter Jewgeni Jewtuschenko, der in der Zeit zuvor selbst kritisiert und getadelt worden war. Ich hörte davon mit einer Hoffnung, die nicht nur auf ihn baute. Zwei Jahre zuvor war ich zufällig im Gorki-Institut für Weltliteratur in eine Lesung unbekannter Dichter geraten. Die Zuhörer im Saal waren nicht älter als die zwei jungen Männer, die im pathetisch-russischen Stil deklamierten, und als die zarte, fast zerbrechliche junge Frau, Bella Achmadulina, die mit fester, klarer Stimme Gedichte im klassischen Versmaß vortrug, die ganz reine, ganz persönliche Empfindungen ausdrückten. Die beiden Männer waren Jewgeni Jewtuschenko und Andrej Wosnessenski – ich traf sie später im Haus Pasternaks wieder. Nichts verband ihre Gedichte mit dem sozialistischen Formalismus der offiziellen Literatur. Sie hatten einen unüberhörbaren Unterton von Empörung und Trauer, ohne politisch zu sein. In ihrer ungewöhnlichen Sprache wiesen scheinbar private Assoziationen ins Allgemeine, manchmal wußte man nicht, ob Jewtuschenko von einer verlorenen Geliebten sprach oder von seinem Land oder gar der Partei. Die Zuhörer im dunklen Saal erstarrten wie hypnotisiert, und dann brach ihre Begeisterung in fast nicht endendem Beifall los. Der Abend hatte auch mich erschüttert, und ich dachte Jahre später daran, als ich hörte, daß die jungen Dichter im Herzen von Moskau, vom Sockel des Majakowski-Denkmals, vor Tausenden junger Leute ihre Gedichte vortrugen, bis man auch das verbot.

Da war ich schon nicht mehr in Moskau. Die Behörden hatten mir, vielleicht wegen der Kontakte zu Pasternak, das Dauervisum des ständigen Korrespondenten entzogen. Zweimal verlängerte das Außenministerium meine Aufenthaltserlaubnis um vierzehn Tage. Vor dem dritten Mal ließ ein sowjetischer Diplomat vorsichtig durchblicken, man könne mich nicht länger halten. Eine andere Stelle bereite schon die Begründung für einen Ausweisungsantrag vor. Drei Tage später packte ich Kleidung und Bücher zusammen. Eine amtliche Ausreisegenehmigung brauchte ich nun nicht mehr, weil ich nur noch ein kurzfristiges Visum hatte. Ich fuhr ohne großen Abschied, und ich ahnte nicht, daß es zehn Jahre dauern würde, ehe mir die Sowjetunion die Rückkehr gestattete.

Auf dem Weg zum Flughafen fuhr mein Taxi durch die Neubauviertel im Südwesten Moskaus, die fünfstöckigen Häuser ohne Aufzug und mit Gemeinschaftstoiletten, die Chruschtschow hatte bauen lassen. Schön waren die Häuser nicht, dachte ich, aber praktisch und nötig für die Hunderttausende, die in der wachsenden Stadt in Wohnheimen leben mußten. Die Menschen auf den Straßen waren ordentlich angezogen. In den Läden gab es, was sie zum Leben brauchten. Vielleicht spürten die meisten von ihnen kaum, was sich in ihrem Land vollzog. Ein Mann fiel mir ein, der mich auf dem Gartenring angesprochen und nach dem Weg gefragt hatte. »Moskau ist so groß geworden«, sagte er. »Und so schön. Kaum wiederzuerkennen.« Er war an diesem Tag aus Norilsk im hohen Norden Sibiriens angekommen. Ob er dort als Ingenieur arbeite, fragte ich. Er sah starr geradeaus und sagte: »Ich hatte einen Vertrag dort, sozusagen, auf fünfundzwanzig Jahre.« Vielleicht fürchtete er, mich zu erschrecken, denn er zog einen zerknitterten Schein aus der Tasche. »Hiermit bescheinigen wir dem Bürger ..., daß er im Jahre 1937 aufgrund falscher Beschuldigungen irrtümlich verurteilt wurde. M. A. Antonow, Hauptmann der Miliz«, darunter der Stempel des zuständigen Polizeireviers.

Ich zeigte ihm die Richtung, und wir gingen ein paar Schritte zusammen. Norilsk sei heute eine große Stadt, erzählte er mir. Sogar elektrisches Licht habe man jetzt. In den letzten Jahren, nach seiner Entlassung aus dem Lager, konnte er als Buchhalter bei den Stadtwerken arbeiten. Aber erst jetzt durfte er die Sperrzone verlassen und nach Moskau fahren, das er einundzwanzig Jahre nicht mehr gesehen hatte. Ich fragte ihn, warum er damals verhaftet worden war. Aber er wußte es nicht. »Das ist so lange her. Ich war auf der Kunstakademie. Nichts Besonderes, mittelmäßig begabt. Irgend jemand hat mich denunziert. Ich stamme aus einer bürgerlichen Familie, das hatte damals etwas zu bedeuten.« Ich fragte ihn, ob er in Moskau noch Freunde und Verwandte habe. Er überlegte einen Augenblick. Dann sagte er: »Meinen Bruder. Ich habe seine Adresse im Auskunftsbüro gefunden. Lieber hätte ich ihn angerufen, aber er hat kein Telefon.« Und dann, nach noch längerer Pause: »Ich glaube, er hat meine damalige Verlobte geheiratet. Es konnte ja niemand wissen, wie lange es dauern würde. Fünfundzwanzig Jahre sind eine lange Zeit. Ich weiß nicht, ob ich in Moskau bleiben will. Es ist eine so fremde Stadt, alles so weitläufig, die Leute gehen und reden so schnell, der viele Verkehr ... Vielleicht gehe ich zurück nach Sibirien.«

FERN VON MOSKAU:
DURCH SIBIRIEN – AUF
CHRUSCHTSCHOWS GEHEISS

Die meisten Moskauer stellten sich unter Sibirien eine kalte, finstere, abgelegene Gegend vor. Aber ich verstand den Mann aus Norilsk. Ich hatte einige meiner interessantesten Wochen in der Sowjetunion in Sibirien verbracht. Es war damals schwer, fast unmöglich, eine Reisegenehmigung für Gebiete östlich des Ural zu bekommen. Das Innenministerium, das die Genehmigungen in unsere blauen sowjetischen Personalausweise stempelte, ließ uns nach Leningrad oder ans Schwarze Meer fahren, wo es Hotels für ausländische Touristen gab. Aber andere Reiseanträge wurden gewöhnlich abgelehnt.

Eigentlich verdankte ich es Nikita Chruschtschow selbst, daß ich nach Sibirien fahren durfte. Auf einem Empfang in der italienischen Botschaft hatte er uns Korrespondenten vorgeworfen, zuwenig von Rußland und den Russen zu verstehen. »Warum redet ihr nicht mehr mit den einfachen Menschen?« fragte er. Die einfachen Menschen redeten nicht gerne mit uns, antworteten wir. »Dann ladet doch eure Kollegen nach Hause ein«, sagte Chruschtschow. »Die kommen nicht zu uns«, sagte ein englischer Kollege. »Vor unserer Haustür steht ein Polizist, und der läßt sie nicht herein.« Einer der Leibwächter mischte sich ein. Die Polizisten stünden nicht da, um uns zu isolieren, sondern um uns zu schützen. »Was würden Sie sagen, wenn ein Mann in Ihr Haus kommt und Sie ermorden?« – »Das würde mir eine Lehre sein«, sagte der Engländer, und Chruschtschow fand das sehr komisch. Er schob den Leibwächter weg und riet uns, wenigstens öfter aus Moskau wegzureisen, aufs Land, wo die Menschen offen und gastfreundlich seien, am besten nach Sibirien.

Am nächsten Morgen schrieb ich in einem Reiseantrag an das Außenministerium, der Erste Sekretär der KPdSU, Nikita Sergejewitsch Chruschtschow, habe mich aufgefordert, nach Sibirien zu reisen. Eine Woche später hatte ich die Genehmigung. Vierzig Stunden Flug, Aufenthalte, Verspätungen lagen damals zwischen Moskau und Jakutsk, dem Verwaltungszentrum eines riesigen, menschenarmen und rohstoffreichen Gebiets in Nordostsibirien. Vierzig Stunden, in denen die zweimotorige Maschine über die autonome Republik der Tataren, über den Ural, über die Mondlandschaft abgeernteter Neulandgebiete, die Sümpfe der Tundra und dünnbewaldetes Bergland ins breite Stromtal der Lena fliegt. Der junge Mann mit dem offenen, freundlichen Gesicht, der in der Sitzreihe neben mir vor sich hin döst, hat Chemie studiert und ist nun auf drei Jahre nach Jakutsk dienstverpflichtet worden. Seine Frau im gelben Pullover, mit streng aufgestecktem dunklem Zopf, soll in dieser Zeit Arbeit in der Stadtbibliothek finden. Sie fragt die ältere Frau mit dem grauen, gestickten Tuch um den Kopf, die neben mir sitzt, was sie in Jakutsk zu erwarten hat.

»Na ja, es wird Ihnen nicht gefallen bei uns«, sagt die Ältere. »Zuviel Dreck. Viel Regen und Schlamm, im Sommer Staub.« – »Und im Winter?« fragt der junge Chemiker. »Im Winter rußen die Schornsteine, und es ist steinkalt.« Eine junge Frau aus der Reihe dahinter mischt sich ein: »Das erste Jahr ist schwer, wegen des Klimas. Aber wenn man erstmal ein paar Jahre dort ist, dann will man gar nicht mehr weg.« Da sagt die ältere Frau, sie sei nun bald zwanzig Jahre in Jakutien. »Man kann leben ...« Die jüngere, eine Lehrerin, erzählt von ihrem sonnigen Urlaub am Schwarzen Meer. Alle drei Jahre hat sie eine Reise in den europäischen Teil der Sowjetunion frei. Ihr Gesicht ist braungebrannt, sie hat gutes Wetter gehabt, und fast alles hat ihr gefallen. Nur die Kaukasier sind ihr unheimlich, sie schimpfen auf die Russen, erzählt sie. Im Vorbeigehen kneifen sie blonde Russinnen, aber im Autobus stehen die Männer für Frauen nicht auf.

»Na ja, es gibt eben rückständige Gebiete«, sagt ein junges Mädchen, eine von zwei Schwestern in schwarzweiß karierten Wollkleidern. Beide sind rothaarig und haben lustige schwarze Augen, vergnügte Hühner, nennt sie der junge Chemiker. Aus ihren kleinen Köfferchen futtern sie Äpfel und Gurken, wenn sie nicht gerade kichern. An Bord ist nur ein Passagier, der jakutisches Blut hat, das Baby einer dicken Ukrainerin, das seinem Gesicht nach einen jakutischen Vater haben muß. Während wir uns auf einem Flugplatz die Füße vertreten, frage ich einen Mann, warum fast nur Russen an Bord seien. »Die Russen sind das Reisevolk«, sagt er. »Unser Land bedeckt ein Sechstel der Erde, und überall sind Russen, arbeiten, organisieren und unterrichten.«

Aber die Russen sind vielleicht doch kein Reisevolk; wo man sie hinschickt, siedeln sie sich an und leben sich schnell ein, wie die beiden Lehrerinnen im Flugzeug, und vielleicht wird auch der junge Chemiker nach drei Jahren bleiben, wo man ihn hingeschickt hat.

Nachts auf den Flughäfen sah es aus wie im Flüchtlingslager. Fliegen ist kein Luxus in Sibirien, sondern oft die einzige Möglichkeit, von einem Ort zum andern zu kommen, weil es wenige Straßen gibt und die Entfernungen riesig sind. In der Nähe der Flughäfen gab es meist ein kleines, einstöckiges Hotel, wo man Wartezeiten in Zimmern mit fünf oder sechs Betten schlafend verbringen konnte. Aber die Hotels waren klein, und die Zahl der Reisenden war viel zu groß. Sie lagen auf dem Fußboden in den Flughafengebäuden, hockten auf Fensterbrettern und Marmorbalustraden, schliefen mit dem Kopf auf dem Koffer. Es waren Leute in Wattejacken, Drillichhosen und Gummistiefeln, die die Ballonmütze ins Gesicht zogen. Frauen gaben ihren Babys die Brust, Kinder wärmten sich eng aneinandergedrängt, fast übereinandergeschichtet neben dem Ofen. Manche Familien teilten sich mit Gepäckstücken und Holzbänken kleine Ecken des Raums ab. Die Männer holten sich Wodka und Bier. Niemand klagte, niemand schien unzufrieden.

Am zweiten Reisetag wurde die Landschaft unter uns flach und eintönig. Lockere Kiefernwälder zogen sich an breiten, sandiggelben Flußbetten hin. Unsere Maschine flog niedrig, der Pilot orientierte sich an Landschaft und Landkarte. Wir sahen kaum ein Haus und keine Siedlung. Wagenspuren am Flußufer deuteten manchmal darauf hin, daß hier Menschen lebten. Morastige Flächen leuchteten hellgrün herauf, und dann die spiegelnde Fläche der kilometerbreiten Lena. Jakutsk lag unter uns, eine ungeordnete Masse von kleinen Holzhäusern, durch die sich eine Kette von Neubauten aus Stein wie ein weißer Strich zog. Über eine weiße Sandbank am Fluß flog unsere Maschine den Flughafen dreimal an und drehte wieder ab. Irgend etwas war mit dem Fahrgestell nicht in Ordnung. Einigen Passagieren wurde übel, aber niemand wurde nervös. Gurte zum Anschnallen gab es nicht. Ich stemmte mich mit den Füßen gegen den Vordersitz, aber die Maschine setzte ruhig auf, holperte über die tiefen Spurrinnen des unbetonierten Rollfelds. Als sie fast zum Stehen gekommen war, rief die Stewardeß plötzlich: »Festhalten!« Die Maschine kippte auf die Seite ab, die rechte Tragfläche knickte ein. Auf der rechten Seite hatte sich das Rad nicht ausfahren lassen. Vor der Maschine schimpfte der Pilot mit dem Bodenpersonal: »Sie hätten mit einem Auto unter der Tragfläche herfahren sollen, dann wär die Maschine nicht gekippt und die Tragfläche nicht gebrochen.«

Wir nahmen unsere Koffer und kletterten vorsichtig aus der schrägliegenden Maschine in einen klapprigen Bus. Durch Schlamm und Schlaglöcher fuhren wir über das Rollfeld zum zweistöckigen hölzernen Flughafengebäude. Manche Passagiere erkundigten sich nach Anschlußflügen. Eine Beamtenfrau aus Magadan, das gegenüber von Alaska an der Beringstraße liegt, erfuhr, daß ihre Maschine frühestens in zwei Tagen ankommen und dann bald nach Magadan zurückfliegen würde. Sie stellte ihren Koffer in die Ecke, machte ihn auf und benutzte ihn als Bett für ihren kleinen Sohn.

Der Autobus vom Flugplatz in die Stadt fuhr weder oft noch regelmäßig. Ich stand im leichten Nieselregen vor der riesigen Pfütze, die den Platz vor dem Flughafengebäude bedeckte. Vielleicht komme ein Taxi, hatte man mir gesagt, ich müsse eben warten, telefonieren habe gar keinen Zweck. Dann winkten mir die zwei jungen Mädchen zu, die vergnügten Hühner aus dem Flugzeug. Sie hatten einen alten Geländewagen angehalten und fragten, ob ich mitfahren wollte. Durch Schlaglöcher und ungesicherte Baustellen führte die Asphaltchaussee vorbei an kleinen geduckten Holzhäusern hinter hohen Bretterzäunen. Eine ungepflasterte Straße endete auf einem Hof inmitten von zweistöckigen Holzhäusern. Aus den gardinenlosen Fenstern guckten Mädchen heraus und winkten den beiden Schwestern zu – wir waren beim Studentenheim angekommen.

Mich brachte der Fahrer zu einem Blockhaus, an dem ein Schild »Gemeinde-Hotel« neben der verschlossenen Tür angebracht war. Nach langem Klopfen guckte eine dicke alte Frau unfreundlich durch einen Fensterspalt. Ich fragte, ob für mich ein Zimmer reserviert sei. Darum hatte ich den Stadtsowjet von Jakutsk noch von Moskau aus telegrafisch bitten lassen. Von Reservierungen hatte die alte Frau noch nie gehört. Bei ihr sei nichts frei, in allen Zimmern lebten Dauergäste auf Abkommandierung. Dann machte sie das Fenster zu. Im Nieselregen fragte ich Männer nach einem zweiten Hotel im Ort, aber es gab keins. Einem der Männer fiel ein, daß die Aeroflot ein kleines Haus mit einigen Zimmern für Piloten und fliegendes Personal habe. Ich nahm meinen Koffer und ließ mich durch eine schmale, matschige Gasse zu einem einstöckigen Blockhaus führen. Ein Hotel war es nicht, aber zwei alte Frauen wiesen mir, ohne viel zu fragen, ein Zimmer an, gaben mir einen Blechkanister mit Wasser, zeigten mir auf dem Hof die Tonne zum Waschen und den Weg zum Klo. Wasserleitungen gab es wegen der strengen Winterkälte nicht, aber immerhin elektrischen Strom.

Vor der Unterkunft lag die Hauptstraße von Jakutsk, die Oktoberstraße, an der fast alle steinernen Gebäude der Stadt standen, insgesamt etwa vierzig. Der Volkswirtschaftsrat, der Oberste Sowjet der Autonomen Sozialistischen Sowjetrepublik Jakutien, der Ministerrat, das Parteikomitee, das Meteorologische Institut, ein Theater, ein Kino, ein Gemischtwarenladen, der sich Universalmagazin nannte, ein Lebensmittelgeschäft und eine Bäckerei. Dazwischen standen wenige steinerne Wohnhäuser und viele zweistöckige, aus dicken Stämmen gebaute Holzhäuser. Frühmorgens zog ein Kuhhirte auf seinem Horn blasend über die Hauptstraße und führte das Vieh aus den Ställen an den Stadtrand. Am Ende der schnurgeraden Straße, gegenüber vom weißen Haus der Universität, lag düster und alt das Holzhaus der Stadtverwaltung. In seinen dunklen, schmalen Gängen suchte ich jemanden, bei dem ich mich ordnungsgemäß anmelden konnte. Vor der Abreise hatte man mich in Moskau dringend ermahnt, mich überall sofort nach Ankunft den Behörden vorzustellen.

Aber in der Stadtverwaltung waren alle auf einer Sitzung. Nur der Sekretär des Vorsitzenden des Stadtsowjets guckte sich meinen Ausweis an und wußte nichts damit anzufangen. Ich könne ja am nächsten Tag wiederkommen. So, wie er das sagte, schien mir, ihm wäre es am liebsten, wenn ich wegbliebe und keine Umstände machte. Der Mann war ohne Mißtrauen. Wie manche andere, die ich später sprach, nahm er einfach an, wenn ich so weit angereist war, müßte das wohl in Ordnung sein, und ob ich nun aus Moskau oder aus Deutschland kam – beides war weit weg.

An einem windschiefen Holzhaus zeigte ein Schild, was da alles untergekommen war: ein Ausstellungssaal, ein Heim für junge Pioniere und das Erziehungsministerium von Jakutien. Ich stieg die dunkle Treppe zum ersten Stock hinauf, klopfte auf gut Glück an eine Tür. Eine rundliche, unentwegt lächelnde Frau im dunklen Pullover und blauen Rock und ein Schulinspektor im dunklen Anzug zeigten keine Überraschung über den Besuch eines Ausländers, sondern fanden das eher interessant. Beide waren Jakuten mit breiten, gelbbraunen Gesichtern und schwarzen, glänzenden Augen. Der Inspektor machte sich auf die Suche nach seinem Chef, dem Minister. Seine Kollegin fragte mich nach dem Schulsystem in der Bundesrepublik, und als ich das nicht genau erklären konnte, lächelte sie ganz zufrieden. »In der Sowjetunion wird auch so viel mit der Schule experimentiert, da kommen selbst manche Lehrer nicht mehr mit«, sagte sie.

Der Inspektor konnte den Chef nicht auftreiben. »Konferenz«, sagte er. Dafür könne er selber mir Auskunft geben. 565 Schulen gebe es in Jakutien, mit dem gleichen Lehrplan wie in der ganzen Sowjetunion, nur daß die jakutischen Kinder vier bis fünf Stunden pro Woche mehr hätten, weil die meisten von ihnen auf dem Lande in jakutischer Sprache unterrichtet würden und dazu Russisch als Fremdsprache lernen müßten. Russische Schulen gebe es nur in den wenigen Städten, wo Russen lebten. In den Zehn-Jahres-Schulen der größeren Orte werde auch eine ausländische Sprache gelehrt, meistens Englisch oder Deutsch, Französisch sei wenig gefragt. Der Inspektor meinte, die Hälfte der Bevölkerung bekomme eine angemessene Schulbildung, und das sei ein Erfolg in diesem dünnbevölkerten riesigen Land.

Auch im Haus des Volkswirtschaftsrats, der obersten Wirtschaftsverwaltung von Jakutien, hielt mich niemand an. Die Sekretärin des stellvertretenden Vorsitzenden schob mich ohne Umstände in das Zimmer des Chefs. Er fragte nicht nach Ausweis oder Genehmigung, und er konnte sich offenbar ohne Schwierigkeiten Zeit für ein Gespräch nehmen. Der stellvertretende Vorsitzende des Volkswirtschaftsrats war ein kleiner, lebhafter Mann mit randloser Brille, der auf den ersten Blick fast wie ein japanischer Industrieller aussah, energisch und tüchtig wie ein wieselflinker Manager. Wenn er sprach, klopfte er mit der Faust und der Brille auf den Tisch. »Man nennt uns die goldene Republik, weil wir riesige Goldvorkommen haben. Aber wir haben auch Diamantenfelder, und wir fangen gerade erst an, diese Schätze zu erschließen. Alle Welt weiß, daß wir die größten Diamanten der Erde haben. Ich sage Ihnen, bald werden wir den ersten Platz in der Diamantenproduktion der Welt einnehmen. Wenn unsere Regierung es erlaubt, werden wir auch nach dem Westen verkaufen, dann werden die Südafrikaner sich umsehen.«

Er erzählte, daß ein Drittel des Goldes der UdSSR aus Jakutien komme, aber auch fünfzehn Prozent der Pelze, und die könne ich in Deutschland auf teuren Auktionen sehen. Er sprach von Rentierkolchosen und der Landwirtschaft, die es auf dem Boden, der im Sommer nur bis in eine Tiefe von zwanzig Zentimetern auftaut, besonders schwer habe. Und er belehrte mich, daß die Landwirtschaft längst nicht mehr wichtigster Faktor seiner abgelegenen Republik sei: Zwei Drittel der Produktion kämen inzwischen aus der Industrie. »Überall wird gebaut, aber uns fehlen Straßen, besonders Fernstraßen. Nach einem Ort wie Werchojansk gibt es keine Straße, denn die Flüsse sind im Frühjahr breit wie Seen, und im ewigen Eis des Bodens hält kein Brückenfundament. Im Sommer können wir über die Flüsse herankommen: im ersten Sommer die Lena herab bis zum Eismeer, im zweiten Sommer die Jana hinauf bis Werchojansk. Im Winter ist es günstiger, da kann man auf den gefrorenen Flüssen mit Schlitten und Lastwagen fahren, aber damit läßt sich nicht viel transportieren.«

Der bewegliche kleine Mann zeigte mir auf der Landkarte, wie groß Jakutien ist: drei Millionen Quadratkilometer, zwölfmal so groß wie Westdeutschland, aber es hat kaum 700.000 Einwohner. Dann fragte er nach der Bundesrepublik. Da entwickele sich die Industrie äußerst schnell, habe er gehört. Ob dabei die amerikanische Hilfe eine große Rolle gespielt habe? Die Entwicklung in Ostdeutschland hielt er für weniger günstig. So etwas war mir bei offiziellen sowjetischen Gesprächspartnern noch nie vorgekommen. Aber dies war eben ein sibirischer Manager, und wenn er von Problemen der industriellen

Entwicklung sprach, schien mir, er könnte auch im Westen hinter einem Managerschreibtisch sitzen.

Die Hauptstraße von Jakutsk war schwarz und schlammig, aber auf einer Seite hatte sie einen hölzernen Gehweg auf kleinen Stelzen, von dem in großen Abständen vorgebaute Autobushaltestellen wie Anlegebrücken in die Fahrbahn hineinreichten. Es war Sommer, aber der Schlamm ließ ahnen, durch was für eine Flut sich die Autos im Frühjahr hindurchkämpfen mußten. Wo die hölzerne Tribüne stand, auf der die Spitzen von Partei und Staat Jakutiens die Feiertagsparaden im Mai und November abnahmen, sollte das neue Zentrum entstehen. Deswegen wurde eines der wenigen Steinhäuser der Stadt schon wieder abgerissen. Es hatte nur zwei Stockwerke, und an seinem Platz sollte der große Bau des Parteikomitees entstehen. Gegenüber hatte man Beete mit bunten Blumen angelegt und ein paar Birken gepflanzt. Ich ging zum einzigen Restaurant der Stadt. Sonst gab es nur noch einige öffentliche Kantinen, die um sechs Uhr schlossen. Bei einer von ihnen hatte am Nachmittag eine lange Schlange von Männern mit Krügen und Karaffen gestanden. Die Männer holten sich einen Liter trüben, bitteren Biers. Mit alkoholischen Getränken wurden die Leute knapp gehalten, und der Staat wußte, warum. Die Männer setzten sich mit ihren Krügen an die kleinen Holztische und tranken gierig aus Wassergläsern. Ein Arzt und seine Frau winkten mich heran, als an ihrem Tisch ein Stuhl frei wurde – sie wollten nicht, daß sich einer der Trinker zu ihnen setzte. Es war vier Uhr, und die Zahl der Betrunkenen stieg rapide. Einer saß schon beim Arztehepaar am Tisch, aber das war ein Sechzigjähriger mit schmalem Gesicht und runder Metallbrille, der auch angetrunken noch höflich blieb und versuchte, mit mir in gebrochenem Deutsch und Französisch ins Gespräch zu kommen.

In dem Restaurant an der Oktoberstraße sah ich ihn am Abend wieder. Er schwankte wie im Walzerschritt durch das Gedränge, schon wieder mit einer Karaffe in der Hand. Eine dicke

Kellnerin versuchte, ihn wieder zum Ausgang zurückzuschieben, aber die Leute an den Tischen ließen sich von ihm anreden, und manchmal drückte ihm einer ein Glas in die Hand. Wodka gab es nicht, nur gelblichroten Apfelsinenlikör, den die Männer aus Wassergläsern tranken. Am Büffet stand noch eine Schlange von Männern mit Karaffen, als das Bier ausging.

Ein schwankender Jakute zerschlug seine Karaffe wütend an der Theke. Zwei Russen wie Kleiderschränke, das blonde Haar kurzgeschoren, sprangen auf und trugen ihn aus dem Lokal. Vor dem Eingang stritten sich drei uniformierte Polizisten mit ein paar hartnäckigen Betrunkenen, die immer wieder ins Lokal drängten, und die Leiterin des Restaurants holte einen Polizisten ins Lokal, damit er für Ordnung sorgte. Mich hatte man als Ausländer erkannt und an einen ruhigen Tisch in der Ecke gesetzt, mit einem Lehrer und seiner Frau, die immer zusammenzuckte, wenn hinter ihr Krach begann. Dazu ein Aeroflot-Pilot, der eine amerikanische Krawatte mit dem Bild eines palmenbewachsenen Südseearchipels trug und dem provinziellen Nachtleben halb amüsiert, halb angeekelt zuschaute. Ein magerer Jakute in Arbeitshosen und Gummistiefeln taumelte auf mich zu, hob den Zeigefinger und sagte: »Moser.« Ich verstand nicht, was er wollte, aber dann zeigte er mit dem Finger auf die Drei-Mann-Kapelle – Klavier, Akkordeon und Geige –, und die spielte gerade Mozarts Türkischen Marsch.

Nur drei Frauen waren in dem lauten, von dicken Rauchschwaden durchzogenen Restaurant – die Lehrersfrau an meinem Tisch, eine große blonde Russin, die mit einem Armeeoffizier gekommen war, und eine jakutische Braut im schwarzen Kostüm und mit frischer Dauerwelle. Die Hochzeitsgesellschaft saß an zwei zusammengeschobenen Tischen vor der Kapelle. Die Gäste, lauter Jakuten, hatten die Jacken ausgezogen, aber sie erhoben sich höflich und etwas steif, wenn sie auf das Brautpaar tranken. Sonst waren fast nur Russen und Ukrainer im Restaurant, Männer in bunten Hemden oder alten Uniformblusen, bei denen Wild-Ost-Stimmung herrschte. Sie hatten offene, einfache Gesichter, Köpfe wie Holzklötze und Schultern wie Preisboxer. Sie klopften sich zur Begrüßung mächtig auf die Schultern.

Einer, der sich an unseren Tisch setzte, trug eine offene Uniformbluse über der breiten, behaarten Brust, und die Lehrersfrau schaute unangenehm berührt auf seine ungewaschenen großen Hände. Er war Lastwagenfahrer in einem kleinen Grubenort, fünfhundert Kilometer entfernt, erzählte er mir. Früher hatte er in Lettland gelebt, dann wurde er eingezogen, und die Armee hatte ihn in Jakutien demobilisiert. Nun war er hier, und hier blieb er auch. »Man kann leben«, sagte er. Das war in Sibirien der Lieblingsspruch. Ein älterer Mann mit Geierkopf versuchte, den jungen Mann an meinem Tisch zu provozieren. Er kam nicht sehr weit, denn zwei große Kerle in karierten Hemden schoben sich heran, man sah, sie warteten nur auf eine Gelegenheit, einen Ruhestörer hinauszuwerfen und zu einer Keilerei zu kommen. Zwei Tische weiter aßen sechs Luftwaffenoffiziere. Sie waren sehr still, sauber rasiert, gekämmt. Sie aßen ordentlich, bei ihnen brauchte die Kellnerin die Tischdecke nicht mit dem Handfeger zu säubern.

Ein Offizier der Grenztruppen mit braungebranntem, lederhäutigem Gesicht schaut immer wieder auf die Armbanduhr der blonden Russin, die von sieben oder acht kleinen Tellern kalte Vorspeisen, Fischmayonnaisen und Buletten ißt. Der Offizier füllt ihr ständig das Likörglas nach. Ein angetrunkener Jakute drängelt sich an den Tisch. »Warum haben die Offiziere immer die Frauen?« fragt er den etwa fünfzigjährigen Hauptmann. »Ich verstehe nicht«, antwortet der. Der Jakute flüstert ihm etwas ins Ohr, der Offizier will offensichtlich Streit vermeiden. Lächelnd löst er die Hände des Jakuten von seinen Schulterstücken und versucht, das undeutliche Gemurmel des Betrunkenen zu verstehen. Nur das Wort »trinken« kann man immer wieder heraushören. Der Hauptmann gießt ein Glas Likör ein, der Jakute fegt es mit einer fahrigen Bewegung vom

Tisch und taumelt davon. Der Offizier lächelt immer noch, blickt auf die Uhr seiner Begleiterin und läßt sich die Rechnung geben. Die Leiterin des Restaurants fragt mit strenger Stimme, wer das Glas zerschlagen habe. »Ich«, sagt der Hauptmann, läßt es auf die Rechnung setzen und geht mit langen Schritten zur Garderobe.

Alle zehn Minuten steigert sich das Gespräch an irgendeinem der dreißig Tische bedrohlich. Ein Mann springt auf, fühlt sich beleidigt, will sich rächen. Die Freunde ziehen ihn an den Armen auf seinen Platz zurück, die Ruhe ist wiederhergestellt, die Stimmung kehrt zurück, alles ist vergessen. Hinter jedem Stuhl warten ein oder zwei Männer darauf, daß ein Platz frei wird. Drei verkrüppelte alte Jakuten, seltsam zusammengekrümmt, wuseln auf ihren kurzen Krücken durch das Gedränge, erwischen hier ein Glas Likör, dort eine halbe Bulette.

Mich versorgt die Leiterin des Restaurants persönlich. Sie achtet darauf, daß ich nicht belästigt werde, und fragt schließlich, ob ich zufrieden bin. Ich habe keinen Anlaß zur Klage. Die drei Polizisten kämpfen immer noch mit Betrunkenen, die sich ins Restaurant mogeln wollen.

In das Restaurant gehen vor allem Leute, die nur für ein paar Tage in der Stadt sind: Spezialisten, Facharbeiter, Fahrer, die irgendwo in einer der Bergwerksstädte arbeiten, am Kraftwerk eines kleinen Ortes angestellt sind oder monatelang in der Einsamkeit der Bergtaiga nach neuen Rohstofflagern suchen. Auf ein paar Tage sind sie nach Jakutsk abkommandiert. Sie wohnen in den Gemeinschaftsräumen eines Heims, sie haben das Kinoprogramm gesehen, und nun soll es Musik, Alkohol und Stimmung geben. Die Drei-Mann-Kapelle und der Apfelsinenlikör sind ihnen Unterhaltung genug, und das Nachtleben endet um elf Uhr, wenn das Restaurant schließt.

Ausschweifungen sind nicht typisch für das Leben der Stadt Jakutsk, deren Bewohner nach zehn Uhr kaum noch auf die Straße zu gehen scheinen, wenn sie nicht gerade vom nächsten Hydranten noch einen Eimer Wasser holen müssen. Sie

gehen sonntags zum Fußballspiel im Kulturpark, in ein einge-
zäuntes Stück Kiefernwald nahe der Stadt, dessen Waldwege
mit den politischen Parolen geziert sind, die solche Erholungs-
stätten von Lemberg bis Wladiwostok schmücken. Sie gehen
ins Operettentheater oder ins »Russische Theater«, in eines der
Kinos oder in den Klub ihres Werkes. Sie hören das allgemeine
sowjetische Radioprogramm, das der Genosse Sacharow, der
Chef des Rundfunkkomitees, in einem flachen, langgestreck-
ten Blockhaus für die Bedürfnisse Jakutiens aufbereitet. Nächstes Jahr sollen sie einen Fernsehsender bekommen, der die ge-
filmten Programmkonserven aus Moskau durch Reportagen
aus dem eigenen Gebiet ergänzen soll. Es ist ein ruhiges Leben in dieser Stadt von fast 100 000 Einwohnern, deren kleine
Holzhäuser sich endlos und gleichförmig an ungepflasterten
Straßen entlangziehen. Aber für viele Menschen des weiten
Landes ist es »die Stadt«, das einzige für sie erreichbare Kultur-
und Verwaltungszentrum.
Die Universität, deren Hörsäle und Institute noch in einer Reihe von Holz- und Steingebäuden über die ganze Stadt verstreut
waren, gab es erst drei Jahre. Ihr Zentrum war ein weißes altmodisches Gebäude, das noch aus der Zarenzeit stammte. Der
Rektor, ein Jakute, hatte sein Zimmer mit grünen Topfpflan-
zen und Bildern politischer Führer dekoriert. Sein Schreibtisch
stand am Kopfende des typisch sowjetischen Konferenztisches –
nach dessen Größe man die Bedeutung des jeweiligen Chefs
einschätzen konnte. »Wir haben unsere Universität 1956 eröffnet auf der Basis der Pädagogischen Hochschule, die schon seit
1934 hier existierte. 1934 hatte sie 57 Studenten, ungefähr so
viele wie manche deutsche Universität im 17. Jahrhundert.
Neun Professoren lehrten damals hier. Inzwischen sind bei uns
3 460 Lehrer und Lehrerinnen ausgebildet worden. Die höheren Stufen der Universität sind immer noch Teil der Pädagogischen Hochschule. Wir stellen uns erst allmählich um, nur
der erste, zweite und dritte Kurs lernen bisher nach dem Uni-
versitätsprogramm. Wir haben 152 Hochschullehrer. Vier da-

von sind Professoren, 138 Dozenten.« Der Rektor berichtete mit spürbarem Stolz, etwa die Hälfte der Lehrer und über die Hälfte der Studenten seien jakutischer Abstammung. Dabei war dieses Verhältnis nicht besonders günstig, denn damals waren höchstens zwanzig Prozent der Bevölkerung der jakutischen Republik russischer oder ukrainischer Herkunft. Aber die Analphabeten Jakutiens rekrutierten sich wohl fast ausschließlich aus dem weitverstreuten jakutischen Bevölkerungsteil, während die russischen und ukrainischen Kinder in den Städten und größeren Orten bessere Unterrichtsmöglichkeiten fanden. In einem Lande, in dem man mit etwa 1,5 Menschen pro Quadratkilometer rechnet (westlich des Ural, im europäischen Rußland, kommen 30 Menschen auf den Quadratkilometer), ließ sich ein modernes Schulsystem nur langsam und unter großen Schwierigkeiten aufbauen.

Immerhin, das weitmaschige Netz des Erziehungs- und Propaganda-Apparates sorgte dafür, daß auch die letzten Rentiernomaden gelegentlich mit der Sowjetkultur in Berührung kamen. »Wir haben mehr als 3 000 Leute an der Kulturfront im Einsatz«, sagte der stellvertretende Minister für Kultur, ein Russe, der mich in einem baufälligen, düsteren Holzhaus empfing. Um das Kulturministerium zu finden, mußte man in einer kleinen ungepflasterten Nebenstraße einen Abzugsgraben überqueren und durch die Tür eines hohen Bretterzaunes in einen großen Hof eintreten. War man erst einmal im Haus, konnte man beim Minister so ziemlich ohne alle Formalitäten ins Vorzimmer eindringen. Aber auch er war gerade in einer Konferenz. Sein russischer Stellvertreter war in erster Linie mit der »Kinoversorgung« befaßt, und über die wollte er gerne reden. »Unsere Aufgabe ist es, allen Bewohnern Jakutiens die Möglichkeit zu verschaffen, ins Kino zu gehen. Wir haben gegenwärtig mehr als 500 Säle mit Vorführapparaten, außerdem zehn reine Kinotheater, eins davon für Breitwandfilme eingerichtet. Unser Perspektivplan für die Kunstentwicklung sieht jedoch auch den Aufbau von Theatern und Balletten vor.« – »Von nationalen Theatern und Balletten«, warf ein Jakute ein, der dazugekommen war. Er wurde mir ebenfalls als einer der stellvertretenden Kulturminister Jakutiens vorgestellt und konnte über die Kinoversorgung hinaus Angaben über das Kunstleben machen.

Gegenwärtig gebe es zwei Theater in jakutischer Sprache und ein russisches Theater, zusammen mit 118 Künstlern, etwa 40 Schriftstellern und 50 bildenden Künstlern. Es gebe noch rund 100 Sänger, die wie in alter Zeit zum Klang des Tamburins alte Volksepen vortrügen, wußte der stellvertretende Minister zu erzählen. In anderen Teilen der Sowjetunion, in der Ukraine zum Beispiel, waren die Volkssänger deportiert oder umgebracht worden. Hier wurden sie vom Ministerium »erfaßt«, vielleicht sangen sie neue Epen, deren Helden Lenin und Stalin hießen. Die Volkskunst entwickelte sich sehr gut, sagte der Minister nämlich, und das machte mich stutzig. Denn in Moskau hatte mir ein sowjetischer Ethnologe sein Leid geklagt. Es würde immer schwerer, noch echte und unverfälschte Beispiele jakutischer Volkskunst zu finden. Er erzählte mir, wie ein Kollege eine Jakutin entdeckte, die ein wunderbares, kunstvoll gearbeitetes Kleid trug. Man wollte es ihr für 2 000 Rubel abkaufen und schlug ihr vor, noch mehr solcher Trachtenkleider zu nähen. Aber die Jakutin lehnte ab. Sie habe drei Winter an diesem Kleid gearbeitet, und da sie als Technikerin auf einem Kolchos arbeite, könne sie sich den Luxus, Volkstrachten herzustellen, nicht mehr leisten.

Doch der stellvertetende Minister in Jakutsk war mit der Entwicklung der Volkskunst zufrieden. Vielleicht dachte er mehr an die Laienspielscharen, die man auf vielen Fotos an den Wänden seines Vorzimmers sah. Aber selbst auf den unscharfen Amateuraufnahmen erkannte man, daß die Sänger und Tänzer dieser Gruppen keine echten Volkskostüme mehr trugen, sondern Imitationen aus billigem Baumwollstoff. Immerhin, ein jakutischer Komponist hatte eine Oper geschrieben, die bei ihrer Aufführung in Moskau durch ein gewisses Lokalkolorit aufgefallen war. Sie lehnte sich an ein altes Epos ebenso wie an die klassische russische Oper an – oder deren Verarbeitung im Stil des sozialistischen Realismus. Im übrigen schienen die Künstler Jakutiens nicht sehr viel von der Tradition ihres Volkes zu halten. Sie waren für den Fortschritt, und der Fortschritt war russisch. So jedenfalls äußerte sich der junge Mann, der in einem Raum des jakutischen Finanzministeriums, des schönsten Baus von Jakutsk, den Schriftstellerverband leitete. »Unsere Dichter arbeiten in allen Genres«, sagte er stolz. »Sie schreiben über den Aufbau, über das Leben auf Sowchosen und Kolchosen, über die Arbeit in den Goldgebieten und so weiter.« Ob es eine Verbindung zur nationalen Kunst der Epensänger gebe, fragte ich. »So gut wie keine«, antwortete er gleichmütig. »In den ersten Jahren war das vielleicht noch der Fall. Aber das Leben entwickelt sich. Die Literatur kann nicht stehenbleiben. Heute haben wir in Jakutien den Stand der Sowjetliteratur erreicht.« Zwei Russen und sechsunddreißig Jakuten gehörten dem Verband an. Die Jakuten schrieben meist in ihrer Muttersprache und übersetzten dann ihre eigenen Arbeiten ins Russische. Er fragte mich optimistisch, ob man in Deutschland die jakutische Literatur kenne, und lobte die Gedichte Heinrich Heines und des DDR-Dichters Kuba. Die deutsche Sprache sei überhaupt sehr schön, meinte er. Leider kenne er sie nicht, aber sie werde in Jakutien gern gelernt.

Einem Deutschlehrer begegnete ich am Tage meines Abflugs auf dem Flughafen. Die Maschine hatte fünf Stunden Verspätung, in der Wartezeit kam ich mit vielen Reisenden ins Gespräch, und einer von ihnen sprach mich auf deutsch an. Er hatte einen schweren russischen Akzent und sprach grammatikalisch nicht ganz einwandfrei, man merkte sofort, daß er kein Russe war. Der Mann war etwa dreißig Jahre alt und trug einen grauen, abgeschabten Mantel. Ob er Deutscher sei, fragte ich ihn, und er antwortete betont: »Ich bin Sowjetdeutscher«, einer von denen, die von der Wolga nach Sibirien deportiert worden waren. Seine erste Frage über Deutschland: Ob ich in

Hamburg schon einmal das Thälmann-Museum besucht hätte? Er lehrte an der Mittelschule eines kleinen Dorfes, an dem nichts Besonderes war – eine Reparaturwerkstatt für Autos und Motorschlepper, Verwaltungs- und Versorgungsstellen für die Rentierkolchosen des umliegenden Gebietes. Er hatte sich mit dieser Welt abgefunden. »Das Leben ist besser geworden«, meinte er. »Nikita Sergejewitsch hat viel getan, besonders für die Kolchosen.« Eine ältere Frau stellte sich zu uns. Der Lehrer behandelte sie mit Respekt. Sie war die Vorsitzende des größten Kolchos in der Nähe seines Dorfes, und mit barscher Stimme verlangte sie zu erfahren, worüber wir uns unterhalten hatten. Das Gespräch schlief ein, der Lehrer zog sich zurück.

Aber inzwischen war eine junge Russin da, die sich mit mir unterhalten wollte. Ihren Kleidern sah man an, daß sie erst verhältnismäßig kurz aus Moskau fort war. Ihr blauer Flauschmantel wirkte auf diesem Flughafen, unter all den Wattejacken und Wolltüchern, außerordentlich westlich. Auch sie war Lehrerin. Sie unterrichtete Englisch in einer kleinen Bergwerksstadt, die Lena abwärts. Was es in Moskau Neues gebe, über welche Bücher man spreche, was in den Theatern gespielt werde, wollte sie von mir wissen. Und mit einem Seitenblick fragte sie mich, wie mir Jakutsk gefalle. »Na ja«, sagte ich. »Man kann hier leben. Jakutsk ist nicht Moskau, aber schließlich ...« Die junge Lehrerin, sie war vielleicht zweiundzwanzig Jahre alt, sah mich an. »Also, ehrlich gesagt, als ich diese Stadt zuerst sah, da dachte ich, das ist das Ende. Ich dachte, ich würde sterben. Staub, Schmutz, Holzhäuser. Aber man muß nur einen festen Willen haben, dann geht es. Ich habe mich freiwillig in den Osten gemeldet. Man muß helfen, den Menschen die Zivilisation zu bringen. Hier kann man noch etwas tun, hier gibt es noch Aufgaben. In Moskau oder Leningrad, da gibt es zu viele Menschen. Es ist wahr, die Zivilisation ist etwas sehr Angenehmes. Es ist kein Vergnügen, im Winter Wasser im Eimer in den zweiten Stock zu schleppen. Aber das ist nicht das Schlimmste, man kann das schließlich ertragen.

Die Leute hier sind wenigstens keine Spießer. Irgendwie ist
man hier freier, man kann sich noch selbst eine Arbeit suchen.
Natürlich verdient man hier mehr, aber deswegen geht niemand in die Kälte und Hitze, in die Wildnis. Oder jedenfalls:
Diejenigen, die es tun, sind wenigstens keine Spießer.«
Mir scheint, als idealisiere sie das freie Leben in Sibirien ein
wenig. Aber ihre Begeisterung klingt echt, wie die Überzeugung, daß sie den Jakuten mit der englischen Sprache das Licht
der Aufklärung und den Fortschritt bringe. Wir gehen um das
Rollfeld herum, wir haben Zeit genug. Auch ihre Maschine
hat sich verspätet. Die junge Lehrerin ist keineswegs unkritisch.
»Man sagt ja im Ausland allgemein, unsere Literatur sei so ei-
gentümlich und frisch«, meint sie. Und als ich einwerfe, daß
ich diese Auffassung nicht ganz teile, sagt sie ohne zu zögern:
»Dann haben Sie wohl sehr viel davon gelesen.« Graham Gree-
nes *Der stille Amerikaner* und Hemingways *Der alte Mann und
das Meer* haben ihr jedenfalls von allen neueren Büchern am
besten gefallen.
Aber eigentlich ist sie auch mit diesen Kostproben westlicher
Literatur nicht ganz zufrieden. Es scheint ihr an Tiefe und
Verständnis für das Leid der Menschen zu fehlen. Allmählich
merke ich, wen ich da vor mir habe: ein junges Mädchen wie
jene, die um die Jahrhundertwende aus der guten Gesellschaft
des russischen Bürgertums und des Adels auf die Dörfer gingen, um mit einfachen Menschen neu anzufangen, eine Ro-
mantikerin, wie sie in russischen Büchern steht. Von den großen Städten, von der Organisation, vom Kollektiv erwartet sie
wenig. Der Sowjetstaat von heute erscheint ihr nicht als End-
produkt. »Das russische Volk ist tief«, sagt sie. »Es denkt lange
nach, ehe es sich entschließt. Und niemand kann wissen, wozu
es sich entschließen wird.« Dabei steht die junge Lehrerin der
Sowjetgesellschaft nicht eigentlich kritisch gegenüber. Von
einer kapitalistischen Gesellschaft hält sie jedenfalls noch weniger, und unter Kolonialismus versteht sie ausschließlich die
westliche Spielart. Als ich ihr sage, hier in Jakutien seien doch

auch die führenden Posten überwiegend mit Russen besetzt, alle wichtigen Entscheidungen fielen in Moskau und das Leben eines ganzen Volkes werde dem russischen angeglichen, versteht sie gar nicht, was ich meine.

»Aber die Jakuten lieben doch die Russen, die ihnen helfen«, sagt sie kopfschüttelnd. Ich erinnere sie an die Völker Turkestans, die erst nach mehr als zehnjährigen, blutigen Kämpfen ihren Widerstand gegen die Sowjettruppen aufgaben. »Das waren doch die reichen Beys, die da kämpften. Die Bauern und Arbeiter standen auf unserer Seite«, erklärt sie mir, streng nach der offiziellen Sowjetgeschichte. »Schön«, sage ich. »Aber wenn nun in Usbekistan ein Mann auf die Idee käme, wie die Antikolonialisten im Mittleren Osten für sein Land die Unabhängigkeit zu fordern, was, meinen Sie, geschieht dann?« Die junge Lehrerin sagt nichts.

Aber es könnte sein, daß ihre Grundhaltung gar nicht so selten ist. Die Mischung von Fortschrittsbegeisterung und unklarer Unzufriedenheit mit der neuen Gesellschaft habe ich gerade in Sibirien häufiger angetroffen. Man findet sie bei den jungen Leuten, die voller Pioniergeist von den künftigen Erfolgen berichten und zugleich erzählen, daß man in Sibirien ungezwungener leben könne als in der bürokratisch reglementierten Enge der großen Städte. Diese Pioniere sind eine Minderheit, aber man begegnet ihnen immer wieder – jungen Ingenieuren, die zu Baustellen in der Wildnis ziehen, oder jungen Geologen, die sich mit dem Hubschrauber in menschenleere Gebiete bringen lassen, um nach Gold, Zinn oder Diamanten zu suchen. Ein großer blonder Mann, der mich im Autobus auf englisch angesprochen hat, gehört zu diesem Typus. Er ist vor ein paar Jahren aus Leningrad gekommen, und er trauert der »westlichsten« Stadt der Sowjetunion natürlich immer noch nach. »Aber was wäre ich heute in Leningrad?« fragt er. »Ich weiß, was meine Freunde machen, die sich um den Einsatz im Osten gedrückt haben. Kleine subalterne Verwaltungsposten haben sie. Einige werden vielleicht mit der

Zeit Karriere machen. Ich bin nicht neidisch. Ich reise viel herum, bin wenig in den Städten. Ich bin mein eigener Herr, ich muß selber wissen, wie ich mich zu verhalten habe. Ich sage Ihnen, man erlebt Dinge, über die man Romane schreiben könnte. Ich hätte Material genug.« Später lobt er Dudinzews Roman *Der Mensch lebt nicht vom Brot allein*. Solche Bücher würden gebraucht, denn Denunzianten und despotische Funktionäre müßten überall entlarvt werden. Aber diese Erkenntnis trübt seinen Enthusiasmus nur wenig. »In ein paar Jahren sollten Sie wiederkommen. Sie werden Jakutien nicht wiedererkennen. Was hier noch an Schätzen unter der Erde liegt, können Sie nicht erträumen. Und hier fängt es jetzt erst an, hier wird jetzt gebaut, passen Sie mal auf. In ein paar Jahren ...«

Ein kleiner Ort in Nordsibirien, in dem die neue Entwicklung kaum begonnen hat, ist Werchojansk. Ich habe keinen besonderen Grund, gerade ihn zu besuchen, aber da ich in Moskau in meinem Reiseantrag irgendeinen der kleinen, wenig bekannten Orte angeben wollte, habe ich mich an den Erdkundeunterricht erinnert: Werchojansk hat immerhin den Ruf, mit einer Rekordtemperatur von minus 67,8 Grad der kälteste bewohnte Ort der Erde zu sein. Das braucht mich nicht zu schrecken, denn ich reise im August, und warum nicht nach Werchojansk?

Das Flugzeug, das mich von Jakutsk dorthin bringen soll, verspätet sich. Vor dem Schalter, an dem Flugkarten verkauft werden, drängt sich eine lange Schlange. Alle warten darauf, daß es hell wird und die ersten Maschinen starten können. Dreißig ein- und zweimotorige Flugzeuge stehen am Ende der Rollbahnen. In Werchojansk ist das Wetter zu schlecht, sagt mir ein Mann vom Bodenpersonal. Er empfiehlt mir, in die Stadt zurückzufahren. Man würde mir Bescheid sagen, wenn die Maschine fliegen dürfe, dann sei immer noch Zeit genug für mich, auf den Flugplatz zu kommen. Wie am Tag meiner

Ankunft warte ich wieder auf den Autobus, während jeep-
ähnliche Autos den Matsch in den Schlaglöchern aufspritzen
lassen. Ein unrasierter Mann in Wattejacke, der schon seine
erste Wodka-Ration getrunken hat, beginnt auf mich einzu-
reden. Er spricht vom Faschismus in Westdeutschland und daß
er selber als Gefangener bei Kreiensen im Lager war. Sein
Freund versucht, ihn zu beruhigen und beiseite zu schieben.
Das sei doch jetzt ein anderes Deutschland, erklärt er ihm. Und
er schimpft darüber, daß wir im Regen auf den Bus warten
müssen. Der Mann, der in Deutschland im Lager war, zeigt
mit dem Finger auf mich und sagt: »Soll er doch auf den Bus
warten – ich habe ja auch lange genug in Deutschland gewartet.«
In der Stadt schlafe ich noch zwei Stunden, dann ruft der Flughafen an. Die Maschine steht schon bereit, es ist eine LI-15, die
Platz für zwölf bis fünfzehn Passagiere hat. Aus dem Fenster der
Maschine zeigt mir ein Geologe die Erdformationen. Die Maschine fliegt auf Sicht, einmal erkennt man, abgeschnitten von
allen anderen menschlichen Siedlungen, die rechtwinklig zueinander stehenden Gebäude eines Kolchos. Dann wieder
Bergtaiga: dünne Wälder, die sich an runden Kuppen hinauf-
ziehen, und die grauen, kahlen Häupter dieser Kuppen.
Manchmal fällt das Gelände in ausgewaschenen Terrassen ab.
Durch das helle Grün der Lärchen schimmert der gelbgraue
Boden. Grün leuchtet das Moos, wo die Flüsse nach dem Tauwetter über ihre Ufer getreten sind. Jetzt sind sie fast ausge-
trocknet und ziehen sich wie eine seltsame rote Zeichnung
durch das Grün. Die Maschine fliegt ganz tief über eine Hü-
gelkette und biegt mit einer weiten Wendung in das Tal ein.
Ein kleines, einstöckiges Holzhaus, ein Mast mit einem Wind-
sack und ein kleines Gebäude, das offenbar meteorologischen
Beobachtungen dient, zeigen, daß diese Wiese ein Flugplatz ist.
Ein hochgewachsener Ukrainer in der blauen Uniform der
Aeroflot kommt auf mich zu, als ich etwas unentschlossen über
den Flugplatz gehe. Er stellt sich mir als Chef des Flughafens

vor, fragt nach meinen Plänen, ob ich angemeldet sei und wie
lange ich bleiben wolle. Dann schlägt er vor, mich in den Ort
zu begleiten, den man über einen Fußweg in fünf Minuten erreichen kann.

Wir kommen an den ersten Häusern von Werchojansk vorbei,
flachen Holzhäusern ohne Dachstuhl, die an den Seiten etwa
einen Meter hoch mit einem Erdwall umgeben sind und deren
Dächer ebenfalls mit einer Erdschicht gedeckt wurden. Es sind
offenbar die ärmeren Häuser des Ortes, aber es gibt recht viele
von dieser Art.

Das Haus des Ortssowjets, also der Gemeindeverwaltung, ist
ein einstöckiger Holzbau mit richtigem Dach, mit Lehm ver-
kleidet und weiß gekalkt. Man geht von hinten hinein, über
einen großen abgezäunten Hof, auf dem eine Kuh weidet.
Drinnen tritt man zuerst in eine große halbdunkle Diele, auf
deren breitem Herd ein Wasserkessel summt. Es ist wie in
einem Bauernhaus. Aber das Büro, in das man von der Diele
eintritt, unterscheidet sich mit seinem langen, grünüberzo-
genen Konferenztisch nicht von den unzähligen anderen Räumen dieser Art, in denen sowjetische Partei-, Verwaltungs-
und Wirtschaftsfunktionäre ihre vielen Sitzungen abhalten. Der
Vorsitzende des Ortssowjets und sein Vertreter sind Jakuten.
Sie überlegen, was sie mit dem Gast anfangen sollen. Mit Ausländern hatten sie noch nie zu tun.

»Kalt heute, nicht wahr?« sagt der stellvertretende Vorsitzende
des Ortssowjets. »Bald wird es Winter, dann ist es hier ziemlich kalt.« Der Vorsitzende lächelt: »Das macht uns aber nichts
aus. Wir leben hier. Nicht gerade reich, auch nicht arm – wir
leben ganz gut.« Und sein Stellvertreter fügt hinzu: »Man kann
leben in Sibirien ...« Beide meinen, ich sei eigentlich zur falschen Jahreszeit gekommen. Noch gebe es nur milde Nacht-
fröste. Im Dezember oder Januar wäre es für einen Touristen
doch viel interessanter. Ich nicke zweifelnd. Nach einer Pause
erzählt der Vorsitzende, daß er im Krieg bis Wien gekommen
sei. Dort sei das Klima ja sehr gut, sagt er. Und für seinen Stell-

vertreter erläutert er, daß es in Wien das ganze Jahr Gemüse
gebe. »Hier bei uns ist es schwer mit dem Gemüse, es läßt sich
schlecht ziehen. Ein paar Leute bei uns versuchen es. Wissen
Sie, man sagt immer, im Norden gedeiht nichts, aber es geht
schon, nur natürlich mit viel Arbeit. Wir haben eine Frau, die
hat sogar Kartoffeln gepflanzt, und sie kann jetzt welche ern-
ten. Nun, ich bringe Sie einmal dorthin.«
Der Vorsitzende des Ortssowjets ist offensichtlich zufrieden mit
Werchojansk, sogar ein wenig stolz auf seinen Ort, aber gleichzeitig bescheiden und von zurückhaltender Freundlichkeit.
Während er einen Lehrer anruft, der zugleich Leiter der Kul-
turabteilung ist, fragt mich sein Stellvertreter nach Deutschland. Ob die Teilung noch lange dauern werde, ob man von
einem Teil in den andern reisen könne? Ich erkläre ihm die
Verhältnisse, ohne politisch zu schockieren. Er schaut den
Vorsitzenden an und schüttelt den Kopf, und der Vorsitzende überlegt auch: »So was kann man sich kaum vorstellen. Stell
dir mal vor, Jakutien wäre geteilt – in Ostjakutien und in
Westjakutien – und die Leute können über die Lena nicht zusammenkommen.« Der Vorsitzende verabschiedet sich, er fährt
mit dem Rad zum Angeln. Sein Stellvertreter zeigt mir, wo ich
schlafen kann. Auf der anderen Seite der großen Diele ist ein
Raum mit drei eisernen Bettgestellen, Bettzeug und Wolldecken liegen auf der Matratze. Das Zimmer hat einen kleinen,
mit Lehm ummauerten eisernen Ofen, drei Stühle und einen
Tisch, auf dem eine Karaffe mit kaltem Tee steht – damit man
weiß, daß das Wasser wirklich abgekocht ist. Auf zwei Mar-
meladengläsern stehen Kerzen, daneben liegt eine Schachtel
Streichhölzer. Auf einem Bett schläft jemand, auf dem anderen sitzt ein junger Jakute, den ich schon im Flugzeug gesehen hatte und dem ich halblaut guten Tag sage. Dann setze ich
mich auf mein Bett.
Der stellvertretende Vorsitzende des Ortssowjets kommt mit
dem Lehrer zurück. Er stellt ihn mir ausdrücklich als reinblü-
tigen Jakuten vor, und der Lehrer, ein kleiner, magerer Mann,

sagt sofort: »Ich bin hier geboren und hier aufgewachsen.« Als
er hört, daß ich in Jakutsk die Universität besichtigt habe, fragt
er sofort, ob der Rektor ein Russe oder ein Jakute sei, und
scheint sehr befriedigt, daß er Jakute ist. Fragen der Nationalität scheinen ihm wichtig zu sein. Der Lehrer hat den Auftrag,
mir Werchojansk zu zeigen. Die Hauptstraße heißt immer
noch Stalinstraße und ist nicht viel mehr als ein fünfzig Meter
breiter Streifen Ödland, auf jeder Seite von einer Art Feldweg
begrenzt, an den sich die Lattenzäune vor den Häusern anschließen. Vor dem Ortssowjet ist ein kleines Viereck säuber-
lich eingezäunt, da steht, glänzend in Silberbronze, das Gips-
denkmal eines Revolutionärs, der während des Bürgerkriegs in
dieser Gegend kämpfte. Zwei Kühe fressen über den Zaun
hinweg das bißchen Grün der Anlage. Dann kommt eine kleine
Holztribüne mit acht Stufen, an der der Parteisekretär und der
Vorsitzende des Ortssowjets am 1. Mai und am 7. November
das Volk von Werchojansk vorbeiziehen lassen.
Die Stalinstraße hat kein Ende, sie verliert sich einfach in einem schmalen Weg durch graubraune Hügel. Und hinter den
beiden Häuserzeilen mit kleinen Gärten beginnt die endlose
Taiga. Nur ein einziges Haus hat zwei Stockwerke: die Schule,
die noch im Bau ist. Der Lehrer zeigt mir, wo die großen Klas-
senzimmer sein werden, und die fünf Blockhäuser rundherum,
in deren Räumen nur eiserne Bettgestelle stehen: das Internat.
120 Kinder aus Rentier- oder Jägerkolchosen besuchen hier
die Schule, über 300 kommen aus Werchojansk zum Unter-
richt. In einem anderen Blockhaus ist die Kinderkrippe untergebracht, mit hellblau gestrichenen Zimmern, auf deren
verblichenen Teppichen jakutische und russische Kinder her-
umkrabbeln. Es ist warm und hell in dem kleinen Holzhaus,
wie fast immer haben es die Kinder am besten. Im Kindergarten nebenan stehen zwanzig kleine hölzerne Lastautos. Zwei
junge Kindergärtnerinnen räumen Regale voll Spielzeug auf,
im Garten gibt es Schaukeln und Hängematten.
Das Krankenhaus nebenan ist schlechter eingerichtet: ein Block-

haus mit drei Zimmern, in denen 25 Betten untergebracht sind, und während Frauen in buntgeblümten Morgenröcken mich anstarren, klagt eine blonde Krankenschwester, daß die Zimmer immer überbelegt seien. Der Arzt ist mit dem Hubschrauber zu einem fernen Kolchos unterwegs. Wir gehen über den Schulhof ins Lehrerhaus. In der Küche füttern zwei Frauen ein schreiendes Baby. Die blonde mit aufgestecktem Zopf ist die Frau des Lehrers, die schwarzhaarige Russin eine Freundin. Beide sind sehr verlegen, und der Lehrer behandelt sie wie Schülerinnen. »Stellt euch vor«, sagt er energisch. Die Frauen kichern, kommen zur Küchentür und geben mir die Hand. »Ich bin ein echter Jakute, aber ich habe eine Russin geheiratet«, sagt der Lehrer. Er erklärt diese Bemerkung nicht. In seinem Arbeitszimmer steht nur ein roher Holztisch mit einem Stuhl. Ein grobgezimmertes Bücherregal ist überladen, und auch auf dem Fußboden stapeln sich Bände: Marx, Engels, Lenin, Stalin, ein Band mit Gedichten von Heinrich Heine, pädagogische Werke, Lehrbücher und Schulhefte. Von der Decke hängt eine nackte Glühbirne.

Der Lehrer ist ein etwas verkniffener Mann, unsere Unterhaltung fließt zäh. Ob man in Deutschland Marx, Engels und Lenin studiere, was man von Kautsky halte, will der Lehrer wissen. Mit Unterschieden zwischen dem jungen und dem alten Marx will er sich nicht abgeben. Er fragt, ob es viele Bilder von Lenin, Marx und Engels in deutschen Schulen gebe, und nimmt meine Antwort zur Kenntnis. Er ist politisch geschult und weiß, die Bundesrepublik Deutschland ist kein fortschrittliches Land. (Als ich ihn in der Breschnew-Zeit zum zweitenmal besuchte, sprach er viel von den Erfolgen der deutschen Industrie und der Hoffnung, daß sie Sibirien erschließen werde. Und er erzählte mir mehr von jakutischen Traditionen als vom Marxismus. 1992, bei meinem dritten Besuch, war er schon pensioniert und Abgeordneter des jakutischen Parlaments: ein enthusiastischer Nationalist, der die Bodenschätze Jakutiens gegen die Ausbeuter aus Moskau verteidigen wollte.

Er hatte sich geändert. In Werchojansk war zwar inzwischen die zweistöckige Schule fertig geworden, aber sonst sah es fast noch genauso aus wie bei meinem ersten Besuch.)

Vom Haus des Lehrers gehen wir die Dorfstraße entlang, vorbei an den ärmlicheren Häusern. Der Lehrer will mit mir die Frau besuchen, die als erste und einzige Kartoffeln gepflanzt und geerntet hat. Sie wohnt in einem der ordentlicheren Häuser mit einem richtigen Dach und ist sehr stolz auf ihren Garten. Von den sechs Sonnenblumen ist nur eine aufgeblüht, und die anderen werden nicht mehr zur Blüte kommen, aber da wachsen mehrere Rüben, ein paar Kohlrabi, Radieschen und eben Kartoffeln. Es sei das erstemal, daß jemand mit Erfolg Kartoffeln gepflanzt habe, sagt der Lehrer, denn der Boden taut in den kurzen Sommermonaten nur bis zu fünfzehn oder zwanzig Zentimetern auf, und das reicht den Kartoffeln nicht. »Der Mais ist leider nicht gekommen«, sagt die Hausfrau. »Der Sommer ist zu kurz, schon Anfang August muß man das Gemüse nachts abdecken, und beim Mais geht das nicht.« Aber jeden Tag kann sie nun einige Kartoffeln aus der Erde holen, um sie für ihre sechs Kinder zu kochen. Die anderen Leute in Werchojansk leben sommers wie winters hauptsächlich von Trockengemüse, Konserven und Mehlspeisen – und natürlich von Rentierfleisch oder selbstgeschossenen Schneehasen.

Im Haus des Ortssowjets heizt eine alte Frau unseren Lehmofen an. Die beiden Jakuten bereiten ihr Essen vor. Der ältere zerschlägt mit dem Messer einen Zuckerhut und schüttet Kekse auf ein Stück Zeitungspapier. Der jüngere legt Kekse und Rahmbonbons dazu, ich gebe etwas Schokolade und eine Tüte Nüsse. Sie gießen Tee auf und tun mir einen besonders großen Zuckerbrocken ins Glas. Es ist still, nur die Löffel klicken beim Umrühren in den Gläsern. Die Unterhaltung ist freundlich, aber eintönig. »Gut, daß der Ofen an ist«, sagt der jüngere Mann. Pause. »Ja, es ist gut, wenn es warm wird«, sagt der Ältere. Pause. »Der heiße Tee ist gut«, sage ich. Pause. Und dann wieder der Ältere: »Es ist ganz gut hier.«

Schließlich kommen wir doch ins Gespräch. Wer ich bin und wie ich nach Werchojansk komme, wird nicht gefragt. Aber sie wollen etwas über Deutschland wissen: Ob man dort auch die Häuser aus Holz baue? Wie kalt es sei, ob und wann Schnee falle? Der jüngere Jakute wartet darauf, daß in den nächsten Tagen ein Auto von einer der entfernteren Kolchosen nach Werchojansk kommt und daß er dann ein Stück mitfahren kann, er ist zur Arbeit auf einem fünfzig Kilometer entfernten Rentier-Kolchos eingeteilt worden. Der ältere, der in Südsibirien als Buchhalter arbeitet, will seine Mutter besuchen. Sie wohnt nicht ganz so weit entfernt, und er hat eine bessere Chance, ein Transportmittel zu finden, das ihn hinbringt. Der junge Mann wird einen Teil des Weges zu Pferde zurücklegen müssen.

Draußen spielen zwanzig junge Männer Volleyball. Auf einem improvisierten Sportplatz ist ein Netz gespannt, die Jungen tragen Schaftstiefel, Pumphosen und Wattejacken. Ihre Mützen haben sie mit dem Schirm nach hinten aufgesetzt. Unser junger Zimmergefährte zieht sich die Jacke aus und spielt eine Weile mit. Dann bummeln wir zum Kulturhaus.

Dort wird ein Film gezeigt, den die beiden Jakuten sehen wollen. In dem ziemlich großen Blockhaus warten viele Leute im halbdunklen Vorraum. An den Wänden erkennt man gerade noch die Plakate mit politischen Parolen. Sie sind mit russischen Buchstaben in jakutischer Sprache geschrieben. Ich kann sie nicht verstehen, aber ich könnte sie vermutlich übersetzen, ohne hinzusehen. Daneben statistische Kurven und Grafiken, die die wirtschaftliche Entwicklung der UdSSR darstellen. Ich brauche hier keinen Eintritt zu bezahlen. Vielleicht haben meine beiden Begleiter das diskret für mich getan. Im Saal, der nicht viel mehr als ein großes Zimmer ist, sitzen fünfzig Zuschauer auf Holzbänken. Der große Kristallüster leuchtet leider nicht. Aber der Film muß gleich beginnen, und was da über die Leinwand geht, kommt mir überraschend bekannt vor. Man zeigt »Lohn der Angst« mit Yves Montand. Ich weiß nicht, was die jakutischen Zuschauer dabei empfinden. Die soziale Anklage, die im Westen als wesentlicher Inhalt des Films angesehen wird, verschwimmt. In Werchojansk wirkt der Film einfach zu exotisch, er spielt in einem Land, wo ständig die Sonne scheint. Die Opfer des Kapitalismus trinken dauernd Whisky. Die armen Leute leben nicht schlechter, sondern offenbar wesentlich angenehmer als die Menschen in den kleinen Orten Sibiriens. Dazu südamerikanische Musik – von Werchojansk aus gesehen muß da selbst die krasseste Anklage märchenhafte Züge annehmen. Das heißt freilich nicht, daß man die Filmhelden um irgend etwas beneidete. Die ganze Geschichte ist einfach zu unwirklich.

Der Film bricht in der Mitte ab – gerade als die Lastwagen mit Nitroglyzerin die nächtliche Straße entlangschleichen. Der zweite Teil des Films soll in einigen Wochen gezeigt werden. Ich gewinne ungeheuer bei meinen beiden jakutischen Freunden, weil ich den Film schon kenne und erzählen kann, wie es weitergeht. Denn die beiden werden den zweiten Teil auf ihren Kolchosen wohl nie zu sehen bekommen, und der halbe »Lohn der Angst« ist eine äußerst unbefriedigende Sache. Ich erzähle ihnen die Geschichte zu Ende, während wir im Vorraum des Kulturhauses warten. Um neun Uhr soll der Tanzabend beginnen. Es ist inzwischen ziemlich dunkel im Raum, man erkennt nur noch die Umrisse der jungen Leute, die von draußen hereinkommen. Es geht auf zehn Uhr zu, aber der Tanz beginnt immer noch nicht. »Das ist hier immer so«, sagt ein Russe, der auf dem Flugplatz arbeitet. »Sagt man neun, wird es zehn, sagt man zehn, wird es elf.« Man unterhält sich im Dunkeln über den neuen Ziehharmonikaspieler. Der junge Mann, der bisher zum Tanz aufspielte, arbeitete in der Verkaufskooperative. Seine Dienstzeit ist um, er ist in die Ukraine zurückgereist. Nun fragt es sich, ob der neue Mann ein angemessener Ersatz sein wird.

Gegen zehn Uhr werden vier Kerzen angezündet: zwei auf der Kinokasse, zwei auf dem ungeheizten Ofen, der aus Ölfässern gebaut ist. Fast alle Leute im Raum sind Jakuten, erkenne ich jetzt. Der Ziehharmonikaspieler setzt sich in eine Ecke, er scheint in Ordnung zu sein, denn nun beginnt man zu tanzen. Untersetzte Mädchen mit glänzenden schwarzen Augen und dicken schwarzen Zöpfen, die über die Schultern hängen oder aufgesteckt sind, junge Männer in wattierten Jacken und Schaftstiefeln. Sie behalten die Mütze auf dem Kopf, während sie sich mit den Mädchen im Walzer- und Polkatakt durch den Raum schieben. Die Mädchen haben ebenfalls dicke Jacken an, manche tragen zu den dünnen buntgeblümten Röcken sogar Schaftstiefel. Wenn die Mädchen sich wirklich einmal beim Walzer durch den schmalen Vorraum drehen wollen, dann tanzen sie nicht mit den schwerfälligen Jungen, sondern mit anderen Mädchen.

Inzwischen ist der ukrainische Flugplatzchef mit zwei russischen Frauen angekommen. Er stellt sie mir vor: seine Frau und ihre Freundin. Sie sind enttäuscht, daß kein elektrischer Strom da ist und daß nicht unter dem Kronleuchter im Kinosaal getanzt wird. »Sonst ist es nämlich sehr nett bei uns, wenn im Saal getanzt wird«, sagt der Flugplatzchef. Ihm macht der Abend keine rechte Freude, aber seine Frau will bleiben. Sie hat ein männlich geschnittenes braunes Kostüm an und trägt als einzige Frau Schuhe mit hohen Absätzen. Sie tanzt einen Walzer mit ihrer Freundin. Offenbar erwartet sie, daß ich mit ihr – zweifellos der ersten Dame dieser Gesellschaft – tanze. Aber meine beiden Jakuten fragen mich immer wieder, ob ich nicht mit diesem oder jenem jakutischen Mädchen tanzen wolle. So lasse ich es ganz bleiben. Der Flugplatzchef erzählt mir, daß er früher in Irkutsk gearbeitet hat und in zwei Jahren wohl dorthin zurückkehren werde. Er hat nichts gegen das Leben in Werchojansk, aber eine größere Stadt habe auch ihre guten Seiten. Ich brauche seine Frau nicht zu fragen, was sie dazu meint.

Am nächsten Tag ist der Ort wie ausgestorben. Die meisten Männer sind auf die Jagd oder zum Angeln gegangen, und

viele von ihnen kommen erst am Montagmorgen zurück. Einige sind Berufsjäger und bleiben wochenlang in der Tundra. In Werchojansk arbeiten die meisten in einem der Geschäfte oder in der Kooperative, die den riesigen Bezirk mit Waren versorgt – mit Konserven, Mehl, Schrotflinten, Motorrädern und Maschinen. Am Nachmittag sehe ich eine LI-15 einfliegen, wandere zu dem kleinen Flugplatz und finde noch einen Platz neben dem russischen Inspektor des Erziehungsministeriums, der den Schulneubau besichtigt hat. Er hat ein Handköfferchen bei sich, voll mit Kekspackungen, einem Spielzeuglastwagen und einer Puppe: Werchojansk ist jetzt, kurz vor Winteranfang, versorgt worden, sagt er, und in der Hauptstadt Jakutsk ist so etwas nicht leicht zu bekommen. Ein paar Studentinnen fliegen zum Semesteranfang nach Jakutsk, ein Junge will Biologie studieren, und eine alte Russin, die in einer Sammelstelle für Rentierhäute gearbeitet hat, meint, sie wäre gern geblieben, aber das Winterklima sei doch unbekömmlich.
Eigentlich hatte ich von Jakutsk aus mit einem Schiff die Lena hinauffahren wollen. Aber dann hatte die Polizei in Moskau die Schiffsfahrt wieder aus meiner Reisegenehmigung gestrichen, und so mußte ich zu einem kleinen Ort namens Olekminsk weiterfliegen, wo ich eigentlich nur vom Schiff auf ein Flugzeug umsteigen wollte. Ich wußte nicht, was ich in Olekminsk sollte, und die Leute am Flugplatz konnten mir auch nicht sagen, was es da zu sehen gebe. Aber sie brachten mich in ein kleines Haus, ließen mich mein Gepäck abstellen und wiesen mir ein Bett zu. Der dicke eiserne Ofen brauchte hier, weit südlich von Werchojansk, noch nicht geheizt zu werden. Hier gab es sogar ein Telefon, und wir versuchten, die Verwaltung des Bezirkssowjets anzurufen. Aber da meldete sich nur eine Frauenstimme: »Alle Mitarbeiter sind auf den Kolchosen bei der Erntearbeit.« So ging ich ein wenig spazieren, zwischen Birken, Lärchen und Kiefern, auf Kuppen, die zwischen moorigen Senken lagen. In der Ferne sah ich Kartoffeläcker und Getreidefelder, auf denen Menschen arbeiteten. Auf dem Feld-

weg kam ein Lastwagen vorbei, hielt an und ließ mich einsteigen: Es war der Flughafenbus, aber auf seinen Bänken saßen nur Schuljungen, und ehe wir in den Ort einfuhren, stiegen noch ein paar alte Frauen und Schulkinder zu.

Am Rande von Olekminsk lagen die ärmlichsten Häuser, manche schienen nur aus einem Zimmer von vielleicht drei mal drei Metern Größe zu bestehen und hatten einen kleinen Anbau zum Kochen. Sie waren ohne Dachstuhl, nur mit Bohlen abgedeckt und mit Erde beworfen. Dann kamen größere neugebaute Holzhäuser, und in der Mitte des Ortes standen ganz alte Isbas, Blockhäuser aus dicken Stämmen, warm und stabil, als würden sie ewig halten. Aus einem zweistöckigen Holzhaus winkten mir Krankenschwestern zu.

»Das ist die Klinik und die Tuberkulosestation«, sagt eine alte Frau, als wir vorbeifahren. Ich steige bei einem kleinen, alten Häuschen aus, in dem die Polizeistation sein soll. Während der ganzen Reise habe ich versäumt, mich pflichtgemäß bei jeder Ankunft zur Polizei zu begeben und meinen Ausländerpaß abstempeln zu lassen. Der Polizist, dem ich meinen Ausweis hinhalte, ruft seinen Chef. Was ich von ihm wolle, fragt er. Er guckt sich meinen Ausweis an und fragt, was er tun solle. Das weiß ich auch nicht. Dann glaubt er verstanden zu haben. »Sie wollen ein Zimmer im Gemeindegasthaus haben«, sagt er. Nein, das habe ich nicht vor. Ich erkläre ihm noch einmal die Sache mit den Reisevorschriften für Ausländer. Er schaut sich den kleinen Paß noch einmal an und gibt ihn mir zurück. »Nun sind Sie ja hiergewesen«, sagt er, gibt mir die Hand, und wir verabschieden uns freundlich voneinander.

Ich folge seinem Rat, die Maschinenreparaturstation zu besichtigen, die hält er noch für das Interessanteste. Die Häuser am Ortsausgang machen hier einen freundlichen Eindruck, in den kleinen Gärten blühen Sonnenblumen. In einer Nebenstraße liegt eine kleine Kirche. Das Dach ist frisch gestrichen, das Zwiebeltürmchen leuchtet golden. Dann stehen die Häuser immer weiter auseinander, und schließlich, nach mehreren

Kilometern, sehe ich hinter einem Drahtzaun ein Baugelände, auf dem ein Traktor hin- und herfährt und Lastwagen entladen werden, ein paar Arbeiter Sand schaufeln. Ich versuche den Direktor der Maschinenreparaturwerkstatt zu finden, aber er ist nicht da. Ich gehe durch die Reparaturhalle, alles scheint soweit in Ordnung, aber warum mir der Polizist diesen langen Ausflug empfohlen hat, verstehe ich nicht. Vielleicht, weil dies die beiden einzigen Gebäude im Ort sind, die aus Steinen gebaut wurden.

Im großen Bogen gehe ich über die Felder zum Ort zurück. Über die Kiefernwäldchen am Steilufer schaut man auf den breiten Fluß und die Wälder am anderen Ufer. Auf den Feldern wird die Ernte eingebracht. Drei Pferde, eines mit Reiter, ziehen die Mähmaschine über das unebene Gerstenfeld, manchmal bleibt die Maschine stecken, dann kommen die Mädchen, die die Garben mit der Hand aufbinden, und helfen beim Schieben. Kühe und Kälber grasen frei auf den Feldern, kommen mir wiederkäuend entgegen. In der Ferne arbeitet ein großer Mähdrescher. Auf der anderen Seite des Ortes komme ich wieder zum Flußufer. Zwei Jakuten auf schwarzweißen Halbponys reiten an mir vorüber, sie tragen hohe Schaftstiefel, und die Satteltaschen sind vom Einkauf prall gefüllt. Über einen Seitenarm des Flusses setzt ein Mann im schmalen Boot einige Schulkinder ans andere Ufer. Ein niedriger Wagen mit einem Pferd zockelt vorbei, eine alte Russin, ein Jakute und zwei jakutische Frauen sitzen darauf. Die Frauen tragen bunte Röcke aus dünnem Stoff und Männerjacken. Sie wollen gerne fotografiert werden und fragen, ob ich die Bilder zum Kolchos »Prawda«, ein wenig lenaabwärts, schicken könne. Dann zieht das Pferd langsam wieder an.

Ich gehe zur Bezirksverwaltung in den Ort zurück. Da ist nur die Frau, mit der ich morgens telefoniert hatte. Die anderen sind immer noch bei der Ernte. Die Frau kann mir nicht viel mehr sagen, als daß Olekminsk drei- bis viertausend Einwohner habe – Jakuten, Russen und Tataren. Aber dann fällt ihr etwas ein: Ich könnte doch mit dem Ersten Sekretär des Bezirkskomitees der Partei sprechen. Der arbeite oben im ersten Stock. Da sitzt er hinter einer Tür mit der Nummer eins. Sein großes Vorzimmer ist leer, ich gehe hindurch, klopfe und öffne die Tür des Arbeitszimmers. Da ist der übliche Konferenzraum mit langem grünem Tisch, und am Ende des Tisches steht quergestellt der Schreibtisch des Ersten Sekretärs mit marmorner Schreibtischgarnitur und übervollem Aschenbecher. Der Mann dahinter ist ein breitschultriger Jakute mit flachem, ausdruckslosem Gesicht. Er nennt seinen Namen nicht, als ich mich vorstelle, sondern sieht mich nur mißtrauisch an. Er bietet mir keinen Stuhl an, während er meinen sowjetischen Presseausweis studiert.

»Aus welchem Staat?« fragt er kurz, obwohl es im Ausweis steht. »Aus der Bundesrepublik Deutschland«, antworte ich. »So«, sagt der Erste Sekretär. In die lange Pause klingelt das Telefon. Der Parteisekretär sagt irgend jemandem unfreundliche Worte, weil er Gelder bei der falschen Stelle eingezahlt habe. Er legt den Hörer auf und wendet sich wieder zu mir. Ich habe mich inzwischen hingesetzt. »Rundfunk in Westdeutschland, aha«, sagt er. »Was ist das?« – »Was Rundfunk eben so ist«, sage ich. »Mit Sendern, Empfängern, Musik, Nachrichten, Kommentaren, Hörspielen …« – »Der Rundfunk in Westdeutschland ist etwas anderes als bei uns. Sie erstatten keine wahrheitsgemäßen Berichte. Was wollen Sie in unserem Olekminsk?« Ehe ich ihm umständlich erkläre, daß mich nur ein Akt der sowjetischen Polizei zum Besuch seiner Stadt veranlaßt hat, sage ich einfach, daß ich mir den Ort eben einmal anschauen wolle. »Also, was wollen Sie in Olekminsk«, fragt der Parteisekretär und antwortet gleich selbst. »Sie wollen nicht die Wahrheit über Olekminsk berichten. Sie wollen Olekminsk verleumden. Wenn ich Ihnen sage, daß ich Kommunist bin und auf dem Wege Lenins den Sozialismus aufbaue, so werden Sie das nicht berichten. Wenn ich Ihnen sage, daß unsere Menschen den Sozialismus aufbauen, so werden Sie das in

Ihrem Rundfunk nicht bringen. Ich bin der Erste Sekretär der Kommunistischen Partei der Sowjetunion im Rayon Olekminsk, und ich gebe Ihnen keine Informationen.«
Ich stehe auf, sage ihm auf Wiedersehen und gehe am langen Konferenztisch entlang zur Tür. Da fällt mir noch etwas ein. »Ich kenne ja nur wenige Parteisekretäre«, sage ich, »und ich weiß nicht, wie sie sich sonst verhalten. Aber ein Erster Sekretär hat mir kürzlich gesagt: ›Sie müssen nach Sibirien fahren, den Aufbau erleben, die Menschen sehen. Sibirien ist ein schönes Land, ein gastfreundliches Land, ein großes Land.‹ Aber«, sage ich nach einer kleinen Kunstpause, »Nikita Sergejewitsch ist ein sehr beschäftigter Mann, und er kann natürlich nicht alles wissen.« Und dann gehe ich hinaus, lasse den Rayonsekretär darüber nachdenken, ob ich ein Freund Chruschtschows sei, und warte auf den Lastwagen zum Flughafen. Dort sind die Piloten schon ungeduldig: Ich solle nur schnell mein Gepäck holen und gleich in die Maschine nach Irkutsk steigen: Eine Wetterfront ziehe auf, und wenn ich nicht schnell wegkäme, müsse ich vielleicht zwei oder drei Tage in Olekminsk verbringen. Da beeile ich mich lieber.
Gegen ein Uhr nachts landeten wir auf dem großen Flughafen, der die Drehscheibe des Luftverkehrs nach China, Korea und dem Fernen Osten ist. Das steinerne Flugplatzgebäude war hell erleuchtet, es gab Intouristpersonal für die Betreuung ausländischer Reisender, das mir in den frühen Morgenstunden auch ein Hotelzimmer besorgte. Um neun Uhr stand die Leiterin des Intouristbüros von Irkutsk vor der Tür, sie hatte schon ein Programm für die Stadtrundfahrt ausgearbeitet und einen Mitarbeiter beauftragt, mich zu begleiten. Auch Irkutsk bestand damals hauptsächlich aus Holzhäusern. Die mehrstöckigen steinernen Gebäude im Zentrum waren um die Jahrhundertwende gebaut, Verwaltungsgebäude einer russisch-amerikanischen Gesellschaft, die in Sibirien Gold schürfte. Die alte Kirche stand auf dem Besichtigungsprogramm und das Kraftwerk an der Angara, zwanzig Minuten von der Stadt entfernt. Zwei

junge Ingenieure berichteten stolz und ehrlich begeistert von
ihrer Arbeit. »Wenn ich hier fertig bin, geht es weiter zum
nächsten Kraftwerk. Bei Bratsk bauen sie jetzt das größte der
Welt: eine schmale Schlucht mit festen Felswänden, man
braucht nur Beton hineinzugießen. Hier am Angara bauen wir
noch zwei Kraftwerke, die billigsten der Sowjetunion, weil wir
eine neue Methode gefunden haben. Hier ist genug zu tun für
Ingenieure. Wir in Sibirien fangen gerade erst an«, sagte der
Jüngere.
Zwei schwere Hebebrücken liefen auf Schienen über die neue
Turbinenhalle hinweg. »Sehen Sie mal nach, vielleicht treffen
Sie einen Bekannten«, sagte der Ingenieur und zeigte zu den
Kränen hinüber. »Sie stammen aus dem Thälmann-Werk in
der DDR.« Aber die Turbinen und Generatoren kamen aus
Nowosibirsk, Charkow, Minsk – genau wie die Leute, die hier
arbeiteten, aus allen Teilen der Sowjetunion. Im Flußtal wurden riesige 25-Tonnen-Lastwagen mit Schotter beladen. Unter
den Arbeitern waren viele Frauen. Sie standen an den Beton-
mischmaschinen, strichen die Hallen an, trugen Steine und
schaufelten Erde. Sie arbeiteten wie Männer. Sie hatten Wattejacken und alte Hosen an, aber manche hatten sich eine Bahn
bunten Stoffes um die Hüften geschlungen, und alle trugen
bunte Kopftücher. An jedem Ende des Damms stand eine ältere Frau im schwarzen Uniformmantel, eine Militärmütze auf
dem Kopf, ein Koppel mit Sowjetstern um und ein Gewehr
in der Hand. Aber eine von ihnen spielte ganz friedlich mit einem jungen Hund.
Auf dem Rückweg zeigten mir meine Begleiter, wo die Stu-
dentenstadt entstand: mehrere Wohnblocks waren rechtwinklig zueinander in die Landschaft gesetzt worden, die geologi-
sche Fakultät arbeitete schon, das Fremdspracheninstitut sollte
nun Tonbandgeräte bekommen, erzählte der Intouristführer.
Er zeigte mir die Teefabrik, das Haus der jungen Pioniere und
natürlich das Kunstmuseum, die größte Galerie Sibiriens, berichtete er stolz. Dann fuhren wir auf einer Asphaltchaussee

durch Reihendörfer aus Holzhäusern, vorbei an abgeernteten Feldern, zum Kolchos »Stalin«. Da hatte der Vorsitzende alle Zahlen und Statistiken über seine Wirtschaft bereit. Wieviel Hektar, wieviel Maschinen, wieviel Vieh. Interessanter war, was er über die Einkommen zu sagen hatte. Da waren zunächst die Leute, die in der Werkstatt oder an Traktoren und Mähdreschern arbeiteten. Sie hatten ein festes Einkommen von ungefähr 1 200 Rubeln. Dann kamen die »Zootechniker«, die das Vieh betreuten – sie verdienten etwa 700 bis 800 Rubel im Monat. Was die Kolchosbauern bekamen, konnte der Vorsitzende noch nicht sagen. Sie wurden nach einem komplizierten Schlüssel am Jahresende entsprechend dem Kolchoseinkommen bezahlt.

»In diesem Jahr sollte der Kolchos neun Millionen Rubel erarbeiten«, sagte der Vorsitzende, »aber es war kein gutes Jahr, zu trocken und zu kalt. Erst am 10. Mai konnten wir säen, und am 18. August kam schon wieder der Frost.« So würden die Bauern in diesem Jahr weniger als erwartet bekommen. Aber der Kolchosvorsitzende war nicht unzufrieden, weil die Regierung neue Normen für die Ablieferung festgesetzt hatte, und mit denen ließe sich vernünftiger arbeiten als früher. »Die Kolchosniki sind ja auch von den Zahlungen nicht abhängig. Die Häuser gehören ihnen. Jeder hat wenigstens eine Kuh.« Jeder Kolchoshaushalt durfte zwei Kühe halten, fünf Schlachtschweine, eine Sau mit Ferkeln, sechs Schafe und unbegrenzt Geflügel. Und was die Familien auf 0,6 Hektar Gartenland anbauten, konnten sie in Irkutsk auf den Markt bringen. Trotzdem schien es schwer, genügend Arbeitskräfte auf dem Kolchos zu halten. Darum gab sich der Kolchosvorsitzende Mühe, zusätzlich Arbeiter zu festem Lohn heranzuholen. Der Kolchos »Stalin« baute Häuser für sie, Kinos und Kultureinrichtungen, um sie aus der Stadt wegzulocken. Zwei Kulturhäuser und acht Klubs hatte der Stalin-Kolchos, eine Zehnjahrschule, zwei Siebenjahrschulen, 18 Elementarschulen und ein Krankenhaus mit 100 Betten. Der Kolchos war ein riesiges Unternehmen, wohl auch ein Vorzeigebetrieb, der gerade erst im Zuge der Landwirtschaftsreform Chruschtschows aus drei kleineren Kolchosen geschaffen worden war. Er hatte die große Maschinen-Traktoren-Station gekauft, die früher dem Staat gehörte. Woher denn der Kolchos das Geld dazu hatte, fragte ich. »Wir haben drei Jahre Kredit bekommen. 3,5 Millionen Rubel zahlen wir für die Maschinen, drei Millionen für die Station selbst, wir haben auch alle Werkstätten übernommen. Den Preis hat eine Kommission festgesetzt, in der auch unsere Vertreter saßen«, sagte der Vorsitzende bauernschlau. »Wir kauften nur, was wir brauchten. Maschinen für 700 000 Rubel haben wir nicht genommen, aber die stehen noch da, und vielleicht kaufen wir sie nächstes Jahr.« Ich konnte mir vorstellen, was er dachte: Der Staat würde ihm die Maschinen billiger verkaufen, wenn sie ein Jahr nutzlos herumgestanden hatten. Der Vorsitzende war sicher ein guter Kommunist, aber er wußte, was er wollte.

Mit dem Kolchosbesuch endete das Besichtigungsprogramm. Am nächsten Morgen wartete mein Intouristführer mit einem Auto vor dem Hotel. Nun hatte er einen hellblauen Sportanzug an, als ginge es zu einer Landpartie. Wir fuhren in ein Dorf am Nordufer des Baikalsees. Bald endete der Asphalt, und dichter, hoher Wald schloß die kleine Schotterstraße an beiden Seiten ab. Der Intouristmann aus der Stadt entpuppt sich als geübter Pilz- und Beerensammler, pflückt mir Blaubeeren und zeigt mir große Kolonien von Pilzen, die er im letzten Herbst gesammelt und eingesalzen hat. Wir wagen uns nicht weit von der Straße weg. Schon wenige Meter von ihr entfernt müssen wir über umgestürzte Bäume klettern und bleiben im dichten Unterholz und im Himbeergestrüpp hängen. Hier wachsen mächtige Bäume im unberührten Wald: sibirische Zedern, eine Art hoher, starker Kiefern mit Zapfen so groß wie eine Holzfällerfaust, und wenn man sie aufbricht, findet man haselnußgroße, fette Kerne. Wir rasten an einer kleinen Quelle. »Das Wasser ist so gut, daß alle, die hier vorbeikommen, eine Pause einlegen, um zu trinken.« Man kann das schon an den leeren Flaschen, den Konservendosen und Papierfetzen erkennen, die andere Pilzsammler hier hinterlassen haben. Aber wir begegnen nur wenigen, die am Straßenrand auf einen Lastwagen warten, der sie zur Stadt zurückbringen soll.

Drei Stunden brauchten wir für die hundert Kilometer lange Strecke von Irkutsk bis zum Baikalsee. Es gab zu viele Schlaglöcher, die der alte, wortkarge Chauffeur vorsichtig umfuhr. Aber dies war die sibirische Hauptstraße, die einen halben Kontinent durchquert, ehe sie bei Wladiwostok am Pazifischen Ozean endet. Sie war damals nicht viel besser als die holprige Dorfstraße, auf der wir in den kleinen Fischerort Kultuk abbiegen. Vor einem Holzhaus halten wir an, dem Verwaltungsgebäude des Kolchos »Komintern«. Ein dickes Bärenfell liegt als Fußmatte vor der Eingangstür, und wir gehen durch einen Raum mit dem obligaten Konferenztisch in ein kleines Zimmer, wo der Kolchosvorsitzende und die Lehrerin auf uns warten. Auf dem Tisch liegen Bücher, Zeitungen und Zeitschriften neben Ordnern mit Abrechnungen, und auf der Fensterbank steht ein Radio neben Gurken, Tomaten und zwei Kohlköpfen.

Die Lehrerin, eine Frau Ende vierzig, hat sie aus ihrem Garten mitgebracht, und sie fragt mich als erstes, ob in Deutschland auch so große Kohlköpfe wüchsen. »Na, bei denen wächst doch alles«, sagt der dreißigjährige Kolchosvorsitzende. Aber dann fragt er mich doch, wie das Leben in Deutschland sei, und bald wird das Gespräch politisch. Warum man denn in Westdeutschland schon wieder faschistisch sei, fragt die Lehrerin. Die Regierung sei doch für den Krieg und mache dasselbe wie Hitler. Der Kolchosvorsitzende nimmt mich in Schutz: »Also, ein Hitler ist der Adenauer nicht. Das kann man nicht sagen. Als er in Moskau war, hat er zu Chruschtschow gesagt, wenn er Hitler begegnet wäre, hätte er ihn mit eigenen Händen erwürgt. Ich habe das selbst in unserer Zeitung gelesen.«

Wir schweigen einen Augenblick, dann fährt der Kolchosvorsitzende fort: »Aber euer Strauß gefällt mir nicht. Er hat gesagt, er wolle die Sowjetunion ausradieren.«
Das Telefon klingelt, und während der Kolchosvorsitzende sein Gespräch führt, rückt die Lehrerin näher an mich heran. »Hauptsache, es gibt keinen Krieg«, sagt sie. »In der ganzen Welt trauern die Mütter. Bei Ihnen doch auch.« Der Kolchosvorsitzende hat den Hörer aufgelegt und schaltet sich ein. »Dieser Hitler, welch ein Idiot. Er könnte heute noch leben. Aber was tut er? Er greift die Sowjetunion an.« Und die Lehrerin trägt wieder einen Satz aus der Zeitung bei: »Die Sowjetunion ist ein starkes Land. Wenn es Krieg gibt, dann kämpfen wir alle. Sogar ich würde noch ein Gewehr nehmen.«
Dem Kolchosvorsitzenden wird das Gespräch zu unfreundlich. Er nimmt mich erst einmal an den See mit, der grau und diesig vor uns liegt, endlos wie ein Meer. An der kleinen Mole liegen zwei Motorboote. Rund hundert Fischer arbeiten im Kolchos, ihre Frauen bauen etwas Gemüse und Kartoffeln an. Reich kann man hier nicht werden, denn es gibt viel weniger Fische als früher, sagt der Kolchosvorsitzende, und er zeigt auf die Kartoffeläcker nahe der sumpfigen Mündung eines kleinen Flüßchens. »Das wird hier alles überschwemmt, wenn das nächste Kraftwerk fertig ist und der Wasserspiegel des Sees steigt.« Er spricht nüchtern und ohne Schönfärberei vom schwierigen Leben im Dorf, während wir an der Bucht entlangwandern. Der Vorsitzende heißt Viktor, und wir reden uns nun schon mit Vornamen an.
Er bringt mich zu dem kleinen Haus, in dem ich übernachten soll und das er das Gästehaus des Kolchos nennt. Vielleicht sei ich die erste Schwalbe, die nach Kultuk komme, meint er, denn er hofft, daß Intourist ihm von nun an häufiger Gäste bringt, die die Finanzlage des Kolchos verbessern helfen. Das Gästehaus gehört eigentlich einer alten Witwe in blauem Kittel und schwarzem Kopftuch, die in der Küche auf uns wartet. Sie hat eine große Pfanne Omul gebraten, eine besondere Art

Lachs, die es nur im Baikalsee gibt, dazu stellt sie einen Teller mit geräuchertem Omul und schließlich die besondere Delikatesse: rohen, frisch gesalzenen Omul. So etwas gebe es in Moskau nicht, sagt Viktor stolz, und die alte Frau trägt frische Tomaten, Gurken und Brot auf – und natürlich die Wodkaflasche. Draußen ist es kalt und feucht, erklärt der Kolchosvorsitzende, während er die Gläser vollschenkt. Der Chauffeur greift sich eine halbreife Tomate und sagt zum erstenmal einen ganzen Satz: »Willkommen im sonnigen Sibirien, dem Land der immergrünen Tomaten.« Wir essen in der Küche vor dem großen Ofen. Die alte Frau stellt die Fischpfanne in die Glut des offenen Feuers. Sie schiebt eine Blechröhre in den Kamin und stellt den Samowar darunter, damit die Holzkohle nicht qualmt. Das ganze Haus ist eigentlich nur ein Raum. Der breite, hellblau gestrichene Ofen reicht bis zur Decke und trennt Küche und Eßraum vom Schlafraum. Hinter einem weißen Vorhang neben dem Ofen sind drei Betten, die Kissen haben spitzenbesetzte Überzüge. Unter einem Spiegel steht die Kommode mit vielen Nippessachen, Porzellanhunden, Ansichtskarten, kleinen Vasen und Fotografien in holzgeschnitzten Rahmen: Fotos des verstorbenen Mannes und seiner Freunde, ein Bild des Neffen, der Geologe ist, und fünf oder sechs Bilder der Nichte, eines hübschen, etwas fülligen Mädchens mit schwarzen Haaren, das in Riga Fernsehansagerin geworden ist. In diesem Raum werden wir schlafen – der Intouristmann, der Chauffeur und ich.

Ein großer alter Mann kommt herein und ist erstaunt, als er nicht nur die Witwe, sondern einen ausländischen Besucher trifft. In Deutschland sei er auch schon gewesen, erinnert er sich. 1917, als Kriegsgefangener in der Nähe von Hannover, habe er auf einem Gut gearbeitet. Und er könne immer noch ein paar Worte Deutsch. »Pferde, Sense, Harke«, sagt er. Und dann: »Schnaps trink ich.« In Deutschland werde aus sehr kleinen Gläsern getrunken, berichtet er den anderen. »Über uns haben sie alle gestaunt, wenn wir uns die Wassergläser vollgossen.« Einmal habe es 20 Grad Frost gegeben, und die Deutschen hätten das kalt gefunden. Aber er und seine Mitgefangenen gehörten alle zu einem sibirischen Jägerbataillon, und über das bißchen Kälte hätten sie nur gelacht.

Viktor lobt das Gedächtnis des alten Mannes. »77 Jahre alt und immer noch so stark, daß er in der Taiga auf die Bärenjagd geht«, sagt er und ermuntert ihn, von seinen Abenteuern mit Bären zu berichten. Aber der Alte meint, da habe er nichts Besonderes erlebt und erzählt lieber von der Robbenjagd auf dem Baikalsee. Da müsse man vor allem Geduld haben. Im Winter seien die Robben gut zu sehen, denn sie hätten ihre Löcher im Eis, und daraus steige ihr Atem wie eine gelbe Fahne auf. Dann baue er sich aus Eisblöcken einen Schild mit einer Schießscharte, lege sich auf den Bauch und schiebe den Schild langsam vor sich her, Meter für Meter, ein oder zwei Stunden lang, und wenn er nahe genug an die Robben herangekommen sei, brauche er nur noch zu treffen. So einfach sei das auch wieder nicht, meint Viktor, denn im Winter sinkt die Temperatur auf 40 Grad minus, und über die Eisfläche des Baikalsees heult der Wind. Es sei kalt, aber daran gewöhne man sich, sagt der alte Jäger. Sie sprechen nun von der Jagd auf Zobel, die das meiste Geld einbringe, und von der Entenjagd, zu der alle Männer des Dorfes mit ihren Hunden ausziehen. Mir fällt ein, daß der Kolchos aus seinem Gästehäuschen doch eine Jagdstation für Ausländer machen könne, und Viktor ist gleich begeistert. Er ist ein intelligenter Mann, und auf dem Dorf, an dessen Leben er nicht viel ändern kann, hat er eine Neigung zum Plänemachen entwickelt. »Jetzt zahlen wir für jeden geschossenen Wolf eine Prämie«, ruft er aus, »dann kommen die Ausländer und zahlen uns noch 500 Rubel, damit sie einen Wolf abschießen dürfen.« Er entwirft für uns das Bild eines Ausländerstroms, der nach Kultuk kommt, um Jagdabenteuer zu erleben. Selbst mein Intouristbegleiter sieht darin jetzt große Chancen, aber wir haben alle auch schon ziemlich viel Wodka getrunken.

Die Lehrerin sucht nach einem anderen Thema. Sie fragt nach der deutschen Literatur, und Viktor beginnt, über Heinrich Heine zu sprechen. Das sei sein Lieblingsdichter, wenigstens unter den deutschen. Er zitiert romantische Heine-Verse, aber die Lehrerin weist ihn zurecht: Heine sei in erster Linie ein fortschrittlicher und revolutionärer Dichter gewesen. Sie will mich lieber mit den revolutionären Gedichten Majakowskis bekanntmachen. Aber Viktor sagt nun Gedichte von Sergej Jessenin auf, die seinem romantischen Temperament näherliegen. Überhaupt findet er, daß mit der Sowjetliteratur nicht alles in Ordnung sei. »Da war vieles zu einfach dargestellt, zu schematisch und zu lackiert«, meint er, aber das würde nun wohl besser werden. Er hat Dudinzews Buch *Der Mensch lebt nicht vom Brot allein* gelesen, und es hat ihm gut gefallen. Solche Bücher seien einfach notwendig, auch wenn man nicht alles in ihnen richtig finden müsse. Vielleicht glaubt Viktor, sich in Dudinzews Helden, dem einsamen Ingenieur im Kampf gegen die bürokratische Gesellschaft, wiederzuerkennen, weil er selber mit seinen Ideen und Plänen immer wieder auf die begrenzten Möglichkeiten des Kolchos, auf die Schwerfälligkeit höherer Dienststellen und wohl auch auf die Dickköpfigkeit seiner Fischer stößt.

Wir haben zuviel Wodka getrunken, als daß mir all die Gespräche in Erinnerung geblieben wären. Irgendwie kamen wir auf die Dekabristen zu sprechen, deren Gräber ich bei der Kirche in Irkutsk gesehen hatte. Viktor erzählte die Geschichte ihrer Verbannung, die zugleich die Geschichte der Erschließung Sibiriens ist. Er erzählt von den ersten Bergwerken, in denen sie arbeiteten, von der großen Bildung und den Kenntnissen der Verbannten, die die ersten Manufakturen aufbauen halfen. Er erzählt von ihnen mit Bewunderung, aber doch wie von Vorläufern. Daß es adlige Revolutionäre einer anderen Epoche waren, ist längst vergessen. Der tiefe Einschnitt der großen Revolution hat die Geschichte des harten Kampfes um die Erschließung eines unwirtlichen Landes kaum berührt. Die

Leute am Tisch empfinden diese Geschichte als Kampf mit der Natur und die toten Dekabristen als Sibiriaken wie sie selbst. Und als die Lehrerin erzählt, wie die Frauen der Dekabristen ihnen in die Verbannung gefolgt seien, oft, um nichts als die Gräber ihrer Männer zu finden, stehen dem alten Chauffeur die Tränen in den Augen. Aber das kann auch am Wodka gelegen haben.

Am nächsten Morgen haben wir alle Köpfe wie aus Holz. Die alte Frau bietet uns vergebens ein Bratfischfrühstück an, der Intouristmann zwingt genau wie ich nur mühsam etwas saure Milch herunter. Vor der Tür des Kolchosbüros schläft ein Betrunkener – glücklicherweise ein Fremder. Wir tragen ihn einige Meter zur Seite und gehen zu Viktor ins Büro. Der telefoniert schon wieder sehr energisch, aber hin und wieder bekommen seine Augen einen glasigen Blick. Doch Viktor will uns heute die Schönheit der Taiga zeigen, und da kann er auf unseren Zustand keine Rücksicht nehmen. Er weckt den Chauffeur, und auf schmalen Waldwegen fahren wir kilometerweit zu kleinen Flüssen, die sich in Stromschnellen aus dem dichten Wald herausdrängen. Viktor nennt die Namen der Bäume und Sträucher. Er liebt die unberührte Schönheit dieser Landschaft, aber er spricht auch immer wieder von den Bodenschätzen und davon, wie man in den großen Wäldern Holz schlagen, Sägewerke und Papierfabriken aufbauen könnte. Das sind Zukunftsträume, die Viktor aufregend findet, aber dann scheint er wieder ganz glücklich, daß niemand hier die riesigen Wälder abholzt.

Am nächsten Tag stand ich wieder im Motorenlärm des Flughafens von Irkutsk. Mein Intouristbegleiter verabschiedete sich freundlich. Es sei doch eine schöne Fahrt gewesen, meinte er, aber oft möchte er so etwas nicht machen, das Landleben sei doch zu anstrengend. Ich hatte einen Platz bekommen in der Maschine, die auf dem Flug von Peking nach Moskau zwischengelandet war. Abends um zehn Uhr stand ich wieder in meinem Hotelzimmer in Moskau und schaute durch die Balkontür zum Kreml hinüber. Eigentlich fühlte ich mich ganz zu Hause, schließlich hatte ich zwei Jahre in diesem Zimmer gewohnt. Mit den erleuchteten breiten Straßen, den großen Schaufenstern, der Kapelle im Speisesaal, die die Donkeyserenade spielte, erschien mir Moskau als eine große Lichterstadt. Und dann überlegte ich: Wenn ich in der Sowjetunion leben müßte, wäre ich dann lieber gutbezahlter Redakteur einer Moskauer Zeitung oder Deutschlehrer in Sibirien? Vielleicht wäre ich doch lieber Deutschlehrer, dachte ich. Aber ich brauchte mich ja nicht wirklich zu entscheiden. Außerdem: Die Behörden hatten schon beschlossen, mich nach Deutschland zurückzuschicken. An diesem Abend wußte ich noch nicht, daß ich Sibirien fast zwanzig Jahre nicht wiedersehen würde.

STAATSAFFÄREN:
KONRAD ADENAUER UND WILLY BRANDT
IN MOSKAU

Im August 1970 stand ich wieder auf dem Flughafen von Moskau – mit einem Besuchervisum für wenige Tage. Es war ganz formell erteilt worden: Das Bundespresseamt hatte mich auf die Liste der Journalisten gesetzt, die Bundeskanzler Willy Brandt zur Unterzeichnung des Moskauer Vertrags zwischen der Bundesrepublik Deutschland und der Sowjetunion begleiteten. Die Grenzpolizisten hatten das Visum kaum angeschaut, und der Zoll winkte uns durch: keine Gepäckkontrolle, die Koffer würden im Hotel aufs Zimmer gebracht. Glatter konnte es nicht gehen, dachte ich, als ich in meinem Zimmer den Koffer öffnete. Aber der elektrische Wecker war zehn Minuten nach der Ankunft in Moskau stehengeblieben – die Grenzbeamten hatten die Batterie falsch herum wieder eingesetzt. Die deutsch-sowjetischen Beziehungen schienen freundlicher zu werden, aber das Mißtrauen der »Organe« war das gleiche geblieben.
Fünfzehn Jahre vorher war ich zum erstenmal in Moskau angekommen, auch in einer Pressegruppe, die einen deutschen Bundeskanzler, Konrad Adenauer, begleitete. Damals, im Oktober 1955, waren wir mißtrauisch gewesen. Der Weg durch die Kontrollen hatte bei uns Beklemmung ausgelöst: Zwei Jahre zuvor hatten Sowjetsoldaten den Aufstand in der DDR niedergeschlagen. Im noch ungeteilten Berlin wurden Menschen, die der Sowjetführung als Gegner galten, entführt und nach Sibirien verbannt. Vor der Abreise hatte Adenauer in Bonn gesagt, er habe das Gefühl, in das Hauptquartier einer Räuberbande zu fahren. Nun wurden wir in Moskau mit aller Höflichkeit in den besten Hotelzimmern untergebracht, aber auch die Höflichkeit war uns unheimlich.

Bundeskanzler Adenauer war ungern nach Moskau gefahren. Die gegenseitige Anerkennung von Moskau und Bonn, die Aufnahme diplomatischer Beziehungen, auf die die Verhandlungen hinauslaufen sollten, schien ihm eine Belastung seiner Westpolitik, weil sie bei Amerikanern, Engländern und Franzosen den Verdacht wecken könnte, diese Bundesrepublik, die gerade erst mit begrenzter Souveränität außenpolitische Bewegungsfreiheit gewann, könne deutsche Interessen im Alleingang mit Moskau zu regeln versuchen. So hatte er die sowjetische Einladung angenommen, aber den Besuch hinausgezögert. Inzwischen hatten die vier Siegermächte auf einer Konferenz in Genf zwar in einem schwammigen Kommuniqué von der Lösung der deutschen Frage gesprochen, aber der Konferenzverlauf hatte gezeigt, daß Amerika und die Sowjetunion entschlossen waren, sich durch die ungelösten weltpolitischen Streitfragen nicht in eine Konfrontation hineinziehen zu lassen. Auf dem Rückweg von Genf hatte Chruschtschow in Ostberlin auf einer Massenversammlung im Lustgarten erklärt, man werde die deutsche Frage nicht auf Kosten der Deutschen Demokratischen Republik regeln. Adenauer kam zu einem Zeitpunkt nach Moskau, zu dem die sowjetische Führung Fragen der Wiedervereinigung Deutschlands wenigstens vorläufig ad acta gelegt hatte.

In diesem warmen, sonnigen Oktober stand ich mit einigen deutschen und sowjetischen Korrespondenten tagelang auf der Straße vor dem Spiridonow-Palais, einem seltsamen maurisch-gotischen Jugendstilgebäude, in dem sich die sowjetischen Führer und die deutsche Delegation gegenübersaßen. Wir warteten darauf, daß Verhandlungsteilnehmer herauskamen, und hofften, aus ihren hingeworfenen Bemerkungen etwas über Verlauf und Stimmung der ersten Begegnung zwischen Adenauer und den Sowjetführern zu erraten. Mit einem gleichaltrigen sowjetischen Kollegen, Wladimir Grigorjew von der *Prawda*, tauschte ich Meinungen und Eindrücke aus, aber er schien von seiner Seite noch weniger Informationen und

Hinweise zu erhalten als ich von den deutschen Teilnehmern. Mitglieder der deutschen Delegation, Ministerialbeamte und Bundestagsabgeordnete, verließen häufig in großer Erregung das Haus. Bundesaußenminister Heinrich von Brentano, erst seit zwei Monaten im Amt und ein entschiedener Gegner dieser Verhandlungen, sagte im Vorbeigehen, die Gespräche seien gescheitert, nun müsse man abfahren. Adenauer hatte Anweisung gegeben, daß der Sonderzug, mit dem er nach Moskau gekommen war, auf dem Bahnhof unter Dampf zu stehen habe, damit er gegebenenfalls augenblicklich zurückreisen könne.

Die Verhandlungen gingen weiter, aber wir hörten, daß sie an dramatischen Gefühls- und Wutausbrüchen alles übertrafen, was es bis dahin bei internationalen Konferenzen gegeben hatte. Auf beiden Seiten des Tisches war die Erinnerung an den schrecklichen Krieg, der kaum zehn Jahre zuvor zu Ende gegangen war, noch nicht verloschen. Chruschtschow, so hörten wir, habe Adenauer angeschrien: Der deutsche Bundeskanzler habe das sowjetische Volk beleidigt, weil er in einer Nebenbemerkung gesagt habe, sowjetische Soldaten hätten in Deutschland entsetzliche Dinge begangen. Adenauer beteuerte, wenn sich ihm die Gelegenheit geboten hätte, hätte er Hitler mit eigenen Händen erwürgt. Im heftigen Wortwechsel hatte Chruschtschow ihn manchmal mit »Du, Konrad« angeredet, und Adenauer hatte mit »Du, Nikita« geantwortet. So etwas klang für uns neu und ganz unerwartet. Irgendwie schien es, als entstehe im Zusammenprall der Meinungen und Forderungen aus der Spannung ein so intensives, »russisches« Gesprächsklima, wie es die deutsche Seite bei Konferenzen mit den westlichen Partnern nie erlebt hatte.

In der Sache kam man nicht weiter. Bundeskanzler Adenauer betonte, die Bundesrepublik sei endgültig an die Nato gebunden, aber Deutschland wolle den Frieden, weil es im Fall eines Krieges zum Kampfplatz werden müßte. Wenn er die Sowjetführer um eine rasche Überwindung der Teilung Deutschlands bat, sagte er zugleich einschränkend, er wolle keinen von den Viermächteverhandlungen unabhängigen, zweiseitigen Verhandlungsweg eröffnen. Auf der sowjetischen Seite des Tisches im Spiridonow-Palais saßen die Männer der kollektiven Parteiführung, aber es war Chruschtschow, der den Ton der Verhandlungen angab. Seine emotionalen Ausbrüche mäßigte nur der Ministerpräsident Nikolai Bulganin. Er sah mit seinem gepflegten grauen Spitzbart wie ein Ministerialbeamter aus und flößte seinen deutschen Gesprächspartnern Vertrauen ein, auch wenn er in trockenen Worten nur wiederholte, was Chruschtschow herausgeschrien hatte: Die deutsche Aufrüstung sei eine Gefahr für den Weltfrieden und die deutsche Frage nur durch die Annäherung zwischen zwei gleichberechtigten deutschen Staaten zu lösen.

Der Bundesaußenminister und mehrere Mitglieder der deutschen Delegation drängten Adenauer, die Verhandlungen abzubrechen. Die Aufnahme diplomatischer Beziehungen zwischen Bonn und Moskau, die die Sowjets verlangten, würde den Eindruck erwecken, die Bundesrepublik habe die Teilung Deutschlands in zwei Staaten hingenommen. Adenauer und Chruschtschow blieben am Tisch: Beide waren zu sehr Politiker, um nicht zu wissen, daß diese erste deutsch-sowjetische Verhandlung nicht scheitern durfte, und beide brauchten einen Abschluß, den sie als Erfolg präsentieren konnten. Dennoch sah es so aus, als gebe es keine Grundlage für ein erträgliches Ergebnis der Konferenz.

Das Zeremoniell des Besuchs wurde mit allem Pomp abgewickelt. Im Georgssaal des Kreml gab die sowjetische Regierung den üblichen großen Empfang, zu dem einige hundert Gäste geladen wurden. Hinter der roten Kordel, die die Sowjetführer und die deutsche Delegation von den anderen Eingeladenen trennte, wurden die fein abgestimmten Reden gehalten. Bei den Gesprächen zwischen den Sowjetführern und ihren deutschen Gästen redete Chruschtschow wieder vom unaufhaltsamen Siegeszug des Kommunismus. Adenauer hörte mit unbewegtem Gesicht zu. »Ach, wissen Sie, Herr Chruschtschow«, sagte er, »in fünfzig Jahren spricht keiner mehr von Kommunismus und Kapitalismus.« Chruschtschow schien verblüfft, daß der deutsche Bundeskanzler nicht nur die Zukunft des kommunistischen, sondern auch des kapitalistischen Systems so gelassen betrachtete.

Dann nahm Ministerpräsident Bulganin den deutschen Bundeskanzler am Arm, rief die Dolmetscher dazu und ging mit ihm zur Seite. Ganz unvermittelt stellte er Adenauer die Frage: »Wie wollen wir die Verhandlungen nun abschließen?« Vom Saal aus sahen wir nur, daß Bulganin und Adenauer etwas abseits der anderen Gäste, die mit ihren Champagnergläsern in der Hand Konversation zu machen versuchten, ein intensives Gespräch begannen. Die Dolmetscher hielten es in ihren Notizen fest. Adenauer antwortete nicht direkt auf Bulganins Frage, sondern wiederholte die Formulierung der Tage vorher, aber er hob – fast mit bewegter Stimme – hervor, er habe den festen und aufrichtigen Willen, den Frieden zu wahren und zu sichern und die Verhandlungen zu diesem Zweck zu einem guten Ende zu führen.

Es entstand eine Pause, und dann sagte Adenauer, er wolle nun in der Offenheit und Ehrlichkeit bis zum letzten gehen. Die Frage der Kriegsgefangenen und der in der Sowjetunion zurückgehaltenen Deutschen sei nach allem, was das deutsche Volk habe durchmachen müssen, von außerordentlicher psychologischer Bedeutung. Ohne eine Lösung dieser Frage könne eine Normalisierung der Beziehungen zwischen Bonn und Moskau der deutschen Öffentlichkeit nicht zugemutet werden. Er bat Bulganin – im Dolmetscherprotokoll steht das Adjektiv »inständig« –, doch wenigstens einen Schritt in diese Richtung zu tun. Im Lauf der letzten zwei Jahre seien Briefe von hundertdreißigtausend Deutschen eingegangen, die an der Ausreise aus der Sowjetunion gehindert würden. Das Material liege vor, aber, sagte Adenauer, »ich wollte die Atmosphäre der Verhandlungen nicht dadurch stören, daß ich dieses Material auf den Tisch lege«. Bulganin nickte ernst und verständnisvoll. Im Fall der Aufnahme diplomatischer Beziehungen könnten all diese Personen freigegeben werden, erklärte er. Wir sahen von weitem, daß dies Zweiergespräch zwischen Adenauer und Bulganin offenbar nicht im Streit endete. Tatsächlich sagte Adenauer, Bulganin habe ihn mit diesen Worten »ganz glücklich« gemacht. Bulganin gab ihm das Ehrenwort der Sowjetregierung und wiederholte einige Male, das Wort der Sowjetregierung werde auch gehalten.

Das war nach Tagen gespannter Verhandlungen der Durchbruch – nicht am Verhandlungstisch, sondern auf einem Kreml-Empfang. Von diesem Ehrenwort erfuhren die Sowjetbürger nichts, die in ihren Zeitungen nur über die Aufnahme diplomatischer Beziehungen zwischen Bonn und Moskau lasen. (Einige Tage später entnahmen sie einer offiziellen Erklärung, das Präsidium des Obersten Sowjets habe einem Appell des Präsidenten und der Regierung der DDR sowie auch der Bitte der Regierung der deutschen Bundesrepublik um Freilassung der Kriegsgefangenen nachgegeben.) Aber einige hundert Zuschauer erlebten im Bolschoi-Theater einen bewegenden Auftritt des sowjetischen und des deutschen Regierungschefs.

In der Staatsloge, in der einst die Zaren und nun die Sowjetführer ihren Platz hatten, sahen Bulganin und Adenauer das Ballett »Romeo und Julia«. In den Pausen zwischen den Akten hatten sie auf den Erfolg der Verhandlungen und die Zukunft deutsch-sowjetischer Beziehungen angestoßen. Nun erlebten sie – getanzt von der großen Galina Ulanowa – den Tod Julias und Romeos, der Opfer des Kampfs zwischen den Geschlechtern Montague und Capulet. Als sich die Väter Romeos und Julias auf der Bühne über den Leichen ihrer Kinder in die Arme fielen, erhoben sich Bulganin und Adenauer, faßten sich an den Händen und schienen nahe daran, sich auch in die Arme zu fallen. Unten im Saal applaudierten die Zuschauer gerührt und begeistert, und ihr Beifall galt nicht mehr den

Ballettstars, sondern den beiden Männern, die da in einer Geste der Versöhnung in der rotgoldenen Loge standen. Es war ein Bild, wie es Russen ans Herz geht; sie klatschten mit Tränen in den Augen. Für die Hauptakteure, die einander tagelang in erbitterten Verhandlungen gegenübergesessen hatten, war es der Augenblick, in dem sich die Spannung der letzten Tage in einer großen, gefühlvollen Geste entlud.

Zehntausend deutsche Kriegsgefangene kehrten aus den sowjetischen Lagern nach Deutschland zurück, das war Adenauers großer Erfolg. Zwischen Moskau und Bonn war die Aufnahme diplomatischer Beziehungen beschlossen worden, das war es, was Chruschtschow gewollt hatte. Es war ein Schachzug im weltpolitischen Spiel um Deutschland und Europa, aber den Menschen der Sowjetunion machte es zehn Jahre nach Kriegsende Hoffnung auf ein neues, friedlicheres Verhältnis zu den gefährlichen Deutschen. Auch das stärkte Chruschtschows Ansehen, so, wie die Menschen in der Bundesrepublik Adenauer als Befreier der Gefangenen aus Moskau zurückkommen sahen.

Es war ein Erfolg für beide Seiten, aber nicht der Anfang neuer Beziehungen. Botschafter wurden ausgetauscht, aber die Regierungen hatten ihnen, wie sich bald zeigte, keinen weiterführenden politischen Auftrag mitgegeben. Drei Jahre lang verhandelte man über Handels- und Konsularverträge und über die Rückführung deutscher Staatsbürger aus der Sowjetunion, doch schon bald nach der Aufnahme diplomatischer Beziehungen war das politische Klima zwischen Bonn und Moskau so kalt wie zuvor. In den entscheidenden Fragen der Deutschlandpolitik blieben die Positionen unverändert. Die Sowjets schickten einen ihrer erfahrensten Diplomaten und kältesten Krieger, Valerian Sorin, nach Bonn. In Moskau erlebte ich zwei deutsche Botschafter. Der kluge und verbindliche Wilhelm Haas war wegen seiner Geradlinigkeit im sowjetischen Außenministerium angesehen. Er ging bei der Vertretung der noch in Rußland lebenden Deutschen oft weiter, als das Auswärtige Amt dies wünschte, das einen möglichst stillen und unauffälligen Botschafter in Moskau wollte. Sein Nachfolger wurde Hans Kroll, ein deutschnationaler Oberschlesier mit der Überzeugung, daß die Zukunft zwischen Bonn und Moskau zu regeln sei und die DDR wie Polen sich in dieses Konzept einer neuen Ordnung widerspruchslos einzuordnen hätten. In Moskau verstand man oft nicht, wie sich die lautstark vertretenen Ansichten des deutschen Botschafters mit der Zurückhaltung des deutschen Außenministeriums vereinbaren ließen. Botschafter Kroll schien Politik auf eigene Faust machen zu wollen und ließ sich dabei durch nichts beirren. Auf einem Empfang in der indischen Botschaft manövrierte er Chruschtschow in eine Ecke und redete zehn Minuten auf den sowjetischen Parteichef ein. Als sich Chruschtschow befreit hatte, schoß Hans Kroll aus dem Saal und rief mir im Vorbeigehen zu: »Der kann mich ja nicht behandeln wie den italienischen Botschafter.«

Chruschtschow selber war so in Fahrt, daß er den größten Teil seiner Rede zum indischen Nationalfeiertag der Beschwörung der Gefahren widmete, die von der wiederbewaffneten Bundesrepublik ausgingen. Der indische Botschafter war höchst verwundert, die westlichen Diplomaten fragten sich, was für eine außenpolitische Offensive Chruschtschow mit dieser Rede zur Deutschlandpolitik einleiten wollte. Seine Reaktion schien nicht gerade ein Erfolg für den deutschen Botschafter, aber wenige Tage später erhielt Kroll eine ungewöhnliche Einladung, wie sie kein anderer Missionschef in Moskau vorweisen konnte: Chruschtschow lud ihn zu einem Vier-Augen-Gespräch in den Kreml ein.

Botschafter Kroll ging ohne Dolmetscher, so daß es später kein detailliertes Protokoll des Gesprächs gab. Aus den Fragen, die sowjetische Diplomaten und Korrespondenten uns in den nächsten Tagen zur deutschen Außenpolitik stellten, hörten wir heraus, daß Kroll über Abrüstung in beiden Teilen Deutschlands, Konzepte über ein Auseinanderrücken der Militärblöcke und ähnliche Themen gesprochen hatte. In Bonn versuchten die Sowjets, sich Klarheit über solche Pläne zu verschaffen, auf die sie keine offizielle Äußerung deutscher Politiker vorbereitet hatte. Sie stießen schlichtweg auf Unverständnis und gaben das Nachfragen schließlich auf. Die Kroll-Chruschtschow-Initiative erlosch wie ein Strohfeuer.

Der Stillstand in den neuaufgenommenen Beziehungen zwischen Moskau und Bonn mißfiel manchen, die auf mehr Bewegung gehofft hatten. Der Verleger Ernst Rowohlt, fast siebzig Jahre alt, kam ein Jahr später zu den Weltjugendfestspielen nach Moskau, erzählte allen, Adenauers Außenpolitik sei starr und kurzsichtig, und trank mit vielen Kulturfunktionären auf das Ende eines verkalkten Antikommunismus. Der Verleger Axel Springer reiste an, um mit Chruschtschow selber zu sprechen. Fest überzeugt von der Wiedervereinigung Deutschlands, die ihm ebenso selbstverständlich wie nötig schien, hatte er das Zentrum seines Verlagsimperiums von Hamburg nach Berlin, unmittelbar an die Sektorengrenze, verlagert. Nun wollte er Chruschtschow für den Vorschlag gewinnen, die Teilung Berlins aufzuheben – als ersten Schritt für ein Ende der Teilung Deutschlands. Axel Springer war inkognito nach Moskau gekommen, aber da er einige Zimmer weiter im selben Hotel wie ich wohnte, trafen wir uns auf dem Gang. Er bat mich um äußerste Diskretion: Wenn sein Vorhaben bekannt werde, werde man es in Deutschland durch kritische Stellungnahmen zu entwerten versuchen. Springer mißtraute der unbeweglichen Außenpolitik Adenauers, und sein Berater Hans Zehrer, der schon in den zwanziger Jahren als Konservativer für eine besondere Beziehung zwischen der Sowjetunion und Deutschland geworben hatte, bestärkte ihn in dem Plan, im direkten Gespräch mit dem neuen Sowjetführer einen Wandel herbeizuführen.

Um dieses Vorhaben nicht zu gefährden, vermied Axel Springer jeden Kontakt mit der deutschen Botschaft, die von seinem Besuch in Moskau nichts erfahren sollte. So saßen er und seine

Delegation mehrere Tage in ihren Hotelzimmern und warteten auf den Anruf, der sie, so hofften sie, ganz kurzfristig in den Kreml rufen sollte. Ihre russischen Betreuer sagten den Deutschen nicht, daß Chruschtschow gar nicht in Moskau war, sondern sich in Polen aufhielt. Statt dessen baten sie Springer und Zehrer immer wieder um eine Neuformulierung und Abänderung der Fragen, und da die beiden mit meiner Sekretärin und meiner Schreibmaschine arbeiteten, verfolgte ich, wie ihre Fragen immer mehr entschärft, von Ansätzen für neue Lösungen gereinigt und auf ein Standardinterview reduziert wurden. Nach ein paar Tagen ließ sich Springers Anwesenheit in Moskau nicht länger verheimlichen. Am gleichen Tag, an dem seine *Welt* die Meldung druckte, er befinde sich zu Verhandlungen über den Kauf von Papier in der Sowjetunion, meldete der dpa-Korrespondent aus Moskau, Springer wolle mit Chruschtschow sprechen.

Das lange Warten auf den Gesprächstermin, das Feilschen um die Interviewfragen und nun diese peinliche Doppelmeldung hatten Stimmung und Erwartung schon stark gedrückt, als Springer und Zehrer in den Kreml gerufen wurden. Auf den Fragenkatalog gab Chruschtschow die üblichen Antworten, die sich von bekannten Presseerklärungen und Leitartikeln in nichts unterschieden. Zur Frage der deutschen Wiedervereinigung sagte er nichts, was Springer Hoffnung machte, und als der deutsche Verleger ihn um ein Vier-Augen-Gespräch bat, war Chruschtschow dazu bereit, aber er sagte nichts Neues. Axel Springer begann mit dem Satz, er sei in Deutschland einer der größten und einflußreichsten Kapitalisten. Chruschtschow zeigte weder Überraschung noch Interesse – er hatte auch schon mit amerikanischen Millionären verhandelt – und blickte Springer ausdruckslos an.

Der Versuch eines Gesprächs war gescheitert. Springer war so enttäuscht, daß er das Interview zunächst überhaupt nicht gedruckt sehen wollte. Nach den Erwartungen, die die Nachricht von dem Besuch in Deutschland geweckt hatte, schien ihn das

Ergebnis des Gesprächs fast der Lächerlichkeit auszusetzen. Aber die sowjetische Seite teilte Springer brüsk mit, die *Prawda* werde das Interview am nächsten Tag mit oder ohne seine Einwilligung publizieren.

Axel Springer reiste verbittert ab, ein zutiefst enttäuschter Patriot und von nun an ein Gegner jeder Art von Ostpolitik, die auf Verhandlungen mit Moskau setzte. Natürlich hatte der deutsche Verleger seine Möglichkeiten überschätzt. Er war zu einem Zeitpunkt gekommen, als Chruschtschow und die sowjetische Führung sich schon nachdrücklich auf eine Stärkung der DDR festgelegt hatten. Aber kein ausländischer Beobachter in Moskau verstand, warum die Sowjets den einflußreichen Verleger brüskiert hatten, indem sie ihn einluden, in der Luft hängenließen, sein Selbstgefühl verletzten und ihn schließlich als Feind nach Hause schickten. War das die Folge Chruschtschowscher Unberechenbarkeit oder die Ungeschicktheit des Protokolls, das Chruschtschows Entscheidung nicht vorzugreifen wagte? Oder war es das Werk von Leuten im Außenministerium und der Parteiführung, die die deutsch-sowjetischen Beziehungen lieber einfrieren als beleben wollten?

Mit der Aufnahme diplomatischer Beziehungen hatte Adenauer einen Kanal für das Gespräch mit der vierten Besatzungsmacht erschlossen, aber aus Rücksicht auf seine Westpolitik fürchtete er sich, ihn zu nutzen. Moskaus Kurs verhärtete sich weiter. 1958 fuhr Chruschtschow nach Berlin und stellte sein Ultimatum: Ganz Berlin liege auf dem Territorium der DDR, und wenn es innerhalb von sechs Monaten keine Übereinkunft über den Status der Stadt gebe, werde die Sowjetunion ihre Befugnisse für die Stadt und die Kontrolle über den Zugang an die DDR abtreten. Berlin könne ein neues Sarajevo werden, sagte Außenminister Gromyko, der Ausgangspunkt eines dritten Weltkriegs. Tatsächlich beschwor die sowjetische Herausforderung der drei westlichen Besatzungsmächte die Gefahr militärischer Zusammenstöße herauf, aber diese waren entschlossen, ihre Rechte in Deutschland zu verteidigen. Ein paar Monate später reduzierte Chruschtschow das Ultimatum auf die Forderung nach einer weiteren Viermächtekonferenz, die den alten Zustand nur zementierte.

Dann aber, 1961, verschärfte Chruschtschow die Konfrontation wieder. Er kündigte den Abschluß eines separaten Friedensvertrags zwischen der Sowjetunion und der DDR an. Vor Offizieren der Militärakademie in Moskau schilderte er Konsequenzen: Die Regierung der DDR könne dann auf ihrem ganzen Territorium, auch in Westberlin, die volle Souveränität ausüben. »Sie, Genossen, sind Militärs und verstehen gut, was es bedeutet, wenn man die Bedingungen des Friedensvertrags ignoriert und versucht, die Souveränität der DDR zu verletzen. Viele von Ihnen werden in den Truppen dienen, die sich gemäß dem Warschauer Vertrag auf dem Gebiet der DDR befinden, und das heißt, daß Sie den Aggressionskräften gegebenenfalls eine Abfuhr erteilen müssen. Unseren Streitkräften werden wir Befehl geben, jedem Aggressor, wenn er die Hand gegen die Sowjetunion oder unsere Freunde erhebt, eine gebührende Abfuhr zu erteilen.« Dann aber wich Chruschtschow zurück, als die Amerikaner entschlossenen Widerstand anmeldeten und Truppen mobilisierten. Chruschtschows Drohungen hatten nichts als Unruhe geschaffen und den Flüchtlingsstrom nach Westberlin erst recht anschwellen lassen. Um die DDR zu sichern, stimmte er dem Bau der Mauer zu, die die beiden Deutschland fast dreißig Jahre teilen sollte.

Aber auch das war nicht das letzte Wort seiner sprunghaften, unberechenbaren Außenpolitik. Drei Jahre später meldete sich im Kanzleramt, in dem nun Ludwig Erhard saß, ein unerwarteter Gast aus der Sowjetunion an: Alexej Adschubej, Chefredakteur der Jungkommunistenzeitung *Komsomolskaja Prawda* und Chruschtschows Schwiegersohn, bat um ein Vier-Augen-Gespräch mit dem deutschen Bundeskanzler. Ergebnis der ganz ungewöhnlichen, aus jedem protokollarischen Rahmen fallenden Unterhaltung war eine Ankündigung: Bundeskanzler

Erhard und Nikita Chruschtschow, der jetzt Parteichef und Ministerpräsident war, würden in Bonn zu einem Gespräch ohne festgelegte Tagesordnung zusammenkommen. Später ließ Erhard wissen, es solle ein Gespräch über Deutschland und Berlin sowie die Verantwortung der Vier Mächte werden. Daß ein solches Gespräch der Regierungschefs auf eine so inoffizielle, persönliche Weise, durch den Besuch von Chruschtschows Schwiegersohn angebahnt wurde, mußte hohe Erwartungen wecken. Dachte er an einen Kurswechsel in der Deutschlandpolitik? Aber was Chruschtschow wollte, blieb unbekannt. Am 27. Juli war Adschubej bei Erhard gewesen; am 14. Oktober 1964, ehe er nach Bonn kommen konnte, wurde Chruschtschow aller Partei- und Regierungsämter enthoben. Eine Verschwörung unter den Führern von Partei und Staat hatte den unbequemen Parteichef gestürzt, die Gegner warfen ihm »hasenhirniges Abenteurertum« vor. Seine schwer berechenbare Außen- und Innenpolitik hatte das System und ihre Stellungen gefährdet. Niemand weiß, welche Rolle Adschubejs Alleingang nach Bonn in dieser Abrechnung spielte. Das Gerücht, Chruschtschow habe in seiner letzten Amtsphase an einen Ausverkauf der DDR gedacht, hatte ohnehin im ganzen Ostblock zuviel Unruhe geschaffen. Die neuen Männer an der Macht schoben das Deutschlandthema zur Seite. Ohnehin mußte die neue Troika – Breschnew als Parteichef, Kossygin als Ministerpräsident und Podgorny als Staatsoberhaupt – das gemeinsame Ansehen festigen, während jeder der drei in der kollektiven Führung zugleich seinen Machtanspruch zu untermauern versuchte. Moskau drängte nicht mehr auf den Friedensvertrag mit zwei deutschen Staaten, und auch die Frage einer Statusänderung Westberlins verschwand aus der politischen Diskussion. Die sowjetische Presse wechselte zwischen scharfen Angriffen und gelegentlich freundlichen Worten gegenüber Bonn. Der deutsch-sowjetische Handel entwickelte sich unbeeinflußt von solchen politischen Klimaschwankungen. In Bonn richtete Außenminister Gerhard Schröder die

Ostpolitik auf die osteuropäischen Staaten zwischen Deutschland und der Sowjetunion aus, und die große Koalition von CDU und SPD vermied es, diese Kontakte durch eine starre Handhabung der Hallstein-Doktrin mit dem Bonner Alleinvertretungsanspruch für Deutschland zu belasten. Moskau schien diese Entwicklung mißtrauisch zu beobachten und begann den Anspruch auf Vorherrschaft im Ostblock unnachgiebiger zu formulieren. Die Breschnew-Doktrin erklärte die sozialistischen Staaten für nur teilweise souverän und rechtfertigte ein militärisches Eingreifen in allen Ostblockstaaten, die sich dem sowjetischen Einfluß zu entziehen versuchten. Als die Truppen des Warschauer Paktes 1968 in die Tschechoslowakei einmarschierten, demonstrierte die Sowjetunion der Welt, daß Beziehungen zu den Staaten des sozialistischen Lagers nur auf dem Weg über Moskau vertieft und grundsätzlich verbessert werden durften.

Das Ende der sechziger Jahre, als Willy Brandt ins Kanzleramt und Walter Scheel ins Außenministerium einzogen, schien also keine gute Zeit für eine ostpolitische Initiative zu sein. Aber in der sowjetischen Führung war die Entscheidung über den außenpolitischen Kurs noch nicht gefallen. Es ging um die Frage, ob die Sowjetunion sich stärker gegen den Westen abschotten und die Kontrolle über Osteuropa verstärken sollte oder ob sie zu einer Politik der Koexistenz mit allen Vorteilen des Wirtschaftsaustauschs zurückkehren und sich an einer Konferenz über die europäische Sicherheit beteiligen sollte. Eine harte, ablehnende Haltung gegenüber der neuen Regierung in Bonn würde die Bundesrepublik enger in die Bindung an die Nato und die USA treiben und die völkerrechtliche Anerkennung der DDR eher erschweren. Damit argumentierten in Moskau die Fürsprecher einer Rückkehr zur Entspannungspolitik.

Das war ein Anknüpfungspunkt für ostpolitische Sondierungen, die die sozialliberale Bundesregierung nun aufzunehmen beschloß. In Monaten des Abtastens und der Vorverhandlungen schien die sowjetische Haltung noch zögerlich. Bei den Auseinandersetzungen um die Außenpolitik waren die Kräfte in der sowjetischen Führung offenbar relativ ausgeglichen. Die deutsche Politik löste bei den westlichen Verbündeten Sorge vor einem Alleingang und im Bundestag einen erbitterten innenpolitischen Kampf aus, bei dem Informationen und bloße Vermutungen über die Gespräche mit Moskau als Waffen benutzt wurden. Seit Januar 1970 führte Staatssekretär Egon Bahr in Moskau Gespräche mit Außenminister Gromyko. Sie zogen sich hin, und ihre Gegner produzierten stets neue Gerüchte über Zugeständnisse und Absprachen, die mit den Grundsätzen der früheren deutschen Außenpolitik nicht vereinbar seien. Es waren Gespräche und Verhandlungen von höchster Vertraulichkeit, über die auch die Bundesregierung in Bonn oft nur teilweise informiert schien.

Auf meine Frage, ob man nicht der Öffentlichkeit Klarheit über den Stand der Gespräche vermitteln müsse, sagte Willy Brandt: »So genau weiß ich das auch nicht. Das ist alles Egon und die Detektive.« Aber erst dieses Vertrauen, mit dem Brandt seinem Unterhändler freie Hand ließ, ermöglichte es, Vorschläge und Formeln auszuprobieren, die nach monatelangen Verhandlungen zwischen Bahr und Gromyko zu einem Ergebnis führten. Die Verhandlungen über die Revision der sowjetischen Formulierungen und Forderungen seien ein komplizierter und politisch schmerzhafter Prozeß gewesen, sagte Gromyko später. Im Parteipräsidium der KPdSU fand sich eine Mehrheit, die es Breschnew und dem sowjetischen Außenminister ermöglichte, Zug um Zug jene Formeln zur Deutschlandpolitik und zur Anerkennung bestehender Grenzen zu modifizieren, die bis dahin bei Verhandlungen zwischen der Bundesrepublik und der Sowjetunion in die Sackgasse geführt hatten.

Ich hatte den Kampf um die Ostpolitik in Bonn als ARD-Korrespondent verfolgt. Nun gehörte ich Anfang August zu der Gruppe deutscher Journalisten, die Bundeskanzler Brandt zur

Unterzeichnung des Vertragswerks nach Moskau begleiteten. Der Text des Vertrags war ausgearbeitet. Er mußte nur unterzeichnet werden. Aber Leonid Breschnew und Willy Brandt trafen sich im Kreml noch zu Gesprächen über die Zukunft der deutsch-sowjetischen Beziehungen und die Weltpolitik. Bei allen Vorbehalten, die sie auch hatten, kamen beide Männer offenbar gut miteinander aus. Abends erzählte Brandt im Gästehaus an den Leninhügeln, wo es bei den Gesprächen hakte: Manchmal sei er sich mit Breschnew einig gewesen, aber dann habe Außenminister Gromyko eingegriffen und mit Hinweisen auf Klauseln und Verträge entschieden erklärt, daß Breschnew nicht zustimmen dürfe. Wir Journalisten erlebten in Gesprächen mit sowjetischen Kollegen ebenfalls eine größere Offenheit, wenn wir über außenpolitische Fragen sprachen, und in einigen Fällen so etwas wie die Hoffnung auf einen freundschaftlichen Neubeginn im Verhältnis von Deutschland und Rußland. Aber wir merkten auch, daß längst nicht alle so dachten, und besonders jene, die in ihrer Arbeit eng mit der DDR verbunden waren, fürchteten, der neue Vertrag werde den zweiten deutschen Staat aushöhlen und verwundbar machen. Wie stark die Gegner des deutsch-sowjetischen Vertrags in Moskau sich fühlten, demonstrierte uns der Chef des sowjetischen Fernsehens und Rundfunks.

Bundespressechef Conrad Ahlers hatte dem Moskauer ARD-Korrespondenten Lothar Loewe und mir den Wunsch des Bundeskanzlers übermittelt, am Tage der Vertragsunterzeichnung im Fernsehen zum deutschen Volk zu sprechen. Die ARD hatte in Moskau jedoch nur einen Korrespondenten mit einem kleinen Büro, ohne technische Ausrüstung. Mehr erlaubten die sowjetischen Behörden ausländischen Korrespondenten nicht. Die Berichterstattung war von der Unterstützung durch die Technik des sowjetischen Fernsehens abhängig. Die Ausstrahlung einer Rede des Bundeskanzlers in Deutschland war nur mit Hilfe des Staatskomitees für Rundfunk und Fernsehen der UdSSR zu realisieren. Wir wandten uns an die Auslandsabteilung des Staatskomitees und erhielten nach Stunden eine kühle Absage ohne Begründung. Alle Versuche, mit den Fernsehfunktionären zu verhandeln, blieben erfolglos: Sie hatten keinerlei Spielraum. Am Tag vor der Unterzeichnung erklärten sie es für ausgeschlossen, daß eine solche Ansprache des Kanzlers aus einem sowjetischen Studio nach Deutschland übermittelt werden könne. Die Zustimmung mußte, das wurde uns klar, von ganz oben, von Brandts Gastgeber Breschnew, kommen. Wir hatten Schwierigkeiten, Conrad Ahlers zu erreichen, der mit der Delegation im Kreml war, und der wiederum mußte fast seine Ellenbogen gebrauchen, um in das Arbeitszimmer vorzudringen, in dem Brandt und Breschnew miteinander sprachen. Breschnew entschied schnell: Natürlich könne der deutsche Bundeskanzler beim sowjetischen Fernsehen seine Ansprache aufnehmen.

Der Abend brachte wieder Verhandlungen mit dem sowjetischen Fernsehen. Niemand wollte uns sagen, in welches Studio der Bundeskanzler am nächsten Morgen zur Aufnahme kommen könne. Der Kanzler werde nach dem Frühstück abgeholt und zur Aufnahme in ein Studio gebracht – wo, das gehe uns nichts an. Also postierten Lothar Loewe und ich uns zur Frühstückszeit in seinem Volkswagen auf der Straße vor dem Gästehaus und hängten uns an die Kolonne, die schon mit hoher Geschwindigkeit aus dem großen Tor heráuskam. Die Begleitwagen versuchten, uns abzudrängen, auf den Bürgersteig zu schieben, plötzlich vor uns zu bremsen. Sie wollten uns Angst machen, aber einen wirklichen Unfall durften sie nicht provozieren, dessen waren wir sicher. Die Kolonne mit dem Bundeskanzler fuhr nicht zu einem der Fernsehgebäude, sondern auf den Hof eines Hauses, an dem kein Schild auf seine Funktion hinwies. In einem Saal waren Kameras aufgestellt, vor ihnen ein kleiner Tisch und ein Stuhl für den Bundeskanzler. Der Vorsitzende des Staatskomitees für Rundfunk und Fernsehen, Sergej Lapin, ZK-Mitglied im Ministerrang, nahm den deutschen Bundeskanzler mit kühler Formalität und ohne jede Freundlichkeit in Empfang. Die Kamera zeigte im Bildausschnitt einen scheinbar ruhigen Willy Brandt, aber wir sahen, wie er Streichhölzer zerbrach und unter dem Tisch mit dem Fuß auf den Boden klopfte. Er saß da und wartete, aber es kam niemand vom sowjetischen Personal, um ihm zu sagen, wie es weitergehe. Dann erschien ein Mann aus dem Nebenraum und stellte ein großes Schild auf den Tisch vor den Kanzler. Darauf stand: »APN« – Presseagentur Nowosti. Der Vorsitzende Sergej Lapin ließ demonstrieren, daß sein Fernsehen für eine Ansprache des deutschen Bundeskanzlers nicht zur Verfügung stand.

Die Aufnahme begann mit einem Bild des APN-Schilds, dann wurde es weggenommen, und die Ansprache konnte beginnen. Fünf Minuten später verabschiedete sich Willy Brandt und fuhr zum Kreml zurück. Wann denn die Aufzeichnung nach Deutschland überspielt werden könne, fragten Lothar Loewe und ich. Die Antwort war nur ein Achselzucken. Davon wisse man nichts. Wir suchten den Vorsitzenden Lapin: Die Ansprache müsse nun nach Deutschland überspielt werden, wir müßten Leitungen und Technik bestellen. Das, sagte Lapin, gehe ihn gar nichts an. »Das Band mit der Aufzeichnung wird an die deutsche Botschaft ausgeliefert werden.« Mehr hatte er uns nicht zu sagen, und damit ging er. Wir fuhren – diesmal ohne Eskorte und ohne Behinderung – schnell in die Stadt zurück und überlegten, ob es zeitlich noch möglich sei, die Aufzeichnung per Flugzeug wenn nicht nach Deutschland dann doch nach Helsinki oder Wien zu schaffen und von dort überspielen zu lassen. Aber auch dazu reichte die Zeit nicht mehr. Wieder mußten wir versuchen, Conrad Ahlers im Kreml zu informieren, wieder mußte er zu Breschnew und Brandt vordringen, und Breschnew war überrascht: Selbstverständlich werde die Ansprache des Kanzlers nach Deutschland übermittelt. Abends um sechs lief bei der »Tagesschau« in Hamburg eine Leitung aus der Sowjetunion auf. Sie kam über Schaltstellen in der DDR und Polen, aber von wo aus in Moskau die Ansprache überspielt wurde, blieb ungeklärt. Die Leitung mußte vom Staatskomitee für Rundfunk und Fernsehen kommen, aber die sowjetische Seite gab sich nur als Nachrichtenagentur Nowosti zu erkennen, eine Agentur, die gar keine Fernsehtechnik besaß. Abends auf einem Journalistenempfang erzählte ich einem sowjetischen Kollegen, den ich aus den fünfziger Jahren kannte, diese Geschichte.

»Lapin«, sagte er, »ist einer von denen, die nicht verzeihen können, daß die Sowjetarmee nur bis zur Elbe und nicht zum Rhein gekommen ist.« Aber Lapin stand nicht allein, sonst hätte er es nicht gewagt, den deutschen Kanzler am Tag der Unterzeichnung des Moskauer Vertrags zu brüskieren. Und Lapin blieb im Amt, er blieb der Herrscher über Rundfunk und Fernsehen, bis Gorbatschow ihn achtzehn Jahre später absetzte.

STILLE VOR DEM STURM:
LEBEN UNTER BRESCHNEW

Im Frühjahr 1978 saß ich Sergej Lapin in seinem riesigen Arbeitszimmer gegenüber. Ich war als Hörfunkkorrespondent nach Moskau zurückgekehrt und mußte mich dem sowjetischen Fernseh- und Rundfunkchef offiziell vorstellen. Neu daran war für mich, daß ich das Fernsehgebäude überhaupt betreten durfte. Das war Ausländern früher nie erlaubt gewesen. Am Eingang vor der doppelten Sicherheitsschleuse erwartete mich ein Vertreter der Auslandsabteilung. Er ging voraus, sprach mit den Polizisten und ließ mich durch das Drehkreuz winken. Aber mein Begleiter achtete genau darauf, daß ich von den Studios nichts sah und mit keiner Redaktion versehentlich in Berührung kam. Einer der Aufzüge stand nur für uns bereit. Während die Fernsehmitarbeiter in langer Schlange vor dem zweiten Aufzug warteten, fuhr der Mann aus der Auslandsabteilung mit mir allein zum fünften Stock. Ich wußte nicht recht, ob das eine Ehre für den Gast des Vorsitzenden oder eine Isolierungsmaßnahme war. Lapin saß mir an einem langen Tisch gegenüber. Er hatte die Fenster im Rücken, so daß mir das Licht ins Gesicht fiel – das kannte man aus vielen Beschreibungen von KGB-Verhören.
Während wir unsere Begrüßungsfloskeln austauschten, blickte er ständig an mir vorbei. Das irritierte mich, bis ich mich umwandte und sah, was er wirklich beobachtete: ein Eishockeyspiel auf einem der vielen Bildschirme hinter mir. Das überraschte mich nicht. Ein sowjetischer Kollege hatte mir zur Vorbereitung dieser Begegnung erzählt, daß es nur zwei Themen gebe, über die ich mit Sergej Lapin ins Gespräch kommen könne – Eishockey und Goethes »Faust«, mit dem er sich

so lange beschäftigt hatte, daß er zu Recht oder Unrecht in dem Ruf stand, ein großer Experte für »Faust II« zu sein. Ich fürchtete, daß ich bei beiden Themen nicht mithalten könnte. Aber Lapin kam gleich ganz hart und direkt zur Sache: Er erwarte, daß Rundfunk und Fernsehen in Deutschland endlich mit ihrer antisowjetischen Propagandakampagne aufhörten. Ich versuchte zu widersprechen. Es gebe bei uns unterschiedliche Meinungen in der Auseinandersetzung um das Verhältnis zur Sowjetunion, aber man könne keineswegs sagen, daß die unfreundlichen Stimmen das Übergewicht hätten. Lapin blieb bei seiner Meinung. Es sei Zeit, daß die deutsche Regierung diesem antisowjetischen Treiben in den Medien endlich ein Ende mache, wenn sie fruchtbare Beziehungen zum mächtigsten sozialistischen Staat der Welt entwickeln wolle.

Ich versuchte, sein Bild vom deutschen Rundfunk zu korrigieren: Er sei kein Instrument der Regierung, sondern aufgrund seines rechtlichen Aufbaus ein pluralistisches Instrument. Mein Einwand ärgerte den Rundfunk- und Fernsehchef, der Widerspruch nicht gewohnt war. Ziemlich barsch begann er, mir das sowjetische Rundfunksystem zu erläutern. »Wie Sie wissen«, sagte er, »bin ich Mitglied der Regierung und des Zentralkomitees der Partei. Alle wichtigen Mitarbeiter des Rundfunks und Fernsehens gehören der Kommunistischen Partei an. Alle arbeiten wir zusammen, um im Auftrag der Partei das Beste für unser Land zu erreichen. Natürlich gibt es auch bei uns Verrückte, die Schwierigkeiten machen und sich nicht auf die gemeinsame Arbeit für Partei und Staat einstellen können. Manche von ihnen sind dumm, die werden entlassen. Andere sind bösartig, die werden bestraft, oder wir schicken sie weg ins Ausland. Einige sind wirklich verrückt, die kommen in die psychiatrische Klinik.«

Lapin wandte sich schon wieder dem Eishockey zu, und auch zum Thema »Faust« fiel mir nichts ein. Mein Höflichkeitsbesuch war beendet. Immerhin stand Lapin noch auf und brachte mich zur Tür, wo der Vertreter der Auslandsabteilung wartete, um mich im leeren Fahrstuhl und an der Sicherheitskontrolle vorbei zum Ausgang zu bringen.

Das war die eine Einführung in die sowjetische Wirklichkeit. Sie hätte mich noch mehr erschreckt, wenn mir nicht einige Tage zuvor auf einem Empfang im Journalistenhaus ein sowjetischer Kollege einen Witz erzählt hätte. Der Journalist hatte mehrere Jahre in Bonn gearbeitet, und wir waren in der Zeit des Ringens um die Ostverträge miteinander ein wenig vertraut geworden. Wir seien, wie er einmal sagte, beide nicht Propagandisten, sondern Journalisten, aber er müsse sich an die sowjetischen Sprachregelungen halten, wenn sich die Deutschlandpolitik wieder verhärte. Auf dem Empfang nahm er mich zur Seite und erzählte mir halblaut, aber ziemlich unbefangen den neuesten politischen Witz: »Lenin sitzt in der Eisenbahn. Plötzlich bleibt der Zug stehen und kann nicht mehr weiter. ›Jetzt steigen wir alle aus‹, sagt Lenin, ›und schieben den Zug gemeinsam vorwärts.‹ Stalin sitzt in der Eisenbahn. Als der Zug stehenbleibt, ruft er: ›Sofort den Lokführer und alle Schaffner erschießen!‹ Chruschtschow sitzt in der Eisenbahn. Der Zug bleibt stehen, er hat das Ende der Strecke erreicht. ›Aussteigen‹, sagt Chruschtschow, ›wir reißen hinten die Schienen heraus und legen sie vorn wieder an.‹ Breschnew sitzt in der Eisenbahn. Als der Zug stehenbleibt, lehnt er sich im Sitz zurück und befiehlt: ›Jetzt ziehen wir die Jalousien herunter und machen alle Tsch-tsch-tsch.‹«
Es war der erste Breschnew-Witz, den ich hörte. Daß es nun politische Witze gab und daß man sie ohne allzu große Vorsicht sogar einem Ausländer erzählte, war mir als erstes aufgefallen. In den Tagen danach merkte ich, daß der Witz die Stimmung vieler Leute wiedergab. Aus den Gesprächen, die nun leichter zu führen waren, begann ich herauszuhören, daß die Menschen enttäuscht und unzufrieden waren. Nichts ging mehr vorwärts, das Land trat auf der Stelle oder fiel zurück, meinten sie. Ein Taxifahrer hatte ein kleines Stalinbild ans Ar-

maturenbrett geklebt und war entschieden der Ansicht, unter Stalin sei alles besser gewesen, da hätte noch Ordnung geherrscht, und die jungen Leute arbeiteten, statt sich zu amüsieren. In den fünfziger Jahren, sogar unter Chruschtschow, habe man noch Lebensmittel kaufen können, die nun in den Geschäften nicht mehr zu sehen seien. Das war nicht falsch, aber ich hatte eigentlich den Eindruck, der Lebensstandard sei insgesamt gestiegen. Manche meiner Kollegen hatten eine Wohnung bekommen und Urlaubsreisen ans Schwarze Meer, sogar nach Bulgarien gemacht. Jedenfalls waren die Menschen besser angezogen, so viel konnte ich sogar auf der Straße sehen. Aber die Stimmung war nicht gut, auch wenn sich unter meinen Bekannten niemand Stalin zurückwünschte.

Leonid Breschnew war vierzehn Jahre zuvor an die Macht gekommen. Damals hatte sich die Unzufriedenheit gegen Nikita Chruschtschow gerichtet, besonders bei den führenden Leuten von Partei und Regierung, aber auch im Heer der Funktionäre. Immer wieder hatte Chruschtschow in der Politik etwas Neues ausprobiert, aber seine Reformversuche hatten keine spürbaren Erfolge gebracht. Der ständige Umbau im Staats- und Wirtschaftssystem, vor allem aber die Ab- und Umbesetzungen in Spitzenpositionen hatten die Ruhe der Funktionäre gestört. Auf ihren Datschen traf sich Moskaus politische Oberschicht zu besorgten und kritischen Gesprächen, die sich schließlich zu einer Verschwörung gegen den Ersten Parteisekretär und Ministerpräsidenten verdichteten. Seine Kollegen im Parteipräsidium riefen ihn aus dem Urlaub zurück, erklärten den überraschten Parteichef für abgesetzt und schickten ihn auf seine Datscha hinter dem mannshohen grünen Zaun – ein Ruhestand »aus Gesundheitsgründen«, der einer Verbannung glich. Breschnew war damals in den besten Jahren, ein kraftvoller, dynamischer Parteichef. Zwar sprach auch er vom Leninschen Prinzip der kollektiven Führung, aber es war klar, daß Leonid Breschnew der Mann war, der seine beiden Führungskollegen an Machtbewußtsein und Vitalität überragte. Als Erster Sekretär der Partei bestimmte er den Kurs. Nikolai Podgorny, der Staatspräsident wurde, mußte sich auf die fast ausschließlich zeremoniellen Aufgaben seines Amtes beschränken. Alexej Kossygin war neuer Ministerpräsident, aber an politischen Aufgaben fiel ihm kaum etwas anderes zu als die Neuorganisation der sowjetischen Wirtschaft. Das war allerdings eine gewaltige Aufgabe, und darüber, daß auf diesem Gebiet Veränderungen dringend notwendig seien, waren sich auch die Führer nach Chruschtschow sehr wohl im klaren. Kossygin versuchte, ein Experiment aus der letzten Zeit Chruschtschows systematischer weiterzuführen. Damals hatten einige sowjetische Wissenschaftler aus Sorge um die weitere Entwicklung begonnen, Auswege aus der schwelenden Wirtschaftskrise zu suchen. Der Wirtschaftswissenschaftler Jewsej Libermann hatte Theorien über ein System sozialistischer Marktwirtschaft zur Diskussion gestellt, und schließlich hatte Chruschtschow einen Versuch genehmigt. Aber nur zwei Textilfabriken wurden aus dem zentralen Lenkungssystem herausgelöst, um eine auf Rentabiliät gerichtete Wirtschaftsführung mit größeren Vollmachten der Betriebsleitung auszuprobieren. Von einem so kleinen Modell konnte man wenig lernen. Zwei Tage nach Chruschtschows Sturz führte Ministerpräsident Kossygin das neue System bei einer ganzen Reihe von Betrieben ein und kündigte eine Reform der Sowjetindustrie an.

Aber wieder wagte die Führung nicht den Schritt zu durchgreifenden Veränderungen. Kossygin betonte gleich, es gehe nicht um die Einführung einer marktwirtschaftlichen Ordnung. Denn er wollte oder konnte die zentralen Befugnisse des Verwaltungsapparats nicht beschneiden. Zwar sollte nicht mehr die »Tonnen-Ideologie«, die Massenproduktion mit ihren geschönten Erfolgszahlen, das Leitprinzip sein. Aber mit der Hervorhebung von Qualitätsmaßstäben wurden neue, stets verfeinerte Bemessungsgrundlagen und Produktionskennziffern eingeführt, die den bürokratisch-administrativen Führungsstil erst recht verfestigten. Die Belebung der Wirtschaft und die

Verbesserung der Versorgung, die die Ökonomieprofessoren von den Reformen erhofften, blieb aus. Der Aufschwung kam nicht. Im versteinerten System der sowjetischen Volkswirtschaft war kein Spielraum für große Innovationen und Experimente.

In einem der Denkspiele des Instituts für die Wirtschaft des sozialistischen Weltsystems hatte man überlegt, ob es nicht möglich sei, einen Industriezweig wie die Bauindustrie aus dem Zwangskorsett der Moskauer Zentralplanung zu entlassen. Aber die Zulieferbetriebe wie die Abnehmer sollten in das starre Schema der zentralen Planung eingebunden bleiben. Die größere Bewegungsfähigkeit einer dezentralisierten Bauindustrie hätte sich also im luftleeren Raum entfaltet und die Gesamtplanung nur durcheinandergebracht. Ein solcher Versuch war hoffnungslos. So verhinderte der schwerfällige Entscheidungsprozeß der zentralen Apparate das schnelle Reagieren auf wirtschaftliche Möglichkeiten. Dabei war, wie die Wissenschaftler nur zu gut wußten, auch der Planungsprozeß keineswegs von rationalen Überlegungen bestimmt, sondern er wurde ständig durch politische Faktoren und persönliche Eingriffe gestört.

Ein Volkswirtschaftler beschrieb mir als Beispiel die Planungen für den Bau einer großen Papierfabrik. Auf einer Sitzung des Politbüros hatte ein führender Genosse darüber geklagt, daß in den Geschäften das Schreibpapier »defizitär« sei – vielleicht, sagte der Wissenschaftler, weil seine Enkelin nicht schnell genug ein Schreibheft gefunden hatte. Zu den unerwarteten Beschlüssen der Sitzung gehörte die Forderung, die Produktion der Papierindustrie umgehend zu erhöhen. Weil diese Frage auf hoher politischer Ebene erörtert worden war, sprach sich unter den Wirtschaftsführern herum, es solle ein großes Werk von überregionaler Bedeutung gebaut werden. Das weckte Begehrlichkeiten in mehreren Republiken der Sowjetunion. Fachministerien für Holz- und Papierindustrie reichten in Moskau Vorschläge ein. Inzwischen hatte das zentrale staatliche Planungskomitee Gosplan auch schon ein Projekt in Angriff genommen und einen Standort ausgewählt. Nun wandten sich die Gebietssekretäre der Partei aus mehreren Republiken an die Wirtschaftsabteilung des Zentralkomitees in Moskau – sie wollten das Werk für ihr Gebiet an Land zu ziehen. Die Parteisekretäre wie die Ministerpräsidenten und Minister der Republiken brachten ihre persönlichen Beziehungen und politischen Kontakte ins Spiel, die mindestens so wirksam waren wie die Wirtschaftlichkeitsüberlegungen der Fachleute. Zum Zeitpunkt unseres Gesprächs war noch keine Entscheidung gefallen, aber der Volkswirtschaftler meinte resigniert: »Im schlimmsten Fall werden wohl drei Fabriken gebaut, von denen eine nicht fertig wird, die zweite zu weit von ihren Rohstoffquellen entfernt ist und nur die dritte effektiv produziert. Falls man sie läßt.«

Es schien fast aussichtslos, die riesigen Apparate der sowjetischen Volkswirtschaft zu reformieren und zu modernisieren. Jede Dezentralisierung, die Beweglichkeit in den wirtschaftlichen Entscheidungsprozeß brachte, hätte die Macht einflußreicher Gruppen im Sowjetsystem beschneiden müssen. Das betraf die Planungsabteilung im Zentralkomitee der Partei ebenso wie das staatliche Planungskomitee, die Fachministerien der Zentralregierung in Moskau wie die entsprechenden Ministerien in den Republiken. Falls große Betriebe den Spielraum bekämen, Entscheidungen nach wirtschaftlichen Gesichtspunkten zu treffen, würden auch die politischen Organe der Partei, besonders die mächtigen Gebietssekretäre, einen Teil ihrer Macht abgeben müssen. Wer eine solche Reform durchsetzen wollte, mußte bereit sein, die Feindschaft starker Kräfte auf sich zu ziehen. Der letzte, der das riskiert hatte, war Nikita Chruschtschow gewesen. Sein Nachfolger Breschnew war ein starker Mann, aber ein Teil seiner Stärke lag darin, daß er Reformprojekte ausklammerte und personelle Veränderungen, soweit es ging, vermied. Er hatte das Wort vom »real existierenden Sozialismus« geprägt, und das hieß: Es ist, wie es ist, und so wird es auch bleiben. Je länger seine Amtszeit dauerte, um so unübersehbarer wurde, daß sich die Sowjetunion in einer Phase der Stagnation befand.

Leonid Breschnew aber – der sich schließlich wie Stalin Generalsekretär der Partei nennen ließ und sich zum Staatsoberhaupt machte (angeblich informierte er den abgesetzten Podgorny mit den beiläufigen Worten: »Was kann man da machen, wenn das Volk es will!«) – repräsentierte nach außen und vor dem Volk die Sowjetunion als Weltmacht. Als der Prager Frühling die sowjetische Herrschaft in Osteuropa gefährdete, ließ er die Truppen des Warschauer Pakts in die Tschechoslowakei einmarschieren. Als Herr einer Supermacht fühlte er sich dem amerikanischen Präsidenten durchaus ebenbürtig. Mit der Bundesrepublik Deutschland schloß er einen Vertrag über die Unverletzlichkeit der Grenzen Europas, der den Menschen der Sowjetunion das Gefühl gab, mit dem Ende alter Feindschaften und Spannungen sei ihr Leben sicherer geworden. Zugleich kam die fast euphorische Hoffnung auf, nun würden mit Hilfe der Deutschen Rußlands Reichtümer schnell erschlossen werden.

Die meisten Sowjetbürger sahen Breschnew in den frühen siebziger Jahren als tatkräftigen Landesvater, so, wie ihn auch die Propagandisten von Jahr zu Jahr in leuchtenderen Farben herausstellten. Später ließ er seine Kriegserinnerungen schreiben und in Millionen von Exemplaren verbreiten. Massenchöre sangen das Lied vom »Kleinen Land«, vom Kuban-Brückenkopf, den Breschnew im Zweiten Weltkrieg als Politkommissar zurückerobern half. Als er sich immer neue Orden verleihen ließ, schlug die Bewunderung, zumindest bei den Hauptstädtern, bald in vorsichtigen Spott um. Aber die Partei rühmte sich immer häufiger des Sieges im Zweiten Weltkrieg, und Breschnew erlebte mit dreißig Jahren Verspätung seine Militärkarriere offenbar immer intensiver. Er sonnte sich im Glanz der Marschallsuniform und der Orden. Die Propagandisten, die ihm schmeichelten, verfolgten zugleich ganz pragmatisch ein politisches Ziel: Die Partei mußte die verblassende Kriegserinnerung am Leben erhalten, weil es fast nur noch dieser Sieg über die Deutschen war, mit dem sie ihre Führungsrolle in der Sowjetunion rechtfertigen konnte.

Im Fernsehen und im Kino lief damals eine sowjetisch-amerikanische Koproduktion, die auf russisch »Der Vaterländische Krieg«, in Amerika »Der unbekannte Krieg« hieß. Es war ein Film ohne politische Wertungen, der mehr vom Heroismus der Soldaten als vom Leiden des Volkes berichtete und in dem Stalin zum erstenmal wieder ganz unkritisch als großer Feldherr erschien. Stalin und die Partei hatten die Sowjetunion gerettet. Beide schienen miteinander zu verschmelzen, und die Feiern des Sieges über Deutschland gingen fast bruchlos über in die 500-Jahr-Feier der Schlacht von Kulikowo, des Sieges über die Tataren und Mongolen. Sogar der verknöcherte Chefideologe der Partei, Michail Suslow, rief nun die russische Geschichte an und ließ sich in einer Art porträtieren, die deutliche Anklänge an die Ikonenmalerei zeigte. Der russische Nationalismus sollte kompensieren, was die kommunistische Ideologie an Überzeugungskraft verloren hatte.

Leonid Breschnew, als Generalsekretär, Staatsoberhaupt oder in Marschallsuniform, war ein Bild von einem russischen Mann. Er sah stattlich aus, war jovial und gesellig, trank gerne mit Freunden. In Moskau erzählte man von Breschnews Armeebräuten, die er auf Inspektionsreisen zu besuchen pflegte. Inzwischen war er ein alter Mann, aber er hatte immer noch ein Auge für Frauen. Selbst bei seinem letzten Besuch in Bonn, mit über siebzig, war das noch zu erkennen. Offizielle Gespräche konnte er nur noch unter Aufbietung äußerster Selbstdisziplin durchhalten, unterstützt durch Außenminister Gromyko, der ihm kleine Notizen zum Ablesen hinschob. Am Nachmittag hatten die Fotografen im Bundeskanzleramt festgehalten, daß Breschnew kaum in der Lage war, sich aus seinem Sessel zu erheben – ein invalider alter Mann, dem sein Außenminister aufhelfen mußte. Abends stand er in Schloß Brühl auf dem breiten Treppenabsatz, um die Gäste des Staatsempfangs zu begrüßen, und ich beobachtete, wie sich sein Körper straffte, wie er Haltung annahm – jedesmal wenn eine hübsche Frau die Treppe heraufkam. Beim Abendessen verunsicherten Breschnews Trinkgewohnheiten den deutschen Bundeskanzler. Helmut Schmidt trank Wein, und Breschnew wollte immer wieder mit einem klaren, farblosen Getränk anstoßen, das er selber mitgebracht hatte. Schmidt hatte ihn im Verdacht, Wasser zu trinken, um nüchterner als sein deutscher Gastgeber zu bleiben. Aber das war ein Irrtum, wie man bald bemerken konnte: Breschnew hatte sich Wodka mitbringen lassen.

Nach dem Bankett wurde der sowjetische Staatsgast zurück zum Gästehaus auf dem Petersberg gefahren. Vor dem Portal stand ein Mercedes-Sportwagen, den der Autofan Breschnew als Gastgeschenk erhalten hatte. Statt ins Hotel zu gehen, stieg Breschnew unerwartet in den Wagen und brauste los. Höchste Alarmstimmung beim Sicherheitsdienst. Die Tore des großen bewaldeten Geländes wurden geschlossen: Breschnew hätte ja irgendwo in Siebengebirge und Westerwald verschwinden können. Aber er kam bald von selber zurück und schwankte mit der Bemerkung ins Haus, so gut sei der Sportwagen gar nicht. Er hatte ihm bei der Nachtfahrt die Ölwanne abgerissen. Am nächsten Tag bekam er einen neuen, mit dem er seine große Autosammlung in Moskau vervollständigen konnte.

Beinahe wäre ich Breschnew einmal in Moskau auf einer Party begegnet. Ein russischer Musiker hatte mich zur Geburtstagsfeier von Breschnews Tochter Galina mitgenommen. Sie lebte vier Häuser von meiner Wohnung entfernt, in einem Gebäude, in dem mehrere hohe sowjetische Führer gewohnt hatten, ehe sie in die allerhöchsten Ränge aufstiegen. Nun lebten sie in Staatsdatschen, und in die Stadtwohnungen waren ihre Kinder eingezogen. Eigentlich wollte ich den russischen Freund lieber nicht auf die Party begleiten. Es könnte ärgerliche Verwicklungen geben, wenn der KGB merkte, daß ich so nah an

Breschnews Familienleben herankam. Aber mein Freund meinte, es sei eine große Gesellschaft, da würde ich nicht auffallen, denn bei Galina Breschnewa gehe es immer feuchtfröhlich und ungezwungen zu. Sie war eine lebenslustige Frau, die zum Ärger ihres Vaters in erster Ehe einen Tigerdompteur geheiratet hatte, dann einen hohen Funktionär aus dem Innenministerium, und nun war sie, wie man erzählte, mit einem Sänger liiert, den alle Pjotr, den Zigeuner, nannten.

In ihrer Wohnung standen die Gäste schon in der breiten Diele. Die Räume schienen mir nicht allzu groß, aber vor lauter Gästen, die sich mit Gläsern in der Hand drängten und aufeinander einredeten, konnte ich wenig erkennen – nur dunkle Holzschränke mit viel Nippes hinter Glas und die üblichen schweren Sitzgarnituren einer spießigen Moskauer Edelwohnung. Ich war kaum zehn Minuten da, hatte der Gastgeberin gratuliert und fand mich gerade zurecht, als mein Bekannter mich aufgeregt am Arm in die Küche zog: Ganz unerwartet kam der Staatspräsident, um den Geburtstag seiner Tochter mitzufeiern. Noch war er nicht da, aber zwei Sicherheitsbeamte kündigten sein Kommen an. Die Gäste verstummten, und die Stimmung sank.

Sobald Breschnew durch die Diele ins Wohnzimmer gegangen war, schoben mich einige Russen aus der Wohnungstür, und ich wartete nicht auf den Fahrstuhl, sondern ging so unauffällig wie möglich die Treppe hinunter und nach Hause zurück. Später hörte ich, daß nicht alle Gäste in schweigender Ehrfurcht erstarrt waren. Der Schauspieler und Liedermacher Wladimir Wyssozki, der schon ziemlich betrunken war, ging den alten Breschnew direkt an, sagte etwas über ein Scheißland, in dem nichts funktioniere und alles schlechter würde, und auch Abfälliges über den Kommunismus, bevor andere Gäste ihn in die Küche schoben. Am nächsten Tag, als Wyssozki allmählich nüchtern wurde, erzählten ihm seine besorgten Freunde von der Szene mit Breschnew und warnten ihn. »Ach was«, soll Wyssozki gesagt haben, »ich weiß schon, der

Alte hat sich geärgert. Er wollte mit dem Fuß aufstampfen, aber selbst das konnte er nicht mehr.«

Wladimir Wyssozki führte in dieser Zeit ein seltsames Doppelleben: einerseits gefeierter Bühnenstar, andererseits Untergrundsänger. Seine Lieder wurden auf selbstkopierten Tonbändern von Hand zu Hand weitergegeben. Als Hamlet feierte er im Taganka-Theater Triumphe, nach der Aufführung sang er für Kollegen und Freunde mit rauher Stimme Ganoven- und Kneipenlieder und die teils lyrischen, teils wilden Songs, die er selber schrieb. Er war ein Moskauer Junge, ein guter Kumpel, ein genialer Schauspieler von wilder Vitalität, der immer wieder in Verzweiflung und Depression verfiel. Nachts, wenn die anderen Gäste gegangen waren, blieben oft russische Freunde bei mir, um die Schallplatten zu hören, die Wyssozki in Frankreich aufgenommen hatte. Weil er mit der französischen Schauspielerin Marina Vlady verheiratet war, durfte er einige Male nach Frankreich reisen. Aber seine Stadt war nicht Paris, sondern Moskau mit dem russischen Leben, das er liebte und unter dem er litt. Die Russen nannten ihn einen Barden. Das Wort bürgerte sich gerade für die Liedermacher ein, die halb im Untergrund, halb öffentlich ungeschminkt von der Realität sangen – auf ganz andere Weise als die Schlagertexter. Wyssozki überragte sie alle. Er sang manchmal spöttisch über Bürokratie und Klüngel, aber häufiger mit bitterer Melancholie über die Verlogenheit einer Gesellschaft, die menschliche Gefühle in eine ideologische Zwangsjacke preßte, den Einzelgänger nicht ertrug und ihm keinen Fluchtweg ließ. Er lebte in einer unerhörten Spannung zwischen fast manischer Arbeitswut und schweren alkoholischen Exzessen.

Ob Wyssozki sich zu Tode trank oder sich das Leben nahm, konnte keiner seiner Freunde erklären. Da war auch kaum ein Unterschied. Er hatte starke Medikamente genommen, die ihm den Alkohol verleiden sollten, und darauf Unmengen Wodka getrunken. Als seine Leiche im Taganka-Theater aufgebahrt lag, standen die Menschen, die ihm die letzte Ehre erweisen wollten, fast zwei Kilometer lang in Sechserreihen vom Theater bis an die Moskwa und am Ufer entlang. Es war eine fast stumme Menge, laut wurde es erst, als die Polizei junge Leute daran hindern wollte, dem Sarg zum Friedhof zu folgen. Abends ging ich mit einem dänischen Korrespondenten und einer mexikanischen Journalistin zum Taganka-Theater, wo sich Moskauer Schriftsteller, Schauspieler, Musiker und Intellektuelle zu einer Gedenkstunde versammelt hatten. Das Theater war umringt von einem Doppelkordon kräftiger Männer in Trainingsanzügen mit dem Zeichen der Olympiade, die gerade in Moskau stattfand. Es waren junge Provinzpolizisten und KGB-Leute, die als Ordner nach Moskau geholt worden waren. Junge Leute mit Kassettenrekordern standen in kleinen Gruppen auf der Straße und hörten Wyssozkis Lieder. Plötzlich kamen Polizeiwagen mit Sirenen angefahren, die Polizisten umringten die jungen Leute, schlugen auf sie ein, wenn sie widersprachen, und stießen sie in die Wagen mit den vergitterten Fenstern. Meine Kollegen und ich hatten schon ziemlich viel Wodka getrunken – das schien uns am Tag der Beisetzung Wyssozkis durchaus angemessen –, und der Überfall der Polizisten auf die traurigen jungen Leute machte uns wütend. Drinnen im Theater saß die Moskauer Intelligenz bei der Trauerfeier, während die anderen, die Wyssozki auch geliebt hatten, draußen verhaftet wurden. Wir fanden, das müsse man denen drinnen mitteilen.

Die Dichterin Bella Achmadulina sollte im Saal Gedenkworte sprechen, wenigstens sie müßte erfahren, was draußen vor sich ging. So versuchten wir, die Reihen der KGB-Leute in ihren Trainingsanzügen zu durchbrechen. Sie stoppten uns und stießen uns – ohne besondere Grobheit – zurück. Irgendwie kam ich trotzdem ins Foyer des Theaters, aber da waren zu viele Polizeioffiziere. Sie hielten mich fest, und der Verwaltungsdirektor des Theaters, den ich als guten Menschen und Freund Wyssozkis kannte, beruhigte mich und schob mich durch eine Seitentür auf die Straße. Andere Korrespondenten draußen hatten unsere Rangelei mit den KGB-Leuten beobachtet. »Das gibt noch eine Story, wenn ihr morgen ins Außenministerium gerufen und ausgewiesen werdet«, sagte ein englischer Kollege. Wir gingen ein bißchen betreten und ernüchtert nach Hause. Als ich am nächsten Morgen das Haus verließ, winkte mich der Polizeiposten auf dem Hof zu sich herüber. »Sie haben doch diesen Barden, diesen Wyssozki gekannt«, sagte er. Soweit hat sich der Vorfall unter Polizisten schon herumgesprochen, dachte ich, als ich seine Frage zögernd bejahte. »Haben Sie Platten von dem? Können Sie uns die für ein paar Tage leihen?« fragte der Polizist, ein älterer, einfacher Mann. Ich holte ihm die zwei Platten aus Frankreich herunter. Wahrscheinlich hat er sie auf Tonband kopiert, ehe er sie mir ein paar Tage später wiedergab. Das war alles. Niemand sonst sprach mich auf die Rangelei vor dem Taganka-Theater an.

Das Ende der Breschnew-Ära war für die meisten Moskauer und auch für uns ausländische Korrespondenten keine Zeit großer Angst. Das System funktionierte und mit ihm auch der KGB, aber nun gab es Nischen und Freiräume, in die sich die Bürger zurückziehen konnten, ja, manches wurde nun geduldet, was vorher verfolgt worden war. Eines Abends begleitete ich die Dichterin Bella Achmadulina zu einer Lesung im Kulturhaus der Moskauer Universität. Die Studenten liebten ihre Gedichte, gerade weil es ganz persönliche Lyrik war, die nicht in das Schema der Literaturpolitik paßte. Weil sie so viele Leser hatte, fanden sich immer wieder Verlage, die eins ihrer Bücher veröffentlichen wollten, auch wenn der Inhalt ihnen eigentlich mißfiel, und die Direktoren der Kulturhäuser luden sie gerne ein, weil sie ihre Säle füllte. An diesem Abend stand ich mit Bella Achmadulina hinter dem Vorhang auf der Bühne, und wir beobachteten den Direktor. Er schaute durch den Vorhangspalt auf das Publikum. Der Saal war überfüllt, Studenten saßen auf den Gängen und standen auf den Stufen, und der Direktor seufzte resigniert: »Lauter Andersdenkende!« Das waren keine Dissidenten und keine Gegner des Systems – es waren Leute, die sich den Vorgaben der Partei und ihrer Kulturpolitik entzogen.

Ein Dichter und Sänger, den viele Russen liebten, hatte es selbst in dieser Zeit schwer, eine Bühne zu finden. Bulat Okudschawa, der Moskau ebenso liebte wie Moskau ihn, schrieb Bücher, die selten in der Sowjetunion, eher in anderen sozialistischen Ländern und im Westen veröffentlicht werden konnten: traditionelle, kultivierte Romane und Erzählungen, die den Literaturfunktionären nicht geheuer waren. Seine Chansons sprachen auf zärtliche Weise von den alten Straßenzügen Moskaus, die nun abgerissen wurden, und von menschlichen Beziehungen, die die Politik zerstörte. Er war lange nicht mehr öffentlich aufgetreten, als die amerikanische Folk-Sängerin Joan Baez nach Moskau kam. Angekündigt war ein Auftritt in Leningrad, aber als sie in der Sowjetunion ankam, war das Konzert schon verboten. Die Ankündigung hatte in Leningrad eine schwer kontrollierbare Aufregung unter jungen Leuten verursacht. Es sei, so sagte man ihr, aus Gründen der öffentlichen Ordnung nicht möglich, das Konzert stattfinden zu lassen. Nun saß Joan Baez in Moskau, den sowjetischen Stellen fiel nichts anderes ein, als ihr zum Rückflug zu raten. Ich kannte sie aus Amerika. Achtzehn Jahre zuvor hatte ich sie zu ihrem ersten öffentlichen Konzert in New York, im Jüdischen Verein Junger Männer, begleitet.

Nun nahm ich sie zu Bulat Okudschawa mit, dessen Lieder sie liebte. Okudschawa lebte in einer komfortablen Wohnung in einer Plattenbausiedlung hinter dem Friedensprospekt. Als wir kamen, hatte er schon ein paar Freunde angerufen, und die hatten ihre Freunde informiert, und immer wieder klingelte es, und neue Gäste wollten in Okudschawas nicht sehr große Wohnung. Da kamen auch zwei georgische Künstler mit dem südlichen Charme und den großen Gesten der Transkaukasier. Einer hatte gerade den Staatspreis für ein monumentales Mosaik gewonnen und war gut bei Kasse. Er rief seine Bekann-

ten in der Moskauer Restaurantverwaltung an, und anderthalb
Stunden später setzte sich eine Kolonne von Autos vor dem
Haus Bulat Okudschawas in Bewegung. Wir fuhren über die
Rublowskoje-Chaussee, durch die Datschenviertel der Funk-
tionäre, zu einem weißen Neubau, der ein bißchen wie eine
Autobahnraststätte aussah. Das Restaurant »Sosnowy Bor« war
ein beliebter Treffpunkt junger Leute, die aus den umliegen-
den Datschen ihrer Väter hierherkamen, um zu westlicher
Rockmusik zu tanzen. »Sosnowy Bor«, vierzig Kilometer von
Moskau entfernt, hatte immer ein junges, zahlungskräftiges und
schickes Publikum. Das Restaurant brauchte keinen strengen
Türsteher, denn die Selektion war ökonomisch und automatisch: Wer kein Auto hatte, konnte nicht kommen.
Hier hatten die beiden georgischen Künstler einen Saal für
hundertfünfzig Personen gemietet. Wodka, Sekt, Cognac, Kaviar, kalter Fisch, Aufschnitt, Radieschen, eingelegter Knob-
lauch, Bündel von Kräutern standen auf den Tischen: alles mit
dem Staatspreis bezahlt. Bulat Okudschawa sang mit seiner lei-
sen, brüchigen Stimme vom alten Moskau, von der Hoffnung,
von François Villon und seinem Großen Testament. Joan Baez
sang streng und gefühlvoll zugleich ihre Lieder: amerikanische
Folksongs und schließlich – wie ein Bekenntnis – die »Battle
Hymn of the Republic«, das protestantische Lied aus dem Bürgerkrieg um die Sklavenbefreiung. Aber dann war es ihr nicht
genug, vor hundertfünfzig Russen im geschlossenen Saal zu
singen. Einmal wollte sie doch in der Sowjetunion öffentlich
auftreten, sagte sie, und so gingen wir ins Erdgeschoß zum
großen Restaurant, wo die Kinder der neuen Oberschicht
Wange an Wange tanzten. Erst waren sie verärgert, dann wurden sie ganz ruhig, als Joan Baez und Bulat Okudschawa zu
singen begannen. Niemand rührte sich, fast zwei Stunden lang.
Bulat Okudschawa zu erleben, das war auch für die Gäste in
diesem Restaurant eine Sensation. Aber Joan Baez dazu, eine
Amerikanerin, von der sie alle gehört hatten – das konnten sie
zunächst gar nicht glauben. Und beide sangen so, daß es die

Herzen der Russen bewegte. Das überwältigte auch diese jungen Männer und Frauen, die in der sowjetischen Gesellschaft immerhin zu den Verwöhntesten, ja Abgebrühtesten gehörten. Das waren die Kinder derer, die das Sowjetsystem zusammenhielten.

Die erste Ausstellung junger Maler, die nicht den Richtlinien des Künstlerverbands folgten, sondern mit modernen Formen experimentierten, war noch Mitte der siebziger Jahre auf dem Gelände der Wirtschaftsausstellung von Bulldozern plattgewalzt worden. Nun zeigten sie ihre Bilder in drei Kellerräumen an der Malaja-Grusinskaja-Straße. Sie luden durch Mundpropaganda zu ihren Vernissagen ein, und jedesmal trauten sich mehr Menschen, zu ihnen zu kommen. Sie waren arm, denn ihre Bilder wurden nirgends verkauft, und nur von Freunden, die sie unterstützen wollten, gesammelt. Tanja Kolodsej, die im Volkskunstmuseum ihr Geld verdiente, bemutterte sie, half ihnen bei ihren Problemen und stellte Kontakte her. In den anderthalb Zimmern, die sie in einer Kommunalwohnung mit ihrer Tochter bewohnte, stapelten sich unter dem Bett, auf den Schränken und in den Zimmerecken die Arbeiten junger Künstler aus den baltischen Republiken, aus Moskau oder Odessa – Grundstock einer Sammlung, die heute eine Stiftung für die Kunst der letzten Sowjetjahrzehnte ist.
Bei ihr traf man die Künstler, deren Namen ein Dutzend Jahre später im Westen berühmt wurden, und seltsame Talente, die ein Doppelleben führten: Da war der kahlköpfige, meist schwer betrunkene Riese, der gleichzeitig Untergrundmaler und Mitglied des Künstlerverbands war. Er nannte sich den Begründer des Pan-Realismus, den er als Panikrealismus beschrieb: In fotografisch genaue Stadtlandschaften ließ er erschreckende und unerklärliche Szenen einbrechen. Seine Arbeiten konnten auf keiner offiziellen Ausstellung, sondern nur in den Kellerräumen der »Informellen« gezeigt werden, aber er verdiente sein Geld als angesehener Bildhauer, der im

Künstlerverband biedere Statuen von heroischen Arbeitern und vergeistigten Akademiemitgliedern ablieferte. Das Kulturministerium kaufte sie für gutes Geld und finanzierte seine zweite, die Untergrundexistenz mit Honoraren, die er mit weniger glücklichen Kollegen teilte.

Alexej Bataschow, von Beruf Physiker und bei der Akademie der Wissenschaften angestellt, verbrachte mehr Zeit mit der Organisation von Jazzkonzerten als bei Forschungsarbeiten. Er kannte alle Jazzmusiker der Sowjetunion, von Aserbaidschan bis Litauen, die von den Konzertagenturen nie vermittelt wurden. Als er erfuhr, daß im Zentralinstitut der Blinden der Sowjetunion ein großer Saal häufig ungenutzt war, veranstaltete er eine Vortragsreihe über die Musik der unterdrückten und ausgebeuteten Schwarzen Amerikas. Die Vorträge waren selten länger als fünf Minuten, und dann kamen die Musiker auf die Bühne, um Beispiele dieser Musik vorzustellen.

Was sie spielten, hatte kaum noch Bezug zu dem offiziell genehmigten Thema: Free Jazz und Cool Jazz und witzige Experimente, in denen sie sich über die offizielle Unterhaltungsmusik lustig machten. Aber solange nur das Thema des Vortrags- und Demonstrationsabends ideologisch einwandfrei klang, griffen die Behörden nicht ein. Dmitri Pokrowski, der die authentische russische Volksmusik wiederentdecken wollte, fand für sein kleines Ensemble aus Sängern und Ethnologen einen ähnlichen Ausweg. Sie sangen die alten Lieder, die in fernen Dörfern überlebt hatten, ungeglättet und »unlackiert«, traurig, frech, auch unanständig, und das klang ganz anders als bei den großen Chören, deren Lieder sie Konservatoriumsfolklore nannten. Weil die Konzertsäle ihnen versperrt waren, traten sie meistens in Instituten der Akademie der Wissenschaften auf, bei den Physikern etwa, die sich allerlei Freiheiten herausnehmen konnten. Da sah ich dann an den Wänden eines Sitzungsraums auch Bilder junger russischer Maler, die sonst nicht ausgestellt wurden.

Avantgardistische Komponisten ernster Musik hatten es schwe-

rer. Nur der Komponistenverband und die staatliche Konzert-
agentur hätten ihnen Dirigenten und Orchester vermitteln
können, aber gerade das wollten sie verhindern. Orchester und
Solisten scheuten sich ohnehin vor den ungewöhnlichen Partituren, die ganz neue Anforderungen stellten, auch wenn einige Dirigenten die Komponisten ermutigten. Wjatscheslaw
Artjomow besuchte ich manchmal in seinem kleinen Zimmer
am Rande von Moskau, wo ein Klavier, Haufen von Noten-
blättern und Instrumente der orientalischen Volksmusik sich
noch bis unter den Küchentisch stapelten. Mit befreundeten
Komponisten – Sofia Gubaidulina und Edison Denissow – im-
provisierte er stundenlang meditative Musik auf Instrumenten
aus dem Kaukasus und Zentralasien. Er lebte viele Monate nur
von Kartoffeln und Karotten und von Heringen, wenn es sie
billig gab. Wenn das Mosfilm-Studio, das russische Holly-
wood, einen Science-fiction-Film zu vertonen hatte, konnte
er hundert Rubel verdienen, die für Monate reichen mußten.
Kompositionen, die er für weniger anstößig hielt, spielte er
gelegentlich bei den Anhörproben im Kulturministerium vor.
Manchmal kaufte die Kommission dann ein Werk an, das
brachte zwanzig oder dreißig Rubel. Aber gedruckt und an die
Orchester verteilt wurden die Partituren nie. Selbst im Ausland durften sie nicht gespielt werden.

Als der Westdeutsche Rundfunk in einem Kammermusik-
konzert sieben der jungen russischen Komponisten, darunter
auch Alfred Schnittke, in Deutschland vorstellte, überschlug
sich die Kulturpresse in der Verurteilung dieser Aufführungen,
obwohl sie in Deutschland Interesse für »sowjetische« Musik
hervorgerufen hatten. Der Vorsitzende des Komponistenverbands, Tichon Chrennikow, der dreißig Jahre zuvor schon
Dmitri Schostakowitsch als Abweichler von der sowjetischen
Kunstgesinnung beschimpft hatte, verurteilte die Komponisten, deren Werke im Ausland Erfolg hatten, als landesverrä-
terische Formalisten, und in den nächsten Jahren hießen sie
unter Moskauer Intellektuellen die Chrennikow-Sieben. Erst

im Sommer der Olympischen Spiele wurde eine Symphonie Artjomows öffentlich aufgeführt – teils, um den ausländischen Gästen die Vielfalt des Musiklebens vorzuführen, teils, weil die Symphonie den Titel »Der Weg zum Olymp« trug, was manche Funktionäre mit einem Weg zur Olympiade verwechselten. Das Kulturministerium zahlte Artjomow für die Aufführung der Symphonie ein Honorar von 44 Rubel.

Der Westdeutsche Rundfunk gab 1979 einen Empfang im Roten Saal des Hotels »Metropol«, der drei Tage zuvor noch überraschend gesperrt gewesen war. Ich hatte mit einigen Kollegen vor der Tür gestanden, weil wir zur Vorstellung einer neuen Zeitschrift, des Almanachs *Metropol* wollten. Aber die Veranstaltung fiel aus. An der Tür hing ein Schild »Sanitarnij Den« – wegen Reinigung geschlossen. Die Zeitschrift und ihre Vorstellung waren verboten worden. Nun standen, drei Tage später, viele der *Metropol*-Autoren im gleichen Saal auf einem WDR-Empfang. Wie immer hatten wir offizielle Vertreter aus Ministerien, Verbänden und Medien eingeladen, aber auch die interessanteren Schriftsteller. Das waren eben die Leute von *Metropol*, die in einer neuen Zeitschrift jene Arbeiten drucken wollten, die die Verlage als »nicht publikationsfähig« einstuften. Die Autoren schienen in einer Ecke eine kleine Redaktionskonferenz abzuhalten. Sie hatten genug zu besprechen, denn es war unklar, was auf das Verbot der Zeitschrift noch folgen würde. Die anderen Gäste umkreisten die Schriftstellergruppe und beäugten sie: Das waren also die Kulturfeinde, denen gerade das Handwerk gelegt wurde.

Aber die Beamten und Funktionäre wußten auch, daß ihre Frauen zu Hause fasziniert die Augen aufreißen würden, wenn sie die Namen der Autoren hörten, mit denen ihre Ehemänner auf der gleichen Party gewesen waren. Viele Dichter, die Anfang der sechziger Jahre die Stimme ihrer Generation gewesen waren, wurden immer noch schwärmerisch verehrt. Andere, aus der folgenden Generation, wurden mehr von den Moskauer Intellektuellen geschätzt. Gemeinsam hatten sie den

Almanach mit Erzählungen, Gedichten und Essays herausgeben wollen, ohne ihn dem Schriftstellerverband zur Begutachtung und der Zensurbehörde zur Genehmigung vorzulegen. Er sollte nicht Teil der Untergrund-Literatur werden, wie sie als Samisdat – Selbstverlag –, maschinengeschrieben unter Freunden, in Umlauf war und auch nicht als Tamisdat – »Dort-Verlag« –, wie jene Bücher, die illegal im Westen veröffentlicht wurden. Der Almanach *Metropol* sollte ganz offen in Moskau erscheinen, gut gedruckt, illustriert mit zeitgenössischer Grafik. Er enthielt keine Aussagen zur aktuellen Politik, aber nach Inhalt und Stil hoben sich diese Arbeiten von zwei Dutzend Schriftstellern unübersehbar von der üblichen sowjetischen Kulturproduktion ab. Schon das mußte Schwierigkeiten machen, und darauf waren die Autoren gefaßt.

Schwerer aber wog die Insubordination, mit der der Herrschaftsanspruch des Schriftstellerverbands unterlaufen wurde. Die Schriftsteller wollten sich nicht gegeneinander ausspielen lassen. Sollte der Verband einzelne Autoren mit Ausschluß bestrafen, so wollten alle Mitglieder des *Metropol*-Kreises aus dem Verband austreten, versprachen sie einander. Ausschluß aus dem Verband bedeutete Berufsverbot, das Ende jeder Möglichkeit, in der Sowjetunion gedruckt zu werden. Für den Verband war das eine schwierige Situation: Ein Massenaustritt prominenter und bewunderter Autoren würde im ganzen Land einen tiefen Eindruck machen. Die Parteiführung würde verärgert sein und den Verbandsfunktionären Vorwürfe machen, sie vielleicht sogar auf Posten in Provinzstädten weit von Moskau abschieben. Andererseits konnten sie auf eine Bestrafung nicht verzichten, ohne ihre eigene Macht zu untergraben.

Sie dachten sich folgende Lösung aus: Viktor Jerofejew und Jewgeni Popow, zwei der jüngsten *Metropol*-Autoren, hatten einen großen Teil der Redaktionsarbeit gemacht. Die Funktionäre stellten fest, daß beide erst im laufenden Jahr in den Verband aufgenommen worden waren und sich also noch in einer Probezeit befänden. Zwar hatte noch nie jemand von

Probezeiten für Schriftsteller gehört, aber mit dieser Begründung erklärte der Verbandsvorstand, da Jerofejew und Popow noch gar keine Vollmitglieder seien, könne ihre Aufnahme rückgängig gemacht werden, ohne daß sie ausgeschlossen würden.

Das war ein geschickter Schachzug. Viele der Schriftsteller, die einander Solidarität versprochen hatten, sahen dem Ausgang der Auseinandersetzung mit Unbehagen oder auch Sorge entgegen. In jedem Fall brachte ein Ausschluß aus dem Schriftstellerverband schwerwiegende Folgen für wirtschaftliche Existenz und Privatleben mit sich. Ein Massenaustritt konnte auch als politischer Protest verstanden werden: Die Schriftsteller hätten sich dann wie die Dissidenten im Lager der politischen Gegner von Partei und Regierung wiedergefunden, und es war möglich, vielleicht wahrscheinlich, daß der KGB darauf mit Bestrafung und Verfolgung reagieren würde. So begannen viele aus der *Metropol*-Gruppe, die sophistische Argumentation des Schriftstellerverbands zu akzeptieren.

Als Jerofejew und Popow die Mitgliedschaft entzogen wurde, geschah das für die Öffentlichkeit fast unbemerkt, aber innerhalb des Verbands waren die Mitglieder gewarnt: Die Leitung konnte zurückschlagen. Von den Autoren der *Metropol*-Gruppe machten nur drei das Versprechen wahr, aus dem Verband auszutreten. Das waren Wassili Axjonow, ein hochbegabter, populärer Erzähler, der wenig später nach Amerika auswandern konnte, sowie der Dichter und Übersetzer Semjon Lipkin und seine Frau, die Lyrikerin Inna Lisnjanskaja.

Als sie dem Schriftstellerverband ihren Austritt erklärten, warnte sie einer der Funktionäre. In Zukunft würden sie ein schlechtes Leben haben. »Ich lebe gerne gut«, sagte Inna Lisnjanskaja, »aber ich kann auch ganz gut schlecht leben.« Für das schlechte Leben wollte der Verband sorgen: Er begann mit der Verfolgung von Lipkins Büchern. Innerhalb von sechs Wochen wurden sie aus allen Buchhandlungen zurückgezogen, in allen Bibliotheken eingesammelt und eingestampft. Zu Lipkins

Werk gehörten berühmte Übersetzungen der Nationalepen turksprachiger Völker. Der Schriftstellerverband beschloß, sie neu übersetzen zu lassen. Lipkin und Lisnjanskaja wurden aus dem Sozialfonds der Schriftsteller ausgeschlossen. Der Siebzigjährige hatte fünfzig Jahre lang einen Teil seiner Tantiemen an den Fonds abführen müssen, der medizinische Versorgung und Pension garantierte. Von nun an konnte der herzkranke Lipkin, der mit einem künstlichen Darmausgang leben mußte, die Klinik für Schriftsteller nicht mehr betreten. Ihm und seiner Frau blieben vierzig Rubel im Monat, seine kleine Invalidenrente aus dem Krieg. Die konnte man ihm, der mit Tapferkeitsorden von der Front zurückgekehrt war, nicht nehmen. Maxim Gorki selbst hatte ihn 1930, als er gerade zwanzig war, in den Schriftstellerverband geholt, weil ihm seine ersten Gedichte aufgefallen waren. Später in den dreißiger Jahren begann Lipkin, die Dichtungen der islamischen Völker in der Sowjetunion zu übersetzen – in einem ständigen Kampf mit der Kulturpolitik, die die geistige Tradition als Ausdruck von bürgerlichem Nationalismus zu unterdrücken versuchte und von Fall zu Fall ihre Veröffentlichung verhinderte. Am ersten Tag nach dem Kriegsausbruch meldete er sich freiwillig und kämpfte im eingeschlossenen Leningrad, bis man ihn in den Süden Rußlands ausflog. Er wurde Dolmetscher einer Kavalleriedivision, die aus Kalmücken bestand, den Angehörigen eines kleinen buddhistischen Reitervolks an der unteren Wolga. Er habe ein seltsames Bild abgegeben, erzählte er später, ein kleingewachsener jüdischer Intellektueller, der nie auf einem Pferd gesessen hatte, als Kavallerist.
Seine Division kämpfte bei Stalingrad, und drei Viertel der Soldaten starben im Feuer der Deutschen. Aber der wirkliche Schrecken kam später. Stalin hatte beschlossen, eine Reihe kleinerer Völker unter dem Vorwurf angeblicher Kollaboration mit den Deutschen aus ihrer Heimat zu vertreiben. Auch die Kalmücken verbannte er. Lipkin erlebte, wie die überlebenden Soldaten seiner Division entwaffnet, zusammengetrieben

und als Gefangene mit den Eisenbahnzügen der Deportierten in die kalten Steppen Zentralasiens geschafft wurden. Lipkin hatte Stalin nie geliebt und bewundert. Er hatte sein Land verteidigt und wie manche andere den Krieg in den Schützengräben von Stalingrad fast als befreiendes Erlebnis empfunden. Die Gefahr des Krieges war etwas anderes als das dumpfe Grauen, das Stalins KGB mit seinen unberechenbaren Verhaftungen und Säuberungen verbreitet hatte. In den Unterständen hatten Offiziere, die gemeinsam dem Tod gegenüberstanden, offen miteinander gesprochen, wenn sie keinen Spitzel in der Nähe glaubten, und sie hofften inständig, daß die Sowjetunion nach diesem Krieg ein anderes Land werde. In dem Land, für das alle gemeinsam gekämpft hatten, würde es nicht mehr so sein wie in jenen Jahren, in denen Stalins Polizei ihren Krieg gegen das eigene Volk geführt hatte. Das glaubten am Ende des Krieges viele Menschen in der Sowjetunion.

Aber die besseren Zeiten kamen noch lange nicht. Die Jahre des Wiederaufbaus wurden auch eine Zeit der Verfolgungen und der brutalen Säuberung des geistigen Lebens. Als Jude stand Semjon Lipkin automatisch auf der Liste der Verdächtigen, als Stalin in seinen letzten Lebensjahren eine Kampagne gegen die »Kosmopoliten« begann, der jüdische Schauspieler, Schriftsteller, Ärzte und Wissenschaftler zum Opfer fielen. Lipkin konnte als Übersetzer weiterarbeiten. Eigene Werke wurden kaum gedruckt, ganz selten ein Gedicht in literarischen Zeitschriften der fernen zentralasiatischen Republiken oder bei den Tataren, die Lipkin als einen Mann verehrten, der ihrer Kultur verbunden war. (Sein erster Roman, die Geschichte eines kleinen deportierten Kaukasusvolks, erschien Mitte der achtziger Jahre, nicht in der Sowjetunion, sondern in Deutschland.) Aber unter Kollegen war Semjon Lipkin auf seine Art ein berühmter Mann. Manche kannten seine ungedruckten Gedichte, die sie mit der Hand abschrieben und weitergaben. Gerade bei Jüngeren galt er als ein absolut anständiger, reiner Mensch, mit Mut, Bescheidenheit und fast grenzenloser Hilfsbereitschaft. Als ich ihn näher kennenlernte, schien es auch mir, daß ich einen wirklichen Helden getroffen hatte.

Mit Semjon Lipkin saß ich im Februar 1980 eine Nacht lang bei Lew Kopelew in der Küche. Hinweise und Gerüchte machten es wahrscheinlich, daß Kopelew in dieser Nacht verhaftet werden würde. Die Pressekampagne gegen Dissidenten war wieder angelaufen, verschärft und zugespitzt auf einzelne kritische Köpfe. Kopelews Name wurde in ihren Mittelpunkt gerückt. Es war klar, daß diese Artikel zentral von oben gesteuert wurden, um propagandistisch auf Maßnahmen vorzubereiten, die bereits geplant waren. Am 4. Februar 1980 erschien ein langer Artikel mit der Überschrift: »Judas in der Maske des Don Quichotte«. Er unterstellte dem Freund Heinrich Bölls liebedienerische, fast verräterische Beziehungen zur deutschen Botschaft und zur Bundesrepublik Deutschland.

Im Januar hatte man Andrej Sacharow verhaftet und aus Moskau fort in die Stadt Gorki gebracht. Seine Frau Jelena Bonner war ihm in die Verbannung gefolgt, es hieß, er sei in einer kleinen Wohnung isoliert worden, vor deren Tür Polizeiposten wachten. Seine Freunde aus Moskau hatten vergeblich versucht, in Gorki Kontakt zu ihm aufzunehmen und zu erfahren, was dort mit ihm geschah. Schon am Bahnhof von Gorki hielt die Polizei die Besucher auf und schickte sie nach Moskau zurück. Aber Jelena Bonner hatte es irgendwie geschafft, Bekannte in Moskau darüber zu informieren, daß Sacharow in einem offenen Brief die verleumderische Kampagne gegen Kopelew anprangerte, obwohl er selber ohne juristisches Verfahren und ohne offizielle Begründung in einer kleinen Wohnung 400 Kilometer östlich von Moskau eingesperrt war. Wenn Partei und KGB so gegen einen Mann wie Sacharow vorgingen, waren alle in größter Gefahr, die sich für die Freiheit der Meinungsäußerung und die Freilassung der Verfolgten einsetzten.

Als berühmtes Mitglied der Akademie der Wissenschaften, als

Kernphysiker, den man den Vater der sowjetischen Wasserstoffbombe nannte, hatte Sacharow seine Stellung und sein Ansehen nutzen können, um die Proteste von Dissidenten zu unterstützen und für sie einzutreten. Unter Moskauer Intellektuellen erzählte man sich, Funktionäre hätten in der Akademie der Wissenschaften die Frage aufgeworfen, ob man Sacharow, der zum offenen Dissidenten geworden war, aus der Akademie ausschließen sollte. Da hatte der große alte Mann der sowjetischen Atomphysik, Pjotr Kapiza, eine Gegenfrage gestellt: Ob es für einen solchen Ausschluß je einen Präzedenzfall gegeben habe. Ihm selber, so fügte er hinzu, falle nur einer ein: der Ausschluß Albert Einsteins aus der Akademie der Wissenschaften in Berlin.

Das hatte eine Diskussion beendet, die viele Akademiemitglieder, die um die Sicherheit ihrer Stellung fürchteten, nicht geführt sehen wollten. Kapiza selber konnte nun auch nicht mehr in seinem Institut arbeiten. Er lebte auf einer Datscha in Nikolina Gora bei Moskau, und seine Kollegen hatten ihm dort heimlich ein Arbeitszimmer eingerichtet. Sacharow aber wurde 1980 von der Polizei ins ferne Gorki verbannt, obwohl er immer noch der Akademie, dem höchsten Gremium der sowjetischen Wissenschaften, angehörte.

Seit Mitte der sechziger Jahre war der Atomphysiker Andrej Sacharow immer offener für die geistige Freiheit und gegen polizeistaatliche Unterdrückung aufgetreten. Mit der Absetzung Chruschtschows war die Zeit zu Ende gegangen, in der die russische Intelligenz auf eine Lockerung der Parteikontrollen hoffen konnte. Chruschtschows Nachfolger fürchteten die Diskussion, die seine Kritik an Stalin in Gang gebracht hatte, und beschlossen, jene Intellektuellen zu disziplinieren, die weiter an den Ideen der Tauwetterzeit und der Forderung nach mehr geistiger Freiheit festhielten. Zum erstenmal seit dem Tode Stalins stellten sie 1965, ein Jahr nach ihrer Machtübernahme, zwei Schriftsteller vor Gericht – Andrej Sinjawski und Juli Daniel, deren Bücher unter Pseudonym im Ausland erschienen waren. Sie wurden zu sieben und fünf Jahren Lagerhaft verurteilt.

Anders als Angeklagte in den Stalin-Prozessen aber hatten sich die beiden Schriftsteller standhaft geweigert, sich schuldig zu bekennen oder Reue zu zeigen. Zum erstenmal schickte die Sowjetmacht nun wieder Schriftsteller in die furchtbaren Lager, in denen vor dem Ende der Stalinherrschaft Millionen gelitten hatten und gestorben waren. Lew Kopelew hatte gegen die Verurteilung protestiert, in Briefen an den Schriftstellerverband und an die Behörden, in denen er sein Entsetzen und seine Enttäuschung ausdrückte. Kaum einer tat das so offen wie er. Das trug ihm den Ruf ein, wie ein Don Quichotte gegen die übermächtigen Apparate zu kämpfen — nicht mit Mitteln der Konspiration, sondern in der Hoffnung, mit offenen Worten überzeugen zu können.

Zu den ersten, die man in der Sowjetunion Dissidenten nannte, gehörte ein Freund Sacharows und Kopelews, Sergej Kowaljow. Als bekannter Biophysiker und Zellphysiologe hatte er zunächst in jener Schutzzone gelebt, die bedeutende Naturwissenschaftler in der Sowjetunion lange Zeit zu umgeben schien. Aber schon zu Beginn der sechziger Jahre begab er sich in Gefahr. Er trat für die Menschenrechte ein, für freies Denken und für den Schutz jener, die aus Gewissensgründen gegen die Brutalität und Amoral des Polizeistaats vorgingen. Mit Freunden legte er insgeheim eine »Chronik der laufenden Ereignisse« an, in der viele jener Rechtsbrüche und Verbrechen registriert wurden, von denen die meisten Sowjetbürger nicht zu sprechen wagten, wenn sie sie schon nicht aus ihrem Denken verdrängen konnten.

Die Chronik berichtete über die Verhaftung von Dissidenten und die Verfolgung von orthodoxen, katholischen oder freigläubigen Christen, Juden und Moslems und von der Unterdrückung nationaler Gruppen wie der Krimtataren, der georgischen Türken und der Rußlanddeutschen. Sie berichtete von Protesten der Intellektuellen und von Verfolgung, Not und

Elend der kleinen Leute, die die politischen Beobachter nicht
wahrnahmen. Die Chronik, die Sergej Kowaljow und seine
Freunde anonym, geheim und unter Lebensgefahr zusammen-
trugen, war eine Sammlung zuverlässiger Informationen aus
einem Lande, das unter der Decke der Unwahrheit zu ersti-
ken drohte.

Im Westen unterstützte Amnesty International die Verbreitung
der Chronik – nicht ohne sich der Kritik auszusetzen, damit
den Entspannungsprozeß zu belasten. Die winzige Gruppe
derer, die man Dissidenten nannte, hatte in ihrem Widerstand
gegen den riesigen Machtapparat auch im Westen nicht nur
Freunde. »Aufbewahren in Ewigkeit« setzte der Staatssicher-
heitsdienst damals auf die Akten politischer Prozesse. Die
Chronik der Unterdrückungen sollte für alle Zeit Basisarchiv
jener Untaten sein, die die Menschen zu leicht vergessen.
(Ende 1974 wurde Kowaljow verhaftet, ein Jahr später vor
Gericht gestellt. Das war der Tag, an dem Jelena Bonner in
Oslo für ihren Mann den Friedensnobelpreis entgegennahm.
Gleichzeitig stand Andrej Sacharow mit einer kleinen Gruppe
sowjetischer Physiker und Genetiker vor dem Gerichtsgebäu-
de, in dem Kowaljow zu sieben Jahren Haft im Gulag, in den
Lagern am Ural, und zur Verbannung in einen fernen Win-
kel Asiens verurteilt wurde.)

Am 5. Dezember 1965, dem Tag der sowjetischen Verfassung,
demonstrierten hundert Menschen auf dem Puschkinplatz für
die Einhaltung der verfassungsmäßigen Rechte. Unter ihnen
waren viele, die zum erstenmal an einem Protest teilnahmen.
Auch für Andrej Sacharow war es die erste unerlaubte Kund-
gebung. Im Mai 1967 wandte sich Alexander Solschenizyn in
einem Brief an die Delegierten eines Schriftstellerkongresses
und protestierte gegen die Zensur: »Die von der Verfassung
nicht vorgesehene und daher illegale, nirgends öffentlich mit
Namen genannte Zensur lastet unter der verhöhnenden Be-
zeichnung Glawlit (Hauptverwaltung für Literatur) auf unserer Literatur. Sie verübt an den Schriftstellern Willkürakte lite-

rarischer Analphabeten.« Keiner der dreihundert Delegierten riskierte es, den Brief öffentlich zu verlesen. Noch im Jahr zuvor hatten über zwanzig angesehene Wissenschaftler und Künstler – unter ihnen auch Sacharow und Kapiza – die Partei in einem offenen Brief davor gewarnt, Stalin und seine Politik zu rehabilitieren. Nun wagten es die meisten von ihnen nicht mehr, sich zur Politik der Partei zu äußern.

Die »Andersdenkenden« und die, die sich nun als Dissidenten fühlten, hatten sich zunächst durchaus noch als eine Art loyaler Opposition verstanden. Aber nun wurden sie kriminalisiert. Die Verfolgung kritischer Intellektueller wurde schärfer. Der KGB sperrte sie zur Abschreckung, Bestrafung oder zur Vernichtung in psychiatrische Krankenhäuser, verbannte sie in die Straflager, nahm sie in Polizeihaft. Als die sowjetischen Truppen in die Tschechoslowakei einmarschierten, um den »Sozialismus mit menschlichem Antlitz« mit Gewalt zu beseitigen, fanden sich nur sieben Menschen zum Protest auf dem Roten Platz zusammen. Unter ihnen war Andrej Sacharows Schwiegersohn, Pawel Litwinow. Sie konnten die Spruchbänder mit Forderungen wie »Hände weg von der Tschechoslowakei« nur für Minuten entfalten, ehe die Polizei sie verhaftete. Wenige Menschen nur konnten die Losungen lesen, für die die Demonstranten zu schweren Strafen verurteilt wurden. Aber immer noch wagten es fast einhundert sowjetische Intellektuelle, einen Brief an den Obersten Sowjet zu unterschreiben, in dem sie sich für die Verurteilten einsetzten.

Diese Jahre brachten eine entscheidende Wendung in Sacharows Leben. Er veröffentlichte im Untergrund einen Artikel mit dem Titel: »Überlegungen zu Fortschritt, friedlicher Koexistenz und intellektueller Freiheit«, in dem er sich offen als Dissident bekannte. Der Artikel wurde weitergereicht und im Ausland veröffentlicht. Nun durfte Sacharow nicht mehr an wissenschaftlichen Arbeiten beteiligt werden, die der Geheimhaltung unterlagen, er verlor die Privilegien des berühmten Akademiemitglieds und war nur noch als wissenschaftlicher

Mitarbeiter am Institut für Physik geduldet. Der Staat trieb ihn in den Untergrund, doch konnte er nicht verhindern, daß seine Stimme gehört und Sacharow in der Welt außerhalb des Sowjetsystems zur geistigen und moralischen Autorität wurde. Aber damit hatte er seinen Weg nach Gorki, in die Verbannung angetreten. Wie er dort – von allem Kontakt zu Freunden abgeschottet – lebte, zeigte nur noch der KGB in heimlich aufgenommenen Filmen, die im Ausland verbreitet wurden und Sacharows Ansehen zerstören sollten. Durch das Glas eines Spiegels gefilmt, zeigte man Sacharow bei medizinischen Untersuchungen, um zu beweisen, daß es ihm gutging. Nach dem Abbruch eines Hungerstreiks, von dem wir in Moskau erfahren hatten, filmte man den alten Mann gierig essend im Krankenbett und behauptete, daß es gar keinen Hungerstreik gebe. Ein Regime, das Dissidenten in fernen und geheimen Lagern körperlich und geistig zerstörte, versuchte mit ekelerregenden Mitteln, Sacharow herabzusetzen und lächerlich zu machen.

Das konnten wir im Februar 1980 nicht voraussehen, als wir in Lew Kopelews Küche saßen und über die Umstände der Verbannung Sacharows rätselten. Semjon Lipkin erzählte von der Dichterin Bella Achmadulina. Sie hatte ein Gedicht auf Sacharow geschrieben und hektographiert in Umlauf gebracht. Nun schien sie psychisch zusammenzubrechen: Zehn Jahre hatte sie mit Zensur, Schriftstellerverband und Verlagen um die Veröffentlichung ihrer gesammelten Gedichte kämpfen müssen. Jetzt war das Buch kurz vor der Auslieferung vom Verlag zurückgezogen und eingestampft worden – die Strafe für ihr Bekenntnis zu Sacharow. Das war kein Todesurteil, sagte Semjon Lipkin, aber nun fürchte sie, daß ihr Lebenswerk nie erscheinen werde, nicht zu ihren Lebzeiten, nicht solange das System, das sich auf die Ewigkeit einrichtete, überlebte.

Wir wußten, daß viele in Gefahr waren, der neuen Kampagne gegen Andersdenkende zum Opfer zu fallen. Anderthalb Jahrzehnte waren diese Dissidenten für die Menschenrechte und die Freiheit der Meinungsäußerung eingetreten. Die offenen

Dissidenten hatten sich der Willkür und der Verfolgung ausgesetzt, ohne Aussicht, daß diese Zeit zu Ende gehen würde. In Kopelews Küche hatte ich mit manchen von ihnen gesprochen – ein General, ein Geistlicher, viele Wissenschaftler und Schriftsteller waren darunter gewesen. Einige waren inzwischen verhaftet, einer, ein Philosoph, ermordet, der Geistliche war in einem Dörfchen bei Moskau als Landarbeiter untergetaucht, der General unter Drohungen ins Ausland vertrieben. Dennoch war Kopelews Wohnung ein Treffpunkt für Intellektuelle geblieben, die bei ihm Informationen austauschten, über Proteste oder offene Briefe berieten und besonders den Rat seiner Frau Raja Orlowa einholten, die mit kühlem Kopf und praktischem Verstand, ohne Angst oder Erregung die Gespräche zu lenken verstand.

Die Zahl derer, die sich bei Kopelew einfanden, war kleiner geworden. Viel zu häufig hatten wir uns in den vergangenen Jahren vor Moskauer Gerichtsgebäuden getroffen. Da standen winzige Grüppchen, oft nur einzelne, während hinter verschlossenen Türen der Prozeß gegen Dissidenten geführt wurde. Das Urteil stand lange fest, ehe es im Saal vor ausgesuchten Parteigenossen verkündet wurde. Die Russen vor dem Gerichtsgebäude wußten, daß sich daran nichts ändern ließ, aber sie standen da, scheinbar unbeteiligt, in der Hoffnung, daß der Verurteilte sie sehen würde, wenn er im Polizeiwagen abtransportiert wurde, um ihm zu zeigen, daß sie ihn nicht vergessen würden. Uns Ausländern war es gelegentlich möglich, ein Weniges mehr zu tun.

Nach dem Prozeß gegen den Menschenrechtler Juri Orlow versuchten amerikanische Kollegen und ich, seine Familie vom Gefängnis am Moskauer Stadtrand in die Innenstadt zu bringen und von ihnen etwas über den Prozeßverlauf zu erfahren. Frau Orlowa und ihre beiden Söhne saßen kaum in unseren Autos, als uns drei Personenwagen mit normalen Moskauer Nummernschildern zu rammen versuchten. Während der Fahrt drängten sie uns auf den Bürgersteig und auf die Tele-

grafenmasten zu. Nur knapp vermieden wir einen schweren
Unfall, dann fuhren wir im Schrittempo weiter, damit bei einem Zusammenstoß die Schuld deutlich würde. Plötzlich gab
der amerikanische Kollege, der eines der Autos fuhr, Kevin
Close, Vollgas und schoß in den dichten Verkehr, überholte
links und rechts und fuhr bei Gelb über die Kreuzungen.
Manchmal verloren wir uns aus den Augen. Die KGB-Fahrer,
die zunächst überrascht zurückgeblieben waren, holten wieder
auf, wurden abgehängt, kamen wieder näher. So rasten wir in
wilder Jagd über die Brücke und den Kutusowski-Prospekt
hinauf: Bei allem Ernst wurde aus der Verfolgungsfahrt eine
Art sportliche Mutprobe. Der Dissident und Schriftsteller Woinowitsch, mit uns vom Gericht gekommen, rief aufgeregt und
begeistert: »Fahr, Cowboy, fahr!«, wenn Kevin Close in einem
atemberaubenden Manöver zwischen Lastwagen und Bussen
hindurchraste.

Trotzdem kamen die Verfolger näher, und es schien, als brauchten sie am Ende, sobald unsere Wagen stoppten, nur aus dem
Auto zu springen und uns zu umringen. Da riß Close seinen
Wagen herum und fuhr über den Bürgersteig in die schmale
Toreinfahrt von Hausnummer 14, einem Wohnblock für Ausländer. Ich konnte nicht mehr bremsen und fuhr an dem Haus
vorbei, hinter mir die Wagen des KGB. Im Hof wartete ein
englischer Kollege, David Satter, schon an der offenen Haustür auf die Orlows. Als ich eine Viertelstunde später, immer
noch außer Atem, in Satters Wohnung kam, schilderte Irina
Orlowa schon die Stunden im Gerichtssaal: Keine ernsthafte
Verteidigung war möglich gewesen, das geladene Publikum
hatte dem Staatsanwalt Beifall geklatscht und Beschimpfungen
ausgestoßen, als Juri Orlow kein Reuebekenntnis ablegte.
Seine Verurteilung zu einer langen, verschärften Lagerhaft war
diesen bestellten Zuschauern immer noch zu gering ausgefallen.

Eine Reihe Kollegen kam dazu, und es gab eine kleine, unerlaubte Pressekonferenz. Wir hatten keinen Trost für Frau Or-

Iowa und ihre Söhne und nur die schwache Hoffnung, daß
Aufmerksamkeit und Proteste der Öffentlichkeit im Ausland
die Haftbedingungen ihres Mannes ein wenig vermenschlichen
und die Strafzeit vielleicht abkürzen könnten. Deshalb hatte
seine Frau es ja gewagt, gleich nach dem Prozeß mit westlichen Korrespondenten zu sprechen. Solange die Welt die Verfolgten noch nicht vergessen hatte, gab es so etwas wie Hoffnung für sie.
Lew Kopelew hatte in Deutschland viele Freunde, Bewunde-
rer und Verehrer, seit seine Bücher bei uns erschienen waren
– Aufrufe zu Versöhnung und Verständigung zwischen Deutschen und Russen. Heinrich Böll war sein Freund, und Böll
hatte in Moskau bei den Schriftstellern einen großen Namen.
Marion Gräfin Dönhoff war für Kopelew eingetreten, und ihr
Wort galt viel bei verantwortlichen Leuten der sowjetischen
Außenpolitik. Willy Brandt war für die Russen, auch für die
politische Führung, der hochgeachtete Mann der Entspannung.
Bei seinem Moskauaufenthalt hatte er darauf bestanden, Kopelew und Sacharow aufsuchen zu dürfen – sehr zum Miß-
fallen seiner Gastgeber. Nun ließ er mich durch Egon Bahr
bitten, festzustellen, unter welchen Umständen Kopelew aus
seiner gefährlichen Lage befreit werden könne. Wenn er bereit sei, eine Einladung nach Deutschland anzunehmen, wollte
ihm Heinrich Böll in seinem Haus Zuflucht gewähren.
In dieser Nacht konnten sich Kopelew und seine Frau nicht
entscheiden: Eine Ausreise, auch nur zu einem kurzen Besuch,
könnten die Behörden benutzen, um ihnen die Rückkehr für
immer unmöglich zu machen. Sie wollten die Freunde und
Verbündeten in Moskau nicht allein lassen. Darüber sprachen
wir am Tisch in der Küche, deren Fenster auf die Straße der
Roten Armee hinausführten, aber zugleich lauschten wir, ob
draußen Autos vorführen, ob wir die Tritte schwerer Stiefel
auf der Treppe hören würden.
Als es hell wurde, atmeten wir auf und tranken einen Schluck
Cognac. Verhaftungen fanden meist nachts statt, und diese

Nacht war vorüber. Aber Drohungen und Druck hielten an, bis Raja und Lew Kopelew keinen anderen Ausweg sahen, als die Einladung nach Deutschland doch anzunehmen. Die Belastung war groß und das schlimmste war: Sie konnte jahrelang anhalten. Einige Wochen später filzten Grenzpolizisten und Zollbeamte am Flughafen Scheremetjewo Kopelews Gepäck, als sei er ein kleiner Gauner, der auf der Reise nach Deutschland Goldmünzen und Wertsachen ins Ausland schmuggeln wollte. Sie fanden ein kleines Leinensäckchen mit russischer Erde und beschlagnahmten es.

In Moskau ging das Leben weiter. Russische Truppen waren in Afghanistan einmarschiert. Der Krieg machte viele Menschen besorgt, aber er kam in der Presse nicht vor. Die Zeitungen überschlugen sich in Ankündigungen des großen Festes, das der Hauptstadt bevorstand: Die Welt kam zu den Olympischen Spielen in die Sowjetunion – auch wenn es nicht die ganze Welt war, sondern manche Länder wegen des Afghanistan-Krieges keine Sportler entsandten. In den Olympiadetagen zog ein enormes Aufgebot an Polizisten in Moskau ein, aber zugleich verbesserte sich die Versorgung schlagartig. Die Sowjetunion zeigte den ausländischen Gästen in der Hauptstadt volle Geschäfte, und die Moskauer profitierten davon, denn strenge Kontrollen an Zufahrtsstraßen und Bahnhöfen verhinderten, daß die Leute aus dem Umland und der Provinz in die Stadt kamen und die Läden leerkauften.

Aber die guten Wochen der Olympischen Spiele gingen schnell wieder zu Ende, und die Moskauer empfanden die Versorgungsmängel nun erst recht. Ende 1980 begannen sich die Lebensumstände der Menschen fühlbar zu verschlechtern. In den Geschäften mußte man in langen Schlangen anstehen, und besonders die älteren Leute murrten oder schimpften halblaut, aber deutlich. Fleisch und Fett wurden nur in kleinen Mengen von wenigen hundert Gramm pro Käufer abgegeben, wer mehr brauchte, mußte sich hinten wieder anstellen. Da konnte ein kleiner Einkauf Stunden kosten. Selbst um Kartoffeln mußte

man manchmal stundenlang anstehen oder auf den Kolchos-
markt gehen, wo die Bauern das Kilo Kartoffeln für fünf bis
sechs Rubel verkauften. Das war viel für Lehrerinnen, Ärzte
oder Ingenieure, die im Monat um hundert Rubel verdienten.
Das Anstehen in den Geschäften kostete besonders die Frauen
viel Kraft. Wenn unsere Sekretärinnen morgens um 9.30 Uhr
zur Arbeit kamen, hatten sie schon ein bis zwei Stunden mit
der Jagd nach Lebensmitteln verbracht und waren ziemlich
erschöpft. Nach der Arbeit suchten sie von neuem die Geschäfte nach Waren ab oder verfolgten Gerüchte, daß in irgendeinem Geschäft im Zentrum oder am Rande der Stadt
einigermaßen modische Kleider aus Ungarn oder Polen ein-
getroffen seien. Meistens kamen sie natürlich zu spät, und alles
war ausverkauft.

Immer häufiger sahen wir, wie alte Frauen in den Parks unter den Bänken die leeren Wodkaflaschen einsammelten, die
Trinker in der Nacht zuvor liegengelassen hatten. Sie verkauften sie für Kopeken in den staatlichen Sammelstellen für Alt-
waren, um ihre kleinen Renten aufzubessern. Alte Männer
verbrachten ihren Tag in den Schlangen vor den Geschäften,
wo sie Hausfrauen für wenig Geld einen Platz freihielten.

Die Sowjetunion entwickelte sich zu einer Gesellschaft, in
der man nur mit Beziehungen gut leben konnte. Für russische
Freunde mußte ich aus dem Westen »Playboy«-Hefte am Por-
nographieverbot des Zolls vorbeischmuggeln: Sie brachten sie
ihrem Fleischer an die Hintertür des Geschäfts, und der gab
ihnen dafür ein Stück Schweinefleisch, das er unauffällig in
eine Zeitung gewickelt hatte. Ein Bett im Krankenhaus war
kaum zu bekommen, wenn man dem Arzt nicht eine Flasche
Cognac mitbringen konnte. Krankenschwestern wechselten
die Bettwäsche nur, wenn sie ein Trinkgeld erhielten. An das,
was die staatliche Gesundheitsfürsorge unentgeltlich leisten
sollte, kamen die meisten Bürger nur durch Geschenke oder
Bestechung heran.

Eines Abends besuchte mich ein sowjetischer Rundfunkkol-

lege mit seiner Frau. Er war einer, der manchmal frech über kleine Mißstände schimpfte, aber immer genau wußte, wie weit er gehen konnte. An diesem Abend erschrak er über den Wutausbruch seiner Frau. »Ich bin ein innerer Dissident«, rief sie aus, und das war in einer Ausländerwohnung, die mit Sicherheit abgehört wurde, zumindest unvorsichtig. Aber an diesem Tage war ihr alles zuviel geworden. Sie hatte wochenlang versucht, ihren kleinen Sohn in einem Kindergarten unterzubringen. Schließlich fand sie einen, der bereit war, den Jungen aufzunehmen, allerdings unter einer Bedingung. »Wir können nur Kinder von Eltern nehmen, die auch etwas für unseren Kindergarten tun«, sagte die Leiterin. Der Kindergarten brauchte einen neuen Linoleumfußboden. Also hatten die Eltern tagelang versucht, durch Beziehungen und Kontakte anderer Rundfunkkollegen an Linoleum zu kommen, und es schließlich, zu einem weit überhöhten Preis, auch kaufen können. Sie lieferten den Bodenbelag ab, der kleine Junge wurde aufgenommen, aber nach wenigen Tagen bekam er Ausschlag und Fieber. Vier Tage warteten die Eltern in der Poliklinik auf die Untersuchung. Dann schickte man sie weiter zum Allergiekrankenhaus. Sie übergaben einem Verwaltungsangestellten drei Flaschen Cognac als Geschenk, und er setzte den Namen ihres Kindes auf einen der oberen Plätze der Warteliste. Es wurde am gleichen Tag untersucht, und die Ärzte warnten dringend davor, es in den Kindergarten zurückzuschicken. Sie gaben dem Jungen einen Termin für die Behandlung im Allergiekrankenhaus – in acht Wochen.
Die Mutter war verzweifelt und wütend. Das ganze System sei Mist, sagte sie immer wieder. Seit Jahren wohnte sie mit Mann und Kind in einem Zimmer einer Kommunalwohnung und mußte mit zwei anderen Familien Küche und Bad teilen. Der Chef des Fernsehens persönlich, Sergej Lapin, hatte seinem Moderator vor Monaten eine eigene Wohnung zugesagt, aber dann hatte ein anderer Kollege sie bekommen. Das hieß nun: weiter keine eigene Wohnung, keine eigene Küche, kein

Zimmerchen für den Jungen, der in einem Klappsessel neben dem Bett der Eltern schlief, wieder kein Platz im Kindergarten und wochenlang keine Aufnahme ins Krankenhaus. Und das alles, obwohl ihr Mann einen guten Posten und ganz gute Beziehungen hatte. An diesem Abend erschien der Frau die Zukunft aussichtslos.

Der Moderator und seine Familie gehörten eben nicht zu den oberen Zwanzig- oder Dreißigtausend in Moskau, die in einem ganz anderen, besseren Versorgungssystem lebten. Da gab es die gut bestückten Spezialläden für Mitarbeiter des Zentralkomitees der Partei, Mitglieder und Angestellte der Akademie der Wissenschaften und Beamte der Ministerien. Da gab es noch die gute Wurst Marke »Doktorskaja«, da gab es Lachs und Kaviar und all die Dinge des täglichen Bedarfs, die in den Läden an der Straße »Defizit« waren und nur unter dem Tisch gehandelt wurden. Es kam darauf an, ob man zu einer hocheingestuften Institution gehörte oder wenigstens Arbeiter in einer Fabrik war, die selber Mangelware herstellte und einen Teil ihrer Produktion mit Betrieben und Handelsorganisationen austauschte, um ihre Mitarbeiter zu versorgen. Selbst diejenigen, die mit dem System zurechtkamen, waren verbittert darüber, daß sie um alles bitten und buckeln mußten – wenn sie von der Gewerkschaftsorganisation zum Urlaub in ein angenehmes Ferienheim eingewiesen werden wollten, wenn sie eine Wohnung brauchten, wenn sie auf der Warteliste für ein Auto oder eine Waschmaschine vorankommen wollten. Selbst die Moskauer Oberschicht klagte schließlich über die Mißstände und die zunehmende Korruption, die auch sie dazu zwang, für alles zu bezahlen, was eigentlich gesetzliche Leistungen waren.

Der Propaganda-Apparat der Partei lieferte der Bevölkerung widersprüchliche Erklärungen für die verschlechterte Situation. Erfolgsberichte wechselten mit scharfer Kritik an Mißständen, aber kritisiert wurden meistens nur kleine Funktionäre, als hätten sie persönlich schuld an der Versorgungskrise. Manchmal wurde der Westen verantwortlich gemacht: amerikanische Boykottmaßnahmen nach dem Beginn des Afghanistan-Kriegs und überhaupt der aufgezwungene Rüstungswettlauf. Aber gleichzeitig gab es prahlerische Berichte über die wirtschaftlichen Erfolge der Sowjetunion, die vom Ausland nicht abhängig sei und der auch der Stopp amerikanischer Getreidelieferungen nicht ernsthaft schaden könne. Wenn ich bei russischen Freunden zum Abendessen war, sahen wir manchmal im Fernsehen die sowjetische Tagesschau an: Rekordernte in Kasachstan, industrielle Aufbauerfolge in Vietnam, Kuba, im sozialistischen Äthiopien und dann düstere Schilderungen von Arbeitslosigkeit, Streiks und Armut in der Bundesrepublik, England oder Amerika. Oft lachten meine Bekannten, ehe sie das Fernsehen abschalteten, aber komisch fanden sie die Lage nicht.

In privaten Gesprächen mit Mitarbeitern wirtschaftlicher und politischer Forschungsinstitute nannte fast niemand die westliche Politik als Ursache der sowjetischen Schwierigkeiten. Meistens sprachen solche Leute abstrakt und allgemein über die Wurzeln der Schwierigkeiten, aber ich verstand, daß sie das Fehlen eines durchdachten Reformkonzepts verantwortlich machten und letztlich die Unfähigkeit der Parteiführung, sich im Interesse größerer wirtschaftlicher Effektivität zu den notwendigen Veränderungen zu entschließen. Wirtschaftswissenschaftler in der sibirischen Filiale der Akademie der Wissenschaften, die fern von Moskau in einem Akademikerstädtchen bei Nowosibirsk offener argumentieren konnten, verfaßten eine dicke Studie über den Zustand der Wirtschaft. Ihre Meinung war klar: Das System stand sich selbst im Wege, die Starrheit der zentralen Lenkungsapparate war schuld an der Stagnation, die auf fast allen Gebieten, außer dem der Rüstungsindustrie, herrschte. Aber ihre Studie, die dem Zentralkomitee und dem Parteipräsidium übermittelt wurde, blieb wirkungslos und wurde nicht einmal diskutiert. Die Öffentlichkeit erfuhr natürlich nichts von ihr.

Eines Abends rief mich ein russischer Volkswirtschaftler ziemlich erregt an. Er sei gerade in der Nähe meiner Wohnung. Ob er vorbeikommen und mit mir sprechen könne. Ich hatte ihn einige Male bei internationalen Konferenzen als einen klugen, unabhängig denkenden Experten für Welthandel erlebt, und wir waren einmal zusammen essen gegangen. Wir hatten uns gut verstanden, aber es überraschte mich, plötzlich von ihm angerufen zu werden. Ich erwartete ihn vor dem Haus, um ihn an dem Polizeiposten vorbeizuführen, ohne daß seine Personalien aufgenommen würden. Ohne meine Begleitung hätte man ihn wahrscheinlich überhaupt abgewiesen.

Er hatte schon etwas getrunken und brauchte noch einen großen Whisky. Dann erzählte er mir, was ihm passiert war. Er hatte für sein Institut eine 200-Seiten-Studie über die Probleme der sowjetischen und internationalen Öl- und Erdgasproduktion erarbeitet, nicht zuletzt über die Schwierigkeiten des sowjetischen Exports, der zu achtzig Prozent aus Öl, Gas und Rohstoffen bestand. Es war, so sagte er, ein sorgfältig überlegter Beitrag zu den Auseinandersetzungen, die im Außenhandelsministerium und im Staatsplankomitee über Vorteile und Nachteile engerer Wirtschaftsbeziehungen mit dem Ausland geführt wurden, auch über die Abhängigkeiten, die nach Ansicht konservativer Parteifunktionäre dabei entstehen könnten. Vor zwei Wochen hatte er seine Studie abgeliefert, an diesem Nachmittag hatte der Direktor seines Instituts sie ihm zurückgegeben. Die Veröffentlichung war genehmigt, aber die Studie um fast achtzig Seiten gekürzt.

»Alles, was darin neu und wichtig war, ist herausgestrichen worden«, klagte der Professor. »Eigentlich ist nur ein statistisches Gerippe mit allgemeinen, altbekannten Zustandsbeschreibungen übriggeblieben. Wer das liest, muß mich für einen stumpfsinnigen Trottel halten.« Aber sein Institutsdirektor hatte auf den Kürzungen bestanden. Es sei doch ohnehin nutzlos, habe er freundlich gesagt, solche Überlegungen zur Debatte zu stellen. Dadurch würden wichtige Leute in den Führungsgremien verärgert und dem Institut Schwierigkeiten bereitet. Ein anderes, bedeutendes Institut für Weltwirtschaftspolitik war für seine unpassenden Forschungsergebnisse von der Parteiführung schon getadelt worden und hatte seither keinen Direktor mehr. So, schimpfte der Wirtschaftswissenschaftler, komme das Land nie aus der Sackgasse heraus. Er entschuldigte sich bei mir, er habe einfach Dampf ablassen müssen. Dann brachte ich ihn an den Posten vorbei auf die Straße zurück.

Die alten Führer an der Spitze der Partei wollten die wirklichen Probleme des sowjetischen Gesellschafts- und Wirtschaftssystems einfach nicht mehr zur Kenntnis nehmen. Das lag in der Natur eines Apparats, dessen Zusammenhalt immer mehr auf persönlichen Vertrauensverhältnissen, Abhängigkeiten und Beziehungen aufbaute. Fragen der politischen oder ökonomischen Theorie oder gar Grundsatzprobleme der Ideologie tauchten in den Parteidokumenten und in den Ansprachen der Führer kaum noch auf. Breschnew selbst trat gelegentlich mit Donnerreden auf, in denen er von Mißständen sprach. Aber die Schuld wurde dann einzelnen Ministern und Direktoren großer Konzerne angelastet, weil sie mit Schlamperei, mangelnder Arbeitsdisziplin und Korruption nicht fertig wurden. Überrascht lasen dann Millionen von Mitarbeitern in der sowjetischen Chemieindustrie, wie ihr Minister von Breschnew wegen angeblicher Unfähigkeit abgekanzelt wurde. Und ein paar Monate später erfuhren sie, daß er trotz aller Kritik zum stellvertretenden Ministerpräsidenten aufgestiegen war. Das waren Widersprüche, die Zweifel an der Autorität des Parteichefs, aber auch an der Glaubwürdigkeit des ganzen Systems weckten.

Nur die Armee und die Rüstungsindustrie schienen über alle Kritik erhaben. Ihre Forderungen hatten Vorrang vor den Wünschen anderer Sektoren der Wirtschaft, wenn die Ressourcen verplant wurden. Die großen Finanzmittel und Investitionen, die in die Rüstung gingen, fehlten den anderen

Wirtschaftszweigen. Von den Wissenschaftlern und Ingenieuren bis zu den Facharbeitern saugte die Rüstungsindustrie die besten Fachkräfte und Organisatoren auf, indem sie ihnen bessere Lebens- und Arbeitsbedingungen bot. Auch das schwächte die Entwicklungs- und Innovationsfähigkeit der sowjetischen Volkswirtschaft. »Die wirtschaftliche Decke ist für unsere Weltmachtpolitik einfach zu kurz«, sagte ein Wissenschaftler zu mir, als wir über das globale Engagement Moskaus in allen Krisenzonen und Entwicklungsgebieten der Welt sprachen. Aber das waren Erkenntnisse, die erst Jahre später unter Gorbatschow diskutiert werden konnten.

Offene Bemerkungen über die sowjetische Politik waren um 1980 für sowjetische Wissenschaftler und Kollegen keineswegs ungefährlich. Kontakte mit Ausländern waren nicht mehr verboten, aber auch nicht erlaubt. Doch manche Unterhaltung konnten meine Bekannten als Informationsgespräche rechtfertigen, bei denen sie mir Auskunft gaben, weil auch sie etwas von mir erfahren wollten. Es gab nun eine Reihe Kollegen, Künstler und Wissenschaftler, mit denen ich zum Essen ins Restaurant gehen konnte, und manche kamen zu kleinen Festen zu mir nach Hause, wenn ich sie ganz offiziell mit gedruckter Einladung über ihre Dienststelle einlud. Wurden solche Beziehungen allerdings allzu eng und die Begegnungen zu häufig, ließ uns der KGB deutlich wissen, daß wir immer unter Beobachtung standen. Dann fuhren Autos unmittelbar hinter uns her, wenn wir Freunde besuchten oder zum Spazierengehen aufs Land fuhren, dann beschatteten uns Geheimdienstler in Zivil auf besonders auffällige Weise. Dann klingelte nachts das Telefon, ohne daß sich jemand meldete. Das waren Warnungen und Einschüchterungsversuche, mit denen wir leben mußten und an die wir uns doch nie ganz gewöhnen konnten.

Einmal allerdings schlug ein solcher Versuch bei mir fehl. Ich ging gelegentlich zum Reiten in den Sportklub Uroschai, in dem Ausländer nicht zugelassen waren. Der Freund einer un-

serer Sekretärinnen, ein ziemlich bekannter Reiter, trainierte
dort und nahm mich manchmal mit. Meinen Wagen ließ ich
dann ein paar hundert Meter entfernt am Rande eines Parks
stehen und schaute mich beim Betreten der Reithalle vorsichtig um, ob der Direktor des Klubs in der Nähe war. Aber die
Trainer, denen ich manchmal Whisky mitbrachte, wußten,
daß er abends nach sechs meist bei seiner Wodkaflasche im
Büro blieb. Nur einmal kam er in die Halle herunter, da mußte ich schnell vom Pferd und auf die Tribüne. Der Direktor
schaute mich mißtrauisch an und schlurfte weiter. Eines Tages stürzte ich beim Versuch, das Springen zu lernen, und ver-
renkte mir die Schulter.
Im Büro mußte ich den Sekretärinnen und Kollegen meine
schiefe Schulter irgendwie erklären, ohne von den unerlaub-
ten Reitstunden zu berichten. Also erzählte ich, ich hätte am
Abend vorher lange mit einem dänischen Kollegen zusammen-
gesessen, wir hätten viel Aquavit getrunken und ich sei auf der
Treppe ausgerutscht. Damit schien die Geschichte zunächst
erledigt. Aber fast zwei Monate später kam ein unbekannter
Mann auf einem Empfang zu mir und sagte ganz freundlich:
»Herr Ruge, Herr Ruge, Sie sollten nicht so viel mit Skandi-
naviern trinken.« Ich war völlig überrascht, denn ich hatte
längst vergessen, was ich im Büro erzählt hatte, und schaute
den Mann verständnislos an. Er meinte wohl, ich verstelle
mich, und wiederholte: »Sie sollten nicht so viel mit Skandi-
naviern trinken, damit Sie nicht wieder auf der Treppe ausrut-
schen und Ihre Schulter verletzen. Wir wissen alles von Ihnen.«
Das beruhigte mich natürlich und machte mich an diesem
Abend geradezu ein bißchen übermütig. Alles wußte der KGB
eben doch nicht, aber fast alles. Russische Bekannte und Freunde, mit denen ich zusammengewesen war, bekamen Haus-
besuch. KGB-Leute befragten sie nach unseren Gesprächen, das
konnte ein bis zwei Stunden dauern, und wenn auch keinem
von ihnen etwas geschah, so waren solche Besuche für meine

Freunde doch bedrückend und für mich zumindest unangenehm. Eine junge Frau, die im ARD-Büro als Sekretärin gearbeitet hatte, bis man sie wegen ihrer spöttisch-kritischen Bemerkungen über das Alltagsleben zurückzog, machte nach
einem Besuch bei einem anderen deutschen Kollegen eine
gespenstische Erfahrung. Am Ausgang des Gebäudekomplexes,
in dem wir Ausländer wohnten, wurde sie angehalten und in
einen Kellerraum gebracht. Dort wurde sie gefragt, worüber
sie mit dem deutschen Journalisten gesprochen habe. Sie erzählte einige harmlose Geschichten, worauf der KGB-Offizier
ein Tonbandgerät einschaltete und ihr die ganze, mitgeschnit-
tene Unterhaltung aus der Wohnung des Korrespondenten
vorspielte. Sie hatte weder Geheimnisse verraten noch politische Meinungen geäußert, aber ihre Bemerkungen über
Schriftsteller in Moskau und die Lebensbedingungen in einer
Provinzstadt, in der ihre Eltern wohnten, genügten dem KGB:
Sie durfte nie wieder für Ausländer arbeiten, und jeder Kontakt mit ihnen wurde ihr unter Androhung einer nicht näher
benannten Strafe verboten.
Der KGB-Mann, der für die deutschen Korrespondenten zuständig war, gab sich mir eines Tages ziemlich deutlich zu erkennen. Offiziell trat er als Korrespondent der Nachrichtenagentur TASS auf, aber wir ahnten schon, was er wirklich
machte. Er rief mich an, bat um ein Treffen auf der Straße vor
unserem Wohnblock und fragte mich, ob ich kürzlich in Wolgograd gewesen sei. Er wußte so gut wie ich, daß das nicht der
Fall sein konnte, und hielt mir dann meine Brieftasche hin.
»Die ist in Wolgograd gefunden worden, und mein dortiger
TASS-Kollege hat sie mir nach Moskau geschickt.« Ich hatte
den Verlust der Brieftasche gar nicht bemerkt, sie enthielt
nichts Nennenswertes, denn meine Ausweise hatte ich immer
in der Jackentasche. Wie die Brieftasche nach Wolgograd gekommen war, wußte ich nicht, vielleicht hatte sie mir jemand
aus der Jacke gestohlen. Daß sie dort zufällig einem Journalisten in die Hände gefallen war, glaubten weder ich noch der

KGB-Mann. Er wußte, daß ich das wußte, aber ich tat so, als wisse ich nicht, wer er war. Nun hatten wir so etwas wie ein gemeinsames Geheimnis, und das machte es leichter, sich zu unterhalten. Für mich war es nützlich, diesen Kontakt aufrechtzuerhalten, denn wenn ich Reiseanträge stellte, um Moskau zu verlassen, dann gingen sie vermutlich zuerst durch seine Hände.

Valeri war ein lebhafter, eigentlich ganz netter Mann. Von Bekannten erfuhr ich, daß er sie nach Gesprächen mit mir besucht und befragt hatte. Aber er sei nicht besonders unangenehm gewesen, sagten sie. Also lud ich ihn gelegentlich zu mir nach Hause ein, nicht ohne anderen Gästen vorher zu sagen, wer er war. Ihm half der Zugang zu solchen Gesprächen mit Ausländern bei seiner Karriere, und auch das konnte mir nur recht sein. Später lud er mich zu sich nach Hause ein, aber das war etwas umständlich. Ich mußte mein Auto zweihundert Meter entfernt in einer Nebenstraße parken und möglichst unauffällig das Mietshaus betreten, ohne von den alten Frauen, die als Concierges unten an einem Tischchen saßen, bemerkt zu werden. Das fand ich doch etwas eigenartig. Wir kannten uns nun gut genug, und ich sagte: »Daß ich bei Dissidenten nicht vor dem Haus parke und mich anschleiche, ist ja klar, aber bei dir und deiner Stellung …?« – »Natürlich habe ich eine Genehmigung für deinen Besuch eingeholt«, antwortete er. »Aber die alten Weiber unten am Eingang – wenn die sehen, daß ein Ausländer zu mir kommt, dann muß ich ihnen das stundenlang erklären, das fehlt mir gerade noch.«

Er stellte eine Flasche Wodka auf den Tisch. »Echter amerikanischer Smirnoff«, sagte er stolz. Es gab ein vorzüglich zartes Spanferkel zum Abendessen. Seine Tante leitete das Stabskasino im Verteidigungsministerium, erzählte er mir, und die hatte auch den alten Cognac besorgt, den Verteidigungsminister Ustinow so gerne trank. Valeris Frau war eine gescheite und witzige Filmkritikerin, eine große Verehrerin französischer Regisseure der Neuen Welle. Über den sowjetischen Film

199

sprach sie sehr kritisch, und die meisten Filme, die sie gut fand, waren in Moskau nur kurz gelaufen, weil sie den politischen Anforderungen nicht entsprachen. Von ihr hörte ich auch über Filme, die es offiziell gar nicht gab: Sie waren nach jahrelanger Drehzeit gleich bei Mosfilm unter Verschluß genommen worden. Wir unterhielten uns in einer merkwürdigen Mischung von Vorsicht und Offenheit. Ganz trauten wir einander doch nicht, und schließlich wußte keiner von uns, ob nicht auch die Wohnung eines KGB-Mitarbeiters von seinen Kollegen abgehört wurde.

Leider brach unser Kontakt jäh ab: Valeri wurde aus dem Verkehr gezogen. Gerüchte, die sich später bestätigten, sprachen von schwarzen Geschäften des Direktors von Gastronom Nr. 1, des größten Moskauer Feinkostgeschäfts. Er hatte einige hundert Prominente jahrelang gegen überhöhte Preise mit Lachs und Kaviar versorgt. Der Direktor wurde zum Tode verurteilt und erschossen. Valeri, der auf seiner Kundenliste stand, verlor seinen Posten beim KGB und wurde als Bote in eine Verwaltung versetzt. (Als ich ihn 1992 wiedertraf, überreichte er mir eine goldgeprägte Visitenkarte, die ihn als stellvertretenden Generaldirektor eines neuen, privaten Import-Export-Unternehmens auswies.) Aber zuvor hatte er mir, trotz langer Bedenken, die Genehmigung für eine ganz ungewöhnliche Reise verschafft, für eine Kanutour im fernsten Sibirien. Dabei hatte mir geholfen, daß ein leitender Mitarbeiter in der Internationalen Abteilung des Zentralkomitees, Nikolai Portugalow, den dringenden Wunsch hatte, Bonn zu besuchen. Er ließ mich wissen, daß er gern eine Einladung nach Deutschland bekäme, und es bot sich gerade an, ihn an einer geplanten Fernsehdiskussion über die deutsch-sowjetischen Beziehungen teilnehmen zu lassen.

Ich hatte keine Bedenken, ihm die Einladung zu besorgen. Schließlich lag die Genehmigung seines Visums ohnehin in der Hand der deutschen Sicherheitsdienste. Außerdem war ich überzeugt davon, daß solche Gespräche und Begegnungen den

Beziehungen zwischen Bonn und Moskau nur nützen, Mißtrauen und Mißverständnisse abbauen könnten. (Später war Nikolai Portugalow einer der wichtigsten Leute, die in inoffiziellen Gesprächen mit dem außenpolitischen Berater des Bundeskanzlers, Horst Teltschik, die Abmachungen über die deutsche Vereinigung vorbereiteten.) Wir hatten uns schon in Deutschland oft und ausführlich unterhalten und sprachen gelegentlich bei offiziellen Empfängen miteinander. Aber in Moskau mußten für ein Einzelgespräch besondere Bedingungen erfüllt werden. So wurde als Treffpunkt das Pressezentrum des Außenministeriums vereinbart. Wir saßen allein in einem riesigen Konferenzraum, und er sprach ganz besonders laut und deutlich: Offenbar sollte beim Mitschnitt der Unterhaltung kein Wort verlorengehen.

Ich übermittelte ihm ganz formell die Einladung zu einer Fernsehdiskussion und bat ihn, mir bei der Presseabteilung des Außenministeriums wegen der Sibirienreise Hilfe zu leisten. Er sträubte sich ein bißchen. »Vom ZK aus haben wir nur Kontakte auf höchster Ebene, und ich kann doch nicht Außenminister Gromyko bitten lassen, Ihnen eine Kanufahrt zu genehmigen.« Aber das war dann wohl doch nicht nötig, und mit dem Wohlwollen des ZK-Mitarbeiters und meines KGB-Bewachers ließ sich auch eine eigentlich völlig unmögliche Reise arrangieren.

Den Plan dazu hatte ich schon im Sommer 1978 bei einer offiziellen Fahrt in die sibirische Stadt Jakutsk gefaßt. Ich reiste mit einem dänischen Kollegen, der in einem kleinen Dorf in Jakutien geboren war. Seine Mutter, eine Dänin, und sein Vater, ein litauischer Jude, waren 1939 aus Litauen vor den Deutschen in die Sowjetunion geflohen, und man hatte sie in das Dorf Pokrowsk an der Lena gebracht – gerettet und zugleich ans Ende der Welt deportiert. Dort hatte Samuel Rachlin gelebt, bis die dänische Regierung die Familie 1958 aus der Sowjetunion herausholen konnte. Auf meiner ersten Sibirienreise war ich an dem Holzhaus vorbeigegangen, in dem er wohnte, und wir fanden es interessant, noch einmal gemeinsam nach Jakutsk und Pokrowsk zu fahren und unsere Erinnerungen und Eindrücke zu vergleichen.

An einem Nachmittag besuchten wir am Rande der Stadt Jakutsk das Institut für Permafrost, das den ständig vereisten Boden Sibiriens erforscht und Methoden prüft, mit denen Häuser, Brücken und Straßen unter extremen Bedingungen gebaut werden können. Eine junge Frau saß als Dolmetscherin bei den Gesprächen mit den Wissenschaftlern dabei, und als wir uns verabschiedeten, fragte sie, ob wir sie im Auto mit in die Stadt nehmen könnten. Während der Fahrt sagte sie unvermittelt zu Samuel Rachlin: »Kann es sein, daß Ihre Mutter mir Englisch beigebracht hat und meine Mutter Ihnen Mathematik?«

Sie waren als Kinder in dieselbe Schule gegangen, in dem Dorf, in dem Samuels Eltern wie Verbannte lebten, und Lenas Vater, ein Schlepperkapitän, sein Holzhäuschen hatte. Natürlich blieben wir zum Abendessen zusammen, Lenas Mann Anatoli kam dazu, und während die beiden anderen Erinnerungen austauschten, sprach ich mit ihm über Sibirien. Er war aus Moskau als Korrespondent einer Presseagentur nach Sibirien versetzt worden, wo er nun schon acht Jahre lebte. Er liebte dieses Land, dessen kleine Städte und Dörfer er gut kannte und nicht nur beruflich bereist hatte. Ihn zogen die Einsamkeit und die Natur an, die Wälder und die endlose, nackte Tundra. Er erzählte von seinen großen Fahrten auf sibirischen Flüssen und wie er allein die Indigirka im Faltboot hinabgefahren war, zweitausend Kilometer weit durch eine Landschaft, in der die winzigen Dörfer vier- oder fünfhundert Kilometer voneinander entfernt liegen. So etwas konnte ich mir, der ich noch nie in einem Faltboot gesessen hatte, natürlich nicht zutrauen. Aber es gab ja ruhigere, weniger gefährliche Flüsse, die er mit seiner Frau und seinem sechsjährigen Sohn befahren hatte, und das könnte ich nach einiger Übung auch schaffen, meinte Anatoli Pankow.

Wir hatten schon ein paarmal auf die Begegnung angestoßen und waren gehobener Stimmung: Eine gemeinsame Kanufahrt schien uns eine prima Idee. Vor der Rückreise nach Moskau sprachen wir noch einmal darüber, aber da war Anatoli schon zurückhaltender. Er hatte sich wohl überlegt, daß ihn die KGB-Leute ziemlich ernst befragen würden, wie er sich auf diese Verabredung mit einem Ausländer habe einlassen können. Schließlich meinte er fast erleichtert, die Genehmigung würde ich ohnehin nicht bekommen.

Aber im Frühjahr 1979 schrieb ich ihm von Moskau aus ins ferne Sibirien, daß ich die Reise vorbereitete und im Juli, dem wärmsten Monat des Jahres, nach Sibirien kommen wollte. Ich besorgte mir Faltboot und Zelt und begann auf der Moskwa zu üben. Es dauerte lange, bis Anatoli antwortete, aber er mochte sein Versprechen nun nicht zurücknehmen. Außerdem glaubte er immer noch nicht, daß ich wirklich kommen würde. Aber dann bekam ich die Genehmigung tatsächlich, und mir schien, mit so einer offiziellen Erlaubnis würde ich ihn nicht in ernsthafte Schwierigkeiten bringen. Telefonisch war Jakutsk von Moskau aus nicht zu erreichen. Also sandte ich ihm ein Telegramm. Als ich keine Antwort bekam, schickte ich ein zweites und teilte ihm meine Ankunft mit: 15. Juli. Irgendwie würden wir in Jakutsk schon zusammenkommen, dachte ich mir. Jedenfalls war das Abenteuer einen Versuch wert.

Aber als ich in Jakutsk ankam, war Anatoli nicht aufzufinden. Er war, so erfuhr ich später, noch auf einem Gebirgsfluß im Süden Sibiriens unterwegs, und eine Flutwelle aus den Bergen, in denen der Schnee abtaute, hatte über Nacht sein Boot weggerissen. Einen Tag hatte er verloren, ehe er sein Faltboot zwanzig Kilometer flußabwärts wiederfand. Seine Kollegen in der Zeitungsredaktion wußten auch nichts, aber sie rieten mir, ruhig abzuwarten. In Sibirien könne man nicht nach Fahrplan reisen. Wenn jemand zu spät komme, müsse man sich nach drei, vier Tagen Gedanken machen und nach einer Woche die Suche aufnehmen.

»Sie kommen aus Moskau, da sind Sie ein anderes Tempo gewöhnt«, sagte ein junger Kollege freundlich. »Jetzt lernen Sie mal sibirische Geduld, das ist beruhigend und gesund.« Abwarten konnte man nun jedenfalls sehr viel bequemer als zwanzig Jahre zuvor bei meinem ersten Aufenthalt. Nun gab es das dreistöckige Hotel »Lena«, aus Stein gebaut, mit kleinen ordentlichen Zimmern, fließendem Wasser und Heizung. Es lag an der Hauptstraße, an der jetzt viele große Steinhäuser standen, die typischen Verwaltungsgebäude der Partei- und Staatsorgane, und hinter ihnen einige sechsstöckige Mietshäuser, gebaut auf Betonpfeilern, die tief in den gefrorenen Boden gerammt waren. Das war eine neue Technik, die es bei meinem ersten Besuch noch nicht gegeben hatte. Direkt auf den Boden gesetzt oder unterkellert, wären die Gebäude langsam versunken, weil ihre Wärme das ewige Eis auftauen und in Schlamm verwandeln würde. An den immer noch ungepflasterten Nebenstraßen wurden die alten Holzhäuser abgerissen, die der Stadt den sibirischen Charakter gegeben hatten, und eigentlich tat es mir leid, daß die riesigen alten Baumstämme, aus denen die Häuser fünfzig oder hundert Jahre zuvor gebaut worden waren, nun von Traktoren zum Fluß geschleppt und mit Stahldraht zu großen Flößen zusammengebunden wurden. Aber die Menschen, die in den Häusern gewohnt hatten, zogen natürlich gerne um. Eine Zweizimmerwohnung in einem häßlichen Wohnblock hatte immerhin Wasserleitung, Kanalisationsanschluß und Fernheizung. Da müßte man schon ein großer Romantiker sein, um das Leben im Holzhaus vorzuziehen – besonders in einer Stadt mit endlosen dunklen und kalten Wintern, in der die kleinsten Schulkinder erst bei 45 Grad minus schulfrei bekommen und die älteren bei 50 Grad.

Dies war immer noch Sibirien, aber nicht nur das Stadtbild, auch das Leben war anders geworden. Die Kollegen in der Zeitungsredaktion staunten, als ich von meinem Besuch zwanzig Jahre zuvor erzählte. Es sei heute ganz ausgeschlossen, daß ich einfach in ein Ministerium ginge, sagten sie. Nun gab es

Sekretariate und Vorzimmer, ein Interview mußte man beantragen, die Entscheidung würde einige Tage dauern, und vielleicht würden die jakutischen Ministerien erst in Moskau nachfragen, ob es erwünscht oder genehmigt sei, mir Auskünfte zu erteilen. Jakutsk war nun doppelt so groß, eine Verwaltungshauptstadt mit 200 000 Einwohnern, und die Umgangsformen der Bürokratie waren jetzt eher sowjetisch als sibirisch.

Abends aber, im Restaurant des Hotels, ging es noch so ähnlich zu wie vor zwanzig Jahren. Da standen wieder ein paar Polizisten am Eingang, um allzu betrunkene Gäste abzuwehren. Drinnen drängten sich an den Tischen die Männer, die für ein paar Tage aus den Dörfern und Bergwerksorten in die Stadt gekommen waren. Lastwagenfahrer, Zimmerleute, Bauarbeiter und Ingenieure saßen in Wollhemden und Arbeitsjacken vor ihren Wodkaflaschen. Die Direktorin des Restaurants war wieder eine rundliche Frau im geblümten Baumwollkleid, die mir einsamem Ausländer einen ruhigeren Tisch aussuchte und mir mütterlich empfahl, das Gulasch zu essen, weil das aus besserem Fleisch gemacht sei. Aber dann fiel mir auf, daß sich doch etwas geändert hatte: Es gab viel mehr Frauen. Einige saßen bei ihren Männern, aber die meisten an zwei langen Tischen mit Blumensträußen und Sektflaschen. Sie hatten sich feingemacht und kräftig geschminkt, leuchtendrote Lippen und viel Rouge auf den Wangen – vielleicht feierten sie einen Geburtstag oder machten eine Art Betriebsausflug. Dann begann die Musik zu dröhnen: Eine Amateurgruppe sibirischer Rocker schlug zu wie ein Holzfällerteam, und der Tanz begann. Aber es waren nur Frauen, die auf die kleine Fläche zwischen der Kapelle und den Tischen gingen, um etwas ungeschickt, aber mit Vergnügen die westlichen Tanzschritte auszuprobieren, die fern von Moskau gerade erst Mode wurden. »Die Frauen tanzen so gern«, erläuterte mir die Direktorin, »aber die Männer trauen sich nicht. Solange sie nichts getrunken haben, fordern sie keine Frau auf. Und nachher sind sie betrunken, da wollen die Frauen nicht mehr.«

Zwei Männer an meinem Tisch erzählten sich Anglergeschichten. Das Fischen war offenbar auch nicht mehr, was es früher gewesen war. Den einen hatte die Wasserpolizei erwischt, als er in der Lena einen Stör fing. »Früher war das nicht verboten, aber nun sitzen die Polizisten mit ihren Ferngläsern da, jedenfalls in der Nähe der Stadt, und haben nichts Besseres zu tun, als Angler zu ärgern«, sagte der eine Mann, und der andere klagte, daß man neuerdings eine Genehmigung brauche, wenn man losfahre, um einen Elch zu schießen. Mit dem Restaurant waren sie auch nicht zufrieden, die Wodkagläser fanden sie zu klein und die weißen Tischdecken zu vornehm. Was da gespielt wurde, war auch nicht ihre Musik. Gerade donnerten die Holzfäller-Rocker ihr »Ra-Ra-Rasputin«. Das durften Kapellen in Moskauer Restaurants überhaupt nicht spielen, weil es der Musikagentur Roskonzert ideologisch zweifelhaft schien, wußte ich. Aber hier kamen die Frauen von ihren Tischen, und selbst die Dicksten erprobten sich ungehemmt an einer Mischung von Rock und Kasatschok. Einige jüngere Männer brüllten begeistert das »Ra-Ra-Ra« mit, doch die beiden an meinem Tisch wollten nun zahlen und gehen. Dann dachten sie einen Augenblick nach und fragten mich, ob ich mitkommen wolle.

Unten am Fluß, gar nicht weit weg, liege ihr Boot, ich könnte ja zwei Flaschen Wodka mitbringen und vielleicht deutsches Bier. Ich holte also ein paar Dosen aus meinem Zimmer, und dann gingen wir los. »Nicht weit weg« ist in Sibirien eine bedenkliche Entfernungsangabe. Eine gute halbe Stunde gingen wir stolpernd über Feldwege am Rande der Stadt, bis zu einem Steg, wo ein halbes Dutzend kleiner Motorboote im Dunkeln lag. Als sie die Petroleumlampe anzündeten, sah ich, wie sie sich eingerichtet hatten: vorn in der Kajüte Wolldecken auf zwei kurzen Bänken, hinten unter freiem Himmel der Spirituskocher neben ein paar Konservendosen, und darüber hingen getrocknete kleine Fische an einer Schnur. Die vertrugen sich angeblich gut mit Wodka und Bier, und die mußte ich gleich probieren. Mein Gastgeber war Mechaniker im Elektrizitätswerk einer Kleinstadt am Wiljui. Sechs Tage war er gemächlich durch die Tundra geschippert. In Jakutsk hatte er seinen Freund getroffen, einen Zimmermann, der auf einem der großen Flöße die Lena herabgekommen war, zu einigen Wochen Sommerurlaub am Rande der großen Stadt. Im Jahr zuvor hatten sie ihren Urlaub am Schwarzen Meer verbracht, auf Staatskosten, denn Erholungsreisen in den Westen Rußlands gehörten zu den Sonderleistungen für Leute, die sich zur Arbeit nach Sibirien verpflichten ließen. »Das muß man natürlich wahrnehmen«, sagte der Zimmermann, aber eigentlich sei ein Angelurlaub auf der Lena genauso schön. Fast fünfzehn Jahre arbeiteten sie nun schon in Jakutien, und in ihre Heimatorte jenseits des Ural zog es sie nicht. Da schien ihnen alles zu eng und geordnet, und deshalb nahmen sie lieber den harten sibirischen Winter in Kauf. »Aber die beste Zeit ist vorbei«, sagte der Zimmermann. »Wenn du früher in Sibirien auf Arbeit fuhrst, hat keiner gefragt, ob du zwei Wochen früher oder später kommst.« Mit dieser Freiheit ging es nun auch zu Ende, seit es immer mehr Flugzeuge und Hubschrauber gab.

Als die Flaschen leer sind, ist es für mich zu spät, den langen Weg zum Hotel zurückzuwandern. Ich nehme einen alten Schafspelz und rolle mich in einer Ecke auf dem Deck ein. Um fünf Uhr schon stößt mich der Mechaniker an: Er will losfahren und Zander angeln. Er hält mir ein Wasserglas voll dicker saurer Sahne und ein großes Stück Schwarzbrot hin, aber ehe sie die Leinen losmachen, stolpere ich verschlafen an Land und mache mich auf den Rückweg zur Stadt.

Gegen Mittag klopft es an meine Zimmertür im Hotel. Anatoli Pankow ist zurückgekommen; nun geht alles ganz schnell. Wir schauen mein Boot an, kontrollieren die Liste der Sachen, die wir auf der Fahrt brauchen werden, und dann gibt es nur noch eine Frage: Ob ich denn die Erlaubnis habe, weit außerhalb von der Stadt Jakutsk zu einem kleinen Nebenfluß der Lena zu fahren. Genaugenommen kann uns das nur die Miliz sagen, aber das wäre umständlich und würde zu lange dauern. So ruft Anatoli den Gebietssekretär der Partei an, weil der schließlich für alles zuständig ist. »Fahrt einfach los«, sagt er. »Wenn ihr zurückkommt, habe ich eure Genehmigung.«

Am nächsten Morgen machen wir uns auf den Weg zur Fähre über die Lena. Die liegt hier, noch 800 Kilometer vom Eismeer entfernt, schon fünf Kilometer breit in der flachen, baumlosen Tundra. Ein Lastwagenfahrer läßt uns Boote und Rucksäcke auf seinen Dreiachser laden, mit dem er 900 Kilometer nach Süden fahren will. Die Schotterstraße ist die einzige Verbindung, die aus den Weiten Mittelsibiriens zur Transsibirischen Eisenbahn führt. Im Winter, erzählt mir der Fahrer, ist er auf den gefrorenen Flüssen unterwegs. »Da versorgen wir die kleinen Orte, zu denen es keine Straße gibt. Da fahren wir immer im Konvoi von drei Lastwagen, denn wenn einem allein der Motor ausfällt, dann erfriert er.« Im Norden Sibiriens liegen Dörfer und Verwaltungszentren in tiefer Einsamkeit, aber auch an der Hauptstraße nach Süden sehen wir in anderthalb Stunden Fahrt nur die zwei Holzhäuser der Straßenwärter.

Als wir unser Ziel, den Fluß Buotoma, erreichen, scheint es mit der Einsamkeit plötzlich wieder vorbei. Vier oder fünf Lastwagen parken am Ufer. Männer und Frauen streifen mit Eimern durch das Gebüsch und pflücken wilde Johannisbeeren: Arbeiter des städtischen Kraftwerks haben sich Lastwagen vom Betrieb ausgeliehen und sammeln nun, achtzig Kilometer von Jakutsk entfernt, ihren Wintervorrat an Vitaminen. Schon ein paar hundert Meter weiter aber stört uns kein Mensch mehr, als wir die Boote zusammenbauen, und dann fahren wir drei Tage auf dem kleinen Fluß, ehe wir wieder Spuren von Menschen finden: das Blockhaus einer meteorologischen Station. Da lebt ein Ehepaar monatelang allein, gibt über Funk Wasserstände durch und freut sich, daß wir uns von ihnen frischgebackenes Brot schenken lassen.

Der kleine Fluß führt durch die Bergtaiga mit Hügeln und lichten Lärchenwäldern. Manchmal äsen Elche am Ufer, oder eine kleine Herde halbwilder, struppiger Pferde kommt zum Trinken ans Wasser. In den Flußauen sind die Brombeersträucher zwischen Weidenbüschen schwer mit reifen Früchten beladen. Morgens pflücken wir uns einen Topf voll und lassen die Brombeeren mit Zucker zu Marmelade zusammenkochen. Unsere Konserven brauchen wir kaum. Es gibt viele Fische und keine Angler, und so ist es nicht schwer, einen Hecht oder Lachs zu fangen oder ein Netz voll kleiner Fische für die Suppe. Das Wasser der Buotoma ist kristallklar. Flußaufwärts wohnen nur noch zwei Menschen: ein alter Jäger mit seiner Frau, der dort Zobel fängt und manchmal auch einen Bären schießt.

Wir paddeln durch wunderschöne Tage. Sibirische Sommer sind trocken und warm, 20 bis 22 Grad gegen Mittag. Abends bauen wir die Zelte auf den Hügeln am Flußufer auf, wo der Wind die Mückenschwärme vertreibt, und zünden unser Feuer an. Anatoli und ich sprachen über Sibirien, die großartige und gewaltige Schönheit seiner Natur, über einsame Flüsse und Dörfer und über die Bodenschätze, die noch zu erschließen seien. Ich erzählte ein wenig vom Leben im Westen. Aber über Moskau und die Politik sprachen wir nicht. Denn so einsam und abhörsicher unsere Lagerplätze waren, sie lagen doch in der Sowjetunion. Ohne es auszusprechen, wußten wir beide, wie die Fahrt für Anatoli enden würde. In Jakutsk würden ihn KGB-Mitarbeiter einbestellen und stundenlang ausfragen, nach jeder Bemerkung, die zwischen uns gefallen war. Da war es besser, nichts zu sagen, womit man sich später verplappern könnte.

Erst zwölf Jahre später haben wir dann über diese Verhöre geredet und auch über Politik. Aber das war nach der Perestroika, und Anatoli Pankow war Chefredakteur einer kritischen, liberalen Zeitung in Moskau geworden. Da gab es zwar die Sowjetunion noch, aber unter Gorbatschow war sie ein anderes Land geworden.

PERESTROIKA:
EIN LAND VERWANDELT SICH

Um 1980 herrschte in Moskau das Politbüro der alten Männer. Leonid Breschnew selber war vierundsiebzig Jahre alt und nun seit sechzehn Jahren erster Mann der Sowjetunion. Außenminister Andrej Gromyko war einundsiebzig, Konstantin Tschernenko neunundsechzig, Juri Andropow mit sechsundsechzig Jahren der jüngste in der Führungsriege. Die Moskauer erzählten sich Witze über den Verlauf ihrer Sitzungen. »Punkt eins: Einschalten der Herzschrittmacher, Punkt zwei: Einsetzen der Gebisse, Punkt drei: Absingen des Liedes ›Wir sind die junge Garde des Proletariats‹.« Alle wußten, daß diese Greise die mächtigsten Männer der Sowjetunion waren, aber niemand konnte sich vorstellen, wie sie ihre Macht effektiv ausübten. Bei seinen letzten Fernsehreden vernuschelte Breschnew, kurzatmig und mit schlecht sitzendem Gebiß, Wörter und ganze Sätze, und einmal zeigten ihn die Kameras, wie er mitten in einer Rede hilflos in seinem Text blätterte. Er brach seine Ansprache ab, die Bildschirme wurden dunkel, und als die Übertragung Minuten später von neuem begann, sagte der Generalsekretär verwirrt, die Panne sei nicht seine Schuld. Andere hätten die Seiten falsch zusammengelegt.

Die Zeitungen schrieben weiter über Macht und Erfolg des Sozialismus. Aber die Menschen in der Sowjetunion spürten, daß ihr Land in eine Phase des Stillstands geraten war, in der ein mächtiger Apparat sich nur um sich selber drehte. Eine verfilzte Bürokratie in Partei, Staat und Wirtschaft bediente sich in ihren Spezialläden, tauschte Wohnungen gegen Möbel aus Finnland oder der DDR, knüpfte ein Netz von Beziehungen und »gegenseitiger Hilfe«. Das war das Ergebnis und die fast

unausweichliche Folge einer überzentralisierten Wirtschaftspolitik, die seit Jahrzehnten nur den Mangel verwaltete. In der
Industrie hatte es damit angefangen, daß die Betriebe ihre Plan-
aufträge nur erfüllen konnten, wenn sie sich auf dem Tausch-
weg Rohmaterialien und Maschinen besorgten. Die Direktoren, die um ihre Stellung fürchteten, legten sich Abteilungen
geschickter und skrupelloser Zwischenhändler zu, die ihnen
durch ihre Kontakte beschaffen konnten, was die staatliche
Planung nicht lieferte. Für einflußreiche Funktionäre organisierten sie Jagdausflüge mit gemütvollen Wodka-Orgien, Mos-
kaubesuche mit Festgelagen in guten Restaurants, Karten für
das Bolschoi-Ballett oder auch für jene Theateraufführungen,
von denen man in der Provinz gehört hatte, sie seien irgendwie frech, kritisch und modern.
In dieses Geflecht von Beziehungen wuchs die sowjetische
Mafia hinein, deren »Ringer«-Vereine sich in den Straflagern
gebildet hatten und die nun ihre Verbindungen nutzten, wo
die offiziellen Kanäle verstopft waren. Es begann so etwas wie
eine bürokratische Marktwirtschaft zu entstehen, in der Wirtschaftsführer, Militärs aus der Rüstungsindustrie, Verwaltungs-
bürokraten und die Unternehmer der Schattenwirtschaft kleine
Vermögen anhäufen konnten. Das merkten die einfachen Bürger, denn auch für sie waren Beziehungen, kleine Gefälligkeiten und schließlich Bestechung unumgänglich geworden,
wenn sie sich das Leben angenehm oder wenigstens erträglich
machen wollten.
Zugleich war der Machtkampf um Breschnews Nachfolge an-
gebrochen, und die Konkurrenten benutzten ihre Kanäle, um
Gerüchte über Breschnews Familienclan und seine Kumpanei
zu verbreiten, um die Seilschaften ihrer künftigen Gegner in
ein Zwielicht zu bringen, das sich bald über den ganzen Herrschaftsapparat legte.
Einer meiner Moskauer Bekannten war in der Stadtverwaltung
der Chef aller Restaurants der Innenstadt. Slawa erzählte mir
freimütig von dem gefährlichen Terrain, auf dem er operieren

mußte. Ständig forderten Funktionäre von ihm kleine und große Gefälligkeiten – die Lieferung von Lachs und Kaviar für eine Abendgesellschaft oder freies Essen und Trinken für ein Fest mit Freunden und Kollegen in einem seiner Restaurants. Er wußte, daß es illegal war, aber er mußte das Risiko eingehen und gegen die Gesetze verstoßen, wenn seine Betriebe funktionieren sollten.

Weil er ein einfallsreicher Mann war, der Erfolg haben wollte, hatte Slawa in der Moskauer Innenstadt neue Gaststätten eingerichtet, die sich von den tristen Abfütterungsanlagen ebenso unterschieden wie von den Nobelrestaurants, die gewöhnliche Bürger und junge Leute nicht hereinließen. Aber gerade das beendete seine Karriere. Er hatte ein Coffeehouse eröffnet, in dem es keinen Alkohol gab, aber ziemlich heiße Popmusik aus anderen sozialistischen Staaten. Das zog viele Studenten an, aber es verärgerte die Nachbarn. Zwei Parteiveteranen, der eine siebzig, der andere sechsundsiebzig Jahre alt, denunzierten meinen Bekannten beim Parteikomitee: Er sei dabei, mit dekadenten Gaststätten Moskau zu amerikanisieren. Es begann eine Untersuchung, und natürlich fanden sich die Unregelmäßigkeiten, von denen er mir früher erzählt hatte. Aber in Slawas Fall waren zu viele Funktionäre verstrickt, und ein ernsthaftes Verfahren wollten die Behörden lieber vermeiden. So verlor mein Freund seinen Posten als Chef der Innenstadtrestaurants.

Aber nach einer Schamfrist von wenigen Monaten machte man ihn zum Direktor eines großen Fleischkombinats. Nun mußte er andere Kontaktleute versorgen, diesmal mit Wurst, Schinken und Steaks. Auch ich profitierte von seinen neuen Beziehungen: Wenn ich nun auf Reisen in die Provinz auf Kleinstadtbahnhöfen ankam, erwartete mich der schwarze Wolga des Direktors einer Fabrik, um mich ins Hotel zu fahren und manchmal sogar in Distrikte, die eigentlich für Ausländer gesperrt waren.

Slawa, der sich eine für Moskauer Verhältnisse fabelhafte Maisonette-Wohnung zugelegt hatte, kannte alle Schliche der Verwaltung. Also konnte er einer Wunderheilerin aus Georgien eine Wohnung in der Hauptstadt verschaffen, damit sie seiner krebskranken Mutter die letzten Lebensjahre erleichterte. Diese Djuna war eine fünfunddreißigjährige schwarzhaarige Frau aus dem kleinen Volk der Assyrer – manche ihrer Freunde nannten sie eine babylonische Hexe. In Moskau verbreitete sich das Gerücht, daß sie gekommen sei, um Generalsekretär Breschnew zu behandeln – das stimmte zwar nicht, aber es nützte ihr, weil ihr daraufhin alle mit Vorsicht und Respekt begegneten.

Ich nahm sie nicht immer ganz ernst, bezweifelte ihre Fähigkeiten aber nicht offen, und deshalb kam ich gut mit ihr aus. Schließlich verdiente ich mir ihr Vertrauen, als der Herausgeber einer deutschen Zeitschrift, der von ihren Heilkräften gehört hatte, nach Moskau kam, um sich von ihr die Hand auflegen zu lassen. Ich wußte, wie unsicher die sowjetischen Organe reagieren würden, wenn eine Heilerin, der man Kontakte zu Breschnew nachsagte, einen prominenten Ausländer empfing, und gab ihr Ratschläge, welche Stellen sie halboffiziell informieren müsse.

Von da an sprach sich herum, daß ich mit Djuna bekannt war. Und nun drängten Mitarbeiter des Außenministeriums, Parteifunktionäre und KGB-Leute darauf, bei mir eingeladen zu werden. Sie hofften, Djuna zu treffen, und alle hatten ein eigenes Leiden oder kranke Verwandte, die Djuna behandeln sollte. Normalerweise heile sie nur Mitglieder der höchsten Führung, erzählte man sich. Ganz falsch war das nicht, denn als ich sie später in ihrer neuen Wohnung besuchte – einem Sechs-Zimmer-Appartement, in dem ich im Vorzimmer auf einem Plüschsofa unter einer Galerie von Ikonen warten mußte –, trank ich meinen türkischen Kaffee mit einem Besucher aus dem Transkaukasus, einem höflichen, zurückhaltenden Mann, von dem ich erst später erfuhr, daß er der Erste Parteisekretär von Georgien, Eduard Schewardnadse, war.

In Moskau konnte man an alles glauben, außer an die Wissenschaftlichkeit des Sozialismus. Einmal besuchte ich den Parteisekretär einer Moskauer Fabrik, und er versuchte, mir mit Hilfe eine Pendels zu beweisen, daß er aus jedem Foto Vergangenheit, Zukunft und Krankheiten des Porträtierten herauslesen konnte. Ich fragte ihn, ob die Kommunistische Partei ihm solchen Aberglauben erlaube. »Auch dies ist Wissenschaft, wenngleich nicht voll erforscht«, sagte er. »Ich habe nur einige Schwierigkeiten, weil die Genossen es nicht für möglich halten, daß ich mit Toten reden kann.« Das war auch recht viel verlangt, obwohl die Partei des wissenschaftlichen Sozialismus nun schon sehr anpassungsfähig war. In Arbeiterkulturhäusern trafen sich buddhistische Meditationszirkel bei improvisierter Jazzmusik. Gruppen ernster Gläubiger tauschten Nachrichten über die Yetis, die geheimnisvollen Schneemenschen des Himalaja, aus. Diskussionskreise lasen von Hand abgeschriebene Kapitel aus Dänikens Büchern über Besuche Außerirdischer.
Dagegen fiel die offizielle Ideologie einfach ab. Jeder hatte sie studieren und auswendig lernen müssen, um Examen zu bestehen und in Erörterungen die richtigen Worte zu finden. Aber das war abgehobene Theorie, trocken, grau und fast ohne Bezug zum wirklichen Leben. Der Glaube an die Allwissenheit der Partei war erloschen, und niemand nahm ihr ab, daß sie mit ihren Schlagwörtern das Land aus der Sackgasse der Stagnation herausholen könnte.
Breschnew war am Ende seines Lebens wie benebelt von den Hymnen über seine Kriegstaten, und die Sorge um die militärische Stärke der Sowjetunion beherrschte sein Denken mehr und mehr. Statt in die notleidende zivile Produktion der Sowjetunion flossen ungeheure Summen in den militärisch-industriellen Komplex. Die Hochrüstung und der Wettlauf mit Amerika hatten Vorrang für ihn. Das Vertrauen auf militärische Mittel bestimmte seine Außenpolitik, die gegenüber dem Westen keinen Durchbruch erzielte und das Bündnis der sozialistischen Staaten kaum unter Kontrolle zu halten vermochte.

Breschnew und sein Kreis hatten ein militärisches Eingreifen in Polen erwogen, als die Solidarność das kommunistische System erschütterte, und aus Sorge um die wachsende Stärke des Westens sogar über einen Präventivkrieg in Europa nachgedacht, um die sowjetische Macht zu erhalten. Sie hatten die Armee in einen ausweglosen Krieg in Afghanistan geschickt und wagten nicht, dem eigenen Volk das Ziel und die Opfer zu erklären. Aus Afghanistan kamen die Zinksärge mit gefallenen Sowjetsoldaten zurück, und weinende Mütter berichteten Freunden und Nachbarn, ihre Söhne seien ohne militärische Ehren beerdigt worden. Auf den Grabsteinen durfte nicht einmal stehen, wo und wofür sie gestorben waren. Vielleicht hätten sie hingenommen, daß ihre Söhne für den Sowjetstaat oder Rußland gefallen seien. Aber daß man ihrer Trauer auch diese Würde raubte, nahm den Männern, die das Land führten, den letzten Rest an Glaubwürdigkeit.

1982 starb Breschnew im Parteikrankenhaus von Rasdory. Zu seinem Nachfolger wählten die Parteiorgane Juri Andropow, der, achtundsechzig Jahre alt, unter den zwölf Politbüromitgliedern einer der Jüngeren war. Seine Karriere hatte er im KGB, der Geheimpolizei, gemacht. Aber nun, nach der Ära des alten Breschnew, erschien er sogar Moskauer Intellektuellen als eine Art Hoffnungsträger. Er liebe amerikanische Jazzmusik aus der Swing-Zeit, erzählte man sich. Er sei ein literarisch gebildeter Mensch und schreibe sogar Gedichte. Auch wenn sie keiner gesehen hatte, schien das ein gutes Zeichen. Und er kenne die Lage im Lande, weil der Geheimdienst seinem Chef Nachrichten aus der Wirklichkeit überbracht haben müßte. Äußerlich war Andropow ein kleiner, verkniffener Mann, aber gerade weil er sich von Breschnew unterschied, weckte er gewisse Erwartungen. In der theoretischen Zeitschrift der Partei, *Kommunist*, veröffentlichte er Artikel, die den Zustand der Sowjetunion und die Zukunft des Sozialismus mit ideologischem Anspruch erörterten. Zum erstenmal seit der Zeit Chruschtschows schrieb ein Parteichef wieder einmal über sowjetische Ideale und die Wirklichkeit, und das mit Kenntnis der marxistisch-leninistischen Ideologie.

Die Menschen hungerten geradezu nach einem Führer, der seine Politik begründen und erklären konnte. Niemand sagte Andropow Filz und Korruption nach. Im Gegenteil, es schien nun, als wolle er das verrottete Geflecht der politischen und persönlichen Beziehungen zerreißen. Im Apparat des Zentralkomitees setzte er zwei Dutzend Abteilungsleiter ab, neunzehn Minister wurden in den Ruhestand geschickt, ein Viertel der Gebietsparteisekretäre, die wie kleine Fürsten geherrscht hatten, verloren ihre Macht. Ein scharfer, aber frischer Wind schien durch das Land zu gehen. Darüber vergaßen sogar die Intellektuellen, daß er als KGB-Chef den Kampf gegen Dissidenten und Andersdenkende mit besonderer Schärfe geführt hatte, ideologiegläubiger als der alte Breschnew. Vieles, was er nun einführte, gefiel den Moskauern – jedenfalls, solange es sie nicht selber traf. Wieder lagen in den Postämtern Formulare aus, auf denen man Nachbarn wegen parasitären Lebenswandels mit nicht nachgewiesenem Einkommen denunzieren sollte. Blockwarte gingen von Wohnung zu Wohnung und überprüften, ob alle Anwesenden gemeldet waren. Polizisten durchstreiften die Warenhäuser und überprüften die Käufer: Waren sie an einem freien Tag gekommen, um nach seltenen Waren zu jagen, oder hatten sie ihren Arbeitsplatz unerlaubt verlassen? Da hatten die Sowjetbürger nun einen Führer, der nicht korrupt war und ein ideologisches, gesellschaftspolitisches Konzept zu entwickeln versuchte. Aber sie ahnten auch, daß er die Gesellschaft nicht wirklich ändern würde. Denn schon bald nach seinem Amtsantritt ließ sich erkennen, daß er ein todkranker Mann war.

Juri Andropow starb, ehe er zwei Jahre Generalsekretär der Kommunistischen Partei gewesen war. Auf dem Totenbett schrieb er ein politisches Testament: Das jüngste Mitglied des Politbüros, Michail Gorbatschow, solle sein Nachfolger werden. Aber Andropows Referent Arkadi Wolski hatte das Testament des Sterbenden auf dem normalen Dienstweg an den Chef der Allgemeinen Abteilung des Zentralkomitees weitergeleitet, und als zwei Tage später Andropows letzte Botschaft im ZK-Plenum verlesen wurde, fehlte der entscheidende Absatz. Jahre später berichtete Wolski, man habe ihn deutlich gewarnt, sich aus dieser Sache herauszuhalten, und so hörten die ZK-Mitglieder kein Wort davon, daß Juri Andropow als seinen Nachfolger Michail Gorbatschow vorgeschlagen hatte.

Die Führung der Partei wählte nun einen Mann, den man in den Jahren zuvor oft genug abschätzig den Sekretär des Generalsekretärs Breschnew genannt hatte: Konstantin Tschernenko. Er war dreiundsiebzig Jahre alt, ein Mann mit unanstößiger Karriere im Parteiapparat, und in seiner Antrittsrede beruhigte er alle Funktionäre: Er werde auf dem Erreichten weiterbauen und es vervollkommnen. Für die Gremien seiner Partei war Tschernenko der ideale Kandidat. Die älteren Politbüromitglieder vertrauten ihm, weil er keine neuen Ideen entwickeln und ihren gewohnten Lebens- und Arbeitsstil nicht durch Neuerungen gefährden würde. Die jüngeren brauchten nicht zu befürchten, daß seine Wahl ihnen den Weg ins höchste Führungsamt auf Jahre hinaus versperrte. Denn sie wußten, und alle Sowjetbürger konnten es bei seiner Antrittsrede sehen, daß dies ein kurzatmiger, kranker Cheffunktionär war. Er bewirkte nichts. An die dreizehn Monate seiner Amtszeit kann sich kaum noch jemand erinnern.

Um das Amt des allmächtigen Partei- und Staatschefs war hinter den Kulissen schon lange gekämpft worden. Michail Gorbatschow, ein Parteisekretär aus der Provinz, hatte die Unterstützung Andropows und des KGB gehabt, weil er dem asketischen KGB-Chef als ein intelligenter Mann der Praxis und zugleich als nicht korrupt galt. Aber auch Moskaus Partei- und Gewerkschaftschef Grischin trat an, dem viele Funktionäre angenehme Besuche in der Hauptstadt und Unterstützung zu verdanken hatten. Grigori Romanow, der Parteichef von Leningrad, drängte ebenfalls nach vorn: Hinter ihm standen der Apparat

217

der zweitgrößten Stadt der Sowjetunion und die Rüstungsindustrie. Aber Grischin, der sich auf dem Gelände eines Sanatoriums bei Moskau ein großzügiges Landhaus hatte bauen lassen, war so angreifbar wie Romanow, der die Hochzeit seiner Tochter allzu ausgiebig gefeiert hatte: Die Gäste zerschlugen das Zarenporzellan aus dem Eremitage-Museum, von dem sie getafelt hatten, und wenig später hatte Romanow, voll von Wodka und Wein, auf einem Parteitag der ungarischen Kommunisten schwankend erklärt, was brüderliche Freundschaft bedeutete. Seit der KGB solche Skandalgerüchte durch die Moskauer Taxifahrer verbreiten ließ, standen die Chancen für Gorbatschows Konkurrenten nicht gut.

Dennoch gab es im Politbüro keine klaren Mehrheiten. Auf der entscheidenden Sitzung zur Wahl des Generalsekretärs erhielten Grischin und Gorbatschow die gleiche Stimmenzahl. Romanow hatte den siebzigjährigen Moskauer Parteichef vorgeschoben, um den Aufstieg des vierundfünfzigjährigen Gorbatschow zu verhindern. Nun griff der KGB-Chef Viktor Tschebrikow ein und brachte Grischin mit Skandalen aus der Zeit des Breschnew-Clans in Verbindung. Der Streit auf dieser ungewohnt stürmischen Sitzung des Politbüros zog sich hin, bis Außenminister Andrej Gromyko zu einer bei diesem trockenen Redner unerwartet emotionalen Erklärung ansetzte. Er, der mit sechsundsiebzig Jahren der älteste dieses Gremiums war, sagte nun, das Politbüro dürfe nicht wieder einen alten Mann wählen. Das Land brauche einen Generalsekretär, der die Sowjetunion ins nächste Jahrtausend führen könne. Gromyko lobte Gorbatschows scharfen Verstand, seine umfassende Bildung und die Fähigkeit, mit Wissenschaftlern und Planern zu diskutieren. Für Gorbatschow sei eine Sache nicht nur schwarz oder weiß, er erkenne auch die Zwischentöne, ohne sich deshalb in Details zu verlieren, und er wisse, wo die politischen Prioritäten lägen.

Gromyko und die anderen Befürworter Gorbatschows traten damit keineswegs für einen Anhänger einer politischen Demokratisierung ein, aber sie sahen in ihm den Mann, der energisch nach wirksameren Methoden des Krisenmanagements in der Sowjetgesellschaft suchte. Und Gromyko erinnerte sie daran, daß Gorbatschow in den letzten Jahren die Sitzungen des Politbüros oft in die richtige Bahn gelenkt hatte, wenn sie sich in langatmigen Diskussionen zu erschöpfen drohten. Gromykos dramatischer Auftritt entschied die Wahl für Gorbatschow.

Es war eine Weichenstellung, deren ganze Bedeutung den Führern im Kreml nicht klar sein konnte. Wie den meisten Sowjetbürgern schien auch uns ausländischen Korrespondenten, daß der Machtantritt eines vierundfünfzigjährigen Generalsekretärs die sowjetische Politik verändern würde, aber auch wir konnten uns nicht vorstellen, daß diese Wahl ein Wendepunkt in der Weltpolitik werden sollte.

In der Vergangenheit war eine solche Entscheidung des Politbüros immer unumstößlich gewesen, aber nun zeigte sich, daß in den Jahren der Greisenherrschaft selbst in der Partei die alten Machtstrukturen zu bröckeln begonnen hatten. Im Zentralkomitee, das die Wahl eines Generalsekretärs stets widerspruchslos bestätigt hatte, leisteten Funktionäre, die einen jungen Generalsekretär aus der Mannschaft Andropows fürchteten, unerwartet Widerstand. Noch einmal mußte der alte Gromyko in die Bresche springen, um Gorbatschow durchzusetzen, aber in dem Kommuniqué, das der Öffentlichkeit die Zustimmung des ZK-Plenums mitteilte, stand zum erstenmal nicht, der neue Generalsekretär sei »einstimmig« gewählt worden. Diesmal hieß es nur, die ZK-Mitglieder hätten sich »einmütig« für Gorbatschow entschieden. Der schwammige Ausdruck sollte den Streit verdecken, der auf den Sitzungen von Politbüro und ZK ausgebrochen war, aber er ließ erkennen, daß die Ära der monolithischen Parteiherrschaft zu Ende ging. Der dritte Führungswechsel in zweieinhalb Jahren brachte mit Michail Gorbatschow eine jüngere, ungeduldige und machtbewußte Generation an die Schalthebel der Partei. Bis zum Hochsommer bauten sie ihre Positionen aus und drängten die

Funktionäre aus der Breschnew-Ära aufs Abstellgleis. Die Männer, die Gorbatschow nach Moskau holte, teilten seine Überzeugung, daß das Tempo der wirtschaftlichen Entwicklung und der technischen Modernisierung ganz wesentlich gesteigert werden müsse. »Es darf keine Zeit mehr verlorengehen. Die sozioökonomische Entwicklung des Landes, die Stärkung seiner Verteidigungsfähigkeit und die Verbesserung des Lebens der Sowjetmenschen hängen davon ab, ob wir unsere Aufgabe erfolgreich lösen«, rief Gorbatschow den ZK-Mitgliedern zu, und das ganze Land horchte auf. Die neuen Leitbegriffe hießen Beschleunigung, aber auch Wende. Noch wagte es Gorbatschow nicht, im Kampf um den neuen Kurs von Perestroika und Glasnost zu sprechen, aber schon daß er von einer Wende sprach, deutete darauf hin, daß er an mehr dachte als bloß an eine straffere, effektivere Handhabung des Wirtschaftsapparats, wie sie auch seine Vorgänger regelmäßig angekündigt hatten. Die Menschen in der Sowjetunion spürten, daß dieser Mann sich mehr vorgenommen hatte, doch wer er eigentlich war, was er wollte und woher er kam, wußten sie nicht.

Ich hatte seinen Namen zum erstenmal um 1980 gehört, als einige meiner Bekannten aus wissenschaftlichen Instituten über den jüngsten Mann im Politbüro sprachen: einen Landwirtschafts- und Wirtschaftsexperten, einen Parteisekretär aus der Provinz, dem man große organisatorische Fähigkeiten, aber auch ein bemerkenswertes Interesse für neue Gedanken nachsagte. Ein Wissenschaftler aus einem Institut, das wegen kritischer Studien der sowjetischen Wirtschaft scharf getadelt worden war, nannte Gorbatschow den einzigen im Politbüro, der diese Analysen überhaupt gelesen habe. Dem Wissenschaftler imponierte, daß Gorbatschow sich nicht nur an die Informationen des Apparats hielt, sondern sich auch mit Experten beriet, die ihm nun unaufgefordert Untersuchungen über die wirkliche Lage des Landes zuschickten. Der Wissenschaftler rätselte darüber, wie dieser Mann aus dem Landwirtschaftszentrum Stawropol den Aufstieg nach Moskau und in das höchste Gremium der Partei geschafft hatte.

Informationen über das Leben der Parteiführer – abgesehen von nackten Daten über ihren Aufstieg und ihre Aufgaben – waren in der Sowjetunion immer Geheimsache gewesen. Erst vier Jahre nach seiner Wahl zum Generalsekretär druckten die *Nachrichten des Zentralkomitees der KPdSU* ein Interview, in dem Michail Gorbatschow die ihm wichtigsten Ereignisse seines Lebens erzählte. Mehr konnten die Menschen in der Sowjetunion aus offiziellen Quellen und in der Presse über sein Leben nicht erfahren. Aber im Zeichen der Glasnost war es zu dieser Zeit für einen ausländischen Korrespondenten schon möglich geworden, mit Menschen, die Gorbatschow aus ihrer Jugendzeit oder aus gemeinsamer Arbeit kannten, vorsichtig über seine Herkunft zu sprechen. Eine russische Freundin aus den fünfziger Jahren war neugierig und mutig genug, mich mit ihnen in Verbindung zu bringen.

Gorbatschow stammte – und schon das war unter sowjetischen Führern ungewöhnlich genug – aus einem Bauerndorf in Südrußland. Kolchosbauern, die in Priwolnoje als Nachbarskinder mit ihm aufgewachsen waren, erzählten mir vom harten, ärmlichen Leben, von der Zerstörung der Landwirtschaft durch die Zwangskollektivierung und davon, daß auch Gorbatschows Großvater, der Gründer der Genossenschaft, schließlich für anderthalb Jahre als Volksfeind ins Gefängnis gekommen war. Gorbatschow war ein guter Schüler gewesen, erzählten seine alten Lehrerinnen, einer, der Fragen stellte, aber nie aufsässig war. Als er schon die Oberschule im Nachbarort besuchte, kam er in den Ferien zurück, um mit seinem Vater auf dem Traktor die Ernte einzubringen. Daß er für seinen Einsatz in diesen »Ernteschlachten« den Orden »Rotes Banner der Arbeit« erhielt, muß ihm den Weg nach Moskau bereitet haben, wo er sich um die Aufnahme an der Juristischen Fakultät bemühte: ein junger Mann, der in seinem einzigen Anzug und mit einem Holzkoffer voll Verpflegung in die Hauptstadt fuhr. Mit seinen breiten Straßen, der prunkvollen Untergrundbahn, den großen Theatern und dem Kreml, in dem noch Stalin arbeitete, muß Moskau den jungen Mann aus der Provinz tief beeindruckt haben.

Unter den Studenten war er eine ungewöhnliche Erscheinung: Die stammten in Rußlands ältester Universität und besonders an der Juristischen Fakultät überwiegend aus hauptstädtischen Familien. Sie waren unter Journalisten, Wissenschaftlern und höheren Beamten aufgewachsen und hatten eine breitere Kenntnis der russischen Kultur, als sie die parteioffiziellen Lehrbücher vermittelten. Es dauerte lange, ehe sie Gorbatschow als einen intelligenten, ebenbürtigen Mitstudenten akzeptierten, der auch als Funktionär der Jungkommunistenorganisation ein beliebter Kommilitone war.

Was sie von der Politik und der Lage des Landes hielten, erzählten die Studenten einander nicht. Es waren die letzten Lebensjahre Stalins, in denen Repression und Bespitzelung noch einmal einen Höhepunkt erreichten. Niemand sprach offen darüber, aber Gorbatschow war immerhin einer, der in den Diskussionen der Komsomolsitzungen durch selbständige Vorschläge zu praktischen Fragen überraschte und nicht nur Zeitungsartikel wiederkäute. Einer der Studenten, die mit Gorbatschow ein Zimmer des Wohnheims teilten, erinnert sich an seine Reaktion auf die Nachricht vom Tode Stalins. Rudolf Koltschanow erzählte mir: »Wir saßen zu mehreren in unserem Zimmer am Radio. Wir sprachen gar nicht über die Nachricht, wir dachten darüber nach. Selten tauschten wir ein paar Worte darüber aus, wie es weitergehen würde. Einige meiner Kommilitonen weinten. Ich habe nicht geweint, und Gorbatschow hat auch nicht geweint, das steht fest. Als einer der Studenten anzudeuten versuchte, er sei froh, daß Stalin gestorben sei, guckte ihn Gorbatschow so scharf an, daß er nicht weitersprach. Aber geweint hat Gorbatschow nicht, während den anderen am Tisch Tränen über das Gesicht liefen.«

Gorbatschow gehörte jedoch nicht zu den Studenten, die nach

Chruschtschows Enthüllungen über Stalins Verbrechen in kleinen Zirkeln darüber sprachen, daß das Sowjetsystem grundsätzlich reformiert und demokratisiert werden müsse. Vielleicht haben solche Diskussionen sein Denken beeinflußt, aber als in der Zeit des Tauwetters unter den Intellektuellen die Auseinandersetzung mit dem System begann, war Gorbatschow bereits auf dem Weg zurück in seine Heimat. Im Herbst 1955 übernahm der junge Jurist einen Posten im Komsomolkomitee von Stawropol, auf der untersten Führungsebene der Hierarchie, als Instrukteur für Propaganda. Es war seine Aufgabe, bei den jungen Leuten Zustimmung und Begeisterung für die neue Linie der Partei zu wecken, die einen besseren Sozialismus anzukündigen schien. Schon nach einem Jahr wurde er Erster Sekretär des Jungkommunistenkomitees der Stadt, und es begann eine Bilderbuchkarriere im Parteiapparat. In den Jahren, in denen Gorbatschow zum Gebietssekretär von Stawropol aufstieg, bewährte er sich als ein zupackender Funktionär und Parteichef, der eigene Vorstellungen zur besseren Organisation von Landwirtschaft und Industrie entwickelte und seine Maßnahmen zu vertreten wußte, ohne sich in Moskau Feinde zu machen. Fünfzehn Jahre ackerte er in der Provinz, ehe ihn die ersten Ämter nach Moskau brachten: als Abgeordneter des Obersten Sowjets und dann als Mitglied des Zentralkomitees.

1978 kam Gorbatschow zum erstenmal mit wirklicher Macht in Berührung. Er wurde beauftragt, vor dem Zentralkomitee die Hauptrede über die Landwirtschaftspolitik zu halten. Mit Agrarwissenschaftlern und den Leitern großer landwirtschaftlicher Betriebe arbeitete er eine Rede aus, wie sie den Mitgliedern der Führungsorgane in Moskau so sachlich und eindringlich noch nicht vorgetragen worden war. Er brachte keine Vorschläge für einen radikalen Kurswechsel in der Landwirtschaftspolitik ein, seine Rede war eher ein Kompromiß zwischen dem, was er für notwendig und dem, was er für möglich hielt. Aber die Mitglieder des Zentralkomitees entdeckten, daß da ein Mann auf seinem Spezialgebiet ernsthaft gearbeitet hatte und statt mit ideologischen Phrasen und geschönten Erfolgsmeldungen mit praktischen Erfahrungen und reellen Zahlen argumentierte. Besonders ältere Mitglieder von Zentralkomitee und Politbüro waren von seinem Auftreten angetan, und einige meinten schulterklopfend nach der Sitzung, hier zeige sich doch, daß es hoffnungsvollen Nachwuchs gebe.

Gorbatschow hatte Förderer und Fürsprecher in Moskau, die diesen Erfolg zu nutzen verstanden. Juri Andropow, der selber seinen Aufstieg ins Amt des Generalsekretärs vorbereitete, holte Gorbatschow, der mit Breschnews Clan nicht verfilzt war, als ZK-Sekretär für Landwirtschaft in den Führungsapparat. Der Posten galt als Schleudersitz. Der Rückgang der landwirtschaftlichen Produktion war seit Jahren offensichtlich und anscheinend unumkehrbar. Nur Getreideimporte aus Amerika sicherten die Brotversorgung des Landes, in dem Fleisch und Gemüse längst Mangelwaren geworden waren. Daran konnte auch der neue Landwirtschaftssekretär so schnell nichts ändern, aber im Führungszentrum der Partei am Alten Platz von Moskau, wo sich die meisten älteren Mitglieder des Politbüros überlastet fühlten, fiel er als harter, sachlicher Arbeiter auf.

»Er wirkte durch seine höfliche und ausgeglichene Art«, erzählten mir ZK-Mitarbeiter aus jener Zeit. »Er fluchte nicht, und er schlug nicht auf den Tisch, wie das bei Breschnew und anderen Politbüro-Mitgliedern vorkam. Er versuchte immer, einen Kompromiß zu finden und einen Konsens herzustellen. Er konnte meisterhaft den Eindruck erwecken, eine Entscheidung sei von allen gemeinsam getroffen worden, auch wenn es in Wirklichkeit seine Entscheidung war.« Auf den Tag ein Jahr nachdem er ZK-Sekretär geworden war, folgte die Beförderung zum Kandidaten des Politbüros, und noch einmal elf Monate später war Gorbatschow als Vollmitglied einer der vierzehn wichtigsten Männer der Sowjetunion.

Für eine solche Blitzkarriere braucht man nicht nur Förderer,

sondern man darf sich auch keine Feinde gemacht haben. Wer
in der Partei aufsteigen wollte, durfte keine Vorstellungen äußern, die sich von denen des ersten Mannes wesentlich unterschieden. Vielleicht weiß nur seine Frau Raissa, wann Gorbatschow begann, sich kritische und grundsätzliche Gedanken
über Zustand und Zukunft der Sowjetunion zu machen, und
aus welchen Wurzeln die Ideen gewachsen sind, die niemand
von einem Funktionär aus der Provinz erwarten konnte. Noch
im ersten Jahr seiner Amtszeit als Generalsekretär ließen seine
Reden nicht das Maß dessen erkennen, was er an neuem
Denken in die sowjetische Politik einbringen wollte. Aber die
Menschen in der Sowjetunion spürten schon etwas davon,
wenn sie im Fernsehen den neuen Mann agieren sahen. Er
ging in die Fabriken und ließ sich von Arbeitern berichten,
welche Schwierigkeiten sie hatten. »Entweder wir reden offen,
oder unser Gespräch hat überhaupt keinen Sinn«, sagte er in
einer Moskauer Automobilfabrik. Die Arbeiter waren daran
gewöhnt, hohen Funktionären bei zeremoniellen Besuchen zu
sagen, daß alles zum besten stehe. Aber nun hielt ihnen der
Parteichef entgegen, was sie selber nicht auszusprechen gewagt
hatten: daß die Propaganda nichts mit der Wahrheit zu tun
hatte. Vor Parteifunktionären in Leningrad sprach er von den
großen Anstrengungen, die das Land erst noch unternehmen
müsse, von einer gewaltigen Mobilisierung aller schöpferischen
Kräfte und davon, daß es notwendig sei, in der Wirtschaft, aber
auch in allen anderen Bereichen der Gesellschaft auf neue Art
zu arbeiten.

Gorbatschow verkündete kein ausgearbeitetes, festgeschrie-
benes Programm. Und er hatte wohl auch keines. Nur die
Grundzüge waren klar: ein erneuerter Sozialismus mußte von
der Versteinerung der Bürokratie befreit werden, und zur
Rechtfertigung seiner Politik griff Gorbatschow auf Ideen und
Organisationsformen aus der Zeit Lenins und Bucharins zu-
rück. Genossenschaftliche Betriebe statt riesiger Werke und
Handelsorganisationen, Arbeitermitverwaltung statt der Herr-

schaft der Direktoren sollten die produktiven Kräfte des Landes aus den Fesseln des Zentralismus lösen. In den zwanziger Jahren habe nicht nur der Weg in eine zentralisierte Kommandowirtschaft, so schrieb einer der eigenwilligsten sowjetischen Journalisten, Alexander Bowin, sondern haben auch andere Alternativen des Sozialismus zur Wahl gestanden. Es sei eine Ironie der Geschichte, daß in der Sowjetunion im Namen Lenins etwas verwirklicht wurde, was sich völlig von den Konzepten Lenins unterschied. Also müsse man nun eine historisch überlebte Form des Sozialismus durch eine andere ersetzen, sonst würden künftige Krisen in der Sowjetunion erweisen, daß der Kapitalismus zunehmend an Kraft und Überlegenheit gewinne. Was Bowin mit diesem Beispiel wirklich meinte, war leicht erkennbar: Wenn in den zwanziger Jahren, also vor Stalin, mehrere Modelle und Wege der Entwicklung diskutiert werden konnten, so rechtfertigte das nun eine Diskussionsfreiheit, die weit über die Grenzen hinausging, die ihr die Partei immer noch zu setzen versuchte.

Wir Ausländer bemerkten die Klimaveränderung zuerst auf internationalen Konferenzen, wo die sowjetischen Teilnehmer nicht mehr vorformulierte Erklärungen über Erfolge und Absichten der Führung verlasen, sondern untereinander diskutierten, die Schwierigkeiten und Mißerfolge offen ansprachen und sich über die Ursache der Krise und Wege zu ihrer Überwindung zu streiten begannen. Manchmal schienen die Fronten solcher Ost-West-Diskussionen sich verkehrt zu haben, wenn westliche Teilnehmer, die dem Wandel nicht trauten, starrer und dogmatischer argumentierten als die sowjetischen Wissenschaftler, die sich aus der Enge vorgeschriebenen Denkens gerade befreiten.

Wissenschaftler aus zivilen und militärischen Forschungsinstituten nahmen mit amerikanischen Atomwissenschaftlern Kontakt auf, um gemeinsam mit ihnen Methoden zur Fernüberwachung unterirdischer Atomexplosionen zu entwickeln. Sie wollten den Nachweis führen, daß ein Stopp solcher Atomversuche zuverlässig kontrollierbar sei. Das war ein Teil der Bemühungen sowjetischer Kernphysiker, den Parteiführern die Gefahren des Rüstungswettlaufs deutlich zu machen und Verhandlungsbereitschaft für den Abbau von Nuklearwaffen zu wecken. Ein solches Unternehmen, das auch im Westen schwierig genug war, wäre in Moskau ein oder zwei Jahre zuvor noch als Verrat bestraft worden. Mit den Anzeichen der ersten Lockerungen erwies sich nun, daß überall Menschen darauf gewartet hatten, neuen Ideen zum Durchbruch zu verhelfen.

In der Presse meldeten sich Schriftsteller und Kommentatoren zu Wort, die seit dem Tauwetter der Chruschtschow-Jahre nicht mehr offen geredet hatten. Sie beklagten die Verflachung und Verkümmerung des sowjetischen Denkens, nachdem die offizielle Zensur aus der öffentlichen Diskussion jene Werte ausgemerzt hatte, die dem Leben Rußlands noch bis in die ersten Jahre der Revolution hinein Sinn und Halt gegeben hatten. Der erste Mann der Partei redete über die Unfähigkeit und Vetternwirtschaft der Funktionäre, also nutzten auch die Journalisten die Chance, den Leerlauf der Apparate zu schildern. Auch wenn sie zunächst nur örtliche Mißstände ans Licht brachten, stellten sie die Hierarchie des Systems in Frage. Sie überführten in einem Fernsehbericht den Direktor eines großen Industriekombinats der Lüge: Eben noch hatte er behauptet, die schweren Sünden der Umweltverschmutzung bereut und abgestellt zu haben, da konfrontierten sie ihn mit den vergifteten Teichen, in die die Tankwagen seines Werkes noch immer Altöl und gefährliche Abfälle abließen, und zeigten ihn stotternd vor Wut den Zuschauern im ganzen Land.

Jeden Abend nach der Hauptnachrichtensendung »Wremja« saß nun der stellvertretende Generaldirektor des Zentralen Sowjetischen Fernsehens, Leonid Krawtschenko, an seinem Schreibtisch vor einer Batterie von Telefonen. Da riefen auf der Sonderleitung des Kreml verärgerte Mitglieder des Politbüros an, um sich über die Beiträge des Tages zu beschweren.

Auch die Gebietssekretäre der Partei waren gewohnt, polternd die Bestrafung oder Versetzung von Reportern zu verlangen, deren Berichte ihnen mißfielen. Die ganze Linie der Glasnost paßte ihnen nicht, und mehr als alle anderen Medien erregte das Fernsehen ihren Zorn.

In seinen Jugendmagazinen ließ Eduard Sagalajew eine junge Mannschaft Themen aufgreifen, ohne auf immer noch geltende Tabus und Verbote Rücksicht zu nehmen. Zuerst ging es um Schulen, Universitäten und das Erziehungssystem, dann tauchten in Diskussionen über die Sowjetgeschichte zum erstenmal Bilder von Trotzki auf, der fast fünfzig Jahre lang in der Sowjetunion eine »Unperson« gewesen war, deren Existenz die Geschichtsbücher einfach geleugnet hatten. Ein berühmter Kernphysiker, Professor Migdal, sprach über die Notwendigkeit, neue Ideen aufzunehmen, auch wenn das zunächst verwirrend und anstrengend sei, erwähnte ganz nebenbei den verbannten Andrej Sacharow und nannte ihn einen großen Wissenschaftler und wunderbaren Menschen. In frechen Glossen machten sich junge Reporter über die offizielle Propaganda lustig. Sie zeigten die riesigen Plakatwände mit politischen Parolen und die Menschen, die achtlos an ihnen vorbeigingen. Nein, sagten die Leute auf der Straße, was die Parolen eigentlich bedeuteten, wüßten sie nicht, das seien eben so Sprüche.

Ein Bericht vom Kongreß der Jungen Pioniere, der kommunistischen Schülerorganisation, war sensationell anders als sonst. Eine Woche lang hatten die zehn- bis fünfzehnjährigen Delegierten im Kinderlager auf der Krim die Schulungsreden ihrer Führer angehört. Nun waren sie mit weißem Hemd und rotem Halstuch angetreten, um der Abschlußresolution zuzustimmen. Aber kaum hatte ein älterer Funktionär den Text vorzulesen begonnen, als ein vierzehnjähriger Junge aus der aufgereihten Formation herauslief und auf die Tribüne stieg, auf der die Führer standen. Atemlos, aufgeregt und stotternd begann er zu protestieren. Eine Woche lang hätten die Jungen Pioniere fast nur Vorträge gehört und kaum selber etwas sagen dürfen. Aber was sie gesagt hätten, komme in der Resolution überhaupt nicht vor. Die Verbandsfunktionäre, Männer und Frauen Mitte dreißig, waren völlig verwirrt. Sie begannen miteinander zu flüstern, dann schaltete jemand die Lautsprecher ab und gleich danach auch die Scheinwerfer. Aber das Mikrofon des Fernsehens funktionierte noch, und die Kameras zeigten, wie im Halbdunkel ein Mädchen herbeilief, um den Jungen zu unterstützen. »Generalsekretär Gorbatschow hat doch gesagt, daß sich alle aktiv beteiligen und mitdenken müssen. Aber uns setzt man nur Reden und fertige Beschlüsse vor. Das soll nun Glasnost sein«, rief sie. Unten auf dem Platz hatten die Jungen Pioniere sie auch ohne Lautsprecher verstanden und klatschten ihr Beifall. An der Ecke des Podiums konferierten die Funktionäre. Dann ging einer von ihnen ans Mikrofon, die Lautsprecheranlage wurde wieder angeschaltet, und nun konnten alle seine Erklärung in voller Lautstärke hören: Es seien wohl Mißverständnisse aufgetreten, sagte er, aber man werde sich bemühen, sie aufzuklären und die Abschlußresolution neu zu formulieren.

Das war kein großes politisches Ereignis gewesen, aber unerwartet und aufregend war es doch, und die Tatsache, daß so etwas im Fernsehen übertragen wurde, wirkte wie ein Symbol dafür, daß im Lande tiefgreifende Veränderungen vor sich gingen. Für einen großen Teil der Parteifunktionäre war es eines von vielen Warnsignalen: Ihre Autorität und Macht wurde in Frage gestellt. Sie fürchteten, offene Diskussionen über die wirklichen Probleme des Landes und Lockerungen im zentral gesteuerten System könnten den Verfall der Herrschaftsordnung einleiten. Aber die Reformer fühlten sich von Gorbatschow ermutigt, in der sowjetischen Gesellschaft nach Gegenkräften zum Parteiapparat zu suchen. In seinen Reden verkündete der Generalsekretär, daß sich die sowjetische Gesellschaft nur wiederbeleben lasse, wenn die Selbstgerechtigkeit der Funktionäre erschüttert würde und sie sich durch Leistung und Überzeugungskraft vor der Bevölkerung legitimieren müßten. Gorbatschow glaubte, diesen Prozeß der Liberalisierung kontrollieren und schrittweise zum Ziel, zur Erneuerung von Partei und Staat, führen zu können. Es schien, als brauche er für sein Reformprogramm eine erneuerte, vielleicht sogar eine andere Partei, jedenfalls aber die Unterstützung der Bevölkerung und besonders der Intelligenz in Wissenschaft, Technologie und den Medien. Er begann einen Kampf auf unübersichtlichem Schlachtfeld, auf dem der Apparat jahrzehntelang allmächtig gewesen war und immer noch starke Bataillone hatte. Was Gorbatschow in Moskau an Reformen vorschlug oder auch beschließen ließ, zerrieben die Mühlen der unteren Partei- und Regierungsbürokraten, die sich dabei des Wohlwollens hoher Funktionäre sicher waren. Im Grunde hatten weder Gorbatschow noch seine Gegner völlig verstanden, wie brüchig Staat, Wirtschaft und Gesellschaft der Sowjetunion bereits geworden waren.

Die meisten Sowjetbürger glaubten wie Gorbatschow, das Land werde ein schnelles Aufblühen erleben, wenn es sich nur von den bürokratischen Bremsern befreie, von dem aufgeblähten staatlichen und wirtschaftlichen Führungsapparat, der fast zwanzig Millionen Menschen beschäftigte. Das sei der eigentliche Hemmschuh und die wahre Opposition gegen die Reformpolitik, sagte Gorbatschow. »Für die Perestroika aber sind ganz entschieden die Werktätigen, die Arbeiterklasse. Ständig spornen sie uns an, nicht zurückzuweichen und das Tempo der Erneuerung nicht zu verringern.« Gorbatschow war noch ganz den kommunistischen Vorstellungen und Formeln verhaftet. In Wirklichkeit hatten die Arbeiter nicht den Willen, in ihren Betrieben die Verantwortung zu übernehmen. Es gab keinen Aufbruch der Arbeiterklasse, und je weiter Gorbatschow die Arbeiten an seinem Wirtschaftsprogramm vorantrieb, desto deutlicher wurde das ganze Ausmaß der Schwierigkeiten. Er wechselte seine Wirtschaftsberater und ließ neue Programme entwerfen, als sich zeigte, daß eine technokratische Wirtschaftsreform nicht ausreichte. Die Grundvoraussetzung für eine Erneuerung in der Sowjetunion mußten geistige und politische Veränderungen der ganzen Gesellschaft sein.

Einflußreiche Kollegen Gorbatschows im Politbüro, besonders der KGB-Chef Tschebrikow und der konservative Jegor Ligatschow, machten in Reden und Interviews klar, daß sie eine Diskussion über Mängel des Sowjetsystems auf die Verbrechen und Fehler der Stalin-Ära beschränken wollten. Wenn sie in ihren Reden ideologische Einwände gegen die Politik des Neuen Denkens vorbrachten, fürchteten die Moskauer, dies sei die Vorbereitung für eine Entmachtung oder gar den Sturz Gorbatschows. Immer wieder gingen Gerüchte um, beim nächsten Parteikongreß oder ZK-Plenum werde er die Mehrheit gegen sich haben. Aber jedesmal gelang es ihm am Ende doch, die Abgeordneten für die Unterstützung seiner Politik zu gewinnen.

Ein Grund dafür war, daß sich mit der sowjetischen Gesellschaft auch die Parteifunktionäre verändert hatten. Sie lernten die Lockerungen zu schätzen, die sie von der ständigen Überwachung und der Furcht vor Maßregelungen befreiten. Die Männer aus der Wirtschafts-Nomenklatura, die Manager und Direktoren der großen zivilen und Rüstungsbetriebe, hatten entdeckt, wieviel Macht und privater Besitz ihnen unter den neuen Bedingungen zugewachsen war. Prinzipiell waren sie gegen Glasnost und Perestroika, gegen eine Demokratisierung, die Partei- und Staatsapparat unterhöhlte, aber dann erschienen ihnen die Möglichkeiten, die die Auflockerung für sie brachte, doch vorteilhafter als eine Rückkehr zum alten System. Wenn es zur Entscheidung kam, verweigerten sie den konservativen Führern die Gefolgschaft und hielten an Gorbatschow fest. Aber sie zwangen ihn auch, radikale Änderungen zurückzustellen, die Privilegien der Funktionäre zu schonen und einen Zickzackkurs einzuschlagen, der gerade Gorbatschows entschiedenste Anhänger enttäuschte und verunsicherte.

Einer, der die Kompromisse mit den konservativen Bremsern

unerträglich fand, war der Erste Sekretär der Moskauer Partei-organisation, Boris Jelzin. Gorbatschow selbst hatte ihn aus der Schwer- und Rüstungsindustriestadt Swerdlowsk am Ural nach Moskau geholt. Jelzin hatte als Ingenieur angefangen, war einer der großen Manager der Bauindustrie geworden und dann als hauptamtlicher Funktionär bis zum Parteichef von Swerdlowsk und zum Mitglied des Zentralkomitees aufgestiegen. In Swerdlowsk war er ein richtiger »Partokrat« gewesen, sagte mir seine Frau Naina einmal, und es war kein schmeichelhafter Ausdruck, den sie da benutzte: ein Parteifürst – einerseits ein dynamischer, zielbewußter Mann und andererseits einer, der sich mit der ganzen Macht seines Amtes durchsetzte und keine Rücksicht auf die Einwände von Mitarbeitern oder Experten nahm. Er war in seinem Gebiet energisch gegen Schlendrian, Korruption und Filz aufgetreten und hatte sich oft an Anweisungen der Zentrale gerieben.

Gorbatschow und Jelzin, beide im selben Jahr geboren, kannten sich von den Sitzungen des Zentralkomitees. In mancher Hinsicht gab es auffallende Ähnlichkeiten in ihren Karrieren wie in ihrem direkten Herangehen an praktische Probleme. Beide verzichteten in ihren Reden, soweit es ging, auf die eingeübten ideologischen Sprechblasen, und beide waren über den Zustand von Partei und Staat und den Lebensstil vieler Führer erbittert. Das hatte den Eindruck erweckt, als ob Gorbatschow und Jelzin befreundet seien, aber tatsächlich gab es nur wenige persönliche Berührungspunkte zwischen ihnen und kaum private Begegnungen und Gespräche. Ihre Temperamente unterschieden sich so sehr wie ihr Verhältnis zum Alkohol: Gorbatschow war ein Nichttrinker, wie seine Kollegen mit einigem Erstaunen verzeichneten. Jelzin trank Wodka wie ein richtiger Russe, auch wenn er sich von den alkoholischen Gelagen der Parteiclans fernhielt. Gorbatschow war ein blendender Taktierer und gewandter Diplomat, der Entscheidungen mit großer Weitsicht vorbereitete. Jelzin, ein großer, in den Bewegungen eher schwerfälliger Mann, sprach langsam und bedächtig, aber er setzte auch scharfe, oft persönlich verletzende Pointen.

Beide waren auf unterschiedliche Art ausgezeichnete Redner, die die Stimmung ihrer Zuhörer schnell aufzunehmen und für sich zu nutzen verstanden. Gorbatschow sprach oft ungewöhnlich lange, bis seine Zuhörer von Fakten und Gedanken, ironischen und manchmal auch pathetischen Formulierungen überwältigt waren. Wenn Jelzin dann in seiner zuweilen polternden Art den Lebens- und Arbeitsstil der Funktionärsschicht angriff, meinten die Moskauer, hier laufe eine abgestimmte taktische Operation ab, bei der Jelzin den Angriff führe und Gorbatschow das gewonnene Terrain absichere.

Als Chef des Moskauer Parteiapparats wurde Jelzin gerade deshalb schnell populär, weil er in der Hauptstadt hemdsärmelig wie ein Provinzchef auftrat. Als neuer Mann in Moskau, dessen Gesicht wenig bekannt war, ging er ins Lebensmittelgeschäft »Gastronom Nr. 1« und verlangte Rindfleisch. Als man ihm sagte, daß keines da sei, gab er sich als Erster Parteisekretär von Moskau zu erkennen und verlangte Auskunft darüber, wo das am Morgen angelieferte Fleisch geblieben sei und wer es verschoben habe. Solche Auftritte gefielen den Moskauern, die über die Schiebungen der Funktionärsschicht verärgert waren. Aber der entscheidende Kampf Jelzins als Parteisekretär war der mit den Funktionären selbst, von denen es in Moskau mehr als in jeder anderen Stadt der Sowjetunion gab. Sie hatten kein Interesse am Abbau bürokratischer Privilegien, und sie wußten, wie sie ihre Positionen verteidigen konnten. In den großen Ministerien und Verwaltungen, den zentralen gesellschaftlichen Organisationen, im Industrie- und Handelsapparat saßen routinierte Interessenvertreter, die den neuen Mann aus der Provinz auflaufen ließen. Manchmal gelang es ihm, Führungspositionen in Moskau handstreichartig neu zu besetzen, aber im Kampf um die Reform des Apparats wirkte Jelzin schließlich frustriert.

Als einer der ersten hatte er, schärfer als Gorbatschow, im

Frühjahr 1986 dem Partei- und Staatsapparat mangelndes Verantwortungsbewußtsein und Disziplinlosigkeit, Unfähigkeit und Chefallüren vorgeworfen. Er sprach von »Opportunisten mit dem Parteibuch in der Tasche«, die nur für ihre Privilegien kämpften, und forderte, mit den Wurzeln des Bürokratismus auch die soziale Ungerechtigkeit auszurotten. Damals kleidete er seine Kritik freilich noch in ein Bekenntnis zur Partei, die als einzige Kraft Veränderungen herbeiführen könne. Aber seine Zweifel an dieser Partei und seine Verbitterung saßen viel tiefer. Fünf Jahre später, als Jelzin der Präsident Rußlands war, steckte mir ein Mann, der sich als freier Journalist aus Swerdlowsk ausgab, ein altes Videoband zu, um Jelzin zu diskreditieren: Nach der Rückkehr von einem ZK-Plenum saß Jelzin offensichtlich betrunken an seinem Schreibtisch und redete über seine Erfahrungen in Moskau. Diese Partei sei ein einziger Misthaufen der Korruption, sagte er. »Du schaufelst einen Haufen Dreck weg, und kaum drehst du dich um, liegt der Dreck schon wieder da.« Die private Aufzeichnung aus undurchsichtiger Quelle schien mir mehr zu belegen als Jelzins schwieriges Verhältnis zum Alkohol. Sie zeigte, daß er die Partei nicht erst aus opportunistischen Gründen verließ, als ihre Macht zu zerfallen begann, sondern daß er sich innerlich schon viel früher von ihr gelöst hatte.

Seine kompromißlosen Angriffe auf die Privilegien der Spitzenfunktionäre, die oft fast wie Wutausbrüche wirkten, machten ihn für Gorbatschow zu einem schwierigen Verbündeten. Im Herbst 1987 war Jelzin nicht mehr bereit, sich an die Linie der Kompromisse zu halten, mit der Gorbatschow seine Reformpolitik gegen den Widerstand in den höchsten Parteiorganen durchbringen wollte. Vor dem Zentralkomitee, dessen Mehrheit Gorbatschow gerade auf seine Seite zu ziehen versuchte, ging Jelzin den Vertrauensmann der überwiegend konservativ gestimmten Funktionäre, Jegor Ligatschow, direkt an. Er lasse sich von ihm nicht mehr anschreien und schulmeistern, sagte er. Hohe Parteifunktionäre sollten sich nicht als Wundertäter ausgeben. Mit der Perestroika werde es nicht vorangehen, solange diese Partei einer Armee von Bürokraten und Schreiberseelen nicht zerschlagen sei. Mit den Futterkrippen der Funktionäre müsse Schluß gemacht werden, zumal sich die Versorgung der Bevölkerung nicht verbessert habe.

Jelzin griff auf breiter Front an. Er verlas Briefe aus der Bevölkerung, in denen der Abzug der sowjetischen Truppen aus Afghanistan gefordert wurde. Erregt und beschwörend wandte er sich an die versteinert dasitzenden Funktionäre: »Es ist Zeit, Genossen, zur Sache zu kommen. Es ist Zeit, die Macht zu gebrauchen. Wir haben die Macht. Sie ist uns vom Volk anvertraut worden, aber wenn wir im Sumpf versinken und sie nicht gebrauchen, um die Interessen des Volks zu verteidigen, dann wird die Perestroika ohne Ergebnis bleiben.«

Da er nun einmal mit einer Generalabrechnung begonnen hatte, nahm er sich auch gleich Raissa Gorbatschowa vor. Mit Telefonanrufen, Belehrungen und Aufforderungen mische sich die Frau des Generalsekretärs in seine Arbeit ein und verlange Unterstützung für ihre Kulturprojekte. Solche Eingriffe verbitte er sich. Das war im Zentralkomitee ein höchst außergewöhnlicher, persönlicher Angriff auf die Frau des Generalsekretärs – vielleicht ein Zeichen dafür, daß die Beziehungen zwischen Gorbatschow und Jelzin in jene Art persönlicher Feindschaft umzuschlagen begannen, die ihr Verhältnis in den Jahren danach prägte.

Vierundzwanzig Redner, darunter neun Politbüromitglieder, traten mit scharfen Reden gegen Jelzin an, beschuldigten ihn des ultralinken Radikalismus und warfen ihm politisches Abenteurertum vor. Generalsekretär Gorbatschow schien sich in seiner Rede zurückzuhalten. Er erwähnte Erfolge in der Moskauer Arbeit Jelzins, aber dann sagte er, es fehle Jelzin für die Führung der Parteiorganisation der Hauptstadt an Kraft und Einsicht, er habe seinen Ehrgeiz über das Interesse der Partei gestellt und die eigenen Schwächen andern zugeschrieben. Als das Politbüro Jelzin daraufhin ausschloß, soll Gorbatschow ihm zugerufen haben: »Dich lasse ich in die Partei nie wieder rein!«

Jelzin, so schien es, war politisch tot. In scheinbarer oder in diesem Augenblick vielleicht auch echter Zerknirschung übte er Selbstkritik an seinem Auftreten und bat Gorbatschow in einem fast verzweifelten Appell, ihn noch zu Lebzeiten politisch zu rehabilitieren. Die Partei vergab ihm nicht. In Moskau aber wurde Jelzin nun erst recht populär. Der Parteiapparat hatte ihn in eine Märtyrerrolle gedrängt. In den U-Bahn-Stationen klebten Handzettel, auf denen zu einer Demonstration für Jelzin aufgerufen wurde, aber dafür war es Ende 1987 denn doch noch zu früh, und nur drei Dutzend Menschen standen in kleinen Grüppchen wie zufällig und unbeteiligt zur angesetzten Zeit vor dem Haus für Volksaufklärung. Sie betrachteten einander mißtrauisch, niemand wußte, wer aus Sympathie für Jelzin gekommen war und wer, um die Sympathisanten zu bespitzeln.

Es gab keine Demonstration, aber eine Stimmung in der Bevölkerung, auf die Gorbatschow Rücksicht nehmen mußte. So verlor Jelzin zwar seine Parteiämter, doch er bekam unerwartet als stellvertretender Minister für das Bauwesen einen Posten mit Kabinettsrang. Das war eine drittklassige Position, aber damit verfügte er immerhin über den Apparat eines Ministerbüros und auch eine organisatorische Basis für seinen Kampf um die Rückkehr in die große Politik. In Moskau, wo Büros mit Telefon und Schreibmaschine knapp und private Fotokopiergeräte verboten waren, war das eine wichtige Startvorgabe für Jelzin, dem sich mehr und mehr enttäuschte Reformer aus Gorbatschows Mannschaft anschlossen.

Die Uhren der Sowjetgesellschaft gingen nun viel schneller als die der Partei. Die kritische Offenheit der Medien hatte in der Bevölkerung Diskussionen entfacht, die früher von Partei und KGB unterdrückt worden waren. Nun entstanden sogenannte »informelle Vereinigungen«, deren Zahl ein Alarmruf der Parteizeitung *Prawda* auf dreißig- bis vierzigtausend im ganzen

Lande bezifferte. Viele von ihnen bestanden aus jungen Leuten, die auf Dachböden und in Kellern Rock- und Jazzclubs gründeten und aus der organisierten Freizeit des kommunistischen Jugendverbands ausstiegen. Andere Gruppen gingen die sozialen Probleme des Landes mit idealistischem Einsatz an. Wenn nach offiziellen Angaben vierzig Millionen Menschen in der Sowjetunion unter der Armutsgrenze lebten und die staatliche Sozialversorgung versagte, wollten sie Alten, Kranken und Armen in den großen Städten Hilfe bringen. Ihre Vereinigung »Barmherzigkeit« fand bei den Verwaltungen und dem Jungkommunistenverband als nützliche Hilfsorganisation Unterstützung. Sie galt als politisch harmlos, aber auch sie durchbrach ein Monopol der Partei, der es bis dahin allein vorbehalten war, gesellschaftliche Arbeit zu organisieren.

Andere Gruppen erregten größeres Mißtrauen. Umweltschützer blockierten Baustellen, ketteten sich an alte Bäume, wollten historische Gebäude vor dem Abbruch retten oder gegen Atomkraftwerke protestieren. Ökogruppen, die Strategien des gewaltlosen Widerstands erprobten, waren in der Sowjetgesellschaft ein ganz neues Element. Oft wurden sie von bekannten Wissenschaftlern und Schriftstellern unterstützt, die früher schon in Eingaben an das Politbüro gegen die Umweltzerstörung eingetreten waren, ohne daß dies der Öffentlichkeit bekannt wurde. In vielen Städten bildeten sich Komitees der Vereinigung »Memorial«, die die Spuren der Schreckensherrschaft Stalins und des Stalinismus offenlegen und seinen Opfern Gedenkstätten bauen wollten. In den Betrieben versammelten sich die aktivsten Anhänger der Demokratisierung in politischen Klubs zur Unterstützung der Perestroika. Sie konnten sich auf die Reformpolitik des Generalsekretärs berufen, wenn Funktionäre ihre Arbeit behindern wollten.

Aber auch auf dem extremen rechten Flügel entstanden neue Gruppen. In Moskau brachte die Bewegung »Pamjat« – Gedächtnis – bei ihren Demonstrationen mehrere tausend Leute auf die Straße, die die alten Schlagworte des großrussischen Chauvinismus und Antisemitismus skandierten. Auch ihre Aufmärsche wurden geduldet, und vielen orthodoxen Parteifunktionären waren solche nationalkonservativen Kräfte näher als die Oppositionellen der »Demokratischen Union«, deren Demonstrationen verboten und von einer neugebildeten Spezialtruppe mit Schlagstöcken auseinandergetrieben wurden. Die »Demokratische Union« war zu weit gegangen. Sie forderte ein Mehrparteiensystem, freie Gewerkschaften, das Selbstbestimmungsrecht der Nationalrepubliken, und sie bezeichnete sich als Partei – in einer Sowjetunion, in der es nur die Kommunistische Partei geben durfte.

Ihr Führungsanspruch war in der Verfassung festgeschrieben: »Führende und lenkende Kraft der sowjetischen Gesellschaft, Kern ihres politischen Systems sowie der staatlichen und gesellschaftlichen Organisation ist die KPdSU.« Der Verfassungsartikel sicherte ihren Führern ein Machtmonopol, das sie über die Regierung stellte. Bei den Wahlen zu den Staatsorganen hatten die Parteifunktionäre die Namen aller Kandidaten festgelegt. Dieses Verfahren sollte nun geändert werden, denn Gorbatschow wollte die Funktionärskaste unter Druck setzen und neue Kräfte in die Parlamente holen. Ein Mehrparteiensystem wollte Gorbatschow nicht einführen. Ein so großer Schritt wäre gegen die Kommunistische Partei nicht durchzusetzen gewesen. Aber zu den Wahlen für den Kongreß der Volksdeputierten 1989 wurden zum erstenmal seit über sechzig Jahren die Kandidaten nicht nur von der Parteizentrale aufgestellt. Den besorgten Führern der KPdSU warf Gorbatschow einen Rettungsring zu: einhundert Delegierte – darunter auch Gorbatschow – nominierte der Parteiapparat und entsandte sie direkt in den Kongreß, ohne daß sie sich den Wählern stellen mußten. Aber längst nicht alle hohen Funktionäre kamen auf diese Liste. Die anderen mußten ihren Platz im Volksdeputiertenkongreß gegen Kandidaten erkämpfen, die auf öffentlichen Versammlungen nominiert wurden.

Zu ihrer Überraschung erlebten die Funktionäre, daß ein großer Teil der Bevölkerung erbittert auf diesen brandneuen demokratischen Rechten bestand. Wenn die Wahlkommissionen den Versuch machten, den Auswahlprozeß zu manipulieren, stießen sie meistens auf Widerstand. Selbst in einem entlegenen Provinzstädtchen wie Brjansk versammelten sich Tausende zum Protest, als ein Parteisekretär eine Journalistin, die zu kritisch geschrieben hatte, von der Liste streichen ließ. In den großen Städten setzten sich fast immer die Kandidaten durch, die mit der schärfsten Kritik an Partei und Staat auftraten. »Ihr müßt in langen Schlangen für schlechte Wurst anstehen, die nicht einmal die Katzen fressen«, rief Professor Jemeljanow von der Parteiakademie für Sozialwissenschaften einer Moskauer Wählerversammlung zu, »und die Parteibonzen werden aus Sonderläden mit salpeterfreier Wurst und biologisch angebautem Gemüse versorgt.« Ein Fernsehkommentator, der eine Bauernbewegung zu gründen versuchte, beschimpfte die Bürokraten der Ministerien und Verwaltungen als achtzehn Millionen unnütze Esser, die an ihren Posten klebten und die Entwicklung behinderten. Plötzlich entdeckten auch hohe Funktionäre und Militärs, wie schnell man bei wirklichen Wahlen zum Populisten werden konnte. General Titow, einer der ersten Kosmonauten, verteidigte die hohen Kosten des Weltraumprogramms mit dem Argument, Gorbatschows Antialkoholkampagne habe das Land viel mehr gekostet. Der Chef der Luftabwehr von Moskau sprach sich für eine Reduzierung der Verteidigungsausgaben aus und versprach den Wählern einen höheren Lebensstandard, wenn die Armee erst einmal nicht mehr so teuer sei.

Wenn wir abends durch die Wahlversammlungen in Bibliotheken, Kulturzentren und Sporthallen zogen, erlebten wir immer neue Überraschungen. Mit einer fast anarchischen Lust am Widerstand gegen die Autorität der Partei gingen unabhängige Kandidaten ihre Gegner an. Die Russen, die wir für geduldig und autoritätsgläubig gehalten hatten, waren nicht wiederzuerkennen. Die Veränderung war so unerwartet und unglaublich, daß die meisten Beobachter am Vorabend der Wahl immer noch annahmen, die Wähler würden sich überwiegend für Kandidaten entscheiden, die sich zu Gorbatschow und einer gemäßigten Reformpolitik bekannten. Aber am Wahltag erlebten viele Parteifunktionäre den Schock ihres Lebens. In Leningrad hatte der Gebietssekretär und Kandidat des Politbüros Juri Solowjow dafür sorgen können, daß er gar keinen Gegenkandidaten zu schlagen brauchte, aber er verlor trotzdem: Die Mehrheit der Wähler hatte seinen Namen auf dem Wahlzettel gestrichen. Mit nur fünfzehn Prozent der Stimmen war der starke Mann der Stadt durchgefallen. In den nächsten Tagen häuften sich die Meldungen von der Katastrophe, die über viele Parteisekretäre und hohe Funktionäre in den größeren Städten hereingebrochen war. Nur auf dem Lande und in kleinen Städten war es dem Parteiapparat noch einmal gelungen, viele seiner Kandidaten durchzubringen. Der eigentliche Paukenschlag aber war das Ergebnis im Wahlkreis Nummer 1 der Sowjetunion, der Hauptstadt Moskau selbst. Hier war Boris Jelzin gegen den Direktor der größten Automobilfabrik, einen angesehenen und erfolgreichen Mann der Wirtschaft, angetreten. Der Parteiapparat hatte alles versucht, Jelzin als erfolglosen Funktionär und oberflächlichen Demagogen zu diskreditieren, aber auf nächtlichen Wahlversammlungen vor dem Moskauer Rathaus, den ersten, die es je gegeben hatte, riefen Tausende »Jelzin, Jelzin«. Als die Stimmen ausgezählt wurden, hatte er einen überwältigenden Wahlsieg errungen: 89,4 Prozent aller Bürger von Moskau hatten für ihn gestimmt.

Auch der neugewählte Kongreß der Volksdeputierten war noch ein Kongreß von Kommunisten. 88 Prozent der Abgeordneten waren Mitglieder der KPdSU, aber dies waren ganz andere Kommunisten als ihre vom Apparat entsandten Vorgänger. Viele von ihnen waren kritische Intellektuelle, die im Laufe ihrer Karriere in die Partei eingetreten, aber nicht Apparatschiks geworden waren. Vor ihren Fernsehgeräten verfolgten die Sowjetbürger bis tief in die Nacht die Redeschlachten, die sich ihre neugewählten Vertreter lieferten.

Michail Gorbatschow mußte versuchen, diesen unübersichtlichen Kongreß von 2 250 Delegierten zu zügeln und zu dirigieren. Die eigentlichen Gegner seiner Reformpolitik, die immer noch konservative Mehrheit der Delegierten, waren verunsichert und meldeten sich nur mit kurzen, glanzlosen Reden. Sie waren gewohnt, sich der Führung durch den Generalsekretär der Partei zu unterwerfen. Die schärfste Kritik kam von Reformanhängern und Demokraten. In den erregten Debatten formierte sich zum erstenmal in der Sowjetgeschichte so etwas wie eine parlamentarische Opposition, ein lockerer Zusammenschluß, der sich nicht einmal Fraktion nennen durfte, aber unter der Führung von Boris Jelzin und Andrej Sacharow auf schnelle Veränderungen der Wirtschafts- und Gesellschaftspolitik, auf Demokratisierung und Verwirklichung der Menschenrechte drängte.

Wenn Gorbatschow in den Sitzungen das Bild eines Dompteurs bot, der die Debatten zu kanalisieren und abzukürzen und die Delegierten an kurzer Leine zu führen versuchte, verstanden viele von ihnen, daß Gorbatschow in dieser Situation auch Kompromisse eingehen mußte, um Reformen durchzusetzen. Aber wenn er seine Macht im Kongreß nutzte, fürchteten sie, Generalsekretär Gorbatschow wolle sich nun auch zum Staatsoberhaupt mit neuen, ungewöhnlichen Vollmachten machen, und das schien ihnen den Prozeß der Demokratisierung schon wieder zu gefährden. Gorbatschow sah die Schwierigkeiten sehr wohl, in die ihn die Verschiebung der Fronten brachte. Die Zeichen von Ungeduld und manchmal auch Unduldsamkeit wuchsen, wenn er die Debatten lenkte. Wahrscheinlich spürte er auch, daß er gerade auf dem Gebiet nicht vorwärtskam, auf dem die Sowjetbürger am meisten von seiner Politik erwarteten. Die Ansätze zu einer neuen Wirtschaftspolitik, die immer wieder revidiert, abgebrochen und neu formuliert wurde, brachten keine Erfolge, die das Leben der Bevölkerung fühlbar verbesserten.

Dennoch gewann Gorbatschow mit der ihm eigenen Mischung von Härte und Kompromiß, Vision und Taktik seinen Kampf um die Führung des Staates. Am 15. März 1990 wählten ihn die Delegierten zum Präsidenten der Sowjetunion. Er war der einzige Kandidat, und die Mehrheit war knapp: Siebenundfünfzig Prozent der Abgeordneten stimmten für ihn, nachdem der Kongreß erst zwei Tage vorher die Verfassung geändert und ein Gesetz über die Einführung des Präsidialregimes angenommen hatte. Nun war er nicht mehr nur Generalsekretär einer kommunistischen Partei, die unter seiner Führung auf ihren Alleinherrschaftsanspruch verzichtete. Zum erstenmal führte ein Mann die Sowjetunion, der auf demokratischem Wege ins höchste Amt gelangt war. Ohne die Namen ihrer Institutionen zu wechseln, war die Union der Sozialistischen Sowjetrepubliken ein anderes Land geworden.

Der neue Präsident galt im Ausland schon längst als ein Mann von weltgeschichtlicher Bedeutung. Indem er die sowjetische Außenpolitik aus ihrer Erstarrung und Isolierung löste, hatte er auch das Mißtrauen vermindert, das in Jahrzehnten des Kalten Kriegs und des Wettrüstens die weltpolitischen Fronten verhärtet hatte. Er war der erste sowjetische Politiker, dem die Welt zu glauben bereit war, wenn er einen Atomkrieg für nicht mehr führbar erklärte und ein neues politisches Denken beschwor, eine auf lange Sicht angelegte Zusammenarbeit bei der Lösung globaler Probleme, die die ganze Menschheit bedrohten. In der Heimat umstritten, lag er in den Meinungsumfragen des Auslands als populärster Politiker der Welt an der Spitze. Gemeinsam mit Außenminister Eduard Schewardnadse war er frei von dem paranoiden Argwohn gegen das Ausland, das die Politik seiner Vorgänger bestimmt hatte. Nun mischte sich die Sowjetunion nicht mehr drohend als waffenstarrender Koloß in die Weltpolitik ein, sondern als ein Verhandlungspartner, der auf internationalen Gipfelkonferenzen die in Jahrzehnten des Kalten Kriegs versteinerte Konfrontation aufzulösen versuchte.

Schritt um Schritt arbeitete Gorbatschow auf Abkommen zur Begrenzung und zum Abbau der strategischen Nuklearwaffen hin, in denen er die größte Gefahr der Menschheitsgeschichte erkannt hatte. Seine Politik wirkte auch deshalb glaubwürdig, weil sich das Verhältnis Moskaus zu den sozialistischen Staaten Osteuropas grundsätzlich zu ändern begann. Die Breschnew-Doktrin, die 1968 noch den Einmarsch sowjetischer Truppen in die Tschechoslowakei gerechtfertigt hatte, war abgeschrieben. Wenn die Länder Osteuropas den Weg politischer Reformen beschreiten wollten, drohte ihnen Gorbatschow nicht mehr mit militärischem Eingreifen. Eduard Schewardnadse erklärte öffentlich, die Sowjetunion unterstütze demokratische Reformbewegungen und wünsche diese Entwicklung unumkehrbar zu machen. »Alles, was jetzt in Osteuropa geschieht, betrachten wir als eine demokratische Revolution, die unseren nationalen Interessen entspricht.« Die neue sowjetische Außenpolitik griff in diese Wandlungsprozesse nicht aktiv ein, aber eine so deutlich erklärte Nichteinmischungspolitik, wie sie Gorbatschows demokratischen Grundprinzipien entsprach, öffnete die Schleusen für tiefgreifende Veränderungen, die auch dann revolutionär waren, wenn sie sich nicht so nannten.

Gorbatschow hatte sich auf die Arbeit vieler Experten und Wissenschaftler stützen können, als er in seinem Lande Verständnis dafür zu wecken suchte, daß die Interessen der Sowjetunion nicht mit Panzern, sondern mit Verhandlungen, Abkommen und durch Zusammenarbeit gesichert werden müßten. Das war eine neue Linie, der die Konservativen in Partei, Armee und Regierung nicht folgen wollten. Tatsächlich aber fand seine Außenpolitik bei der großen Mehrheit des Volkes Zustimmung. Der Rückzug der Soldaten aus Afghanistan, die Verträge über den Abbau der nuklearen Kriegsgefahr, der Abzug aus den Staaten Osteuropas und sogar das Ende der Teilung Deutschlands kam ihren Wünschen und Hoffnungen entgegen. Natürlich waren die Russen stolz auf den Sieg im

Zweiten Weltkrieg und auf den machtvollen Platz ihres Landes in der Welt, aber sie hatten sich nie in der Rolle von Unterdrückern gesehen.

Niemals haben mir so viele Leute die Hand gedrückt und mir gratuliert wie am Tag nach der Nacht, als in Berlin die Mauer gefallen war. Der erste, der mich ansprach, war einer der Polizisten vor dem Eingang unseres Hauses. Er winkte mich heran, als ich an ihm vorbeigehen wollte, und sagte: »Nun seid ihr ja wieder vereinigt. Es wurde auch Zeit.« Russische Fahrer auf dem Hof schüttelten mir die Hand. Handwerker auf dem Weg zur Arbeit kamen neugierig dazu, hörten, worüber wir sprachen, und einer sagte: »So eine Mauer, mitten durch eine Stadt, das war doch nicht normal.« Kollegen und Freunde riefen mich im Büro an und gratulierten zur Wiedervereinigung. Wenn ich einwendete, der Fall der Mauer sei noch keineswegs das Ende der Existenz zweier deutscher Staaten und auch noch nicht die Vereinigung, schienen sie mich gar nicht zu verstehen. »Ihr wart doch immer ein Volk, nun seid ihr wieder zusammen«, sagten sie. Ihre Worte rührten mich. Da war nichts von den kleinlichen Berechnungen der Strategen und Ideologen, die immer neue Vorbedingungen konstruierten – nur jene Menschlichkeit und Großzügigkeit, die ich an den Russen immer geliebt habe.

Die konservativen Parteifunktionäre, die etablierten Experten der Außenpolitik und die Militärs waren von der Vorstellung beunruhigt, die beiden deutschen Staaten könnten sich vereinen und Mitglied der westlichen Allianz werden. Sie redeten immer noch so, als lehne das Volk die neue Außenpolitik ab. Die Menschen in der Sowjetunion seien besorgt über die Demontage des Sozialismus und die Rückkehr des Kapitalismus in Osteuropa, sie hätten Angst um die Sicherheit der Sowjetunion, erklärte Gorbatschows Gegenspieler in der Partei, Jegor Ligatschow, bei der Gedenkfeier auf dem Feld von Kulikowo, wo russische Heere einst die Tataren und Mongolen geschlagen hatten. Er deutete an, was viele von Gorbatschows Gegnern meinten: Er habe mit seiner Osteuropapolitik verspielt, was Stalin im Zweiten Weltkrieg für die Sowjetunion gewonnen hatte. Der alte Herrschaftsapparat, der Gorbatschow die Aushöhlung seiner Macht vorwarf, fand neue, außenpolitische Argumente gegen die Liberalisierung im Inneren.

Das Jahr, in dem Gorbatschow Präsident der Sowjetunion und von der Welt durch den Friedensnobelpreis geehrt wurde, schien das erfolgreichste seines Lebens zu werden, aber es wurde ein Jahr der Spannungen und Krisen, in dem Gorbatschow alle taktischen Fähigkeiten nutzen mußte, um seine Führung im Widerstreit zwischen Anhängern und Gegnern zu verteidigen. Als er am 1. Mai auf dem Lenin-Mausoleum stand, zogen die Demonstranten anders an ihm vorbei als früher. Gewerkschafts- und Parteiorganisationen marschierten in ordentlichen Reihen über den Roten Platz, aber diesmal nicht nur mit Parolen der Zustimmung, sondern auch mit Warnungen vor Reformen, Marktwirtschaft und Arbeitslosigkeit. Und nach ihnen kamen, nicht von der Partei organisiert, Gruppen, deren Zulassung Gorbatschow selbst angeordnet hatte und deren Parolen ihn nun erschreckten: die Wählervereinigung Moskauer Demokraten, litauische Nationalisten, Monarchisten, Sozialdemokraten, Grüne, christliche Demokraten und Anarchisten. Und jedes ihrer Transparente, jeder Sprechchor kritisierte Gorbatschows Politik, warf ihm mangelnde Entschlossenheit im Kampf gegen die Konservativen und die Macht des KGB vor. Die Marschmusik aus den riesigen Lautsprechern vor dem Mausoleum sollte ihre Parolen übertönen, aber Gorbatschow brauchte die Worte nicht zu hören, um zu verstehen, welch eine Stimmung ihm entgegenschlug. Er stand zwischen dem gemäßigt-konservativen Ministerpräsidenten Nikolai Ryschkow und Moskaus liberalem Bürgermeister Gawriil Popow, unter sich den einbalsamierten Leichnam Lenins, hinter sich an der Kremlwand Stalins Grab und vor sich neue Kräfte der Politik, die er selber geweckt hatte. Gorbatschow wandte sich ab und ging.

Ich stand mit russischen Freunden auf den Stufen neben dem Mausoleum und sah ihm nach. Ein Abgeordneter, der in Wolgograd als Jungkommunistenfunktionär gewählt worden war, rief mir aufgeregt zu: »Ich warte auf den Tag, wo unsere Führer nicht mehr auf der Leiche von Lenin stehen.« Einen Schriftsteller, den ich seit dreißig Jahren als Demokraten kannte, war über beide Demonstrationszüge besorgt: »Rechts und links nur Bolschewiken ohne Toleranz und Geduld.«

Gorbatschow operierte im Minenfeld gefährlicher Gegensätze. In einer Gesellschaft, deren Kräfte sich polarisierten, hatte er keine Partei, die hinter ihm stand. Er mußte mit unterschiedlichen Verbündeten regieren. Aber wenn er einmal um die Unterstützung der Konservativen und dann wieder um die Zustimmung der Reformer und Demokraten warb, brachte er seine Politik ins Zwielicht und machte sich allen verdächtig. Keiner hatte wie er den alten Apparat der Sowjetunion zu manipulieren verstanden, aber nun rief gerade seine Politik Kräfte auf den Plan, mit denen er nicht umzugehen wußte. Was sie von ihm forderten, gefährdete seine Politik langsamer, wenngleich zielbewußter Schritte, durch die er die Sowjetunion zu ändern hoffte. Der Prozeß schien sich zu überschlagen, und so setzte Gorbatschow wieder auf Männer des Apparats, an deren Loyalität und Zuverlässigkeit er immer noch glaubte. Sie schotteten Gorbatschow ab, kontrollierten den Fluß der Informationen und erweckten bei ihm den Eindruck, seine Politik werde von den Demokraten bedroht. Aber sie selbst waren Gegner der Politik Gorbatschows geblieben, auch wenn sie sich als seine Helfer ausgaben. Die konservativen Kräfte, auf die sich Gorbatschow im Winter 1990/91 zu stützen begann, trauten ihm nicht.

Gerade weil Gorbatschow davon überzeugt war, daß die sowjetische Gesellschaft demokratisiert werden mußte, konnte er ihr den Wandel nicht in einem Kraftakt aufzwingen. Der Wechsel von Härte und Nachgiebigkeit blieb der Bevölkerung unverständlich und erschien als ein Zeichen der Schwäche.

»Der Meister improvisiert«, sagte einer seiner engsten Mitarbeiter, Alexander Jakowlew. »Es ist Gorbatschows starke Seite, seinen Standpunkt zu ändern, auch wenn ihm das mancher zum Vorwurf macht. Wenige Menschen sind wie er fähig zu sagen, was sie gestern geschrieben haben, sei Unfug. Aber mir gefällt seine Bereitschaft, neu zu betrachten, was er gestern geschrieben hat.« Tatsächlich wußte niemand, wie ein gewaltiger, zentralisierter Polizeistaat in wenigen Jahren aufgelöst und umgeformt werden könnte. Es gab dafür keine Beispiele und Lehrsätze. Aber das Land hatte auch weder die Zeit noch die Geduld abzuwarten, bis sich seine Lage im Prozeß von Versuch und Irrtum verbesserte. Es war den Menschen zur zweiten Natur geworden, die Welt in klaren Gegensätzen zu sehen: Gut und Böse, Kommunismus und Kapitalismus, staatliche Ordnung und demokratische Freiheit. Daß Gorbatschow ihnen eine solche Vereinfachung nicht anbot, erregte ihr Mißtrauen.

Und in Boris Jelzin stand Gorbatschow jetzt ein Volkstribun als Gegner gegenüber, der auf eigene Macht pochen konnte. Jelzin hatte die Wahlen zum Obersten Sowjet der Russischen Föderationsrepublik gewonnen und war zum Parlamentspräsidenten gewählt worden. Sogar die meisten kommunistischen Abgeordneten hatten für ihn gestimmt. In seiner ersten Erklärung vor dem Parlament fand er das Thema, mit dem er auch Konservative für sich gewinnen konnte: die Souveränität Rußlands, das zuvor nur ein untergeordneter Teil der Sowjetunion gewesen war. In der russischen Teilrepublik lebten über 150 Millionen Menschen, fast die Hälfte aller Sowjetbürger. Aber wie die kleinsten Republiken mit wenigen Millionen Menschen war auch Rußland den zentralen sowjetischen Institutionen und Apparaten direkt unterstellt. Rußland, die größte Republik, müsse endlich das Recht bekommen, die Politik der Sowjetunion entscheidend mitzubestimmen, forderte Jelzin. Zum Parlamentspräsidenten gewählt, trat er praktisch als Präsident Rußlands auf und verschaffte seinem Amt Ansehen und

Einfluß, die nur mit Gorbatschows Stellung in der Sowjetunion zu vergleichen waren. Rußland war ein reales Land, die Sowjetunion ein konstruiertes, sagte Jelzin. Und Gorbatschows Rolle verglich er mit der, die Königin Elisabeth im Commonwealth spielte.

Im russischen Parlament hatte Gorbatschow keine Anhänger, die ihn gegen Jelzin verteidigten. Selbst die Kommunisten der Russischen Föderationsrepublik fühlten sich benachteiligt: Im Gegensatz zu anderen Republiken durften sie keine eigene Parteiorganisation aufbauen, sondern wurden vom Zentralkomitee der KPdSU verwaltet. Nun gründeten sie eine »Kommunistische Partei Rußlands«, die nicht mehr bereit war, die Politik des Generalsekretärs einfach auszuführen. Wenn »Souveränität« ein Lieblingsbegriff der demokratischen Opposition war, so hatte das Wort »Rußland« für die Konservativen, auch unter den Kommunisten, besonderes Gewicht. Wenn Rußland innerhalb einer neugeordneten Union über seine eigene Politik und seine reichen Bodenschätze entscheiden könnte, wenn also nicht der Präsident der Sowjetunion, Gorbatschow, darüber bestimmte, so versprachen sich Reformer wie Konservative davon jeweils eigene Vorteile.

Jelzin kam beiden in seiner ersten Erklärung als Vorsitzender des russischen Parlaments entgegen: »Die Gesetze Rußlands müssen über den Gesetzen der Sowjetunion stehen. Wir werden die Zentralregierung dafür bezahlen, daß sie die Probleme löst, die für Rußland wichtig sind. Wir werden ihr so viel bezahlen, wie ihre Arbeit uns wert ist. Wir haben das Recht auf Unabhängigkeit und auch auf den Austritt aus der Sowjetunion. Wenn sich die Zentralregierung mit uns, mit Rußland, überwirft, dann wird sie überhaupt nichts mehr zu führen haben.« Das war eine Ermächtigungserklärung des russischen Präsidenten, der auch seine kommunistischen Gegner zustimmen konnten. Unzufrieden mit Gorbatschows Reformpolitik, waren auch sie dafür, daß Rußland Alleinbesitzer der Bodenschätze, Bergwerke, Kraftwerke und Industriekombinate wurde und sie dem Anspruch der Zentralregierung entzog. Wenn Gold, Öl und alles, was Rußland sonst exportieren konnte, nicht mehr in der Hand Gorbatschows und der Zentrale war, so würde dieser Reichtum der russischen Bevölkerung gehören, und russische Politiker und Funktionäre könnten über ihn verfügen.

Die meisten Russen waren überzeugt davon, daß die anderen Völker der Sowjetunion sie ausnutzten, daß sie auf vieles verzichten müßten, um andere durchzufüttern. Ärger und Neid der Russen richteten sich besonders gegen die Händler aus dem Kaukasus und den Republiken Zentralasiens, die ihre Früchte und ihr Gemüse zu hohen Preisen auf den Märkten der großen Städte verkauften und mit Koffern voll Mangelware in den Süden zurückkreisten. »Schwarze« oder auch »Schwarzärsche« nannten die Moskauer diese Sowjetbürger mit dem dunkleren Gesicht.

Aber in den anderen Republiken glaubten die Menschen auch, daß das, was sie erarbeiteten, von der Zentrale in Moskau verschleudert würde. Aus der ständig zitierten Freundschaft der Völker war Mißtrauen, in manchen Gebieten sogar Haß geworden, seit die Menschen ihre Forderungen vorzubringen und offen über die sozialen und nationalen Spannungen zu reden wagten.

ZERFALL:
DAS IMPERIUM LÖST SICH AUF

In der Sowjetunion lebten mehr als 100 Nationen, Völkerschaften und zum Teil winzige Volksgruppen zusammen. Das Staatsvolk des von den Zaren ererbten Imperiums waren die Russen, die über die Hälfte der Bevölkerung ausmachten. Ihre Sprache sollte das Bindemittel dieses Vielvölker- und Vielsprachenstaats darstellen und das Werkzeug für die Schaffung einer einheitlichen Sowjetnation sein. Aber es zeigte sich, daß die sowjetische Nationalitätenpolitik auf dem Wege zu diesem Ziel auf große, ja sogar wachsende Hindernisse stieß. Tatsächlich war die Nationalitätenfrage in der Theorie wie in der praktischen Politik nie eindeutig behandelt worden. Die Absicht, die Herrschaft der Partei und die Zentralgewalt in Moskau zu stärken, geriet stets in Widerspruch zu den theoretischen Leitsätzen, in denen die Kommunisten vor und auch noch nach der Revolution das Selbstbestimmungsrecht der unterdrückten Völker herausgestellt hatten.

Lenin hatte seinen Erben eine Formel hinterlassen, gegen die sie nicht offen verstoßen durften: So, wie die Menschheit nur auf dem Weg über die Diktatur des Proletariats zur Aufhebung der Klassenschranken gelangen könne, so werde die unaufhaltsame Verschmelzung der Völker nur auf dem Wege einer Übergangsperiode der völligen Befreiung der unterdrückten Völker erreicht. Unter der Doppellosung von Diktatur des Proletariats und nationaler Selbstbestimmung kämpfte die Rote Armee im Bürgerkrieg gegen die Versuche der Völker am Rande des russischen Kernlandes, sich von der Moskauer Herrschaft zu befreien. Stalin, der das Land schließlich seinem zentralen Machtapparat unterwarf, gab der Union eine föderative Verfassung und erhob Völker, die in ihrer Geschichte weder eine nationale noch eine staatliche Entwicklung gekannt hatten, zu Sowjetrepubliken, während er zugleich alle Selbständigkeitsbestrebungen unterdrückte. Bis zum Ende ihrer Geschichte versprach die Verfassung den Republiken das Recht, aus der Union auszutreten. Aber Moskau behielt immer die Macht, alle zu liquidieren, die diesen Rechtsanspruch einfordern wollten.

Chruschtschow, der Staats- und Wirtschaftsapparat dezentralisieren wollte, sah in seinen Reden den Übergang vom Sozialismus zum Kommunismus herannahen, eine Zeit, in der die Grenzen zunächst in der Sowjetunion, dann in der Welt ihre Bedeutung verlieren würden. »Alle Völker der Unions- und der Autonomen Republiken unseres Landes sind durch gemeinsame Lebensinteressen zu einer einheitlichen Familie verbunden. Damit verliert die Frage der Grenzen allmählich ihre frühere Bedeutung. Mit dem Fortschreiten unseres Landes zum Sozialismus verwischen sich gleichsam die Grenzen zwischen den einzelnen Republiken.« Er sprach einerseits von einer »stürmischen und allseitigen Entwicklung der Nationalitäten«, andererseits davon, daß sich die russische Sprache zur zweiten Muttersprache entwickeln würde. Damit war sie das wichtigste Instrument der Assimilierung und Verschmelzung der Völker. Unter Breschnew schließlich kam die Formel vom einheitlichen Sowjetvolk als einer neuen historischen Menschengemeinschaft in Umlauf, aber er kannte den wirklichen Stand der Entwicklung gut genug, um Parteitheoretiker, die schon von einer Sowjetnation zu sprechen begannen, zu bremsen. Die Völker der Union waren noch immer nicht bereit, ihre nationalen Identitäten aufzugeben. In Georgien war das Volk auf die Straße gegangen, als Russisch zur Amtssprache erklärt werden sollte, und der Parteisekretär Eduard Schewardnadse hatte die Ruhe erst wiederherstellen können, nachdem er in Moskau durchsetzte, daß Georgisch die Staatsprache blieb. Die Frage nach der Rolle der Republiken und Nationalitäten in der Entwicklung der Sowjetunion blieb in der Schwebe. An der Unfähigkeit, das Phänomen das Nationalismus zu erfassen und zu erklären, trat schließlich die ganze Unzulänglichkeit des Sowjetmarxismus als Theorie zur Erklärung der Gesellschaftsprobleme zutage. Als Gorbatschow 1991 versuchte, die Sowjetunion in eine wirkliche Förderation zu verwandeln, waren die Spannungen zwischen dem russischen Nationalismus und den Selbstbestimmungsforderungen der anderen Nationen schon so sehr angestiegen, daß ihre Entladung zum Zerbrechen der Union führte. Auch Gorbatschow hatte die Sprengkraft unterschätzt, die in dem ungelösten Nationalitätenproblem steckte. Den Krieg zwischen den Armeniern von Bergkarabach und den Aserbaidschanern hoffte er durch wirtschaftliche Zugeständnisse an die Armenier zu entschärfen. Er versprach Bergkarabach den Bau neuer Fabriken, die Verbesserung der wirtschaftlichen und sozialen Lage und einen Fernsehsender mit armenischem Programm. Er verharrte in der marxistischen Vorstellung, die Verbesserung der ökonomischen Bedingungen sei der entscheidende Faktor für das friedliche Zusammenleben von Armeniern und Aserbaidschanern. Auch ihm war die gefährliche Kraft des Nationalismus nicht bewußt geworden, die sich bald in fanatischen Aufständen und blutigen Kämpfen in den Randgebieten des Imperiums Bahn brechen sollte.

Tatsächlich entstanden starke Oppositionsbewegungen im letzten Jahrzehnt der Sowjetunion überall da, wo sich politische und ökonomische Forderungen mit nationalen Selbstbestimmungsansprüchen verbanden. Zum ersten Ausbruch blutiger Verfolgungen kam es 1989 in der aserbaidschanischen Stadt Sumgait, einer tristen, grauen und ärmlichen Ölindustriestadt, in der die Unzufriedenheit junger Aserbaidschaner explodierte. Sie protestierten gegen Moskau und das Sowjetsystem, aber ihr Zorn schlug um in blutige Gewalttaten gegen die armenischen Nachbarn in ihrer Stadt. In Armenien war es die intellektuelle Oberschicht, die zuerst mit einem grünen Programm gegen die Zerstörung der Umwelt in ihrer Republik, gegen die Chemiewerke, die die Luft verpesteten, und gegen die Gefährdung durch ein Atomkraftwerk auf die Straße gingen. Aus dem Protest gegen die Industriepolitik Moskaus, die als Ausbeutung empfunden wurde, entstand die Massenbewegung, die Freiheit und Selbständigkeit für Armenien forderte und der sich auch die führenden kommunistischen Funktionäre in Armenien nicht entziehen konnten. Die Verflechtung unterschiedlicher politischer und wirtschaftlicher Forderungen mit dem Anspruch auf Selbstbestimmung gewann ihre Schlagkraft im wiederbelebten Nationalismus der Völker.

Moskau hatte immer gegen den wiedererwachenden »bürgerlichen« Nationalismus kämpfen müssen. Auch in der Vergangenheit waren hohe Parteifunktionäre in der Ukraine, im Baltikum und in Zentralasien wegen nationalistischer Tendenzen getadelt und abgesetzt worden. Zumeist waren es Parteisekretäre gewesen, die als »autonomistische Kommunisten« mehr Selbständigkeit ihrer Politik in den Republiken erreichen und sich Moskauer Anweisungen entziehen wollten. Die sowjetische Bildungspolitik hatte in den Republiken neue Eliten herangezogen, die nun auch eine neue Verteilung der Macht beanspruchten. Sie agierten im eigenen Interesse, wenn sie in ihren Republiken und Regionen mehr Autonomie durchzusetzen versuchten, aber sie handelten in wachsendem Maße auch als Vertreter ihrer Völker und ihrer nationalen Kulturen, die sie vor der Russifizierung bewahren wollten.

Das Machtbedürfnis der Führungsschichten verband sich mit den nur zeitweise verschütteten nationalen Erwartungen der Menschen und der allgemeinen Unzufriedenheit über den Zustand der Sowjetunion. In fast allen Republiken fühlte man sich durch Moskau ausgebeutet – und Moskau, das waren die Russen, die selber fest davon überzeugt waren, daß ihr schwer erarbeiteter Wohlstand in die rückständigeren Unionsrepubliken abfloß. Die Nationalbewegungen in den Republiken leiteten den Zerfallsprozeß der Sowjetunion ein, aber ausgelöst wurde er schließlich von Rußland.

Im Frühjahr 1991 gab der Oberste Sowjet der Russischen Republik, in dem immer noch die Kommunisten die Mehrheit hatten, Rußland eine neue Verfassung. Sie stellte Parlament und Regierung Rußlands über die Organe der Sowjetunion; eine russische Regierung sollte von jetzt an selbständig russische Politik machen und nicht mehr vollziehendes Organ der Unionspolitik sein. Boris Jelzin, nun Präsident von Rußland, sprach davon, daß Gorbatschow, der Präsident der Sowjetunion, in Zukunft nur eine repräsentative Rolle spielen werde. Rußland werde die Zentralinstitutionen soweit unterstützen und bezahlen, wie es im russischen Interesse liege. Von den fünfzehn Sowjetrepubliken erklärten sich 1990, im ersten Halbjahr der Präsidentschaft Gorbatschows, fünf für unabhängig: Litauen, Lettland und Estland, Georgien und Armenien. Sieben Republiken erklärten sich für unabhängig im Rahmen einer Union mit geschwächter Zentralgewalt: Aserbaidschan, Weißrußland, Moldawien, Turkmenistan, Usbekistan und selbst die Föderative Republik Rußland, das Kernland der Sowjetunion.

Schon lange bevor die Sowjetunion sich auflöste, hatte sich also Rußland für unabhängig erklärt, und es entsprach der Logik, daß es die baltischen Staaten in ihrer Forderung nach Selbstbestimmung unterstützte, als Gorbatschow sie noch mit Druck und militärischer Drohung im Verband der Union zu halten suchte. Der russische Nationalismus, der den anderen Völkern als Hauptfeind erschienen war, hatte im Prozeß seiner eigenen staatlichen Entwicklung das Imperium gesprengt. Noch einmal versuchte Gorbatschow, den Staat zusammenzuhalten, indem er die Selbständigkeitsbestrebungen der Republiken in einem neuen Unionsvertrag berücksichtigte und aufzufangen trachtete. Aber die Führer der Republiken unterstützten ihn nur mißtrauisch und zögerlich, und in den zentralen Partei- und Staatsapparaten weckte Gorbatschows Plan erst recht erbitterten Widerstand. Unmittelbar vor der Unterzeichnung versuchten die Gegner des neuen Republikenvertrags im August 1991, Gorbatschow durch einen Putsch zu entmachten und das alte System wieder zu stabilisieren. Ihr Scheitern bewies, wie sehr veränderte Kräfteverhältnisse die Einheit der Sowjetunion und die Macht der Zentralorgane bereits ausgehöhlt hatten. Boris Jelzin rief als Präsident Rußlands zum Widerstand auf, und er stützte sich nicht nur auf die Moskauer Demokraten, die zu Zehntausenden das Weiße Haus verteidigen wollten, sondern auf die Menschen, die immer wieder »Rußland, Rußland« riefen, als er neben orthodoxen Geistlichen und Kosaken in zaristischen Uniformen vom Balkon des Weißen Hauses sprach.

Gorbatschow, der Präsident der Union, war vom Präsidenten Rußlands gerettet worden. Aber seine Macht gewann er nie wieder zurück. Je mehr er versuchte, den Verbund der Republiken in einer erneuerten Union zu erhalten, um so mehr befürchteten die Führer der Republiken eine Restauration alter Machtverhältnisse, die sie wieder der Moskauer Zentrale unterordnen sollte. Im Oktober 1991 beschlossen die Präsidenten von Rußland, Ukraine und Belarus (Weißrußland), ohne Ankündigung und Vorbereitung, die Auflösung der Sowjetunion. Ihre nächtliche Konferenz in einem kleinen Ort in Weißrußland glich fast einem Staatsstreich, der die Souveränität ihrer Staaten sichern sollte und an die Stelle der Union nur noch eine vage umrissene »Gemeinschaft Unabhängiger Staaten« setzte. Was Gorbatschow erhalten wollte, eine gemeinsame Außen- und Militärpolitik sowie die unter den Sowjets gewachsene Verflechtung der Wirtschaft mit dem Knotenpunkt Moskau, war in einer Nacht vom Tisch gewischt worden.

Keiner der drei Männer war zuvor als glühender Nationalist in Erscheinung getreten. Jelzin war im Gegensatz zu Gorbatschow immer als »typischer Russe« erschienen. Das hatte ihn populär gemacht, aber er schien sein Russentum als eine Selbstverständlichkeit zu betrachten, und ihm lag nicht daran, den russischen Nationalismus herauszukehren. Leonid Kraw-

tschuk, der Präsident der Ukraine, hatte als Ideologiesekretär
der Partei in seiner Republik Kampagnen gegen den Nationalismus geführt und galt ukrainischen Nationalisten als Gegner
und als Werkzeug der Moskauer Zentralmacht. In Belarus war
die nationale Opposition weit schwächer entwickelt als in den
meisten anderen Unionsrepubliken. Präsident Stanislaw Schu-
schkewitsch hatte erst spät Sympathie für die nationale Opposition gezeigt, in erster Linie, nachdem die Katastrophe von
Tschernobyl weite Gebiete der belorussischen Republik be-
troffen hatte. Kasachstans Präsident Nasarbajew, der sich als
Vierter dem Bündnis gegen Gorbatschows Union anschloß,
hatte in seiner Republik die islamischen und demokratischen
Nationalisten bekämpft, während er mit Moskau um mehr
politische Entscheidungsfreiheit rang. Nun setzten sie gemeinsam den Anspruch durch, ihre Republiken zu souveränen Nationalstaaten zu erheben.

Dem Präsidenten der Sowjetunion, Michail Gorbatschow,
blieben nach der Gründung der Gemeinschaft Unabhängiger
Staaten nur einige Wochen Zeit, sein Amtszimmer im Kreml
zu räumen. Dann erlosch mit seiner Präsidentschaft die Union
der Sozialistischen Sowjetrepubliken. Sie zerbrach am ungelösten Widerspruch zwischen Zentralstaat und Republiken,
zwischen der Nationalitätenpolitik und der Wirklichkeit der
Nationen. Was die Armee der Zaren erobert und das Heer der
Geheimpolizei Stalins zusammengehalten hatte, konnte der
Krise von Staat und Gesellschaft nicht widerstehen. Nach vierzig Jahren halbherziger, unvollendeter und gescheiterter Reformen in Moskau war der Mythos der Union verblichen. Das
Tempo, mit dem der Koloß auseinanderbrach, raubte uns Be-
obachtern fast den Atem und machte es schwer, nur Zuschauer
zu bleiben.

In der Nacht des 13. Januar 1991 stand ich unter Hunderten
von Litauern gegenüber dem Fernsehgebäude von Vilnius –
vor uns Soldaten auf Panzern der Sowjetarmee. Spätabends
waren sie durch die Stadt herangerollt, hatten drohend mit

ihren Kalaschnikows in die Luft geschossen, Demonstranten mit Gewehrkolben vertrieben und das Gebäude besetzt. Wo wir standen, waren Menschen verwundet worden. Einige Kilometer entfernt hatte es Tote gegeben, als die Soldaten den Fernsehturm stürmten. Es schien, als wollten die sowjetischen Truppen Litauen mit Panzern und Gewehren wiedererobern und den politischen Unabhängigkeitskampf der baltischen Staaten militärisch beenden.

Eine Woche zuvor waren wir in Moskau mit dem Kamerateam aufgebrochen – zuerst nach Riga, in die Hauptstadt Lettlands. Die Informationen, die uns in Moskau erreicht hatten, ließen uns glauben, daß in Riga die Lage am schnellsten zu einer Konfrontation drängte. In der großen russischen Bevölkerung, die seit dem Zweiten Weltkrieg in Lettland angesiedelt worden war, schienen sich Protestdemonstrationen vorzubereiten, seit klargeworden war, daß Lettland sich von der Sowjetunion loslösen würde. Wie in den anderen baltischen Staaten lebten die Russen in großen Plattenbausiedlungen, die die Rüstungswerke für die Arbeiter gebaut hatten, die sie aus Rußland heranholten. Sie sprachen weder lettisch noch estnisch oder litauisch. Sie waren vom kulturellen Leben der Städte abgeschnitten und lebten mit ihren Kinos, Schulen und Büchereien in einer abgeschotteten Sowjetwelt, in der sie auch die Verbindung zur Kultur Rußlands verloren hatten. Als Russen gehörten sie zum Staats- und Herrschaftsvolk, aber zugleich fühlten sie sich wie Fremdarbeiter in Republiken, deren Bürger stolz auf die traditionellen Verbindungen zu Skandinavien und Westeuropa waren. Daß das Leben in diesen Ländern, die Stalin im Zweiten Weltkrieg dem Imperium wieder angegliedert hatte, zivilisierter und angenehmer war, empfanden besonders die russischen Offiziere, die sich nach der Pensionierung gerne in der Nähe der Militärstützpunkte in den baltischen Städten zur Ruhe setzten. In Lettland war diese russische Kolonie so groß, daß die Letten in ihrer Hauptstadt Riga bereits zur Minderheit geworden waren. In Moskau nahmen wir an, daß die sowjetische Führung am ehesten in Lettland die Russen zum Widerstand gegen Unabhängigkeitsbestrebungen mobilisieren könnte.

An diesen kalten Januartagen aber schien in Riga alles ruhig. Am Rande der alten Innenstadt, deren Häuser an die hanseatische Blütezeit der Handelsstadt an der Ostsee erinnerten, hatten sich lediglich ein paar hundert Menschen zur angekündigten Demonstration versammelt – Russen, einfach und ärmlich gekleidet, die auf ihren Plakaten gegen steigende Preise protestierten. Sie gaben die Schuld an der schlechten wirtschaftlichen Lage der Politik der neuen Regierung Lettlands, und wenn sie auf die Politiker schimpften, dann war deutlich, daß sie nicht die in Moskau, sondern die ihrer eigenen Republik meinten. Die Demonstranten waren mit Bussen aus einem Industriewerk herangebracht worden, aber die Organisatoren hatten nicht den Auftrag, die Leute unmittelbar zum Protest gegen die Unabhängigkeitspolitik des Parlaments aufzustacheln. Vielleicht sollte hier zunächst nur die Grundlage gelegt werden, auf der sich später eine Volksbewegung gegen die Politik der lettischen Führer aufbauen ließe.

Die Kollegen vom lettischen Fernsehen waren Anhänger der Unabhängigkeitspolitik, obwohl sie doch wie alle Mitarbeiter sowjetischer Medien über das Auswahlsystem der Partei in die Redaktionen gekommen waren. Sie waren unsicher, wie es weitergehen würde. Einerseits schien ihnen, unter Gorbatschow werde es nicht zu einer gewaltsamen Unterdrückung der politischen Entwicklung kommen, die auf dem Wege zur Selbständigkeit so schnell fortzuschreiten schien. Andererseits fürchteten sie die Sowjetarmee, die schwerbewaffnet in Kasernen und Stützpunkten in Bereitschaft stand. Sie berichteten von Einheiten sowjetischer Sondertruppen, die sich am Stadtrand in kleinen Festungen verbarrikadierten – eine Soldateska, die lettische Zivilisten einschüchterte und deren Führer damit drohten, Regierungsgebäude zu stürmen und an den neuen Politikern Rache zu nehmen. Es waren gewalttätige Kerle, die sich von uns nicht filmen ließen, aber es war durchaus nicht klar, ob die brutale Kraft, die sie zur Schau stellten, nicht nur Prahlerei einer Gruppe von Söldnern war, die letztlich isoliert und weder in eine planvolle Politik eingebunden noch einer Kommandostruktur untergeordnet war. Die russische Bevölkerung selbst, davon waren unsere lettischen Kollegen überzeugt, verhielt sich eher passiv, wartete fast lethargisch auf die Entscheidungen der Politiker über ihr Schicksal. So hatten wir sie bei der Demonstration selbst in der Winterkälte stehen sehen.

Die Meldungen aus dem Nachbarland Litauen klangen nun bedrohlicher. Der Konflikt zwischen Vilnius und Moskau verschärfte sich. Das litauische Parlament hatte die Unabhängigkeit des Landes ausgerufen, aber nun berichteten die sowjetischen Medien aus Moskau, in Litauen entstehe eine Art Gegenregierung, ein Notstandskomitee der Nationalen Rettung unter der Führung wenig bekannter kommunistischer Funktionäre. Aus den Meldungen ging nicht klar hervor, ob die Zentrale in Moskau das Komitee anerkannte oder unterstützte, aber es war eindeutig, wozu es dienen konnte: Das Komitee konnte die Sowjetmacht gegen die Regierung in Vilnius zu Hilfe rufen und mit dem Anspruch, für Litauen zu sprechen, den Einsatz von Truppen gegen Litauens Regierung und Parlament rechtfertigen.

Das zentrale sowjetische Fernsehen versuchte, den Eindruck zu erwecken, als wäre in Litauen alles ruhig und als nehme die Bevölkerung von der politischen Krise kaum Notiz. Es zeigte Bilder von Menschen, die in den Straßen von Vilnius ganz normal einkauften, und von friedlichen Hochzeitsgesellschaften vor dem Standesamt. Das war wieder die alte sowjetische Informationspolitik, meinten die lettischen Kollegen. Auch sie erlebten, daß alles, was sie über die Politik und die gespannte Lage in Riga nach Moskau berichteten, von der Zentrale unterdrückt wurde. Die Nachrichten aus Litauen waren sicher nicht zuverlässiger, aber die Lenkung der Information ließ immer noch die Hoffnung, daß Moskau bisher nicht entschlossen war, eine Entscheidung mit Gewalt zu erzwingen. Wenn wir die Lage richtig einschätzen wollten, mußten wir von Riga nach Vilnius fahren. Die lettischen Kollegen gaben uns Hinweise und Namen zuverlässiger litauischer Kollegen und versprachen, alles vorzubereiten, damit wir im schlimmsten Fall, wenn es in Litauen zu bürgerkriegsähnlichen Kämpfen komme, unsere Berichte aus Riga absetzen könnten.

Auch Vilnius wirkte ruhig. Was wir frühmorgens in der Innenstadt sahen, schien die Berichte des zentralen Fernsehens zu bestätigen. Aber sie hatten die gespannte Erwartung nicht wiedergegeben, in der die Menschen der litauischen Hauptstadt nur äußerlich ruhig ihren Geschäften nachgingen. Auf dem Platz vor dem Parlament brannten noch kleine Feuer, an denen sich während der Nacht Menschen gewärmt hatten, die das Parlament gegen einen Überraschungsangriff schützen wollten. Traktoren schleppten Betonblöcke und Stahlträger heran. An schmalen Durchgängen standen bewaffnete Männer. Das Parlament tagte, wir konnten mit Abgeordneten und Regierungsmitgliedern sprechen, aber auf den Gängen wurden Waffen ausgegeben, und im Treppenhaus roch es nach Benzin: Da standen Flaschen und Kanister – Molotowcocktails, wie sie immer noch hießen. Das Parlament bereitete sich auf Angriff oder Belagerung vor.

Im Hotel »Lietuva« trafen wir viele Kollegen aus Moskau wieder. Von Zimmer zu Zimmer wurden Informationen ausgetauscht, wenn ein Korrespondent aus der Stadt zurückkam. Wir alle suchten das Notstandskomitee, aber wir fanden es nicht: weder bei der Eisenbahnergewerkschaft noch in ehemaligen Parteibüros. Vielleicht existierte es gar nicht, jedenfalls nicht in Vilnius. Mir fiel auf, wie eng die russischen Kollegen aus Moskau mit uns westlichen Korrespondenten zusammenarbeiteten. Die gleichen Sorgen beunruhigten uns. Aber ihre Befürchtungen gingen weiter: Sollte ein kommunistisches Notstandskomitee in Litauen mit Hilfe der Armee an die Macht gebracht werden, dann war das vielleicht nur eine Generalprobe für das, was alte Kommunisten und nationalistische junge Obristen in Moskau planten. Im Fernsehgebäude hatten die litauischen Kollegen alle technischen Vorbereitungen getroffen, damit wir unsere Berichte schnell schneiden und überspielen konnten. Noch waren es Berichte aus dem Parlament und von den Vorbereitungen zu seiner Verteidigung. Die sowjetischen Truppen zeigten sich kaum, sie standen in Kasernen und Stützpunkten am Rande der Stadt, hinter Toren, Mauern und Stacheldraht. Manche der Posten hatten weiße Gesichtsmasken übergezogen und sich unkenntlich gemacht – wahrscheinlich Angehörige der gefürchteten Sondertruppen des Innenministeriums. Nur hin und wieder rollte eine Panzerkolonne ziellos, aber drohend durch die Straßen. Was sie planten und vorbereiteten, konnten wir nicht erkennen.

Am Nachmittag wurde am Rande des Zentrums geschossen. Es war nur ein Zwischenfall, und wir kamen zu spät: Am kleinen zweistöckigen Haus der Gesellschaft für Sport und Technik, der Organisation für vormilitärische Ausbildung, war schon wieder alles ruhig. Aber die Soldaten hatten die Tür zerschlagen und im Stuck der Fassade ein Dutzend Einschußlöcher hinterlassen. Eine kleine Gruppe sowjetischer Soldaten hatte das Haus gestürmt und den alten Wachmann, den einzigen Menschen im Haus, gefangengenommen. Vielleicht hatten die Soldaten vermutet, bei der Gesellschaft für Sport und Technik gebe es Kleinkalibergewehre, aber sie hatten keine Waffen gefunden, und der Sinn ihrer Operation blieb unerklärlich.

Auf den Stufen des Verwaltungsgebäudes der Luftfahrtgesellschaft standen junge Soldaten mit ihren Kalaschnikows, vor ihnen ein Dutzend litauische Jungen und Mädchen. Sie warfen sich Worte zu, reizten und hänselten sich wie Halbstarke, und die jungen Männer in Uniform sahen kaum anders aus als die Litauer. Die Soldaten wirkten absurd jung, jünger als ihre siebzehn oder achtzehn Jahre. Sie stammten aus Sibirien und

Zentralasien, und was sie in Litauen machen sollten, wußten sie nicht. Sie leisteten ihren Militärdienst ab. Ich fragte sie, warum sie vor diesem Gebäude aufgezogen seien, und einer antwortete, sie seien da, um das Parlament zu schützen. Sie glaubten, am Parlament zu stehen, und als ich sie fragte, wer denn ihr Befehlshaber sei, sagte der eine, Gorbatschow, und der andere, ein Marschall in Moskau. Sie hatten nichts Bedrohliches an sich, irgendwie schien alles nicht allzu ernst zu sein, und ich beobachtete, wie sich ein Soldat von hinten an einen jungen Litauer schlich und ihn mit dem Lauf seiner Kalaschnikow im Haar kraulte.

In der Neustadt jenseits des Flusses aber wurde es gefährlich. Rund hundert Soldaten hatten die Zentraldruckerei und das Redaktionsgebäude der litauischen Parteizeitungen besetzt. Sie kamen anmarschiert und rückten durch die Haupteingänge ein. Die Pförtner hielten sie nicht auf, die Redakteure wurden beiseite geschoben, ohne Antwort auf ihre Fragen zu bekommen. Von den Chefs der Parteizeitungen versuchte keiner, die Soldaten und Offiziere zur Rede zu stellen. Die meisten, aber nicht alle der Angestellten, verließen daraufhin das Gebäude. Die Soldaten standen herum, suchten sich schließlich Stühle und Sofas und schienen keinen Befehl zur Durchsuchung oder Verhaftung zu haben. Aber die Besetzung des zentralen Pressehauses sprach sich in der Stadt schnell herum. Überfüllte Autobusse und Straßenbahnen entluden Hunderte von Menschen, die einander fragten, was das zu bedeuten habe. Sie kamen als Neugierige und blieben vor dem Gebäude stehen, zu dem nun der Einlaß verwehrt war.

Eine Stunde nach der Besetzung sahen wir ungefähr zweitausend Menschen – keine erregte Menge, sondern Leute in stillem, aber ganz offensichtlich entschlossenem Protest. Plötzlich marschierte eine Militärkolonne um die Ecke – zweihundertfünfzig Mann Marineinfanterie in Matrosenuniformen. Sie marschierten in bester Ordnung die Straße entlang, blieben auf Kommando vor dem Pressehaus stehen, machten »links um«,

wie auf dem Paradeplatz. Nun standen sie, durch eine Straßen-
breite getrennt, den litauischen Zivilisten gegenüber. Im Gebäude hinter den Litauern saßen die hundert Soldaten, die es
besetzt hielten. Drei Panzer kamen angerollt. In hohem Tempo und überraschenden Kurven versuchten sie, die Menschen
auseinanderzutreiben, die immer noch von den Haltestellen
heraufkamen und hinter und neben den Soldaten stehenblie-
ben, unschlüssig, was sie tun sollten. Sie sprangen auseinander,
wenn die Panzer kamen, aber sie ließen sich nicht verjagen.
Schließlich stoppten die Panzer neben den Marineinfanteristen.
Sobald sie standen, wirkten die Stahlkolosse weniger bedrohlich, und die Litauer gingen an sie heran, umdrängten sie, redeten auf die Panzerkommandanten ein, und einige junge
Männer versuchten, auf die Panzer zu klettern. Einer der Panzer begann zu schießen. Er schoß mit blinder, aber sehr lauter Munition, um die Menschen vom Panzer herunterzutrei-
ben und sich aus der Menge zu befreien. Ich stand kaum zwei
Meter vom Geschützrohr entfernt vor der Kamera. Die Männer, die vom Panzer sprangen, warfen unseren litauischen Kollegen um, und im Gedränge merkte keiner von uns, daß der
Knall unsere Trommelfelle verletzt hatte. Aber die Schüsse
scheuchten die Menschen nur ein paar Meter vom Panzer
weg. Wieder standen sich Soldaten und Zivilisten abwartend
gegenüber. Dann ein Kommando: Die Marineinfanteristen
pflanzten die Bajonette auf und kamen im Laufschritt über die
Straße auf die Menschenmenge zu. Sie schossen über die Köpfe
hinweg, Steinsplitter und von der Hauswand abprallende Ku-
geln verwundeten einige Menschen, aber die Menge stand,
und zwei Meter vor ihr blieben die Marineinfanteristen stehen
und richteten sich wieder aus. So standen sie fast zwei Stunden. Dann ein neuer Befehl: Abmarsch. Die Soldaten im Pressehaus blieben.
In den Schneideräumen des litauischen Fernsehens sahen wir
den Ablauf der Operation noch einmal auf unseren Aufnahmen an und rätselten gemeinsam mit litauischen, russischen

und ausländischen Kollegen, was der Sinn des Einsatzes gewesen sei. Das Pressehaus war schon besetzt gewesen, die wichtigsten Druckmedien also in der Hand der Armee, als die Soldaten und Panzer anrückten. Die Soldaten im Gebäude schienen für kurze Zeit abgeschnitten, aber die unbewaffnete Menschenmenge hatte nur vor dem Haus gestanden, und es wäre leicht gewesen, die Soldaten durch den Hinterausgang zu verstärken oder herauszuholen. Wozu also, fragten wir uns, der abgebrochene Sturmangriff? Was als Machtdemonstration der Armee zu beginnen schien, hatte eher die Unentschlossenheit der Führung bewiesen – jedenfalls nicht die Bereitschaft, auf die Menge der Litauer zu schießen. Die Menschen standen immer noch vor dem Haus, das die Soldaten besetzt hatten, und sie fühlten sich als Sieger, weil der Angriff der Marinesoldaten sie nicht hatte auseinandertreiben können.

Wir fuhren zum Parlament, das nun eine Festung war. Drinnen unter den Abgeordneten die gleiche Unsicherheit über das, was die Armee plante, aber auch die Entschlossenheit, das Parlament als Symbol litauischen Unabhängigkeitswillens zu verteidigen, falls die Armee es in der Nacht zu stürmen versuchte. Aber niemand hatte Truppenbewegungen im Stadtgebiet beobachtet, und so kehrten wir ins Hotel zurück und warteten ab. Im Halbschlaf hörte ich Schüsse, ziemlich weit entfernt, wie mir schien, aber es klang nach Panzerkanonen. Auf der Straße waren Hunderte von Menschen unterwegs, und wir schlossen uns ihrem Zug in Richtung Parlament an. Aber dort war alles ruhig. »Sie stürmen das Fernsehen«, riefen einige junge Männer, und wir machten uns im Laufschritt auf den Weg. Ein Lada hielt an. Der Fahrer fragte uns, ob wir auch zum Fernsehen wollten, und dann quetschten wir uns mit unserer Ausrüstung in sein Auto. Auf dem Vordersitz lag ein schwerer Hammer. »Dem ersten Soldaten, den ich sehe, schlage ich den Schädel ein«, sagte der Fahrer.

Aber wir blieben schon ein paar hundert Meter vor dem Fernsehhaus in der Menge stecken, sprangen aus dem Wagen und verloren unseren Fahrer aus den Augen. Wir versuchten, schnell, aber vorsichtig durch die Menschenmenge zu kommen. Die Litauer machten uns Platz, viele wollten uns Stellen zeigen, von denen wir die Ereignisse beobachten konnten. Panzer waren vor den Toren des Fernsehgeländes aufgefahren, bewaffnete Posten standen an den Türen, und Zivilisten, die sich dem Haus näherten, wurden mit Kolbenschlägen zurückgetrieben: Es waren litauische Fernsehkollegen, die aus Trotz und Protest mit ihrem Dienstausweis Einlaß verlangten. Die Soldaten ließen niemanden hinein, und das Fernsehen arbeitete nicht mehr. Die letzten Bilder, die die litauischen Kollegen gesendet hatten, waren die von Soldaten gewesen, die über die Korridore ins Studio einrückten. Dann waren die Bildschirme dunkel geworden.

Die Armee wollte nicht, daß Bilder ihrer Operation in Litauen, Rußland und in der Welt gezeigt würden. Greifertrupps verfolgten die Kamerateams auf der Straße. Einem spanischen Kollegen waren die Zähne ausgeschlagen worden, litauische und russische Fernsehteams hatten ihre Kameras verloren. Nun verbargen die Litauer mein Kamerateam und mich, ließen uns in der Menschenmenge untertauchen, wenn uns Soldaten mit ihren Handscheinwerfern suchten. Sie nahmen mir die Mütze vom Kopf, setzten mir einen Hut auf, damit die Verfolger mich nicht so leicht erkennen könnten. Wir waren das letzte Kamerateam, das noch Aufnahmen machen konnte, und die Menschen wollten, daß wir dokumentierten, was sich in dieser Nacht in Vilnius ereignete. Einmal mußten wir ungedeckt über die Straße: Da waren zwei Busse mit Zivilisten vorgefahren, mit stämmigen, zum Teil angetrunkenen Männern, die Ketten und Stöcke schwenkten und uns zu vertreiben suchten, ehe sie von den Soldaten ins Fernsehgebäude geführt wurden. Die Soldaten liefen auf uns zu, wir liefen über die Straße zurück und erreichten die Menschenmenge vor ihnen, die Reihen öffneten sich und ließen uns verschwinden. Die Soldaten warteten auf die nächste Gelegenheit, uns auf der offenen

Straße zu stellen, aber sie hatten offenbar nicht den Auftrag, sich in die Menge zu werfen und sich auf Kämpfe einzulassen. Am Fernsehturm aber kam es zu einem blutigen Zusammenstoß. Die Soldaten hatten mit ihren Panzern den Drahtzaun überrannt und waren die Treppen des Turms hinaufgestürmt. Über den niedergewalzten Zaun drängten ihnen litauische Zivilisten nach. Panzer versuchten, die Menge abzudrängen, überrollten und töteten Menschen. Vor dem Fernsehturm begannen Soldaten, auf die Menge zu schießen. Wieder gab es Tote. Die Menschen wichen zurück, aber sie umringten das Gelände und blieben bis zum Morgen stehen. Die Armee hatte den Fernsehturm besetzt, aber sie war eingeschlossen und isoliert, und jeder Ausbruchsversuch hätte zu einem Blutbad geführt – das war den Militärs klar.

Ehe es hell wurde, trafen wir uns mit den Kollegen im Hotel und tauschten Material und Informationen aus. Die russischen Fernsehkorrespondenten wußten, daß ihre Aufnahmen im Moskauer Fernsehen nicht gezeigt werden würden, aber sie begannen, Material für einen langen Dokumentarbericht zu sammeln. Sie telefonierten mit Freunden in Moskau und setzten sich mit demokratischen Abgeordneten in Verbindung: So früh wie möglich sollte die Dokumentation über die Ereignisse dieser Nacht in Moskau gezeigt werden, vielleicht im Haus des Films, vielleicht sogar vor den Abgeordneten im Parlament, um der offiziellen Version die Wahrheit entgegenzusetzen. Denn die Grundlinie der politischen Rechtfertigung der nächtlichen Angriffe wurde in den ersten Nachrichten aus Moskau sichtbar: Die Soldaten hätten einen Aufruhr litauischer Extremisten zurückgeschlagen. Aber die Bilder vom Fernsehturm zeigten, daß Litauer schon getötet worden waren, ehe ein Russe – ein Zivilist, vermutlich vom Geheimdienst – durch eine Kugel der eigenen Leute fiel. Und unsere Aufnahmen von der Ankunft der Busse am Fernsehgebäude konnten die offizielle Darstellung korrigieren: Erregte Arbeiter hätten versucht, so hieß es darin, beim Fernsehen gegen nationalistische, sowjetfeindliche Sendungen zu protestieren und seien von bewaffneten Redakteuren geschlagen und aus dem Haus getrieben worden. Nun hatten wir Bilder, die einen anderen Ablauf zeigten: Die Soldaten hatten das Gebäude schon besetzt, als die angeblichen Protestierer hereingeführt wurden. Die russischen Fernsehkollegen rekonstruierten den Ablauf der Nacht. Es war ihr Protest gegen den Versuch, mit der Macht der Armee die Entwicklung in der Sowjetunion zurückzudrehen.

Das Fernsehgebäude war in der Hand der Armee. Aus Litauen gab es für uns keine Übermittlungsmöglichkeit mehr. Ein junger litauischer Kollege lieh uns sein Auto, nicht ohne Besorgnis: Es war, sagte er, sein einziges Kapital, das er gegen eine Wohnung eintauschen wollte. Jetzt fürchtete er, daß wir an einer Straßensperre gestoppt, verhaftet würden und daß die Posten sein Auto mit unseren Kameras und Filmmaterial konfiszieren könnten. Es schneite, die leeren Nebenstraßen, auf denen wir nach Norden rasten, waren vereist. Nach viereinhalb Stunden erreichten wir Riga.

Die Zufahrt zum Fernsehgebäude war mit Lastwagen verstellt. Schweres Baumaterial wurde abgeladen, Barrikaden gebaut. Nachdem das Fernsehen in Vilnius besetzt worden war, wartete Riga auf die Sowjetarmee. Die lettischen Fernsehkollegen wollten die Besetzung bis zum letzten Augenblick übertragen und hatten ihre Kameras aufgestellt: hinter den Fenstern, an der Eingangstür und auf den Korridoren. Die Stimmung war gespannt, die Techniker zitterten vor Erregung, aber sie schafften es, für mich eine Verbindung zur »Tagesschau« nach Hamburg herzustellen. Wir waren überrascht, daß die sowjetischen Behörden die Leitungen nicht unterbrochen hatten.

Auch in den kleinen Straßen der Altstadt von Riga wurden nun Sperren errichtet, die die Soldaten aufhalten sollten. Aber noch war Vilnius der Brennpunkt des Konflikts. Nach der Besetzung von Pressehaus und Fernsehen saßen die sowjetischen Truppen isoliert in den eroberten Gebäuden. Sie hatten die Informationskanäle in der Hand. Das mußte bedeuten, daß sie neue Operationen planten, über die nicht mehr berichtet werden sollte. Als wir im Hotel »Lietuva« ankamen, winkte uns der litauische Direktor in sein Zimmer. Am Morgen seien sowjetische Offiziere bei ihm gewesen und hätten sich aufgeschrieben, in welchen Zimmern ausländische Korrespondenten wohnten. Soweit er sie verstanden habe, würden die Korrespondenten am späten Abend verhaftet und mit Autobussen nach Minsk, in die Hauptstadt von Weißrußland, abtransportiert werden. Man habe ihm versichert, daß alles auf korrekte Weise geschehen werde, nur Offiziere würden eingesetzt, um die Korrespondenten festzunehmen. Aber darauf wollten wir nicht warten. Wir fuhren sofort in die Festung des Parlaments weiter. Wenn die Armee die ausländischen Beobachter loswerden wollte, dann konnte das nur bedeuten, daß sie eine große Operation plante, und das konnte nur der Sturm aufs Parlament sein. Wir versuchten, uns vorzustellen, wie so ein Sturm ablaufen würde und wie wir ihn filmen könnten. Es gab zwischen den Barrikaden nur noch einen Hintereingang, der kaum mannsbreit war. Die Gänge im Parlament waren durch Sperren verengt worden, hinter denen Männer mit Schrotflinten, Sportgewehren, Handgranten, Molotowcocktails und Eisenstangen hockten. Wenn der Angriff käme – als Sturm auf das Gebäude oder mit Hubschraubern über das Dach –, würde es ein blutiges Handgemenge geben.

Im zweiten Stock lief eine Pressekonferenz des Präsidenten Landsbergis. Auf dem Gang berieten die Korrespondenten, wie sie in dieser Nacht arbeiten würden: Allen außer zwei oder drei Japanern war klar, daß es Wahnsinn war, den Angriff im Parlament abzuwarten. Im Handgemenge auf den engen Gängen würde kein Kameramann drehen können, und die Chance, mit Bildern lebend herauszukommen, war minimal. Die Presseabteilung des Parlaments war zu demselben Schluß gekommen wie die Korrespondenten; man verteilte an die Journalisten, die nicht ins Hotel zurück konnten, aber weiter arbeiten wollten, die Adressen von Familien, die bereit waren, sie

in ihrer Wohnung aufzunehmen. Man nannte uns einen Treffpunkt, eine Straßenecke, an der uns ein Mann erwartete. Ein-
zeln und in großem Abstand führte er uns in die Wohnung
einer jüdischen Familie – vorsichtig, damit die Nachbarn nichts
bemerkten. Die Hausfrau hatte Wurstbrote für uns gemacht,
und der Hausherr holte eine Flasche Wodka. Unser litauischer
Kollege verabschiedete sich: »Vielleicht sehen wir uns morgen
nicht wieder, dann bin ich schon verhaftet.« Er hatte Angst um
sich und seine Frau und sein kleines Kind. Aber trotzdem hatte
er für uns gearbeitet. Wir schliefen auf Sofas und Stühlen in
der kleinen Wohnung und horchten auf Stiefelschritte und
Schüsse.

Am Morgen atmeten die Menschen auf. Viele hatten die
Nacht an Barrikaden und Holzfeuern vor dem Parlament verbracht. Die Gefahr war nicht vorbei, aber der Angriff war nicht
gekommen. Ein Armeeposten stand auf der Brücke, wenige
hundert Meter vom Parlament entfernt, aber die Soldaten
rückten nicht vor und versuchten auch nicht, die Passanten anzuhalten oder zu kontrollieren. Die größeren Armee-Einheiten blieben am Rande der Stadt oder sicherten die Gebäude,
die sie besetzt hatten, ohne sich herauszuwagen. Wenige hundert Meter vom Fernsehgebäude entfernt war das Leben auf
den Straßen scheinbar ganz normal. Aber gegenüber dem
Funkhaus standen immer noch Menschen mit Kerzen in der
Hand, und sie hatten Blumengebinde mit Kerzen zur Erinnerung an die Toten auf die Straße gelegt. Die Armeeposten
standen auf der anderen Straßenseite und taten, als sähen sie die
trauernden Demonstranten nicht.

Mitarbeiter des litauischen Fernsehens standen in einer kleinen
Gruppe zusammen, einige hatten zwei Tage zuvor noch mit
mir in den Schneideräumen gearbeitet. Nun überlegten sie, ob
sie die Entschlossenheit der Besatzer testen sollten. Einer sagte,
das sei sein Arbeitsplatz und er werde nun Einlaß verlangen.
Aber als er auf der anderen Straßenseite am Tor seinen Dienstausweis zeigen wollte, stießen ihn die Soldaten herum und

trieben ihn zurück. Auch ich hätte gern gesehen, was sich da im besetzten Fernsehgebäude abspielte. Also rief ich die Nummer des Fernsehgebäudes an, und tatsächlich erreichte ich nach einigem Warten einen Offizier. Ich stellte mich vor und sagte, daß auf dem Hof, in einem Auto des litauischen Fernsehens, noch Stative und Lampen von uns lägen, die ich gerne abholen würde. Denn wir wollten nach Moskau zurückfahren, könnten jedoch unser Material nicht zurücklassen. Das hatte ich zwar nicht vor, aber mir schien, das würde den Armeeoffizier interessieren. Trotzdem glaubte ich nicht, daß mein Vorschlag Erfolg haben würde, und als ich über die Straße zum Eingang des Fernsehgebäudes ging, den Korrespondentenausweis des sowjetischen Außenministeriums in der Hand, wußte ich nicht, was mich erwartete. Die Posten waren abweisend, aber sie wußten nicht, was sie tun sollten.

Als ich hartnäckig stehenblieb, versuchten sie, sich Anweisungen zu holen. Zehn Minuten später erschien ein Offizier. Es sei ausgeschlossen, mich ins Gebäude zu lassen, sagte er, aber als ich ihm wieder beschrieb, daß ich unsere Ausrüstung holen und dann abfahren wollte, ging er mit mir am Gebäude entlang zu einem Gittertor. Die Litauer auf der anderen Straßenseite beobachteten uns: Würde ich hinter den Panzern verhaftet werden? Aber der Offizier blieb höflich, ließ mich in den Garagen nach unseren Lampen suchen, begleitete mich zurück zum Tor und entließ mich mit militärischem Gruß. Zwei Tage zuvor hatten mich seine Leute zusammenschlagen wollen, nun waren sie wieder eine ganz ordentliche Armee. Aber wir waren gewarnt: Als wir am Fernsehturm drehten, wo die sechzehn Litauer ums Leben gekommen waren, gingen wir nicht zusammen als Team, sondern unser russischer Kameramann ließ die Kamera in einer Plastiktüte unter dem Arm laufen, wenn wir näher an die Soldaten herankamen. Sie beobachteten uns mit Ferngläsern von ihren Panzern aus, aber die Litauer, die hinter uns standen, waren immer noch eine erregte Menge, und die Soldaten wagten sich nicht aus ihren Stellungen.

Alles Leben in der Stadt schien erstorben, als der große Trauerzug zur Kathedrale zog. Zehntausende waren an diesem Tag gekommen – nicht nur aus Vilnius, sondern aus dem ganzen Land Litauen. Jedem der Todesopfer vom Kampf um den Fernsehturm schritt eine Frau in litauischer Nationaltracht mit einem Bild des Toten voran. Jeder folgte ein Wagen mit einem blumenüberhäuften Sarg, begleitet von der Familie des Getöteten. Es war ein Bild großer Würde und großer Entschlossenheit, der Trauer, aber auch des Gefühls, daß die Toten nicht vergeblich gestorben seien. Die Sowjetarmee hatte Märtyrer geschaffen.

Das Notstandskomitee der Nationalen Rettung blieb verschwunden und meldete sich nie wieder zu Wort. In Moskau lehnte Gorbatschow die Verantwortung für die Gewaltaktionen der Armee ab, obwohl er es gewesen sein mußte, der die Fallschirmtruppen in die baltischen Republiken entsandt hatte. Welchem Befehl die Truppen unterstanden, blieb ebenso unklar wie die Frage, nach welchem Plan sie operiert hatten. Weder war der Widerstand der Bevölkerung in den baltischen Republiken gebrochen, noch waren die Russen in diesen Republiken zum offenen Protest gegen die Unabhängigkeitsbestrebungen mobilisiert worden. In Moskau und mehr noch in den entfernteren Provinzen der Sowjetunion wurden die Menschen nur ungenau oder falsch über die Ereignisse informiert. Fernsehen, Rundfunk und Zeitungen hatten weder die Bilder der nächtlichen Kämpfe noch der gewaltigen Trauerdemonstration gezeigt, aber die Bürger begriffen, daß dort eine Art militärischer Lösung versucht worden und die Aktion der Armee gescheitert war. Im Zentralen Moskauer Fernsehen riskierten zwei junge Moderatoren, Tatjana Mitkowa und Dmitri Kisseljow, ihren Job, um den Zuschauern klarzumachen, was wirklich geschehen war. Es war ihnen verboten worden, die Filmberichte ihrer Kollegen aus Litauen zu zeigen, aber sie berichteten, was in ausländischen Zeitungen und Agenturen darüber geschrieben wurde, und überließen es dann einem anonymen Sprecher, die »offizielle Darstellung« zu verlesen. Aufmerksame Zuschauer verstanden den Hinweis.

Drei Tage später konnten die russischen Fernsehkollegen Parlamentsabgeordneten in einer geschlossenen Vorführung ihre Dokumentation der Ereignisse zeigen. Die Abgeordneten waren beeindruckt. So hätten die Kommunisten 1968 die demokratische Regierung in Prag gestürzt, meinte Gleb Jakunin, ein orthodoxer Priester, der als demokratischer Abgeordneter ins Parlament Rußlands gewählt worden war. Dies sei die noch einmal gescheiterte Generalprobe für einen Staatsstreich in Moskau gewesen. Viele Abgeordnete, auch unter den Kommunisten, begannen, sich um die Zukunft des russischen Parlaments zu sorgen, das seine Ansprüche auf eine selbständige Politik angemeldet hatte. Präsident Jelzin trat offen für das Recht der baltischen Staaten auf Selbständigkeit ein, und die Abgeordneten unterstützten ihn. Im Januar 1991 gab es noch über die Grenzen zwischen den Nationalitäten hinweg die Solidarität von Sowjetbürgern, die Reformen anstrebten und den Weg zurück ins alte System ein für allemal unmöglich machen wollten.

Der Präsident der Sowjetunion, Michail Gorbatschow, gab eine Presseerklärung ab: Er bedauerte die Ausbrüche von Gewalttätigkeit in den baltischen Republiken, doch er betonte ausdrücklich, die Sowjetunion stehe über den Republiken und die Unionsverfassung habe Vorrang vor allen gesetzgeberischen Akten, mit denen Parlamente der Republiken ihre Unabhängigkeit ausriefen. Aber seine Worte zeigten keinen Ausweg aus der wachsenden Spannung zwischen der Zentralmacht in Moskau und den Forderungen nach Selbstbestimmung. Er sprach, als sei ihm die Tiefe der Krise nicht bewußt oder als hoffe er immer noch, die Konfrontation vermeiden oder hinausschieben zu können.

Nun meldeten sich auch zum erstenmal die Stimmen des konservativen russischen Nationalismus. Ein junger Reporter aus Leningrad, Alexander Newsorow, lieferte im Fernsehen einen dramatischen, heroisierenden Bericht über die russischen Soldaten in den baltischen Staaten – »unsere Jungen«, die dort Rußland verteidigten. Newsorow hatte in früheren Sendungen einen Enthüllungsjournalismus betrieben, der Skandale in der kommunistischen Verwaltung aufdeckte. So galt er als glaubwürdiger Demokrat, und das verlieh seiner Sendung über die baltischen Staaten bei vielen Russen Beweiskraft. Aber Newsorow war einer der ersten großrussischen Nationalisten, die an die Öffentlichkeit traten: Für ihn ging es vor allem darum, das russische Reich in den Grenzen der Sowjetunion zu erhalten – Rußlands Imperium. Darüber sprachen sonst nur junge Offiziere, die man die »Schwarzen Obristen« nannte und die Gorbatschow mit einem Staatsstreich drohten. Nach der Niederlage in Litauen begann Newsorow selbst, in anderen baltischen Staaten gefährliche Zwischenfälle zu provozieren: Mit bewaffneten Söldnern und vor laufender Kamera versuchte er, in Riga das lettische Innenministerium stürmen zu lassen – um russische Offiziersfrauen zu befreien, die dort angeblich gefangengehalten wurden. Aber sein Angriff scheiterte, und sogar die offiziellen Medien meldeten, daß sich in dem Ministerium keine gefangenen Frauen befunden hätten. Nach den Ereignissen von Vilnius war niemand bereit, einen neuen Bürgerkrieg zu riskieren. Noch war Newsorow ein Einzelgänger, aber er nahm den radikalen Nationalismus vorweg, den russische Extremisten nach dem Zerfall der Union zu einer politischen Waffe schmiedeten.

SCHLUSSAKT:
DIE PARTEI TRITT AB

Mitte August 1991 machte ich Urlaub in dem Bergdörfchen Archis am Nordhang des Kaukasus. Auch hier, in der Republik der Karatschaier und Tscherkessen, gab es Spannungen zwischen diesen beiden Völkern und den Kosaken, die sich als Vertreter Rußlands fühlten. Aber bis in das Bergdorf hinauf, in dem ausschließlich Angehörige des Turkvolks der Karatschaier lebten, machten sie sich kaum bemerkbar. Unsere Nachbarn versorgten uns mit Hammelfleisch, Eiern und Gemüse, und als unsere Abreise näherrückte, meinten sie, wir sollten die schöne Bergluft noch länger genießen. In Moskau stand die Unterzeichnung eines neuen Föderationsvertrags bevor, der das Verhältnis zwischen den Sowjetrepubliken neu regeln sollte. Die Bergbauern, Lehrer und Angestellten in den kleinen Nachbarhäusern von Archis glaubten nicht, daß ich deshalb in die Hauptstadt zurückmüsse. Vielleicht hatten sie recht, dachte ich, aber ich fuhr trotzdem. Spät am Sonntagabend war ich wieder in Moskau.

Montag früh um halb sieben klingelte das Telefon. Eine deutsche Kollegin, eine Cutterin aus dem Studio, hatte ihr Fernsehgerät eingeschaltet und statt des normalen Programms nur eine Sprecherin gesehen, die eine Meldung verlas. Die Meldung sei schon mehrfach wiederholt worden. Sie verstehe nicht ganz, um was es sich handele, aber Gorbatschows Name komme vor, und jedenfalls sei irgend etwas nicht normal. Tatsächlich: Im Fernsehen gab es nur ein Programm – die Verlesung einer Erklärung der »sowjetischen Führung«: »Im Zusammenhang mit der krankheitsbedingten Amtsunfähigkeit von Michail Sergejewitsch Gorbatschow gingen gemäß Artikel 127 (7) der

Verfassung der UdSSR die Vollmachten des Präsidenten auf den Vizepräsidenten der UdSSR, Genadi Iwanowitsch Janajew, über.« Ein Staatskomitee für den Ausnahmezustand der UdSSR sei gegründet worden, und in seinem ersten Erlaß verbot es Demonstrationen und Streiks, übernahm die Kontrolle über die Massenmedien und unterstellte sich die Macht- und Verwaltungsorgane aller Ebenen in der Sowjetunion.

Eines der ersten Dokumente, die an diesem Morgen verlesen wurden, machte die Zusammenhänge deutlich, die den Putsch ausgelöst hatten: Der Vorsitzende des Obersten Sowjet, Anatoli Lukjanow, stellte die Unterzeichnung des Unionsvertrags als einen verfassungswidrigen Schritt zur Auflösung der Sowjetunion dar. Die Unterzeichnung des Vertrags, der das Verhältnis der sowjetischen Völker zur Zentralmacht in Moskau neu regeln sollte, war für den Dienstag angesetzt. Noch war Gorbatschow mit seiner Familie in der Urlaubsdatscha auf der Krim, aber an diesem Montag, dem 19. August, wollte er zurückkehren. Nach diesen Erklärungen in Rundfunk und Fernsehen gab es keinen Zweifel: Gorbatschow, wo immer er sich aufhalten mochte, würde nicht zur Unterzeichnung in Moskau sein können.

Im Zentrum der Stadt hatten die meisten Menschen, die in der Nähe des Kreml zur Arbeit gingen, die neuesten Meldungen noch gar nicht gehört. Andere kannten die Erklärung des Komitees, aber sie wußten nicht, was sie bedeutete, und wollten ihre Meinung nicht sagen. Einige hielten es für ausgeschlossen, daß der Präsident ohne eine Zusammenkunft des Obersten Sowjet abgelöst werden könne. Diese Zeiten seien doch vorbei, meinten sie. Sie hatten die langen Kolonnen von Panzern und Mannschaftstransportern noch nicht gesehen, die aus dem Westen und Südwesten auf die Stadt zurollten. Selbst an den Einfallstraßen aber waren die Moskauer seltsam unbeeindruckt. Der Berufsverkehr floß in die Stadt, die Panzerkolonnen mußten sich durch ihn hindurchquälen, die Busse und Autos machten keinen Platz, und die Soldaten winkten ihnen zu.

Durch dieses zäh fließende Verkehrsgemisch drängte sich gegen halb zehn ein kleiner Konvoi von zwei schwarzen SIL-Limousinen und zwei Wolgas. Um Viertel nach sechs hatte ein Mann der Leibwache Präsident Jelzin aus dem Schlaf geklingelt und berichtet, es habe einen Staatsstreich gegeben. Während die Leibwächter die Umgebung der Datscha in Archangelskoje zu sichern begannen, trafen Jelzins nächste Mitarbeiter ein, liehen in einer Nachbardatscha eine Schreibmaschine, beschafften bei anderen Nachbarn ein Faxgerät. Sie arbeiteten an einem Aufruf, der zum Widerstand gegen den Staatsstreich aufforderte. Die Leibwächter hatten in der Umgebung von Archangelskoje Wagen mit Kennzeichen des KGB erkannt und überlegten, ob man Jelzin mit einem Boot oder zu Fuß durch die Wälder aus der Datscha wegbringen solle. Aber Jelzin entschied: »Wir fahren im SIL, ganz offiziell mit Wimpel. Sollen sie doch versuchen, auf den rechtmäßig gewählten Präsidenten zu schießen.« Jelzin behielt recht. Ohne Zwischenfälle brachte ihn seine Kolonne um zehn Uhr zum offiziellen Präsidentensitz, dem Weißen Haus.

Auf dem Kutusowski-Prospekt rollten die Panzer der Gardedivision Tamansk über die Moskwa-Brücke, bogen zum Weißen Haus ab und postierten sich an den Zufahrten. Ein Panzer stellte sich unmittelbar vor dem breiten Treppenaufgang des Weißen Hauses auf. Aber da waren schon die ersten Moskauer gekommen, die den Putsch nicht hinnehmen wollten. Die jungen Männer, die in der Armee gedient hatten, kletterten auf den Panzer, öffneten die Luke und zogen einen jungen Soldaten heraus. Der wußte sich nicht zu wehren, und niemand kam ihm zu Hilfe.

Dann kommt Jelzin die breite Treppe vom Weißen Haus herab und steigt auf den Panzer, ohne daß die Soldaten der anderen Tanks etwas unternehmen. Sie haben Befehl, das Weiße Haus zu umstellen, aber sie können sich nicht vorstellen, daß sie auf den Präsidenten Rußlands schießen sollen. Noch ehe sich die Putschisten selber zu Wort melden, hält Jelzin die erste

Rede des Tages. Er ruft zum Widerstand gegen den Putsch auf, den er reaktionär und verfassungsfeindlich nennt, und er erhebt die Forderung, Gorbatschow unverzüglich nach Moskau zu bringen und vor dem Volk sprechen zu lassen. Jelzin verliest die Erklärung, die er am frühen Morgen ausgearbeitet hat, das Programm des Widerstands. Es beleuchtet den politischen Zusammenhang, der die Gegner zum Staatsstreich veranlaßte. »Trotz aller Schwierigkeiten und der schweren Heimsuchungen, die das Volk erlebt, nimmt der demokratische Prozeß im Lande immer weiter seinen Aufschwung und gewinnt unumkehrbaren Charakter. Die Völker Rußlands werden die Herren ihres eigenen Schicksals ... Die Willkürrechte von nicht verfassungsgemäßen Organen, auch der Partei, sind bereits wesentlich eingeschränkt worden. Die Führung Rußlands tritt entschieden für den Unionsvertrag ein und strebt die Einheit der Sowjetunion sowie die Einheit Rußlands an. Unsere Position in dieser Frage ermöglichte es, die Vorbereitung dieses Vertrags zu beschleunigen, ihn mit allen Republiken zu vereinbaren und das Unterzeichnungsdatum festzusetzen – den 20. August 1991.«

Nur ein paar hundert Menschen hören Jelzins Worte. Sie sind die ersten Moskauer, die das Weiße Haus verteidigen wollen. Aber schon arbeiten zwei illegale Rundfunksender, und viele Zeitungen lassen noch einmal Aufrufe zum Widerstand drukken, ehe Soldaten ihre Gebäude umstellen. In vielen Redaktionen hat man Michail Gorbatschow in den Monaten zuvor kritisiert, weil er die Pressefreiheit einschränken und das Tempo der Reformen drosseln wollte. Aber nun haben ihn die konservativen Politiker, mit denen er sich umgab, zum Gefangenen gemacht, und das wollen auch seine Kritiker nicht hinnehmen. In einer Seitenstraße hinter dem Moskauer Rathaus, die schon von Panzern abgeriegelt ist, treffe ich meinen Freund Anatoli Pankow, mit dem ich auf Sibiriens Flüssen Kanu gefahren bin. Nun ist er Chefredakteur der Zeitung *Kuranty*. Auf seinem Schreibtisch liegt die Notstands-Sonderausgabe Num-

mer 1, eine zweite wird es vermutlich nicht geben. »Der Faschismus kommt nicht durch« steht unter einem Foto, das Moskauer Bürger vor Panzern zeigt. Darunter druckt *Kuranty* die Aufrufe Präsident Jelzins, des Vizepräsidenten und des Moskauer Bürgermeisters. Ganz oben auf der Seite steht als Vorbemerkung ein kurzer, schnell hingeworfener Text. »Trotz unseres kritischen Verhältnisses zu Michail Gorbatschow, einigen seiner Handlungen und der Form seiner Wahl – nicht durch das Volk, sondern durch die Volksdeputierten – haben wir ihn doch als Präsidenten der UdSSR akzeptiert. Was heißt nun: ›im Zusammenhang mit der krankheitsbedingten Amtsunfähigkeit‹? Ist er erkältet? Nicht bei Sinnen? Warum gibt es keine offizielle Erklärung von ihm? Es ist klar, daß die Bolschewiki alles auf eine Karte gesetzt haben und im Lande ein Staatsstreich unternommen wurde. Aber man kann das Volk nicht auf die Knie zwingen. Dies ist eine Verschwörung von Menschen, die schon verurteilt sind.«
Eine halbe Million Aufrufe zum Widerstand werden in der Hauptstadt verteilt. Am Nachmittag sind es drei illegale Rundfunkstationen, die zumindest in der ganzen Innenstadt zu hören sind. Sogar in eine Nachrichtensendung des zentralen sowjetischen Fernsehens, das als einziges noch, unter strenger Kontrolle, senden darf, schmuggelt ein Reporter Bilder von den Menschen am Weißen Haus ein. Der Text scheint die ersten Widerstandshandlungen zu verurteilen, aber man sieht, daß sich Menschen versammelt haben und daß Boris Jelzin auf einen Panzer steigt. Was Jelzin sagt, dürfen die Zuschauer nicht hören, aber der Bericht macht verständlich, um was es geht. Der zuständige Fernsehredakteur hatte den kurzen Filmbericht schon über den Sender gegeben, ehe die Kontrolloffiziere vom KGB begriffen, daß sie eingreifen mußten. Sie können den Redakteur entlassen, aber die Nachricht nicht mehr zurückholen. Das alte Informationsmonopol der Partei funktioniert sogar unter Notstandsbedingungen nicht mehr.
Das ist die erste auffällige Schwäche in der Planung des Staats-

streichs. Die zweite liegt in der Unklarheit der Befehle, mit denen die Truppen nach Moskau geschickt worden sind. Manche Einheiten hatten sich schon in den Vororten verfahren, ehe sie mehr oder weniger wichtige Straßen, Kreuzungen und Plätze besetzten, und nun sind sie von Zehntausenden von Menschen eingeschlossen. Selbst die Offiziere vermögen nicht zu erklären, welchen Herren und welchem Zweck sie dienen, wenn ihnen die Menschen vorhalten, daß sie doch nicht auf das eigene Volk schießen dürften. Dazu haben sie keinen Befehl, und je länger sie eingeschlossen in der Menge von Moskauer Frauen und Männern stehen, desto spürbarer wird, daß nicht alle Soldaten einem Schießbefehl folgen würden. Aber solange ihre Offiziere dem Verteidigungsminister Jasow gehorchen, der sich dem »Komitee für den Ausnahmezustand« angeschlossen hat, haben die Organisatoren des Staatsstreichs die Macht fester im Griff als Boris Jelzin, den nur Zehntausende von Moskauern verteidigen.

Nachmittags um fünf lädt das Notstandskomitee zur ersten Pressekonferenz ins sowjetische Außenministerium. Ein paar Panzer sind davor auf der Ringstraße aufgezogen, aber der Verkehr fließt normal. Niemand braucht Passierscheine, um die Stadt zu durchfahren, es dauert nur ein bißchen länger als sonst, ehe sich der Konferenzsaal des Pressezentrums gefüllt hat. Die Mitglieder des Notstandskomitees warten im Gästezimmer hinter der Bühne. Sie sitzen wortkarg und nervös in den roten Ledersesseln, und Genadi Janajew, der nun amtierender Präsident der Sowjetunion ist, nickt immer wieder ein. Ihre Pressekonferenz soll vom Fernsehen übertragen werden und dem ganzen Land die neue Führung vorstellen, aber der Auftritt der neuen Männer ist blaß und weckt weder Vertrauen noch Zustimmung. Genadi Janajew erscheint wie ein bestenfalls mittelmäßiger Funktionär. Vielleicht war das der Grund dafür gewesen, daß Gorbatschow ihn, einen bürokratischen Helfer ohne politischen Führungsanspruch, zu seinem Vizepräsidenten gemacht hatte. Damals war Janajew bei der ersten

Wahl im Parlament durchgefallen, beim zweiten Wahlgang hatte Gorbatschow darauf bestanden, man müsse Janajew wählen, weil er der Mann seines Vertrauens sei.

Nun hatte Janajew sich an Gorbatschows Stelle gesetzt. Neben ihm auf dem Podium saßen noch andere Leute, die zum Kreis der Vertrauten Gorbatschows gehört hatten: Der Vorsitzende des Verteidigungsrats, Oleg Baklanow, der KGB-Chef Krjutschkow und der Innenminister Pugo. Zwei andere starke Männer des Komitees, Ministerpräsident Pawlow und Verteidigungsminister Jasow, waren an diesem Abend nicht dabei.

Ihre Kollegen vom Notstandskomitee, die hier zum ersten und einzigen Mal im Fernsehen vor die Sowjetbürger traten, wirkten schon unentschlossen und müde, als Janajew begann, noch einmal den ersten Aufruf des Komitees an das sowjetische Volk zu verlesen. Er trug ihn mit unsicherer Stimme vor, und seine Hände zitterten wie nach einem schweren Kater – ein Bild, das der sowjetische Redakteur in Großaufnahme auf die Fernsehschirme des ganzen Landes brachte. Janajews Ansprache war kein zündender Appell, obwohl der Text, den er verlas, von geschickten Propagandisten ausgearbeitet worden war. Vieles, was er gegen Gorbatschows Politik vorbrachte, hatten unzufriedene Bürger in der Sowjetunion schon lange bemängelt: Die Ordnung im Staat breche zusammen; ein chaotischer Übergang in die Marktwirtschaft habe den Lebensstandard gedrückt; die Zahl der Verbrechen nehme rapide zu; der sowjetische Mensch gelte im Ausland nicht mehr als Bürger eines einflußreichen und geachteten Staats, sondern als Ausländer zweiter Klasse. Von nun an, so versprach das Notstandskomitee, werde es unter seiner Führung aufwärtsgehen, die Versorgungs- und Wohnungsprobleme würden gelöst, die Industrieproduktion werde gesteigert, ja sogar eine Art Perestroika in verbesserter Form werde fortgesetzt.

Das Programm las sich so, als werde es viele unzufriedene Menschen im Land ansprechen. Aber schon durch die Art, in der es die Mitglieder des Notstandskomitees im Fernsehen verkündeten, verlor es an Glaubwürdigkeit. Hier sprachen Leute, die über den mächtigsten Apparat des Landes verfügten, aber keine persönliche Autorität ausstrahlten. Von ihnen ging nichts Mitreißendes aus. Diese Männer einer vergangenen Zeit waren vom wirklichen Leben weit entfernt. Auch deshalb hatte das Komitee bei aller propagandistischen Berechnung, mit der es seinen Aufruf ans Volk formulierte, einen entscheidenden Fehler gemacht: Es hatte die Stimmung im Lande falsch eingeschätzt. Viele Menschen waren verbittert darüber, daß die Versorgung nicht besser geworden war, daß die Preise stiegen und Spekulanten auf Kosten anderer reich wurden, daß das Leben für viele schwer und ungerecht blieb. Aber sie hatten daraus nicht den Schluß gezogen, daß die Sowjetunion zum alten System zurückkehren solle. Manche hatten die Kompromisse satt, mit denen Gorbatschow die Konservativen beschwichtigen mußte. Anderen ging Gorbatschows Politik zu schnell voran, aber sie erinnerten sich noch genau, wie es unter der Herrschaft der alten Apparatschiks gewesen war, die nun noch einmal an die Macht wollten.

Das schien den Leuten vom Notstandskomitee auch selber bewußt zu sein. In allen ihren Erklärungen und Ausführungen fehlte jeder Hinweis auf die Kommunistische Partei der Sowjetunion, so als gäbe es sie schon nicht mehr. Die Führer des Putsches kamen aus ihren Reihen, aber sie wagten es nicht, sich zur Partei zu bekennen und den Staatsstreich mit einem kommunistischen Programm zu begründen. Die Partei war so weit diskreditiert, daß jeder Bezug auf sie eine Belastung gewesen wäre.

An diesem 19. August meldete sich die Kommunistische Partei von der Macht ab, ohne es zu bemerken. Das Notstandskomitee hatte den Ausnahmezustand ohne Beratung mit den Parteiorganen beschlossen, und die Partei hatte nicht reagiert. Im Gebäude des Zentralkomitees kamen die ZK-Sekretäre vormittags zu einer Sitzung zusammen, aber nur zwei von ihnen stellten Fragen nach dem Schicksal des Generalsekretärs Gorbatschow, der von der Partei gewählt und nun verhaftet worden war. Die Mehrheit erklärte sich für die Politik des Notstandskomitees, andere schwiegen, schoben Krankheit vor und verschwanden. So ging das Sekretariat des Zentralkomitees auseinander, ohne zu Gorbatschows Schicksal Stellung genommen zu haben. An diesem Wendepunkt in der Geschichte der Sowjetunion war die KPdSU keine handlungsfähige Macht mehr. Auch die Regierung der Sowjetunion hatte widerspruchslos und ohne längere Erörterung die Machtübernahme der Putschisten hingenommen. In ihrer Kabinettssitzung hatte es nur kleinlichen Kompetenzstreit, aber keine Kritik gegeben. Dreizehn Kabinettsmitglieder stellten sich hinter das Komitee, fünf schienen unschlüssig, einer warnte vor den außenwirtschaftlichen Folgen. Ministerpräsident V. Pawlow war selber Mitglied des Notstandskomitees, aber wirklich aktiv wurde er nicht. Er zog sich mit einer Art Alkoholvergiftung auf seine Datscha zurück.

Auch der Oberste Sowjet stellte kein Gegengewicht zum Notstandskomitee dar. Sein Vorsitzender, Anatoli Lukjanow, einer von Gorbatschows engsten Vertrauten, machte gemeinsame Sache mit dem Komitee und hatte mit seiner Erklärung zum Unionsvertrag eine juristische Rechtfertigung für die Absetzung Gorbatschows geliefert. Die Abgeordneten sollten erst zusammengerufen werden, wenn ihnen die gesicherte Macht der selbsternannten Führung des Landes keinen anderen Ausweg als die Zustimmung ließ.

So schien es, als seien alle Institutionen abgetreten. Die Mitglieder des Komitees hatten die Sowjetunion so gut wie aufgelöst, als sie den Wandlungsprozeß mit Gewalt zu beenden versuchten. Sie hatten gar nicht begriffen, daß sich das Land schon zu sehr verändert hatte, als daß der Putsch einer kleinen Gruppe von Funktionären die Machtverhältnisse von einst wiederherstellen könnte.

Den Präsidenten der Sowjetunion hatten sie ausgeschaltet, indem sie Gorbatschow in der Datscha auf der Krim unter Hausarrest stellten und isolierten. Daß der Präsident Rußlands, Jelzin, für ihre Pläne ebenso gefährlich sein könnte, hatten sie nicht begriffen, denn er verfügte ja nicht über die Instrumente der Macht: Armee, Einsatztruppen des Innenministeriums und Polizei, die Anti-Terrorgruppen und das Spitzelheer des KGB. Diese gefürchtetsten Apparate der Union hatten Gorbatschow unterstanden, und doch hatte das Komitee ihn entmachtet. Mit dem Präsidenten Rußlands würde man erst recht leichtes Spiel haben, glaubten die Putschisten.

Auf seinen Amtssitz, das Weiße Haus, sind Panzerkanonen gerichtet. Aber vor ihnen bauen sich Barrikaden auf. Erst schleppen junge Studenten Balken und Eisenträger heran, dann Gruppen von Bauarbeitern mit Lastwagen, schließlich fahren Kräne auf und legen schwere Betonteile auf der Kreuzung nieder. In allen U-Bahn-Stationen Moskaus werden die Menschen aufgerufen, eine Kette ums Weiße Haus, einen lebenden Wall zum Schutz des Präsidenten zu bilden. Nun kommen sie im Halbdunkel heran, stellen sich auf, sehen die Barrikaden und wissen: Wenn die Panzer wollen, werden sie durchbrechen. Aber die Menschen bleiben stehen, und ihre Zahl wächst ständig. Eigentlich fürchten alle, daß die Armee in dieser Nacht das Weiße Haus stürmen wird.

Und dann taucht plötzlich auf einem Panzer die weißblaurote Fahne Rußlands auf. Zwei junge Männer in Lederjacken halten sie hoch, der Panzerkommandant hindert sie nicht, und ganz langsam schiebt sich der Koloß auf die Menschenmauer zu. Erst scheinen die Menschen vor Schreck zu erstarren, dann merken sie, was die Fahne bedeutet, und weichen zurück, warnen die anderen, die hinter ihnen stehen, bilden eine Gasse. Der Panzer fährt durch die Menge und wendet. Nun zeigt seine Kanone nicht mehr aufs Weiße Haus. Er steht da, als werde seine Kanone den Sitz des Präsidenten gegen einen Sturmangriff verteidigen. Vier andere Panzer, auch sie unter weißblauroten Fahnen, wechseln die Position. Die Menschenmenge ruft: »Rußland, Rußland, Rußland!«

Ein Abgeordneter, der eine Rede zu halten versucht, kann der Menge nicht erklären, was sich eben vollzogen hat. Die jungen Soldaten in den Panzern wissen es selber nicht und sehen verlegen aus, als Frauen auf ihren Panzerturm klettern, um ihnen zu danken. Der Kommandant der Panzergruppe hat ohne ausdrücklichen Befehl gehandelt. Er hat seine Panzer nur auf die andere Straßenseite fahren lassen und seine Soldaten nicht angewiesen, das Weiße Haus zu verteidigen. Aber für die Menschen auf dem Platz, die ein Hoffnungszeichen erwarteten, ist der Stellungswechsel das erste Signal dafür, daß die Armee nicht unbedingt hinter dem Notstandskomitee steht. Das macht ihnen Mut.

Gegen Mitternacht kommt eine Gruppe Soldaten. Ein Hauptmann der Luftlandetruppen postiert sie an der Straßenkreuzung. Woher er kommt und was seine Aufgabe ist, fragen die Menschen, die ihm eng aneinandergedrängt gegenüberstehen. »Ich stehe auf keiner Seite«, sagt er. »Das Volk soll mit politischen Mitteln entscheiden. Unsere Aufgabe ist es, Blutvergießen zu verhindern und das Gebäude des Obersten Sowjet der Russischen Republik zu schützen.« Wer hat ihm den Auftrag gegeben? »Jelzin persönlich«, sagt der Hauptmann. Das rufen die Menschen einander zu und geben es weiter bis in die letzten Reihen, wo sich die Älteren an Feuerchen wärmen. Fallschirmjäger, die Jelzin gehorchen! Also hat Rußlands Präsident doch so etwas wie eine Armee – auch wenn niemand ermessen kann, wie stark sie ist.

Am Abend dieses ersten Tages war klar, daß es in der Sowjetunion nur eine Kraft gab, die den Männern des Notstandskomitees die Waage halten konnte: der Präsident der Russischen Republik. Boris Jelzin war der einzige Führer Rußlands, der direkt vom Volk gewählt war, anders als Gorbatschow, den die Abgeordneten des Obersten Sowjet zum Präsidenten gemacht hatten. Das war eine überzeugendere Legitimation als alle Versuche, die Sowjetverfassung im Sinne des Putschkomitees auszulegen. Jelzin verfügte über einen Stab loyaler, erfahrener und einfallsreicher Mitarbeiter, die ausschwärmten, um den Widerstand zu organisieren. Gorbatschows frühere Mitarbeiter saßen nun beim Notstandskomitee oder waren in ihre Datschen abgetaucht. Alle rätselten, ob Gorbatschow noch unter Arrest auf der Krim oder ob er, wie Gerüchte behaupteten, umgebracht worden sei. Jelzins Forderung, Gorbatschow müsse sich sofort frei an das Volk wenden können, sollte verdeutlichen, daß das Komitee, das ihn gefangenhielt, illegal war. Deshalb trat Boris Jelzin für den Präsidenten der Sowjetunion ein. Noch wichtiger aber war, daß er selber am ersten Tag, wenige Stunden nach Ausrufung des Notstands, die Initiative an sich gerissen hatte: der gewählte Präsident Rußlands als Führer gegen die Verschwörung der alten Kaste.

Und doch waren es weder die Politiker noch die Militärs, die über den Ausgang der Kraftprobe entschieden, sondern die Moskauer. Die Notstandserklärungen in Radio und Fernsehen und die Panzer auf den Straßen hatten sie aufgeschreckt. Da schien eine Entscheidung gefallen, gegen die – das sagten vielen die Erfahrungen ihres Lebens in der Sowjetunion – keine Auflehnung möglich war. Aber nun diskutierten sie, dachten über ihre Lage nach und tauschten Erinnerungen aus. Manche meiner älteren Freunde erinnerten sich an die Tauwetter-Periode unter Chruschtschow und wie die Partei ihr ein Ende gesetzt hatte. Fünfundzwanzig Jahre hatte es gedauert, ehe sie wieder als Schriftsteller, Soziologen, Regisseure und Journalisten unzensiert arbeiten konnten. Jüngeren Kollegen erschien der Freiraum der Glasnost-Jahre schon fast normal, doch die Einschränkungen des letzten halben Jahres zeigten ihnen, was sie erwarten mußten. Selbst in den einfachsten Wohnküchen, wo mehr über die Versorgung und die hohen Preise gesprochen wurde, konnten die Hausfrauen über die Versprechen des Notstandskomitees, nun werde alles besser, nur ärgerlich lachen. Tatsächlich war das Leben vieler seit Beginn der Perestroika schwieriger geworden, aber das Recht, darüber offen zu reden, wollten sie sich nicht nehmen lassen.

Mehr als zehntausend Menschen verbrachten die Nacht vor dem Weißen Haus. Eingerollt in Mäntel und Decken, wärmten sie sich an kleinen Holzfeuern. Manche legten sich auf die Straße, um noch im Schlaf die Panzer aufzuhalten. Auf der Kutusow-Brücke versperrten sechs Busse die Zufahrt zum Weißen Haus. Spät in der Nacht waren zwei Fahrer der städtischen Verkehrsbetriebe auf den Gedanken gekommen, ihre Busse hier auf der Straße quer zu stellen und die Luft aus den Reifen zu lassen. Dann waren andere Busfahrer vorbeigekommen und hatten sich ihren Kollegen angeschlossen. Einer mußte dreißig Passagiere absetzen, die auf dem Weg nach Hause waren, aber sie stiegen ohne Murren aus und setzten ihren Weg zu Fuß fort. Die Busfahrer blieben nicht lange allein. Vorübergehende diskutierten mit ihnen, manche ließen sich überzeugen, gleich dazubleiben, andere gingen nach Hause und kamen mit Brot und Getränken zurück. Siebzig Leute, meistens jüngere Männer, verbrachten die Nacht in den Bussen.

Der Angriff, den sie erwartet haben, bleibt aus. Nun kommen Moskauerinnen mit Thermoskannen, Brot und Konserven, um die Verteidiger des Weißen Hauses zu verpflegen – und natürlich auch die armen Jungs in den Panzern, gleichgültig, auf welcher Seite sie stehen. Einige demokratische Abgeordnete verlassen das Weiße Haus, um jenseits der Barrikaden mit Armeeoffizieren zu diskutieren. Auf jeden Politiker aber kommen zehn Frauen, die manchmal mütterlich, manchmal streng auf die Soldaten einreden. »Weiß deine Mutter eigentlich, was du hier machst?« fragt eine ältere Frau einen jungen Panzerschützen und fuchtelt mit ihrem Regenschirm. »Weiß sie, daß du auf deine eigenen Leute schießen sollst?« Und dann zu dem Offizier: »Sie sollten sich schämen, Genosse Oberleutnant. Im Leben eines jeden Menschen kommt der Augenblick, wo er sich entscheiden muß. Warum sind Sie hier? Warum schützen Sie die Privilegien der Bonzen?«

»Ich halte mich an meinen Soldateneid und führe meine Befehle aus«, sagt der Offizier. Aber da fahren die Frauen ihm über den Mund. Was das für Befehlshaber seien, die den Präsidenten verhafteten, und was für ein Eid Soldaten verpflichten könne, das eigene Volk zu bekämpfen? Der Offizier geht ohne Antwort fort. Die jungen Soldaten sind betreten. Sie mögen die Frauen nicht anschauen, die ihnen Brot und Wurst auf den Panzer reichen. Einer steht auf und will etwas sagen. »Ich werde nicht …«, beginnt er, bricht ab, schaut sich nach den Offizieren um und setzt noch einmal an: »Ich werde nicht auf das Volk schießen.«

»Bravo! Prima Kerl!« rufen die Frauen ihm zu, und die Offiziere tun, als hörten sie nichts. Alle wissen: Noch ist nichts entschieden. In der Stadt sind neue Panzer aufgefahren. Auf dem Manegeplatz hat die Armee ein ganzes Arsenal schwerer Waffen zusammengezogen, umringt von den Soldaten der Sondergruppen, die sich auf keine Diskussion einlassen und mit Macho-Gebärden Macht demonstrieren. Es scheint, als bereite die Armee den großen Schlag zur Besetzung der Hauptstadt und zur Eroberung des Weißen Hauses gerade erst vor – vielleicht einen Tag zu spät, aber nun mit stärkeren Kräften und besser organisiert.

Meine Moskauer Freunde haben nun vierundzwanzig Stunden Zeit gehabt, um über den Schock nachzudenken. Meine alte Freundin Lena Korenewskaja war am ersten Tag schon um fünf Uhr morgens, früher als alle anderen, durch einen Telefonanruf aus dem Schlaf geschreckt worden: Ein Freund sagte mit vor Aufregung stockender Stimme, im Fernsehen werde gleich der Staatsstreich gemeldet, ein Putsch der alten Kommunisten. Erst konnte sie es nicht glauben, dann erinnerte sie sich, was »fünf Uhr morgens« in ihrem Leben bedeutet hatte: Ein halbes Jahrhundert zuvor war ihr Vater um fünf Uhr von Stalins KGB abgeholt und zur Hinrichtung geführt worden. Um fünf Uhr morgens vor siebenundzwanzig Jahren hatte Nikita Chruschtschow sie anrufen lassen, der ein Freund ihres Vaters gewesen war, und einer seiner Mitarbeiter sagte, Lenas Mutter werde nach siebzehn Jahren aus dem Lager entlassen. Und um

287

fünf Uhr morgens hatten Freunde sie 1964 angerufen und mitgeteilt, daß Chruschtschow abgesetzt war. Nun also hatte es Gorbatschow getroffen.

Die Fernsehmoderatorin Tatjana Mitkowa hatte die Nachricht morgens um sieben Uhr im Fernsehprogramm erfahren. Und dann hatte sie darauf gewartet, daß das Telefon klingelte. Aber das Telefon blieb stumm, als wäre die Leitung tot. Sie wohnte bei ihren Eltern, und die hatten die dreißiger Jahre der Säuberungen als Kinder erlebt. »Da wird keiner anrufen«, sagten sie. »Die, die schon verhaftet sind, können nicht telefonieren, und die anderen wagen es nicht.«

Bei dem Journalisten Alexander Kabakow hatte das Telefon zwar geklingelt, aber niemand war in der Leitung. War das der KGB, der feststellen wollte, ob er zu Hause war, ehe er Beamte zur Verhaftung schickte? Kabakow verließ sofort die Wohnung und fuhr in ein Hinterzimmer des Hauses der *Moscow News*. Er und seine Kollegen hatten seit Wochen erwartet, daß Gorbatschow den Notstand ausrufen würde, und einen kleinen Rundfunksender vorbereitet, mit dem sie im Zentrum von Moskau, im Umkreis von fünf Kilometern, unzensierte Informationen verbreiten wollten. Nun war es soweit, auch wenn nicht Gorbatschow den Ausnahmezustand verkündet hatte.

Wladimir Moltschanow, der in den letzten Jahren durch kritische Fernsehsendungen bekannt geworden war, dachte beim Aufwachen, als er die Nachricht hörte: »Bin ich denn wie ein Stück Vieh, das man mit einer Herde herumtreibt? Was soll ein Tier tun? Dorthin gehen, wohin man es führt? Oder sich in die Büsche schlagen?« Er schlug sich in die Büsche, nahm seine Kamera und ging zum Obersten Sowjet Rußlands.

Andere unter meinen Bekannten, besonders die älteren, denen die Angst der Sowjetjahre noch in den Knochen steckte, waren bedrückt und vorsichtig. Ein berühmter Theaterdirektor, einer der führenden liberalen Intellektuellen, rief seine Schauspieler an und warnte sie: »Bitte vermeidet scharfe Formulierungen

und vorschnelle Urteile. Wir müssen unser Theater erhalten.«
(Einen Tag später bat er sie um Verzeihung und schämte sich,
weil er so ängstlich gewesen war.) Die Frau eines Komponisten, dessen Werke in der Sowjetunion jahrelang verboten
gewesen waren, rief mich Stunde um Stunde an und forderte
mich auf, ihrem Mann ein Visum nach Deutschland zu beschaffen. Er werde es nicht überleben, wenn die Kommunisten noch einmal an die Macht kämen. Einem Schauspieler,
der zu Gorbatschows engsten Mitarbeitern gehörte, fiel auf die
Frage nach dem Putsch nur der Satz ein: »Das wird den Intellektuellen in Moskau nicht leicht zu vermitteln sein.« In vielen
Ministerien kamen Abteilungsleiter zusammen, um Ergebenheitsadressen zu formulieren. Direktoren großer Unternehmen
ließen ihre Vertreter in Moskau nach Kontakten zu den neuen
Männern suchen.

Bei uns im ARD-Studio rollten die russischen Kameraleute
und Tonassistenten die Schlafsäcke zusammen, in denen sie
unter Schreibtischen und auf dem Flur geschlafen hatten. Seit
vierundzwanzig Stunden waren sie ununterbrochen unterwegs
gewesen. Keiner hatte sich abgemeldet oder entschuldigen
lassen. Sekretärinnen, die für ein paar Stunden nach Hause gefahren waren, kamen mit Taschen voller Lebensmittel zurück
und berichteten, daß sich die Moskauer in den Geschäften mit
Proviant für die nächsten Tage eindeckten. Ljuba, die Putzfrau,
war in aller Frühe an den Militärposten vorbei zum Einkaufen gegangen und hatte eine ganze Ladung Würstchen und
Hammelfleisch mitgebracht. »Wenn ihr jetzt tagelang arbeiten
müßt, braucht ihr zu essen. Das ist meine Arbeit«, sagte sie und
meinte damit, dies sei ihr Beitrag im Kampf gegen den Putsch.
Der Toningenieur Sergej entschuldigte sich für eine halbe
Stunde und kam mit einem ganzen Schinken wieder. Das war
ein kostbares Stück, aber er legte es im Flur auf den Tisch und
ein Messer daneben. Natascha, meine Sekretärin, war besorgt
um Viktor, ihren einzigen Sohn. Er war am Abend zum Weißen Haus gegangen, um Barrikaden zu bauen und den Wider-

stand zu organisieren – er war ein ehemaliger Fallschirmjäger, und seine Mutter fürchtete, daß er Lust hatte, ein Held zu werden. Sie hatte Angst um ihn, aber sie fand es auch richtig, daß er beim Weißen Haus auf den Barrikaden stand. Die Cutterin Vera spuckte jedesmal aus, wenn auf dem Bildschirm die Köpfe der Männer vom Notstandskomitee auftauchten.

Wenn es kein russisches Fernsehen mehr gab, dann sollten wenigstens wir noch dokumentieren und der Welt zeigen, was in diesen Tagen in Rußlands Hauptstadt geschah, meinten viele Kollegen. Tanja Mitkowa kam, um uns zu helfen. Im Frühjahr hatte man sie beim Zentralen Fernsehen gefeuert, weil sie zu ehrlich berichtete. Sie war für alle, die auf Jelzins Seite dem Putsch Widerstand leisteten, eine Heldin geworden, und ihre Kontakte waren unbezahlbar. Andere russische Freunde und Kollegen riefen an, um Informationen auszutauschen. Ein russisches Fernsehteam aus Leningrad, das gerade in Moskau gearbeitet hatte, fuhr nicht zurück, sondern kam mit seiner Ausrüstung ins ARD-Studio. Korrespondenten und Redakteure des sowjetischen Fernsehens, denen Armeeposten den Zugang zum Fernsehzentrum versperrten, boten uns ihre Hilfe an. Gleich am Morgen des ersten Tages hatten sie begonnen, auf eigene Faust den Ablauf der Ereignisse zu dokumentieren. Technikerinnen aus dem Fernmeldeministerium riefen an und warnten: Es gebe bei ihnen Gerüchte, daß bald alle Leitungen ins Ausland gekappt würden. Sie rieten, die Berichte so früh wie möglich nach Deutschland zu überspielen. So viele Menschen waren noch nie im ARD-Studio. Es war ein Chaos, in dem sich wunderbar arbeiten ließ. Die hektische Aktivität löste fast eine Art Fröhlichkeit aus, die alle Sorgen überlagerte.

Der zweite Tag des Putsches hatte kalt und regnerisch begonnen. Aber am späten Vormittag brach die Sonne durch, und aus den Fenstern des Studios sahen wir, wie sich gegenüber von uns, am Weißen Haus, auch das Bild einer düsteren Belagerung änderte. Aus dem Stadtzentrum und den Vororten strömten immer mehr Menschen heran, und bei dem schönen

Wetter schien es fast, als kämen sie zu einem Volksfest. Russische Kollegen hatten in Untergrund-Sendern zu einer Demonstration am Weißen Haus aufgerufen, und wer diese schwachen Sender hören konnte, hatte den Appell an Freunde und Nachbarn weitergegeben. Nun kamen sie zu Zehntausenden – ganze Familien, Väter, die ihre Kinder auf den Schultern trugen, Schüler und Schülerinnen, die ihre Gitarren mitgebracht hatten, alte Ehepaare, die eingehakt gingen. Das war für mich das größte Erlebnis dieser Putschtage: Die Moskauer hatten keine Angst mehr. Wenn weder Demonstrationsverbote noch Panzer sie abschreckten, wenn sie die alte Furcht überwunden hatten, so schien mir, dann konnte der Putsch nicht gelingen. Gegen Mittag waren es an die zweihunderttausend Menschen, die sich rund um das Weiße Haus versammelten, nach Boris Jelzin riefen und selbstgenähte russische Fahnen schwenkten. Nirgends in der Stadt aber hatte das Notstandskomitee auch nur die kleinste Demonstration zur Unterstützung des Putsches auf die Beine gebracht.

Mit dem Einbruch der Dunkelheit kehrte noch einmal die Angst in die Stadt zurück. Noch immer standen die Soldaten und Panzer in Bereitschaft. Wenn sie in dieser Nacht nicht angriffen, um das Weiße Haus, die Festung des Widerstands, zu erobern, dann hatten die Führer des Staatsstreichs ihre Chance verspielt. Dies also war die Nacht der größten Gefahr. Davon waren die Zehntausende überzeugt, die sich unter der Anleitung ehemaliger Soldaten und Offiziere um das Weiße Haus herum in disziplinierten, aber doch unbewaffneten Formationen aufgestellt hatten. In den Korridoren und Büros des Weißen Hauses gab es Abgeordnete, die Gasmasken und Maschinenpistolen austeilten, aber auch viele Schriftsteller und Musiker, die davon überzeugt waren, daß sie mit ihren großen Namen für die Demokratie eintreten müßten. Mstislaw Rostropowitsch, weltberühmter Cellist und Dirigent, war nach den ersten Nachrichten über den Putsch aus Paris nach Moskau geflogen. Nun saß er im Vorzimmer Jelzins erschöpft auf einem Sessel und hielt die Kalaschnikow im Arm, mit der ihn sein eingeschlafener Leibwächter schützen sollte. Auch Eduard Schewardnadse schlug sich zum Weißen Haus durch und drängte sich durch die Menge, um den Verteidigern Mut zuzusprechen. »Hier wird die Freiheit erhalten, werden Demokratie und das Volk verteidigt. Bleibt hier, verteidigt unsere Heimat, in den nächsten Tagen entscheidet sich das Schicksal unserer Nation. Es geht um die Sache der Freiheit. Es lebe unsere Jugend! Die meisten von euch, die hier trotz Gefahr und Regen ausharren, sind doch junge Leute. Ich grüße euch!« Die jungen Leute jubeln ihm zu. Der Zuspruch tut ihnen gut, aber sie wären auch ohne ihn nicht von ihrem Platz vor dem Weißen Haus gewichen.

Gegen Mitternacht schrecken uns Schüsse auf: zuerst Feuerstöße aus Kalaschnikows, dann klingt es so, als ob auch Panzerkanonen feuerten. Aus dem Fenster des Studios kann ich die Lage am Weißen Haus überblicken, wo unsere Kamerateams in der Menge postiert sind. Die Menschenmenge bewegt sich nicht. Die Schüsse sind weiter entfernt, vielleicht am Gartenring in der Nähe des Außenministeriums, meint Slawa, ein Toningenieur aus Leningrad, der im Studio geschlafen hat. Kameramann ist er nicht, aber er weiß, wie man mit einer Kamera umgeht, und er greift sich eine, ehe wir zu meinem Auto laufen. Wir nehmen meinen kleinen Lada, weil der am wenigsten auffällt, und fahren in Richtung Außenministerium. Aber Polizeiposten sperren die Durchfahrt und halten uns auf. Am Straßenrand stehen Taxifahrer und sehen zu, wie wir uns mit den Polizisten streiten. Einer kommt und zieht uns an die Seite. »Lassen Sie die Polizisten. Fahren Sie mir einfach nach, ich weiß, wie man dahin kommt, wo geschossen wird«, sagt er. Wir folgen ihm durch Nebenstraßen, dann hält er und sagt: »Die nächsten hundert Meter können Sie alleine gehen. Oben links um die Ecke am Ring – da passiert es.« Doch dort, wo die kleine Straße auf den Ring stößt, steht wieder ein Polizeikordon und will uns nicht durchlassen. Aber da stehen auch

zwanzig oder dreißig junge Männer, und als sie unsere Kamera
sehen, bilden sie einen dichten Ring um uns, verdecken uns
vor den Blicken der Polizisten und bringen uns durch die
Sperre. Wir laufen, so schnell wir können, und die Polizisten
wollen keinen Zusammenstoß.

Kurz hinter der Brücke, auf der die Straße zum Weißen Haus
den Gartenring überquert, versperren brennende Autobusse
die Durchfahrt. Wenn ihre Benzintanks explodieren, erleuchtet plötzlicher Feuerschein die Szene. Ein Schützenpanzer versucht, die brennende Barrikade zu durchbrechen, fährt zurück,
um Schwung zu holen und bleibt wieder stecken. Am Rande
der Ringstraße stehen wir zwischen jungen Männern, die eine
Batterie von Flaschen aus Benzinkanistern füllen: Molotowcocktails. Dann kommt eine Panzerkolonne aus der Unterführung heraus. Sie schießen aus Kanonen und Maschinengeweh-
ren über die Köpfe der Menschen hinweg, und ich muß Slawa
an der Jacke zurückziehen, wenn er sich mit seiner Kamera zu
weit vorwagt. Sobald die Panzer unter der Brücke hervorkom-
men, treffen sie die Molotowcocktails. Ein Panzer bleibt stehen, junge Männer werfen Decken über seine Sehschlitze, ein
junger Soldat springt heraus und schießt mit seiner Kalaschnikow. Aber die Jungen, die nun auf den Panzer springen, haben
in der gleichen Schule wie er das Kämpfen gelernt. Sie reißen
ihn vom Panzer herab, und nun bleibt die ganze Kolonne stek-
ken. Geschlagen rollen die Schützenpanzer in den Schutz der
Unterführung zurück. Eingeschlossen von ihren Gegnern,
werden sie schließlich von einem orthodoxen Priester und
einem demokratischen Abgeordneten gerettet, die stundenlang
über den Rückzug verhandeln. Viele der Jungen, die den Angriff gestoppt haben, sind erregt und zornig: Drei von ihnen
haben ihr Leben verloren, als sie sich auf die Panzer warfen
und sie anzuhalten versuchten. Ihre von den Panzerketten ent-
stellten Leichen liegen am Straßenrand.

Der einzige Kampfeinsatz der Armee war gescheitert. Militärisch wie politisch gesehen war der Panzerangriff auf dem Ring

eine sinnlose Operation gewesen. Selbst wenn die Tanks die Barrikade auf dem Ring durchbrochen hätten, die achthundert Meter vom Weißen Haus entfernt war, wären sie auf einer Straße gefahren, die weit am Parlament vorbeiführte. Die Tanks hatten blindlings die Barrikade attackiert, ohne ihre Stärke zu kennen. Sie waren, mitten in der Stadt, aus allen Rohren feuernd durch die Unterführung gebrochen. Es war eine schlecht vorbereitete Machtdemonstration mit unverständlichem Ziel. Aber nun waren drei junge Männer getötet worden. Sie waren Märtyrer des demokratischen Widerstands und Opfer der Putschisten, die damit den letzten Rest ihres Ansehens als Retter der Ordnung einbüßten. Als es Morgen wurde, wußten die Menschen, die das Weiße Haus und die Demokratie in Rußland verteidigten, daß der Staatsstreich gescheitert war.

Moskau feierte sich selbst und den Sieger Boris Jelzin in Massenversammlungen, die niemand mehr zu organisieren brauchte. Nirgends war der Zusammenbruch der alten Macht deutlicher als auf dem Lubjanka-Platz, vor der Zentrale des KGB, der als allmächtiger Geheimdienst das Land beherrscht hatte. Viele hundert Menschen hatten sich auf dem Platz versammelt. Die KGB-Leute hatten die Türen verschlossen, und durch die Spalten der Vorhänge spähten sie auf die Menschen – diesmal hatten sie Angst, daß die Menge das Gebäude stürmen würde. Aber davor bewahrten Jelzins Mitarbeiter den KGB: Unter den Verteidigern des Weißen Hauses hatten sie zuverlässige und erfahrene Soldaten ausgewählt, die die erregten Demonstranten von unberechenbaren Schritten abhalten sollten. Die Menschenmenge, überwiegend sehr junge Leute, tanzte und sang zur Ziehharmonika. Ein riesiger Kran wurde herangerollt. Junge Arbeiter mit bloßem Oberkörper erkletterten auf der Mitte des Lubjanka-Platzes das Denkmal von Felix Dserschinski und legten dem spitzbärtigen KGB-Gründer eine Schlinge aus Stahltrossen um den Hals. Sehr eilig hatten sie es nicht, das gewaltige Denkmal vom Sockel zu heben. Sie warteten noch auf die Fernsehkameras. Inzwischen zog eine ganz andere Demonstration an ihnen vorbei: Börsenmakler marschierten zum Weißen Haus und trugen eine fünfzig Meter lange weißblaurote Fahne.

Fünfhundert Meter von der Geheimdienstzentrale, die den jungen Demonstranten keine Angst mehr machte, lag das Gebäude des Zentralkomitees der Partei fast unbeachtet am Alten Platz. Wenn der KGB seinen Schrecken verloren hatte, war auch das ZK kein Zentrum der Macht mehr. Über dem Haupteingang hatten Mitarbeiter Jelzins ein weißes Blatt geklebt. »Versiegelt« stand darauf, und darunter hatte die Verwaltung des Stadtbezirks einen Stempel gesetzt. Vorübergehende hatten an eines der Fenster einen Zettel geklebt: »KP nach Nürnberg«. Früher war es verboten gewesen, auf dem Bürgersteig an den ZK-Gebäuden entlangzugehen. Hinter ihren Fassaden und in durch Gittertore abgeschlossenen Nebenstraßen verbarg sich eine eigene Stadt – die riesige Verwaltung, die das ganze Land bis in den letzten Winkel und alle Gebiete des Lebens beherrscht hatte, die in großen Archivhallen die Lebensdaten aller aufbewahrte, die für höhere Posten in Frage kamen und die mit dem einzig wirklich funktionierenden Telefon- und Fernschreibernetz Komitees und Behörden im ganzen Land ihre Entscheidungen vorschreiben konnte.

Nun diskutierten kleine Gruppen vor dem Haupteingang über die Rolle, die die Kommunisten beim Putsch gespielt hatten. Einige wollten das Gebäude stürmen, damit die Parteiakten nicht vernichtet und zukünftigen Untersuchungen durch die Staatsanwaltschaft entzogen würden. Schließlich hatten sich fast dreihundert Menschen zusammengefunden. Manche streckten die Arme in die Luft und zeigten mit den Fingern das V-Zeichen des Sieges. Andere hoben die Fäuste, aber nicht zum Gruß, sondern als Drohung. Einige trommelten an die Fenster. Ein Junge befestigte eine russische Fahne an der polierten Granitsäule des Eingangs. Ein einziger uniformierter Polizist stand vor der Tür. Er hätte die Menge nicht zurückhalten können, wenn nicht ein Mann im grauen Anzug mit zerzaustem Haar auf eine Fensterbank geklettert wäre. Er stellte sich als neuer Verwaltungschef des Stadtbezirks vor. Soeben sei er von Jelzin eingesetzt worden, und er bitte alle, sich zu beruhigen und nichts Unüberlegtes zu tun. Manche in der Menge glaubten an einen Trick der Kommunisten. Sie riefen »Rußland, Rußland« und »KP nach Nürnberg«, und ihre Sprechchöre wurden immer lauter. Jetzt forderten sie: »Fahne runter, Fahne runter«. Da öffnete sich ein Fenster im zweiten Stock, ein Mann blickte heraus, bat mit einem Winken um Ruhe und sagte: »Genossen, beruhigen Sie sich.« Die Demonstranten schrien auf. Der Mann am Fenster wirkte verwirrt. Sein Leben lang hatte er seine Reden mit dem Wort »Genossen« begonnen. Nun standen Menschen vor dem ZK, die sich durch diese Anrede beleidigt fühlten. Also fing er noch einmal an: »Beruhigen Sie sich bitte, Bürgerinnen und Bürger. Die Fahne wird gleich eingezogen.«

Zehn Minuten später sank die rote Fahne auf dem Dach des Zentralkomitees. Die letzten Mitarbeiter, die noch im ZK gearbeitet hatten, verließen das Haus durch die Hinterausgänge und durch die stählernen Gittertore der Seitenstraßen. Hier standen Wachmannschaften vom Weißen Haus, Anhänger Jelzins, und achteten darauf, daß das ZK nicht gestürmt und die abziehenden Funktionäre nicht verfolgt und geschlagen wurden. Das verstanden die Funktionäre nicht, und man sah ihnen an, daß sie noch nicht begriffen hatten, warum das ZK keine Macht mehr ausübte.

Gorbatschow war am 22. August um ein Uhr nachts auf dem Flugplatz Wnukowo bei Moskau angekommen. Zweieinhalb Tage hatte er in Ungewißheit über seine Zukunft und die des Landes unter Hausarrest verbracht, abgeschnitten von den Ereignissen in Moskau. Seine Frau und seine Enkelin, die mit ihm aus dem Flugzeug stiegen, wirkten wie unter Schock. Gorbatschow selber, der ihnen vorausging, war offensichtlich erschöpft. Aber ebenso deutlich ließ sich an seinen ersten Erklärungen erkennen, daß er nicht verstehen konnte, wie radikal sich die Verhältnisse in Moskau in so wenigen Tagen verändert hatten. Gorbatschow betonte, er habe die Situation unter Kontrolle, und seine Verbindung mit dem Land, die durch abenteuerliche Maßnahmen einer Gruppe von Funktionären unterbrochen gewesen sei, sei nun wiederhergestellt. Er kündigte an, seine Amtsgeschäfte am nächsten Tag im vollen Umfang wiederaufzunehmen, und unterstellte sich alle Streitkräfte in der Sowjetunion. In den nächsten Tagen werde er erneut über den Unionsvertrag mit den Republiken verhandeln, den die Putschisten durch ihre Aktion hatten verhindern wollen.

Als Gorbatschow sprach, konnte man glauben, der Präsident sei nur ein paar Tage verreist gewesen und nehme nun die Arbeit dort auf, wo sie aus der Hand gelegt hatte. Er wollte oder konnte offensichtlich nicht verstehen, daß die Männer, denen er in Partei, Parlament und Regierung vertraut hatte, ihn verraten hatten und daß auch Freunde, die ihm früher treu gewesen waren, nun an ihm zweifelten.

Die Menschenmassen vor dem Weißen Haus feierten Jelzin und forderten Gorbatschows Rücktritt. Viele meinten, Gorbatschow selber habe in den vergangenen Wochen und Monaten erwogen, den Ausnahmezustand auszurufen und die Staatsmacht gegen die Demokraten zu mobilisieren – auch wenn er in diesem gescheiterten Versuch eines Umsturzes nicht verwikkelt war. Seine engsten Berater, die entschiedensten Reformer und Demokraten, standen nun hinter Boris Jelzin, der von der hohen Terrasse des Weißen Hauses zu den Zehntausenden sprach, die dem Putsch Widerstand geleistet hatten. Gorbatschow war noch Präsident der Sowjetunion, aber mit Rußlands wachsender Unabhängigkeit wurden die Apparate, über die der Präsident noch verfügte, zu leeren Hülsen ohne eigene Kraft.

Jetzt fordert Boris Jelzin einen neuen Unionsvertrag, in dem Rußland und sein Präsident zu den mächtigsten Kräften in der

Sowjetunion werden sollen. Dazu eine eigene Nationalgarde zur Verteidigung der Interessen Rußlands, den Abbau der sowjetischen Regierungsorgane zugunsten der russischen und die Vertreibung der Parteifunktionäre aus den Schlüsselpositionen der Behörden, Betriebe und Hochschulen. Jelzin fordert mehr Demokratie und spricht damit den Teil der Moskauer an, die sich als ihre Verteidiger vor dem Weißen Haus versammelt haben. Aber ebenso vielen Demonstranten ist der Begriff Demokratie zu abstrakt geblieben, als daß sie für ihn gegen den Kommunismus auf die Straße gegangen wären. Jelzin hat ein anderes Wort für sie: Rußland. Und so stehen um das Weiße Haus Kosakeneinheiten in der Uniform zaristischer Garderegimenter neben Veteranen des Afghanistankriegs in Tarnanzügen, und um Jelzin scharen sich nicht nur die politischen Vordenker von Glasnost und Perestroika, sondern auch orthodoxe Geistliche, die Präsidenten und Volk segnen. In diesem Augenblick, der vielleicht der Höhepunkt seines Lebens ist, steht hinter ihm ein Bündnis der Demokraten und der Nationalisten, das es noch nie gegeben hatte und nicht lange geben sollte. Der Boris Jelzin, der den Putsch überlebt, kann sich zu Recht einen historischen Augenblick lang als Präsident aller Russen empfinden.

Jelzin will keine politische Säuberung und keine »Hexenjagd«, die im Land neue Gräben aufreißen würde. Wie viele seiner Altersgenossen fürchtet er eine Wiederbelebung des politischen Hasses und der Intoleranz, die sie, gleichgültig, ob von rechts oder links kommend, als Erbe bolschewistischen Denkens empfinden. Auf dem Weg zur Demokratisierung sollen die Regeln der Verfassung geachtet werden, auch wenn es noch eine sowjetische Verfassung ist. Auseinandersetzungen um das Eigentum der Kommunistischen Partei oder die Schuld der Putschisten werden an die Gerichte verwiesen, die oft genug auf Grund alter Gesetze und Sympathien gegen Jelzins Politik entscheiden.

Bald sind manche seiner Anhänger so unzufrieden mit ihm,

wie sie es früher mit Gorbatschow waren. Die radikalen Demokraten wollen eine Politik, die die Kader des alten Systems entschieden von der Macht entfernt, und fordern zugleich die Stärkung der Rechtsstaatlichkeit, die dem politischen Handeln der Regierung enge Grenzen setzt. Jelzin, der seine Politik machtbewußt und pragmatisch durchsetzen will, hat nicht viel Geduld mit den Kritikern. Als Parteisekretär konnte er über alle Lebensbereiche – Wirtschaft, Politik, Justiz und Kultur – schnell und von oben herab bestimmen. Als Präsident Rußlands merkt er schon wenige Monate nach seinem Triumph über die Männer des alten Systems, daß er solche Vollmachten nicht mehr genießt.

Er stützt jüngere Politiker, Anhänger des schnellen Übergangs zur Marktwirtschaft, die er in die Regierung holt. Aber ganz vertraut er auch ihren Rezepten nicht, die allzuoft auf den Ratschlägen ausländischer Ökonomen aufbauen, deren Enthusiasmus größer ist als ihre Kenntnis der russischen Verhältnisse. Viele der jungen Reformer sind eher technokratische Wirtschaftswissenschaftler, Leute aus den Instituten und Universitäten der Hauptstadt, denen das Gefühl für die Stimmung im Lande ebenso fehlt wie die Fähigkeit, mit den Menschen zu sprechen. Über einen von ihnen, den klugen und grundanständigen Ministerpräsidenten Jegor Gaidar, erzählt man eine Anekdote, die seine Schwäche als Wahlkämpfer charakterisiert. Auf einer Versammlung fragt ihn eine alte Frau: »Glauben Sie an Gott?« Gaidar soll einen Moment gezögert und dann geantwortet haben: »Nein, ich bin Agnostiker.«

Für den Volkstribun Jelzin war es nicht leicht, mit jüngeren Leuten zusammenzuarbeiten, die ihre Regierungspolitik logisch und konsequent an theoretischen Modellen ausrichteten. Das Land ließ sich auch nicht über das Parlament regieren – weder mit Hilfe der schwachen und zerstrittenen demokratischen Fraktionen noch mit der Mehrheit jener Abgeordneten, die aus dem alten System übernommen waren. Manche hatten sich während des Putsches hinter Jelzin gestellt – mit nationalen wie demokratischen Argumenten. Aber der Oberste Sowjet Rußlands war seit April 1990 im Amt, und damals waren fast drei Viertel der Kandidaten von kommunistischen Organisationen aufgestellt worden. Das machte sich jetzt in ihrem Verhältnis zu den Reformern der Regierung und zu dem Präsidenten, der sie stützte, bemerkbar.

Ihrer Obstruktionspolitik setzte Jelzin seinen Apparat entgegen, mit dem er am Parlament und, wo er es nötig fand, auch am Kabinett vorbeiregieren konnte. Zunächst hatte er sich mit Mitkämpfern aus der demokratischen Opposition umgeben, aber sie schienen ihm zu umständlich, sie stellten zu viele Fragen, erhoben allzu viele Bedenken gegen die Entscheidungen eines ungeduldigen Mannes, und bald besetzte Jelzin die Posten seines Präsidentenapparats mit Leuten, an die er sich aus seiner Arbeit in der Partei als zuverlässige und zupackende Mitarbeiter erinnerte – Leute, deren Loyalität nicht der demokratischen Politik, sondern der Person des Präsidenten galt.

Parlament und Präsident verstrickten sich in einen scheinbar aussichtslosen Kampf. Die Bevölkerung erlebte einen kleinlichen Streit um Auslegungen der Verfassung, der Geschäftsordnung, um Machtpositionen und verletzte Eitelkeit. Der Vorsitzende des Obersten Sowjet, der tschetschenische Volkswirtschaftler Ruslan Chasbulatow, war als ein Mann Jelzins in der Politik aufgestiegen. Nun kämpfte er gegen den Präsidenten um die Rechte des Parlaments und seine Rolle als dessen Vorsitzender. Er durchsuchte die fünfzehn Jahre alte Verfassung nach Paragraphen, mit denen sich Jelzins Macht beschneiden ließ. Plötzlich war die Verfassung für ihn unverletzlich geworden, obwohl sie für eine wirklich demokratische Politik nur eine schwache Grundlage sein konnte: Seit ihrer Einführung durch die KPdSU im Jahr 1978 war sie mehr als dreihundertmal geändert worden, bis viele ihrer Artikel einander widersprachen. Nun suchte Chasbulatow eine Mehrheit für eine neue Verfassungsänderung. Sie sollte der Hebel zur Absetzung des Präsidenten sein.

Es war ein höchst unübersichtliches Parlament, in dem es keine Fraktionen und keine Fraktionsdisziplin gab, sondern nur lokkere Zusammenschlüsse, die sich erst in den Jahren nach der Wahl gebildet hatten: Ein Teil der Abgeordneten fühlte sich der Kommunistischen Partei Rußlands verbunden, die den Putsch überstanden hatte. Andere sahen sich als progressive Nationalkommunisten, wieder andere verbanden alte kommunistische und neue nationale Parolen zu einem Programm, das sowohl stalinistische als auch faschistische Züge aufwies. Und dann gab es noch die verschiedenen Gruppen von demokratischen und technokratischen Reformpolitikern. Aber sie alle zusammen bildeten immer noch eine Minderheit. Wenn sich im Parlament eine Mehrheit fand, so war es die der Abgeordneten, die als Funktionäre der alten Partei eingezogen waren, schnelle Veränderungen fürchteten und ihre Sitze verteidigen wollten. Die Vertreter der alten Interessengruppen waren stark genug, um den Reformprozeß zum Stillstand zu bringen und Rußland in der Blockade von Legislative und Exekutive unregierbar zu machen. 1993, zwei Jahre nach dem Sieg über die Putschisten, führte Chasbulatow das Parlament in die Totalopposition gegen Jelzin und die Regierung.

Nun trieb der Präsident das Parlament in die Enge. Jelzin suchte keinen Kompromiß, sondern den Sieg über die Abgeordneten. Sie waren vom alten System an die Macht gebracht worden, er frei vom Volke gewählt, argumentierte der Präsident, erklärte das Parlament für aufgelöst und ordnete Neuwahlen an. Aber ein Teil der Abgeordneten nahm das nicht hin. Sie besetzten das Parlamentsgebäude, das Weiße Haus. Jelzin ließ es von Truppen umstellen, doch seine Gegner gaben nicht nach. Ruslan Chasbulatow und Vizepräsident Alexander Ruzkoi, auch er früher ein Mitkämpfer Jelzins, verschanzten sich im Parlamentsgebäude und holten Waffen und Hilfstruppen heran. Ihre Anhänger verteidigten nicht nur das Parlament, sie stürmten das Hochhaus der Moskauer Stadtverwaltung und lieferten sich mit Polizeitruppen ein blutiges Gefecht um das

Fernsehzentrum. Einmal im Besitz der Sendezentrale, hätten sie Anhänger und Sympathisanten im ganzen Lande zum bewaffneten Widerstand aufrufen können. Es schien, als beginne nun in Moskau der Bürgerkrieg, den man zwei Jahre zuvor beim August-Putsch befürchtet hatte.

Boris Jelzin beschloß, dieser Entwicklung ein Ende zu setzen. Wieder rollten Panzer zum Weißen Haus und richteten ihre Kanonen drohend auf das Parlament, aber diesmal waren es Jelzins Panzer. Doch die Armee zögerte wieder. Selbst der Jelzin treu ergebene Verteidigungsminister Pawel Gratschow schob die Entscheidung über den Kampfeinsatz der Panzer hinaus und ließ zwei Offiziere als Unterhändler zum Weißen Haus entsenden. Als sie aus den Fenstern des Parlaments erschossen wurden, gab Gratschow den Panzern Befehl, das Feuer zu eröffnen. Flammen schlugen aus den Fenstern des Parlaments und färbten die weißen Mauern schwarz. Truppen des Innenministeriums kämpften sich an das Gebäude heran, stürmten und eroberten es. Wie viele Tote es am 4. Oktober gab, ehe Chasbulatow und Ruzkoi das Parlament als Gefangene verließen, ist bis heute umstritten. Weniger als hundertfünfzig können es nicht gewesen sein. Jede politische Krise in Moskau, so schien es, endet blutig.

Auch diesmal waren Tausende von Moskauern zum Weißen Haus gekommen, als sie vom Kampf um das Parlament hörten. Sie standen dicht an dicht am Ufer der Moskwa und auf der Kutusow-Brücke. Die Polizei mußte sie zurückhalten, wenn sie in die Gefahrenzone drängten. Diesmal aber waren die Menschen als Zuschauer gekommen, die nicht Partei ergriffen. Sie verfolgten den Schußwechsel, schrien auf, wenn eine Granate im Parlament einschlug, und sahen dem, was da vorging, wie einem Fernsehfilm zu. Das war eine andere Menschenmenge als die, die zwei Jahre zuvor Präsident Jelzin und Rußlands Parlament verteidigt hatte. Diese Menschen wußten nicht mehr, für wen sie eintreten sollten, und selbst Jelzins Anhänger, die mit seinem Kampf gegen das Parlament sympathisiert hatten, fürchteten nun, ihr Präsident sei dabei, sich zum Diktator zu erheben.

Jelzin machte indessen nicht den Versuch, den Kampf mit dem Parlament in einen Staatsstreich zu verwandeln. Er hatte das Parlament in einem Gewaltakt ausgeschaltet, aber er hatte es nicht abschaffen wollen. Er neigte von Temperament und Charakter her zu autoritärem Führungsstil, aber er hatte auch die Instinkte eines echten Demokraten. Die Machtmittel, die er einsetzte, sollten durch Wahlen und durch die Abstimmung über eine neue Verfassung gerechtfertigt werden. Mit einem neuen Parlament, in dem nicht mehr Abgeordnete aus der Sowjetzeit saßen, und einer neuen Verfassung, in dem die Rechte von Legislative und Exekutive eindeutig geklärt waren, wollte Jelzin in Rußland die Übergangsphase beenden, die zwischen dem Ende der alten Sowjetstrukturen und dem Entstehen einer russischen Demokratie lag.

Als Jelzin Rußland am 12. Dezember 1993 an die Wahlurnen rief, hielt sich die Begeisterung der Bevölkerung durchaus in Grenzen. 54,8 Prozent der Wahlberechtigten haben sich beteiligt, 58,4 Prozent von ihnen der neuen Verfassung zugestimmt, gab die Wahlkommission bekannt. Das war das denkbar knappste Ergebnis, denn wenn sich weniger als die Hälfte der Wahlberechtigten beteiligt hätten, wäre das Ergebnis ungültig gewesen. Es gab viele Gerüchte: In Wirklichkeit sei weniger als die Hälfte der Russen an die Urnen gegangen. Aber Boris Jelzin beschloß, Mehrheit sei Mehrheit, und der Leiter einer von ihm eingesetzten Arbeitsgruppe zur Untersuchung der Ergebnisse erreichte nur eins, als er die Wahlbeteiligung in Frage stellte: Er wurde abgesetzt. Rußland aber hatte auf diese leicht zweifelhafte Weise eine demokratische Verfassung bekommen, die zum erstenmal in seiner Geschichte die Freiheitsrechte des Menschen in den Mittelpunkt stellte, Rußland als demokratischen Rechtsstaat definierte, das Recht auf Leben und Privateigentum garantierte und die Pressefreiheit gegen Zensurmaßnahmen zu schützen versprach. Sie machte den

Präsidenten als Staatschef der Russischen Föderation zum starken Mann der russischen Politik, der den Regierungschef einsetzen und entlassen und ein widerspenstiges Parlament durch die Drohung der Auflösung disziplinieren konnte. Damit, so schien es, war Rußland auf einen ruhigen Kurs in seine politische Zukunft gebracht, den Krisen nicht mehr so leicht erschüttern konnten.

Nach dem Gewaltakt der Erstürmung des Parlaments schien es Jelzin unumgänglich, so schnell wie möglich Parlamentswahlen anzusetzen, um seiner Politik eine demokratische Legitimation zu geben. Viele russische Politologen, die diese Notwendigkeit einsahen, fürchteten dennoch, daß es im Grunde für Wahlen zu früh sei. Es hatten sich in den zwei Jahren nach dem Ende der Sowjetherrschaft keine Parteien herausbilden können, die im Lande Fuß gefaßt hätten. Die meisten Vereinigungen nannte man »Sofa-Parteien« – kleine Gruppen, die sich um einen selbsternannten Führer versammelten und wenig mehr waren als ideologische Diskussionszirkel. Einhundertvierzig Parteien und Bewegungen wollten zur Wahl antreten. Nur fünfunddreißig bekamen die notwendigen Unterschriften zusammen, und nur acht von ihnen nahmen am 12. Dezember 1993 die Fünf-Prozent-Hürde.

Jelzin hatte fest mit einem neuen Parlament gerechnet, in dem die Reformparteien eine regierungsfähige Mehrheit bilden würden. Aber das Parlament, das gewählt wurde, war noch unübersichtlicher und unkontrollierbarer als jenes, welches die Panzer aufgelöst hatten. Die meisten Stimmen hatte die »Liberaldemokratische Partei Rußlands« bekommen. 23 Prozent der Wähler hatten sich für den wilden Mann der russischen Politik entschieden, Wladimir Schirinowski, den Meinungsforscher in ihren Umfragen auf den unteren Plätzen gesehen hatten: Vielen Befragten war es peinlich gewesen, sich als Schirinowski-Anhänger zu bekennen. Aber in der Stille der Wahlkabinen wollten sie dann doch den Politikern in Moskau die Zähne zeigen. Sie protestierten damit gegen die radikale Reformpolitik der Regierung, die ihre Arbeitsplätze und ihren Lebensstandard bedrohte. Aber sie wählten nicht die Neuauflage eines kommunistischen Programms. Sie konnten den Verlust von Rußlands weltpolitischer Rolle nicht verschmerzen und stimmten für einen Nationalisten, dessen Programm nicht die Rückkehr ins alte Sowjetsystem war. Sie hatten ein Ventil für Unmut und Verärgerung gefunden, aber man durfte nicht annehmen, daß sie Schirinowskis Aussprüche als politisches Programm akzeptierten. Es war nicht so, daß fast ein Viertel der russischen Wähler die Armee an den Indischen Ozean schicken, Polen abschaffen, den Deutschen den Bau einer Autobahn von Berlin nach Wladiwostok abverlangen oder ihnen mit der Atombombe drohen wollten. Sie hielten auch nicht für Wirtschaftspolitik, was Schirinowski gelegentlich ankündigte: Um der Währungsspekulation ein Ende zu setzen, werde er eines Tages tausend neue Bankiers erschießen lassen. An all diesen Erklärungen gefiel russischen Menschen oft mehr der Ton als der Inhalt, und sie stimmten für Schirinowski, weil sie sich von den anderen Politikern, den alten wie den neuen, im Stich gelassen fühlten.

Schirinowskis Erfolg wirkte wie ein Schock. Da tauchte die erschreckende Vorstellung von einem Rußland auf, das in eine völlig irrationale chauvinistische Politik abdriftete. Dagegen wirkte der Erfolg der Kommunistischen Partei vergleichsweise harmlos, obwohl sie zusammen mit ihrer Schwester, der Agrarpartei, nicht viel weniger Stimmen gesammelt hatte. Aber die Führer der Kommunisten waren Leute ohne ausgeprägtes Profil, Funktionäre aus dem dritten und vierten Glied der ehemaligen Sowjetpartei. Niemand, der im Politbüro oder im Sekretariat des Zentralkomitees eines der hohen Ämter bekleidet hatte, spielte nach dem Zusammenbruch der Partei noch einmal eine politische Rolle. Die neuen Männer der Parlamentsfraktion traten eher wie opportunistische Realisten an – ohne ideologischen Anspruch und klares Programm. Schon an ihrem Wahlkampf hatte sich erkennen lassen, daß sie auf der Einsicht aufbauten, der Zug zurück ins alte System sei 1991 abgefahren. Sie sprachen von Demokratie und dem Übergang zur Marktwirtschaft, der freilich unter ihrer Führung leichter und schmerzloser vor sich gehen sollte. Sie gaben sich populistisch als Anwälte der Reformgeschädigten, aber sie vertraten zugleich die Interessen der Schwer- und Rüstungsindustrie, die um staatliche Zuschüsse kämpfte. Auch das paßte in die Propaganda der Kommunisten, die sich nun gerne Patrioten nannten. Sie forderten einen starken Staat, der Amerika und Westeuropa unnachgiebig zurückweisen sollte. Da waren sich die Kommunisten mit Schirinowskis Leuten einig.

Mehr als ein Drittel der Abgeordneten bildeten den nationalistisch-kommunistischen Block. Parteien und Gruppierungen, die man demokratisch und reformorientiert nannte, hatten etwa ebenso viele Abgeordnete, aber sie waren häufig untereinander zerstritten. Den Rest stellten Unabhängige und die sogenannten Zentristen, die schnelle Reformen ablehnten und für nationale Parolen aufgeschlossen waren. So war das neue Parlament, mit dem Jelzin arbeiten mußte, wieder ohne eine Mehrheit, die eine Regierung tragen konnte. Wieder war er es, der im Parlament der Reformpolitik den Weg bahnen mußte. Die neue Verfassung hatte ihm große Vollmachten gegeben, aber auf die Dauer konnte er die jungen Reformer, die er in die Regierung geholt hatte und deren Politik von vielen Russen Opfer verlangte, nicht gegen die Mehrheit des Parlaments durchsetzen, ohne Kompromisse zu machen. Wenn er am Kurs auf Reform und Demokratisierung festhalten wollte, durfte er sich die Nationalisten nicht zu Feinden machen. Er mußte auf die Forderungen der Rüstungsindustrie Rücksicht nehmen, die sich der Privatisierung entzog, und mit den Eitelkeiten und Interessen von Provinzfürsten und Parlamentsfunktionären rechnen.

Die Wahlen hatten ihm also wenig gebracht, das Parlament blieb unübersichtlich und zerstritten. Als er die neue Präsidialverfassung vorgelegt hatte, sagte man ihm im eigenen Land und im Westen nach, er wolle ein neuer Zar werden. Er hatte diese Macht nicht gewonnen und wohl auch nicht gesucht. So schwer es ihm auch fiel: Er akzeptierte die Beschränkungen, denen der Präsident in einer Demokratie unterworfen ist. Aber einen demokratischen Prozeß, wie er im russischen Parlament ablief, empfand er als unerträglich. Nun war er frustriert, zeitweise wie gelähmt. Sein Gesundheitszustand und seine Leistungsfähigkeit schwankten auf Grund einer Krankheit, die nie genau bezeichnet wurde, und der Neigung, Spannungen in Wodka aufzulösen. Boris Jelzin, der Held der Krisen, war nicht der Mann für den zähen, parlamentarischen Kleinkrieg. Aber nach dem Sturm auf das vorige Parlament gab es für ihn keine Aussicht auf einen neuen Befreiungsschlag.

Bei allem Auf und Ab: Jelzin blieb der Präsident, er verlieh der Politik Kontinuität, und er hielt das Land zusammen. Das war seine Stärke, und er sah es wohl als seine Aufgabe an, das Land zu lenken, bis sich neue politische Kräftefelder und Parteien herausbilden würden. Es waren weniger Ehrgeiz und Machthunger, die ihn weiterkämpfen ließen, als die Überzeugung, daß niemand ihm seine Aufgabe abnehmen und Rußland in eine neue Gesellschaftsform führen könnte. Aber weil er auf dem Felde der Politik alle anderen überragte, konnte sich neben ihm keiner deutlich profilieren. Weil das Parlament ohne Macht und Verantwortung war, konnten sich Parteien und ihre Führer Schaukämpfe liefern, als lebte Rußland in ständigem Wahlkampf. Weil die meisten Entscheidungen nicht von der Regierung gefällt und im Parlament vertreten wurden, sondern von unbekannten Beratern des Präsidenten, erschien die Politik als eine Folge von zwielichtigen Absprachen, Geschäften und Verschwörungen.

VON ST. PETERSBURG NACH MOSKAU:
DURCH DAS HERZ RUSSLANDS

In Moskau redeten alle von Politik. Noch für die seltsamsten
Gerüchte, die wildesten Spekulationen fand sich stets eine
Zeitung, die sie veröffentlichte, und eine Fernsehrunde, die sie
diskutierte. Aber schon in St. Petersburg, der zweitgrößten
Stadt Rußlands, fragte mich niemand mehr nach Ereignissen
in der Hauptstadt. Ministerentlassungen, Vertrauensabstim-
mungen, Regierungskrisen, der Krieg in Tschetschenien – das
alles schien sich in einem anderen Land abzuspielen. Von
Petersburg aus gesehen, wirkte Rußland wie ein Staat ohne
politisches Zentrum, aber in Moskau saß das große Geld, die
Wirtschaftskraft. Dort war der Kern des Magnetfelds jener –
durchaus nicht nur kriminellen – Energie, die im Lande mehr
veränderte als die Politik der Regierung. St. Petersburg sei die
angenehmere Stadt, meint der junge Ingenieur Konstantin Kamenski, als ich mit ihm über die Prachtstraße Newskiprospekt
gehe. »In Petersburg müßte man wohnen und in Moskau arbeiten.« Er ist aus einer Kleinstadt am Ural gekommen, wo es
scheußlich langweilig ist, aber er hat in Moskau studiert, und
seine Freunde, die dort geblieben sind, verdienen viel mehr als
er. Doch sie sind nicht nur zu beneiden. »Im Geschäftsleben
bist du immer verflucht nahe an der Kriminalität. Da kann man
leicht unter Druck kommen und wegrutschen«, meint Konstantin.
Wir gehen an eleganten Geschäften vorbei, aber verglichen mit
den Hunderten von Läden, die es nun in Moskau gibt, wirken sie vereinzelt. Die Schaufenster der frisch renovierten Läden sind in westlichem Stil dekoriert und könnten ihre Waren
so auch in den großen Einkaufsstraßen von Paris oder London

zeigen: amerikanische Nerzmäntel, französische Kosmetika, teurer Schmuck und goldene Armbanduhren. Konstantin Kamenski betrachtet Armani-Anzüge oder Versace-Hemden neidlos und ohne großes Interesse. »Viel zu teuer, das ist rausgeschmissenes Geld«, sagt er, und sein Stil sei das sowieso nicht. Er trägt Jeans und eine schwarze Lederjacke. Wir kommen an Bettlern vorbei, ein alter Mann hält die Hand auf, und Konstantin gibt ihm tausend Rubel, aber dann sagt er: »Viele von denen sind Schwindler. Bei denen ist Betteln einfach zum Lebensstil geworden.« Soweit ist auch er einer der »neuen Russen«, die Mitleid für Sentimentalität halten und für die nur Leistung zählt. Damit hat er im Stahlwerk Probleme genug, wenn er, ganze fünfundzwanzig Jahre alt, ältere Arbeiter zu einer Disziplin anhalten muß, die früher nicht gefordert wurde. Vieles muß anders werden, ehe es besser wird, meint Konstantin. Für seine eigene Zukunft sieht er nicht schwarz. Er ist bereits stellvertretender Chef einer Werkshalle, und die Aufstiegschancen sind gut. Denn in seinem Betrieb sind die erfahrensten Ingenieure und Facharbeiter ausgeschieden und in die Privatwirtschaft gegangen, wo mehr bezahlt wird. Da hatte er die Möglichkeit, schnell aufzusteigen, und außerdem nutzt er seine Freizeit, um Betriebswirtschaft zu studieren. »Vielleicht bin ich naiv«, sagt er. »Aber warum sollte ich nicht eines Tages aus der Werkshalle in die Direktion wechseln?«

Politik interessiert ihn nur, wo es um Wirtschaft geht. »Die riesigen Werke aus der kommunistischen Zeit sind nicht flexibel genug und viel zu bürokratisch«, meint er. »Der Weg der extensiven Entwicklung hat sich erschöpft. So konnte es nicht weitergehen, und in das alte System führt kein Weg zurück.« Deshalb sei es nicht so wichtig, wer in Moskau Politik mache. »Auch die Kommunisten könnten daran nicht viel ändern. Das wissen sogar meine Eltern, die sich immer noch für Kommunisten halten. Aber sie sind ja keine Fanatiker, sondern Realisten.«

Wir fahren mit der elektrischen Vorortbahn aus der Stadt. Das

309

Stahlwerk Ischora hat seine eigene Station. Sein Werksgelände ist immerhin eintausend Hektar groß und bedeckt mehr als die Hälfte des Stadtgebiets von Ischora. Es ist eines der riesigen Werke, die Konstantin für überholt hält. Inzwischen hat es ein Viertel der Arbeiter entlassen müssen, die Hälfte der anderen wurde auf unbezahlten Urlaub geschickt. Die Direktion möchte sie behalten für die Zeit, wenn es wieder besser geht. Aber wann das soweit sein wird, weiß niemand, vielleicht nach dem Jahr 2000, sagt Michail Matrjonin eher skeptisch als hoffnungsfroh. Seit achtzehn Jahren arbeitet er bei der Betriebszeitung des Stahlwerks, die zugleich die Zeitung der Stadt ist, ein netter Mann, der alle paar Monate, wenn er einen Geldgeber findet, ein kleines Blättchen für Lyrik herausgibt, mit den rührend altmodischen Versen der Heimatdichter von Ischora. Mit den Veränderungen, die sich in den letzten Jahren im Betrieb vollzogen haben, kann er sich nicht anfreunden.

»Ich hatte von Anfang an Zweifel, als das Arbeitskollektiv vor drei Jahren den Beschluß faßte, Ischora-Stahl in eine Aktiengesellschaft zu verwandeln. Dies war doch immer ein Werk, das für den Staat arbeitete. Vor 270 Jahren hat es Peter der Große gegründet, um die russische Flotte zu bauen. Dann hat es fürs Verteidigungsministerium gearbeitet oder Walzwerksausrüstungen hergestellt, um die Entwicklung der russischen Industrie zu unterstützen. Auch die Reaktoren der großen Kernkraftwerke wurden bei uns gebaut. Wir haben doch nie an kleine Privatunternehmen geliefert.« Heute aber hat der Staat kein Geld für große Projekte. Nur aus Amerika liegen einige Aufträge vor: Spezialstahl für Kernforschungszentren in Kalifornien. Solchen Stahl können nur wenige Werke in der Welt herstellen, und Ischora verkauft ihn billiger als alle anderen. Ausgelastet ist es damit jedoch noch lange nicht.

Deshalb hilft es Michail Matrjonin wenig, daß er nicht nur Angestellter, sondern seit drei Jahren auch Aktionär seines Werks ist. Für seine lange Betriebszugehörigkeit hat er zwölf Aktien zugeteilt bekommen. Dazugekauft hat er keine, weil er nicht glaubte, daß sie etwas wert seien. Das tut ihm inzwischen leid, denn die Aktien, die zum Nennwert von 1000 Rubel verkauft wurden, werden heute für mehr als 30 000 Rubel gehandelt und brachten in diesem Jahr eine Dividende von 7 800 Rubel. Das sind allerdings nicht viel mehr als zwei Mark – Kopeken, sagt Michail Matrjonin. An der Dividende liegt es nicht, daß die Banken den Aktienpreis hochtreiben, und wohl auch nicht daran, daß sie das Stahlwerk im Aufschwung sehen. Konstantin Kamenski, nun schon betriebswirtschaftlich geschult, ist der Meinung, daß es um den Grundbesitz geht. Mit tausend Hektar am Rande von St. Petersburg lasse sich viel mehr machen als mit dem Stahl. Für die neuen Großaktionäre sei das Stahlwerk ein Spekulationsobjekt.

Konstantin Kamenski hat ein Zimmer im Arbeiterwohnheim. Das ist ein moderner Betonbau, der von außen noch ganz gut aussieht, aber drinnen bröckelt der graugrüne Putz in den Gängen. Für die sechs Zimmer des Flurs, an dem er lebt, gibt es ein Bad, soweit man das so nennen kann: einen Raum mit zwei Toiletten, einem Waschbecken, verrostenden Rohrleitungen und einer tropfenden Dusche, unter der kein Becken ist, sondern nur ein Abflußloch. Und dann ist da eine Küche, in der zwei junge Frauen, die beide Natascha heißen, gerade Kohlrouladen zubereiten. Sie wohnen mit der ganzen Familie hier.

»Das geht auch mit Kindern«, sagt die eine. »Andere wohnen ja auch so. Die Hauptsache ist, daß man Kinder hat.« Wie lange sie in dem Wohnheim bleiben werden, frage ich. »Bis wir in Rente gehen«, sagt die eine Natascha. »Jetzt wohnen wir schon drei Jahre hier, und eine andere Wohnung gibt der Betrieb uns nicht. Um eine zu kaufen, dazu reicht der Lohn nicht aus.«

»Ich verdiene 200 000 Rubel im Stahlwerk«, sagt die andere. »Wie soll ich da eine Wohnung kaufen? Es reicht kaum zum Essen für uns und die zwei Kinder. Schließlich müssen wir Schulgeld und den Kindergarten und die Miete bezahlen. Wir bleiben hier wohnen, und später einmal kehren wir in unser

Dorf zurück. Hier haben wir keine Chance.« Die beiden Nataschas machen sich keine Hoffnungen. »Früher hätte ich fast eine Wohnung bekommen können. Da gab es im Werk eine Warteliste, und ich war auch darauf. Aber nachdem die Perestroika begann und die Privatisierung der Wohnungen, hatten wir keine Aussicht mehr.«

Konstantin kocht nicht in der Gemeinschaftsküche. Er hat in seinem Zimmer ein Mikrowellengerät auf dem Tisch stehen. Zum Wochenende kommt seine Frau, die in Petersburg in der Innenstadt arbeitet, und kocht für ihren Mann auf Vorrat. Konstantin allerdings hofft, daß sie in den nächsten Monaten eine richtige Wohnung bekommen. Seit das Stahlwerk so viele gute Mitarbeiter an private Betriebe verloren hat, muß es dem jungen Ingenieur etwas bieten. Also scheint ihm die Zukunft nicht aussichtslos. »Aber mein Vater und meine Mutter glauben, daß das Leben früher viel besser war. Da war vorbestimmt, wie es weitergeht. Jetzt ist das Leben wie ein Feuerwerk. Niemand weiß, was morgen kommt. Darum gefällt es mir hier besser als in der Kleinstadt, wo meine Eltern leben und ich geboren wurde. Da sind die alten Werte unverändert: Arbeiten, um Geld fürs Essen zu verdienen. Sonst gibt es dort keine Perspektive, aber hier kann man mit eigenen Augen das Neue sehen.«

In Ischora, dem Industrievorort von St. Petersburg, beginnt meine Reise durch die Provinz. Die Strecke von Petersburg nach Moskau führt achthundert Kilometer lang durch das Herz des alten Rußland. Durch kleine Städte und Dörfer, die fünfhundert oder tausend Jahre alt sind, viel älter als St. Petersburg, und durch das größte geschlossene Waldgebiet, das es westlich des Ural gibt. Die Reise folgt einer berühmten Route. Hier fuhren die Zaren und Zarinnen in ihren Kaleschen von einem Reiseschloß zum anderen, jedes eine Tagesfahrt vom nächsten entfernt. Schriftsteller und Dichter haben sie berühmt gemacht. Vor zweihundert Jahren beschrieb Alexander Radischtschew seine *Reise von Petersburg nach Moskau*, und zur Strafe für seine

312

schonungslose Schilderung der russischen Wirklichkeit wurde
er nach Sibirien verbannt. Rußlands größter Dichter, Alexander Puschkin, ist über dreißigmal zwischen Petersburg und
Moskau hin- und hergereist und hat freundlichere Erfahrungen beschrieben, nicht den Schmutz der Bauerndörfer und das
Elend der Leibeigenschaft, sondern die Adelsnester, in denen
er unterkam, und die kleinen Romanzen, die er erlebte. Ich
fahre diese Strecke mit einem klapprigen Minibus und Petersburger Kameraleuten. Mich interessiert zu erfahren, was heute
zwischen der alten und der neuen Hauptstadt liegt – dort, wo
Rußland immer am russischsten war.
Am ersten Abend, nach dem Abschied von Konstantin und
den Leuten im Wohnheim, komme ich nicht mehr sehr weit.
Kaum fünfzig Kilometer sind es bis an den Rand von Kolpino.
Abseits der Hauptstrecke fahren wir durch die Schlaglöcher einer unbeleuchteten Straße zwischen ein- und zweistöckigen
dörflichen Holzhäusern. Eines der Häuser hat Anatoli Peskow
als seine Datscha eingerichtet. Mit der Taschenlampe wartet er
am Straßenrand, um mich durch den Garten ins Haus zu bringen. Anatoli war einmal ein großer Aktivist im Jungkommunistenverband, ein Kommissar, sagt er – jedenfalls einer, der
junge Leute an sibirischen Eisenbahnbaustellen und Staudäm-
men zur freiwilligen Arbeit begeisterte. In seinem Wohnzimmer hängen die roten Wimpel an der Wand, die seine Brigaden damals gewonnen haben. Auch die Gipsbüste von Lenin
steht noch da, aber heute hat sie einen deutschen Stahlhelm
auf. Die kommunistischen »Erfolge« der Vergangenheit nimmt
er nicht mehr ernst. Schon vor fünfzehn Jahren sei ihm klargeworden, daß Breschnews »Großbaustellen der Zukunft« in
Wirklichkeit keine Zukunft hatten und die jungen Leute nur
ausgenutzt wurden. Richtige Umweltkatastrophen seien die
Großprojekte gewesen, und seine Freunde in Leningrad hätten ihn einen Naturvernichter genannt. Da ist er erst Skileh-
rer im Kaukasus geworden, und dann hat er zwischen dem
Schwarzen Meer und der Ostsee Geschäfte mit Mangelware

getätigt. Nicht ganz ungefährlich war das, sagt er, aber da ließ sich mehr verdienen als heute, wo alles erlaubt ist. Jedenfalls ist aus dem aktivistischen Jungkommunisten ein Aktivist des Geschäftslebens geworden, der in den letzten vier Jahren Trikotagenfabriken und Handelsketten gründete, nur um sie schnell wieder zu verkaufen, weil ihm etwas, was ohnehin funktioniert, langweilig ist.

Das erzählt er in der kleinen Banja, die er für uns angeheizt hat. Etwas Russischeres als ein Schwitzbad gibt es überhaupt nicht, findet er, und er hat die Kunst des Schwitzens kultiviert. Aus zwei Dutzend Flaschen schüttet er immer wieder neue Aufgüsse auf die heißen Steine: Beifuß, Salbei, Eukalyptus, Zitrone und Rosenwasser. Alles hat seine gute Wirkung auf Herz oder Lunge, Haut oder Augen. Und dann gibt es Punsch aus Früchtetee und einem georgischen Rotwein, den Stalin immer getrunken hat. Dazu hat Anatoli Peskow Sportsfreunde eingeladen. Seit er Geld genug hat, finanziert er den einzigen privaten Sportklub im Leningrader Gebiet. Einer der Freunde, die sich zu ihm aufs Sofa setzen, ist Andrej Dumbadse, der Fußballtrainer von Lokomotive St. Petersburg, ein anderer ein Tennischampion aus Lettland, Sergej Kartschew. »Anatoli hat einfach das Talent, Leute zusammenzubringen, bekannte Schauspieler, Sportler und Geschäftsleute. Es sind immer mehr geworden«, sagt der Fußballtrainer.

»Das einzige, was ich richtig kann, ist mit Leuten umgehen«, gibt Peskow zu. »Das war schon auf den Baustellen des Jungkommunistenverbands so. Sonst kann ich eigentlich nur Skilaufen, und was die Geschäfte angeht, na ja, ich kann damit meine Familie ernähren und gegebenenfalls auch eine Geliebte.« Das wichtigste sei für ihn, daß er seine Unabhängigkeit behalten und sein Leben selbst bestimmen könne, und das, sagt er, sei heute leichter als früher. So sehen seine Freunde das auch.

Seine Arbeit sei schwieriger geworden, sagt der Fußballtrainer, seit die Spieler zu anderen Vereinen wechseln können, die mehr Geld haben oder sogar aus dem Ausland Verträge angeboten bekommen. Die staatliche Sportförderung sei enorm zurückgegangen, und die privaten Sponsoren könnten das selten ausgleichen. Aber auch wenn vieles besser werden muß – nach dem alten System möchte Andrej Dumbadse nicht noch einmal arbeiten. Dann sagt er: »Spaß beiseite. Es kann schlimm werden, wenn die Kommunisten wirklich an die Macht kommen, wenn es nach den Präsidentenwahlen im nächsten Sommer wieder wie früher wird.«

»Ein halbes Jahr lang wird sich nichts ändern«, sagt Anatoli Peskow. »Zunächst werden sie abwarten, wie das Land reagiert, aber dann werden sie langsamer oder schneller die Schrauben anziehen. Einerseits weiß ich: Es gibt kein Zurück mehr zu den alten Zeiten. Aber andererseits: Alles ist möglich. Ich habe mein Geschäft und weiß, daß die Wirtschaft wieder auf die Beine kommen kann, weil es langsam schon besser wird. Aber für viele ist der Lebensstandard gesunken, von Verbesserungen merken sie noch nichts, und das ist der Trumpf der Kommunisten. Die älteren Leute gehen unbedingt zur Wahl. Es ist vielleicht das einzige, was ihnen geblieben ist, und die meisten von ihnen werden für einen Kommunisten stimmen. Und die jungen Leute, die verstehen nicht viel vom Leben und gehen gar nicht zur Wahl.«

Der junge Tennisspieler widerspricht. Er werde zur Wahl gehen. Aber er sagt: »Für welche Partei ich konkret stimmen werde, weiß ich noch nicht. Es gibt so viele, und ihre Programme und Losungen sind sich so ähnlich. Wie soll man da die beste heraussuchen? Aber hier im Bezirk kenne ich die Kandidaten, und ich weiß, wen ich wählen werde.«

»Hauptsache, in der Regierung arbeiten Profis«, sagt Peskow. »Ich würde für Ministerpräsident Tschernomyrdin und *Unser Haus Rußland* stimmen. Vielleicht ist er nicht gerade der beste. Persönlich gefallen mir die Reformer viel besser, Grigori Jawlinski zum Beispiel. Aber finanziell unterstütze ich jetzt die Partei des Ministerpräsidenten. Ich werde für einen Kandidaten stimmen, der für Stabilität sorgt, damit die Macht in Moskau nicht schon wieder umverteilt wird. Wenn die Profis dranbleiben, wird es jedenfalls nicht gleich wieder schlimmer.« Und dann füllt Peskow die buntbemalten Holzschalen mit Glühwein auf, und alle reden vom Sport.

Am nächsten Morgen legt sich der erste Schnee wie ein dünner Schleier über die eintönige, graugelbe Landschaft. Dies sind die Ausläufer der Sümpfe, in denen Peter der Große die Stadt St. Petersburg baute, und nun führt die M 10, die Hauptstraße nach Moskau, schnurgerade nach Süden. Streckenweise ist sie vierspurig wie eine Autobahn, aber meistens nur eine breite Landstraße in einigermaßen gutem Zustand. Große Lastzüge überholen unseren Minibus in rasendem Tempo. Sie haben finnische und deutsche Kennzeichen, auch iranische sind darunter, mehr Ausländer als Russen. Denn dies ist einer der wichtigsten Versorgungswege Rußlands, und über Moskau hinaus führt er durch die Ukraine ans Schwarze Meer und über den Kaukasus nach Teheran oder auf der östlichen Route nach Sibirien und Mittelasien. Aber wir haben es nicht so weit wie die LKW, nur achtzig Kilometer bis zur nächsten kleinen Stadt.

Bei Tschudowo biegen wir ab und holpern über eine Nebenstraße, vorbei an kleinen Holzhäusern und über die Eisenbahngleise zu den Plattenbauwohnblocks. Tschudowo ist mit 16 000 Einwohnern kein besonders interessantes Städtchen. Wir machen hier nur halt, weil es eben an der Straße nach Moskau liegt und weil mir ein Freund in Petersburg einen Tip gegeben hat, wie ich da vielleicht ins Gespräch kommen könnte. Da soll ein Rentner leben, der eine riesige Sammlung von Streichholzschachteln hat und aus Streichhölzern Schlösser baut. So jemand ist gewöhnlich gerne bereit, etwas über sein Hobby zu erzählen, und danach kann man weitersehen. Wir fragen nach ihm in der Streichholzfabrik, die früher »Banner des Proletariats« hieß und nun einfach »Sonne«. Da muß man ihn schließlich kennen. Die zwei alten Pförtnerinnen wissen sogar, wo er ist. »Hinten bei den Heizern. Er ist ja schon pensioniert, aber da sitzt er jeden Vormittag und spielt mit ihnen Domino.«

Und da sitzt er denn auch, in einem kleinen verqualmten Aufenthaltsraum mit zwei Tischen und drei Holzbänken. Die Dominosteine werden auf den Tisch geknallt, und Lew Pronin, der Pensionär, hat keine Zeit für ein Gespräch, solange nicht feststeht, wer die Partien gewinnt. Aber er und seine Freunde, alles Heizer in Arbeitskleidung, stört es nicht, daß ich mich einfach dazusetze. Russische Arbeiter sind ungewöhnlich unbefangen und offen, auch wenn unerwartet ein Ausländer kommt, der neugierige Fragen stellen will, die ihm in Deutschland so schnell niemand beantworten würde. Während sie die Dominosteine neu mischen, frage ich erst einmal, wie lange sie hier schon arbeiten. Acht bis zehn Jahre sind sie dabei, einer schon seit 1972. Ob es nun besser oder schlechter geworden ist? »Früher war es besser, jetzt ist es nicht so gut«, sagt einer der Heizer.

Es gibt eine Pause, die Steine werden angelegt, und dann fügt der Jüngste hinzu: »Das Leben kann man schwer verstehen, es ist gut und es ist schlecht. Es ist verschieden. Die Zukunft wird alles zeigen.«

»Hoffen wir, daß es besser wird«, sagt der Ältere, der seine Heizermütze auf dem Kopf behalten hat. Ein paar Minuten später frage ich weiter. Ob sie schon wissen, wen sie wählen werden? »Das werden wir noch sehen. Noch ist nichts klar.« Und für wen haben sie 1993 gestimmt? »Einige für Jelzin, andere für die Demokraten. Auch für Schirinowski haben viele gestimmt.« Einer haut seine letzten Steine auf den Tisch, er hat gewonnen.

Ob diesmal die Kommunisten gewinnen könnten, frage ich. »Die Kommunisten? Nein, das wird nichts, die haben wir satt.« Und General Lebed? »Den kennen wir nicht gut genug. Im Fernsehen spricht er sehr schön, aber wie es in seiner Seele aussieht, wissen wir nicht.« Der junge Arbeiter sagt: »Politik gibt's im Fernsehen und in der Zeitung. Da wird viel gequasselt und wenig getan. Die Politiker machen ihre Sache, das geht uns nichts an; die Politiker interessieren sich ja auch nicht für uns.« 1993 haben die meisten Wähler in Tschudowo für den wilden Nationalisten Schirinowski und seine Versprechungen gestimmt. Aber der hat es auch nicht gebracht, und nun setzen sie auf keinen Politiker mehr.

Das Spiel ist zu Ende, Lew Pronin hat Zeit für uns. Er ist ein untersetzter, dicker Mann mit weißen Haaren, und während des Spiels hat er kein Wort gesagt. Seine Streichholzschlösser will er uns gerne zeigen, und so gehen wir schweigend zu seiner Wohnung. Sie besteht aus zwei Zimmern und einer kleinen Küche. Im Schlafzimmer stehen ein halbes Dutzend Kirchen und Schlösser, alle aus Streichhölzern gebaut und manche fast einen Meter hoch. Im Wohnzimmer gibt es noch mehr, und der Tisch ist bedeckt von Streichhölzern und einem halbfertigen Phantasiepalast. »Neulich hat er mich gefragt, was ich zum Geburtstag haben will«, sagt seine Frau, als sie uns ins Zimmer führt. »Und da hab ich gesagt, ich hätte nur einen Wunsch: daß diese Streichholzberge wieder vom Tisch kommen. Das macht er nun schon seit 1963, und es interessiert mich überhaupt nicht.« Lew Pronin setzt sich zu seinen Streichhölzern und vervollständigt das Dach seines Modells. Warum das sein Hobby ist, frage ich. »Ich weiß nicht«, sagt Pronin, »es kam mir bloß so in den Sinn.« Mit ihm ist nicht viel zu reden, aber seine Frau, die in der Küche einen Kohlauflauf macht, mag gern erzählen, nur nicht über Streichhölzer. Vierzig Jahre hat sie in der Streichholzfabrik gearbeitet, aber seit sie pensioniert ist, geht sie nicht mehr hin.

»Die liegt sowieso halb still«, sagt sie. »Da arbeitet nur eine Schicht, die beiden anderen sind ausgefallen. Sie haben kein Material und kein Geld, nicht mal die Pappe für Streichholzschachteln konnten sie kaufen. Ohne Geld kriegt man nichts.« Und wie lebt man, wenn das Geld nicht reicht? »Man leiht sich Geld, dann muß man es zurückgeben, dann leiht man sich wieder etwas. So lebt man. Ich und mein Alter schaffen es noch, wir haben ja auch den Gemüsegarten. Aber bei den Kindern reicht es nicht.« Sie hat zwei Söhne, die bei der Eisenbahn arbeiten, eine Schwiegertochter in einer Näherei, die zweite ist arbeitslos. Und die Schwiegermutter des jüngsten Sohns liegt schon seit einem Jahr gelähmt in der Wohnung. »Wie soll mein Sohn eine fünfköpfige Familie ernähren, wenn er nur 500 000 Rubel im Monat verdient und ein Brot 1 900 Rubel kostet? Jetzt machen sie uns schon Angst, daß es bald 5 000 kosten wird, und die Gehälter und Renten werden doch kaum erhöht. Ich glaube nicht, daß es besser wird, ich warte bloß, bis ich auf den Friedhof komme.«

Nina Pronina hat in der Zeitung gelesen, daß am Stadtrand von Ausländern neue Fabriken gebaut werden. »Da möchten sehr viele arbeiten, aber ich glaube, nur wenige werden Arbeit bekommen. Man sagt, da wird alles mit Computern gemacht, und ich weiß gar nicht, was das heißt. Meine Schwiegertochter, die hat Hochschulbildung, wurde von ihrer Fabrik schon vor einem halben Jahr auf die Straße gesetzt. Nun ist die Glasfabrik verkauft worden, und ich weiß nicht, wer jetzt dort arbeitet. In der Zeitung steht, daß die Deutschen das Werk gekauft haben und alle entlassen.«

Die Glasfabrik liegt hinter dem alten, dörflichen Teil von Tschudowo. Man fährt an der kleinen Kirche vorbei und sieht die Fabrik jenseits des Flusses: große Schornsteine, von denen nur einer raucht, Hallen mit zerschlagenen Fenstern und verfallenen Dächern. Nur der Haupteingang ist ordentlich weiß gestrichen, und gleich daneben belädt ein junger Mann seinen Pferdewagen. »Deutsche oder nicht«, sagt er, »ich bin Fuhrmann, für mich bleibt alles beim alten.«

»Aber bei den Deutschen muß alles akkurat sein«, sagt ein alter Mann, der gerade zur Arbeit geht. Und er zeigt einen Ausweis mit Foto und Name. »Den müssen wir uns anklemmen, und so laufen wir in der Fabrik herum, und wenn jemand den Ausweis verliert, muß er 350 000 Rubel zahlen. Da muß man schon aufpassen.« Sonst ist er mit dem Wechsel zufrieden.

»Von unserem alten Direktor hatten wir vier Monate lang kein Geld bekommen. Die Deutschen haben uns gleich ausgezahlt.« – »Der alte Direktor war ein Dummkopf. Die Deutschen sind besser für uns«, bestätigt einer, der sich als Dreher der Leistungsklasse sechs vorstellt. »Jetzt ist Geld da. Was weiter wird, wissen wir noch nicht. Aber die Löhne werden rechtzeitig gezahlt, das ist die Hauptsache.«

Das sagen vor der Glasfabrik alle, die dort noch Arbeit haben. Nur ein kleiner Junge, der mit der Schultasche über den Platz kommt, ist anderer Meinung. »Das ist die Glasfabrik ›Aufstand‹, und die Deutschen haben sie gekauft«, sagt er. »Da werden viele entlassen. Die meisten werden weggejagt.« Das hat ihm eine Freundin seiner Mutter erzählt, und er findet, das ist schlecht. Aber der Dreher ruft dazwischen: »Natürlich wurde entlassen. In erster Linie wurden Rentner und Säufer entlassen. Das war auch nötig.«

Aber was der kleine Junge von der Mutter seiner Freundin gehört hat, entspricht wohl doch mehr der Stimmung in Tschudowo. Die neuen deutschen Besitzer, die die heruntergekommene Glasfabrik sanieren müssen, haben es schwerer als die Engländer, die ein paar Kilometer weiter mit Baggern, Kränen und Raupen das freie Feld aufwühlen. Da baut einer der größten Süßwarenkonzerne der Welt die drittgrößte Schokoladenfabrik seines Imperiums. »Das sichert den Zugang zu einem riesigen Markt, zum drittgrößten Süßwarenmarkt der Welt«, sagt der deutsche Bauleiter, der schon früher für ein DDR-Unternehmen auf russischen Baustellen gearbeitet hat. In der neuen Schokoladenfabrik entstehen besser bezahlte Arbeitsplätze als in anderen Betrieben der Gegend, und weil Menschen Arbeit finden, die anderswo entlassen wurden, sind die Leute in Tschudowo für das ausländische Neubauprojekt. »Mit der Arbeitslosigkeit ist es nicht ganz so schlimm wie anderswo«, sagt ein Bauarbeiter. »Mal sehen, wie es weitergeht.« Das sagen sie eigentlich alle – nicht gerade zuversichtlich, aber auch nicht verzweifelt.

Drei Fahrtstunden weiter, kurz vor Nowgorod, taucht hinter den Holzhäuschen eines kleinen Dorfes ein riesiges Baugerüst auf, das einen alten Turm umschließt. Da liegt ein Kloster, das wir besuchen wollen, und die Bäuerin, die mit zwei Wassereimern über die Dorfstraße geht, kann uns den Weg zeigen. Sie geht häufig zum Kloster, und ihre Kinder, die in der Stadt wohnen, kommen am Wochenende mit. Morgens und abends gibt es Gottesdienst, sagt sie, und manchmal hole sie Wasser aus dem heiligen Brunnen, das sei gut für das Herz. Es tue ihr wohl, daß sie sich nach der Arbeit in Ruhe erholen könne, seit es die Kirche dort wieder gibt.

Wir hatten uns anmelden lassen, aber nun kamen wir am falschen Tag. Gleich nach uns rollt ein kleiner gelber Lada in flottem Tempo über den Klosterhof, fährt eine Kurve und bremst scharf vor dem Eingang zum Wirtschaftstrakt. Ein Mann in langem schwarzem Ornat kommt hinter dem Steuer hervor: der weißbärtige Erzbischof von Nowgorod. Für ein Gespräch mit uns hat er jetzt keine Zeit. Und später? Auch nicht. Und wann überhaupt? »Inschallah!« sagt der Erzbischof mit großer Gebärde und geht in seine Privatgemächer.

Nun muß sich auch die Äbtissin um den hohen Gast kümmern, aber sie sucht noch schnell eine Schwester, die uns vom Kloster erzählen kann. Vor zwei Jahren waren die ersten Nonnen in die zerfallenden Gebäude gekommen, hatten sich notdürftig eingerichtet und begonnen, das Gelände aufzuräumen. Über sechzig Jahre lang war es kein Kloster gewesen, sondern Baustofflager und Fuhrpark, und aus den großen alten Mauern hatte man Steine für die Häuser der Kolchosdörfer gebrochen. Nur die Kirche stand noch äußerlich unbeschädigt da, weil Schriftsteller und Künstler Geld für ihre Erhaltung als Denkmal russischer Geschichte gesammelt hatten. Nun dient sie wieder dem Gottesdienst, mit dem für die orthodoxen Nonnen jeder Tag beginnt.

Aber danach beginnt für die Nonnen, Novizinnen und ihre Helferinnen die tägliche Arbeit. Sie schleppen große Körbe voll Brennholz über den Hof, und unter den Klostermauern am Wolchow nageln sie Filzmatten an die Türen des kleinen Viehstalls, um ihn winterfest zu machen. Zwei Kühe und ein Kalb haben sie und drei Dutzend Hühner. Zwei Männer aus dem Dorf bauen aus Baumstämmen eine Futterküche: Das Kloster braucht mehr Vieh, wenn sich die zwanzig Nonnen selber ernähren wollen. Für die Novizin, die uns führt, ist dies alles noch neu. Vor einem Jahr ist sie aus Petersburg gekommen. Da hat sie russische Literatur studiert und im Alexander-Blok-Museum gearbeitet. Damals hieß sie Swetlana, nun trägt sie im Kloster den Namen Fotinia. Sie ist achtundzwanzig Jahre alt, und unter dem enggebundenen schwarzen Tuch hat sie ein strenges, aber fast schönes Gesicht. »Niemand hat zu mir gesagt, daß ich hierherkommen soll. Jeder Mensch wählt seinen Weg im Leben selbst, und der Weg ins Kloster ist der Wille Gottes. Als Kind wußte ich nicht, was Kirche bedeutet, ich war wie alle im Jungkommunistenverband, und erst vor fünf Jahren, als erwachsener Mensch, habe ich mich taufen lassen, so etwas gibt es jetzt ziemlich häufig. Aber bei mir ist nach der Taufe ein Wunder geschehen. Und so bin ich hier.«

So habe jede der Schwestern ihren Weg gefunden, manche seien aus Neugier gekommen oder um zu helfen, weil sie keine Arbeit und keine Familie hatten. Und dann seien sie im Kloster geblieben. Mit den Veränderungen in der Gesellschaft habe das nicht viel zu tun, denn jeder Mensch finde zu seiner Zeit seine Bestimmung im Leben. Ohne die veränderte Politik aber gäbe es doch dieses Kloster nicht, wende ich ein und frage, ob die Politik noch einmal ihr Leben beeinflussen könne. »Das wissen wir nicht«, sagt Schwester Fotinia, »diese Seite des Lebens berührt uns nicht. Wir leben im Heute und wissen nicht, was uns die Zukunft bringt. Gott hat es gegeben, daß uns die Menschen aus dem Dorf und der Stadt helfen. Aber wer weiß, vielleicht werden wir eines Tages diese Hilfe nicht mehr bekommen.«

In der Klosterküche schälen drei junge Mädchen einen Eimer Kartoffeln. Eine ältere Frau schiebt Holzscheite in den großen Kochherd. Im Raum dahinter sitzen fünfzehn Schwestern und Helferinnen am langen Tisch. Schwester Fotinia geht nun zum Stehpult. Auf dem bestickten weißen Leinentuch liegt ein großes Buch, aus dem sie Legenden vorliest, während die Nonnen essen. Es gibt Kohlsuppe, Fischfrikadellen, Kohlsalat und eingelegte Rote Bete und immer wieder große Schüsseln mit Kartoffeln. Damit versorgt man auch uns am kleinen Ecktisch, wo schon die beiden Schreiner ihr Essen bekommen. Junge Mädchen, das Haar unter dem dunklen Kopftuch verborgen, tragen andere Schüsseln an uns vorbei – aufgeregt, weil sie den Erzbischof bedienen dürfen, der im oberen Stockwerk einen Gast bewirtet. Der hat sich im großen ausländischen Wagen vorfahren lassen, ein Mann in teurer schwarzer Lederjacke, und er sah sehr weltlich aus, als er mit energischen Schritten über den Klosterhof ging – wie einer der »neuen Russen«, die auch in der Provinz Geschäfte und Banken aufmachen. Viele von ihnen zeigen sich heute gern großzügig, unterstützen mit ihrem neuen Geld den Wiederaufbau alter Kirchen. Der Erzbischof hat Grund genug, so einen Gast gut zu bewirten. Hier, im Kernland russischer Geschichte, gibt es fast zweihundert Klöster und Kirchen, die wiederaufgebaut oder renoviert werden müssen. Auch die orthodoxe Kirche, die wieder mächtig zu werden beginnt, ist dafür nicht reich genug.
Als wir über die Wolchowbrücke fahren, liegt Nowgorod im tiefen Schnee, und die Mauern und Kuppeln des Kreml sind im Schneegestöber fast verschwunden. Vor elfhundert Jahren, lange vor Moskau und Petersburg, war Nowgorod die zweitwichtigste Stadt der Kiewer Rus und jahrhundertelang danach eine selbständige Republik der Kaufleute, die sich mit der Hanse, den Handelsstädten an Nord- und Ostsee, verband. Im elften Jahrhundert haben sie am Wolchowufer die Festung mit vier Meter dicken Mauern und dreißig Meter hohen Wachtürmen gebaut, und in ihrer Mitte steht die Sofienkathedrale

mit ihren sechs goldenen Kuppeln und dem großen Bronzetor, das sich die Bürger im zwölften Jahrhundert aus Magdeburg kommen ließen. Russische Touristen stehen davor und fotografieren sich. Großmütter bekreuzigen sich vor den Kirchentüren, gehen mit dick vermummten Enkelkindern spazieren und lassen sie auf gefrorenen Pfützen rutschen.

Auf dem Hauptplatz des Kreml bewundert eine Schulklasse das große Denkmal: Unter Kreuz, Krone und Reichsapfel der Zaren zeigt es die Ereignisse russischer Geschichte und die Köpfe seiner verdienten Männer und Frauen. 1862 hat man es aufgestellt, zur Erinnerung an das tausendjährige Bestehen des russischen Reichs, das sich zurückführt auf Wladimir den Heiligen, den Herrscher der Kiewer Rus, der sein Volk taufen ließ. Im Zweiten Weltkrieg haben es deutsche Truppen zerstört, aber schon bald nach dem Krieg hat die sowjetische Regierung es wiedererrichten lassen. Auch die Kommunisten, die die Kirchen im Nowgoroder Kreml zu Museen machten, wollten die Ursprünge russischer Geschichte nicht auslöschen. Nun stehen Schüler und Schülerinnen davor – zwölf oder dreizehn Jahre alt, eine Klasse der Staatsschule Nummer 28 in Moskau auf einem Wochenendausflug in die Geschichte. Die Stadtrundfahrt hat ihnen gefallen. Gerade waren sie in einer Fabrik, die in einem Museum des »Großen Vaterländischen Kriegs« Erinnerungen an die Kämpfe um Nowgorod sammelt, an die Zerstörungen, Leiden und Opfer.

»Unsere Schule in Moskau hat auch so ein Museum, aber das ist viel kleiner«, sagt einer der Jungen. »Da gibt's viele Fotos aus dem Krieg und Waffen und Helme. Unsere Schule hat eine Suchgruppe, die fährt mit Veteranen und Lehrern zu den Schlachtfeldern, und was sie da finden, wird dann ausgestellt.« Als ich nach Rußlands Geschichte frage, sprechen sie meistens über den letzten Krieg. »Da haben unsere Großväter gekämpft. Das ist interessant, wie unsere Großeltern in diesem brutalen und blutigen Krieg gelebt haben.« Das scheint die Schuljungen mehr zu interessieren als die alte Geschichte.

Eine Lehrerin zieht mich am Arm. Ich müsse unbedingt mit Pawel Galuschko sprechen, der die Gruppe leitet. Der habe in Nowgorod gekämpft und sei sogar zum fünfzigsten Jahrestag des Sieges Teilnehmer an der Parade auf dem Roten Platz gewesen. Pawel Galuschko ist ungefähr siebzig Jahre alt. Er trägt einen warmen, aber alten Mantel und eine lederne Schirmmütze. Er sieht aus wie ein geduldiger, gutmütiger alter Lehrer. Über Geschichte und Politik hat er eine feste Meinung. »Heute spricht man zuviel über die negativen Erscheinungen der jüngsten Vergangenheit. Wir müssen die geschichtliche Perspektive wiedergewinnen. Bei uns in Rußland hat Privateigentum keine Tradition. Die Entwicklungsperspektive jeder Gesellschaft gründet sich auf Gemeineigentum an Boden, Produktionsmitteln und Kapital«, doziert er. »Alle Arten des Kapitalismus müssen liquidiert werden, sonst wird die ganze Entwicklung gebremst. Dann sitzen die einen auf Geldsäcken oder haben Geld auf dem Konto, und die anderen können sich nichts für ihre Gehälter kaufen. Die ganze Tragödie entstand, weil die gemeinschaftlichen Formen des Eigentums abgeschafft wurden. Sonst könnte der Staat die Geldmittel planmäßig verteilen. Aber nun steigen die Preise. Alles ist zur Ware geworden. Früher galt der Grundsatz, daß die ganze Produktion den Bedürfnissen der Menschen dienen sollte.«

Den kleinen politischen Vortrag hält Pawel Galuschko mehr für mich als für die Jungen und Mädchen seiner Schulklasse. Die kommen zwar aus einer Staatsschule, aber aus einer besonderen: An der Schule Nummer 28 ist Englisch nicht nur die erste Fremdsprache, sondern in den letzten Klassen auch Unterrichtssprache. Die Eltern, die ihre Kinder dorthin schikken, wollen sie nicht auf die Wiederkehr des Sozialismus, sondern auf eine Gesellschaft mit offenen Grenzen vorbereiten. Die Schüler und Schülerinnen tragen bunte, westliche Anoraks, erzählen von den Disney-Videos, die sie zu Hause haben, und einer sagt: »Mein Vater hat uns ein Haus in Holland gekauft.« Dann kommt die Lehrerin und sagt, daß man weitermüsse, und die Jungen und Mädchen folgen ihr brav und gehorsam.

Am Rande von Nowgorod gibt es in einem verfallenen Klosterkomplex eine kleine Künstlerkolonie. Durch das Tor in den gewaltigen Mauern blickt man auf einen Hof voller Schutt und Baumaterial, auf einstöckige Häuser mit blinden Fensterscheiben und auf die große Kirche, an der Maurer und Stukkateure arbeiten – Gastarbeiter aus der Ukraine, die im Häuschen neben dem Tor untergebracht sind. Am Tor aber steht ein Mann im Ledermantel mit der Schneeschaufel in der Hand und läßt uns nicht durch. Daß wir die Genehmigung der städtischen Verwaltung für Museen und Altertümer haben, ist ihm nicht wichtig. »Ich bitte Sie, das Gelände zu verlassen«, sagt er. »Die Genehmigung des Museumsdirektors ist rechtswidrig. Die Georgskathedrale ist der Kirche zurückgegeben worden. Haben Sie bei der Kirchenverwaltung für die Genehmigung bezahlt? Wenn nicht, dann verlassen Sie das Gelände.« Er stellt sich immer wieder mit der Schneeschaufel in den Weg. »Ich stehe hier mit dem Segen des Erzbischofs und darf Sie nicht durchlassen. Befehl ist Befehl, das müssen Sie als Deutscher doch wissen.« Aber dann denkt er ein bißchen nach und meint, nun sei es schon halb vier und um vier gehe sein Dienst zu Ende. Dann sei niemand mehr da, um uns aufzuhalten, und solange könnten wir doch vor den Mauern am Ilmensee spazierengehen.

Gegen vier Uhr wird es im November schon dunkel, und als wir zurückkommen, müssen wir uns durch die dunklen, fast unbeleuchteten Gänge des früheren Klosters tasten. Hinter einer Tür wohnt Galina Bulganina mit ihrer Tochter Dascha und ihrem Mann Wladislaw. Das Zimmer ist nicht sehr groß, deshalb haben sie sich ein Hochbett gebaut. Darunter ist die Sitzecke, in der wir uns unterhalten, während Dascha am Fenster Schularbeiten macht. Es gibt elektrisches Licht, aber keine Wasserleitung, und ein kleiner Holzofen wärmt das Zimmer. Galina Bulganina und ihre Freunde sind vor sieben Jahren aus

Leningrad hierhergekommen, um freier arbeiten zu können.
Damals hat ihnen die Museumsverwaltung den verfallenden
Bau zum Renovieren überlassen, und sie hoffen, daß ihnen
nun die Kirche die Wohnräume und Ateliers vermieten wird.
Die Künstler kamen nach dem Studium ins ehemalige Kloster,
um der politischen Bevormundung zu entgehen, aber nun, wo
das Leben im ganzen Land freier geworden ist, haben sie es
schwerer.

»Vor der Perestroika durften wir unsere Arbeiten kaum verkaufen, aber es gab immer Kunstfreunde, die sie uns trotzdem
abnahmen, und das Leben war billig. Jetzt ist es schwer geworden, unsere ernsthaften Arbeiten zu verkaufen. Wir leben von
den Touristen und den Souvenirs, die wir herstellen, und für
Essen und Kleider reicht das gerade. Also ist es im materiellen
Sinne schwieriger, aber dafür können wir jetzt unsere kreati-
ven Ideen verwirklichen.« Eine lebensgroße Plastik, das romantische Bild eines Dichters, steht im Kohlenkeller. Auf seinen Sockel schrieb die Keramikerin: »Gott gab dem Menschen
ein erhabenes Antlitz und erlaubte ihm, den Himmel zu sehen
und mit den Sternen zu sprechen.«

Nebenan hat sich ihr Mann im alten Gewölbe eine Tischler-
werkstatt eingerichtet. Früher machte er abstrakte Plastiken
und entwarf moderne Möbel. An diesem Abend fügt er Bretter
zusammen, aus denen große Tafeln für einen Ikonenmaler
werden. Seit Kirchen renoviert werden, werden neue Ikonen
gebraucht. Das findet Wladislaw Bulganin gut. »Früher durfte
ich nicht arbeiten, wie ich wollte, da mußte man sich unter die
Kontrolle des Künstlerverbands stellen, heute ist alles nicht
mehr stabil und sicher, aber dafür sind wir frei. Im Prinzip ist
das angenehmer.« Der Ikonenmaler, der sich in einem anderen Zimmer eingerichtet hat, hat früher abstrakte Bilder ge-
malt, und das tut er sogar heute noch manchmal. Aber Wladislaw meint, wir sollten ihn nicht bei der Arbeit stören. »Er
kann nur reden, wenn er etwas getrunken hat«, sagt er. »Und
wenn er getrunken hat, kann er nicht malen. Lassen wir ihn

malen.« So gehen wir durch die kalten Kellergänge und über den dunklen Klosterhof zu unserem Auto zurück.

Südlich von Nowgorod endet die eintönig ebene Landschaft, und die Straße führt in die Hügel des Waldai mit ihren riesigen Tannenwäldern. Zwei alte Frauen stehen im Schnee am Straßenrand und halten sich mit Filzstiefeln und dicken Kopftüchern warm. Jede hat einen großen Emailleeimer voll Moosbeeren vor sich. Weiter hinter dem Fluß haben sie die Beeren gesammelt, und sie zeigen, wie tief man sich beim Pflücken herunterbeugen muß, im Sumpf, wo das Wasser bis an die Knie steht. Aber die Beeren sind so gesund, mit ihren vielen Vitaminen. »Wenn einer todkrank ist, mit vierzig Fieber oder mehr, braucht man ihm nur Moosbeerengrütze zu geben, und das Fieber geht weg«, sagt die Ältere. Sie hat früher in der Porzellanfabrik »Proletarier« gearbeitet. »Nun sind wir alt, und keiner braucht uns, auf die Rente müssen wir monatelang warten, darum stehen wir hier und verkaufen Beeren.« Ein Eimer bringt 50 000 Rubel, das ist ein Fünftel der Monatsrente. »Wir stehlen nicht, wir schieben nicht, wir machen keine Geschäfte. Wir leben von unserer Arbeit. Im Garten haben wir Kartoffeln, Möhren, Zwiebeln und Rote Bete. Ich habe sechs Töchter und neun Enkelkinder, denen muß ich doch helfen. Dem einen Kind einen Eimer Kartoffeln, dem anderen stecke ich 5 000 Rubel in die Tasche, wenn meine Rente kommt. Wir verhungern nicht. Mein Mann ist nicht mehr da, also habe ich auch keinen Ärger. Wenn die Rente zu spät kommt, wird es schwierig. Aber eigentlich bin ich zufrieden.« Ein alter Mann, der aus dem Wald an die Straße kommt, schimpft laut über die neuen Zustände. »Unsere Kolchose, gleich hinter dem Wald, ist ruiniert, das Vieh ist verkauft, die Maschinen sind kaputt. Unsere Kolchose haben sie liquidiert – die Demokraten, oder wie sie sich nennen.«

Im Städtchen Waldai liegt gleich an der Durchfahrtstraße ein schiefes zweistöckiges Haus, der Sitz der Verwaltung des Nationalparks. Der Direktor ist gerade in Petersburg, aber er hat eine Nachricht für uns hinterlassen: für zwei Millionen Rubel dürfen wir am nächsten Tag im Nationalpark Aufnahmen machen, und für eine weitere Million gibt er ein Interview. Das macht fast tausend Mark und scheint mir ziemlich teuer. Eigentlich wollten wir ihn über die ökologischen Schäden sprechen lassen, die der geplante Bau einer superschnellen Eisenbahnstrecke von Moskau nach St. Petersburg für das Waldgebiet mit sich bringen kann. Aber der Direktor läßt uns bestellen, ohne Geld brauchten wir am nächsten Morgen gar nicht zu kommen, und sein Mitarbeiter ergänzt: »Es waren schon so viele Journalisten wegen der Schnellbahn da, und alle Interviews haben in Moskau nichts genützt. Nun gibt's keine mehr umsonst.«

Aber es gibt einen Ausweg. Auf der Straße vor dem Haus reden ein paar Waldarbeiter über die Wolfsjagd. Morgen ist Samstag, da fahren sie ganz früh los, und wenn wir wollen, nehmen sie uns mit. Was die Genehmigung angeht – dann würden sie eben außerhalb des Nationalparks jagen oder nur so ein bißchen am Rande. Ob wir ein wenig mit Geld aushelfen könnten, fragen sie, denn der Treibstoff ist teuer geworden. So stehen wir morgens um acht im Dunkeln am Ortsrand vor dem Haus von Jewgeni Filippow. Sein älterer Sohn holt noch zwei Eimer Wasser vom Brunnen, damit die Mutter für den Tag versorgt ist. Der neunjährige Grigori kommt aufgeregt mit den Gewehren: Heute darf er mitfahren, und die Mutter ruft hinterher, daß er sich ja warm anziehen soll. Dann kommt von der Hauptstraße ein großer Lastwagen, wendet unten am See und holt Filippow und seine Söhne ab. Der Laster hat Vierradantrieb und eine hölzerne Kabine über der Ladefläche. Aus dem Dach ragt ein Rohr, drinnen schieben die Männer Holzscheite in den kleinen Ofen. Es ist ein kalter Tag, aber das macht nichts. Viel wichtiger ist, daß es nachts geschneit hat und die Wolfsspuren im frischen Schnee gut sichtbar sind. Auf Holzbänken sitzen die Jäger: Waldarbeiter in Arbeitsjacken und Uniformblusen. Zwischen den Knien halten sie alte Armeekarabiner. Nur Filippow hat eine Schrotflinte. Aber alle verstehen sich auf die Jagd. Sie diskutieren, wo das Rudel von acht Wölfen sein könnte, das einer von ihnen am Abend sah, als es schon zu dunkel zum Schießen war. Vor den Wölfen haben sie großen Respekt. »Das sind die klügsten Tiere«, sagt einer. »Man kann sie vielleicht mit den Bären vergleichen, aber die Wölfe sind brutaler. Jeder Wolf braucht pro Tag fünf bis sechs Kilo Fleisch. Und wenn dieses Rudel aus acht Wölfen besteht, dann braucht es fünfzig Kilo, und ein Elch reicht ihm gerade drei Tage.« Die Zahl der Wölfe hat in den letzten Jahren zugenommen, deswegen zahlt die Parkverwaltung eine Abschußprämie und gibt den Arbeitern freie Zeit für die Jagd. Aber Dienst sei das nicht, sagen sie. Jagd ist schließlich nicht Arbeit. Im vorigen Jahr haben sie dreißig Wölfe erlegt, in diesem Jahr siebzehn, aber es ist auch erst November.

Den klapprigen Minibus unserer Petersburger Kollegen haben wir stehenlassen, als er in einer Senke der Straße steckenblieb. Der Lastwagen schaukelt über den Waldweg, durch Schneewehen und versumpfte Matschlöcher. Manchmal stoppt der Fahrer, wenn er eine Spur zu sehen glaubt. Aber Wolfsspuren sind das noch nicht. Kurz vor einem Flüßchen steigt Filippow aus, geht durch den Schnee über die Lichtung und zeigt mir etwas. »Hier ist ein Elch gelaufen, da die Wölfe, die ihn verfolgt haben. Die wollten ihn einkreisen, dann fressen sie ihn wie einen kleinen Imbiß. Aber hier unten am Fluß«, merkt er, als wir weitergehen, »haben sie den Elch verloren. Und dort haben sie dann einen Biber zerrissen. Wenn wir die Wölfe nicht jagen, fressen sie alles in der Gegend weg.«

Wir fahren quer durch den Wald zu einer anderen Stelle des Flusses. Wolfsspuren sind nicht zu sehen, das heißt, daß das Rudel noch nicht aus dem Waldstück entkommen ist. Nun müssen die Jäger es einkreisen. Ich warte bei einem älteren Mann, der am Rande der Lichtung Posten bezieht. Schießen hat er bei der Armee gelernt, als er Unteroffizier war, erzählt er mir. In Deutschland war er auch stationiert, bei Altenburg.

Da hat es ihm gut gefallen, nur der Wald hat ihm gefehlt. Richtige Wälder gebe es in Deutschland wohl nicht, meint er, jedenfalls keine wie den Waldai, den er das größte ökologisch saubere Waldgebiet Europas nennt. Und so kommen wir doch noch auf die superschnelle Eisenbahnstrecke zu sprechen, nach der ich eigentlich den Parkdirektor fragen wollte, und der Waldarbeiter weiß ganz gut Bescheid, denn die Sache beunruhigt alle, die hier wohnen. »Die Bahnlinie wird nicht nur dem Park schaden, sondern der Umwelt in der ganzen Region. Die Wanderwege der Tiere werden unterbrochen. Hier muß man Boden ausheben, dort aufschütten, um so eine Bahn zu bauen. Das verändert den Grundwasserspiegel. Die eine Gegend versumpft, eine andere wird trockengelegt. Auch die Wissenschaftler können das nicht vorhersehen«, sagt er. Es hätten schon viele protestiert, aber die Moskauer Ministerien seien da gar nicht einsichtig. Nur gut, daß der Staat die Abermilliarden so bald nicht zusammenkriegt, die so eine Strecke kostet. Später im Lastwagen sieht der Fahrer den Bahnbau gelassener. Es müsse nur richtig berechnet werden, wie solch eine Strecke verlaufen soll. Als die erste Eisenbahn zwischen Moskau und Petersburg gebaut werden sollte, habe Zar Nikolai ein Lineal auf die Landkarte gelegt und einen Strich von der einen Stadt zur anderen gezogen. »Nur dort, wo der Zar das Lineal mit dem Finger festhielt, ziemlich genau in der Mitte, da ist der Bleistift ein bißchen abgeglitten. Da ist nun eine Kurve, und die nennen wir heute noch den ›Finger von Nikolai‹. Aber der Eisenbahn hat das nicht geschadet. Damals hat da oben keiner die Leute gefragt und heute auch nicht.« Ich weiß nicht genau, was er damit sagen will: daß Moskau und Petersburg schon richtig entscheiden werden oder daß es auf ihre Fehler und Dummheiten auch nicht ankommt. Beides wären gute russische Meinungen.

Die ersten Jäger kommen zurück. Spuren haben sie nicht gefunden. Nun müssen sie einen neuen, größeren Kreis bilden. Das kann lange dauern, aber sie haben ja auch noch fünf Stunden Büchsenlicht. Wir lassen uns lieber mit dem Lastwagen zurückbringen zu der Stelle, wo unser Kleinbus steckengeblieben ist. Der Fahrer hat ihn aus dem Schneematsch befreit und auch schon gewendet, aber er macht ein bedrücktes Gesicht. Bei jedem Meter schlägt hinten unter dem Wagen krachend Eisen auf Blech. Die hinteren Blattfedern seien glatt gebrochen, stellt der Lastwagenfahrer ohne besondere Aufregung fest. Fahren könne der Minibus noch: im Schrittempo aus dem Wald und dann mit dreißig oder vierzig Stundenkilometern auf der Hauptstraße. Rund hundert Kilometer entfernt gebe es bei Wischni Wolodschok eine Raststätte für Fernfahrer. So weit werde der Minibus es schon schaffen.

Fast vier Stunden später sehen wir wirklich am Straßenrand ein großes Schild. »Motel« steht in kyrillischen und lateinischen Buchstaben darauf. Da ist ein umzäunter bewachter Parkplatz mit drei Dutzend Lastwagen und dahinter ein einstöckiges Haus, dessen Holzwände noch frisch und hell sind. Hinten hat man einen alten Bauwagen darangebaut, darin sind die zwei besten Zimmer, ganz neu, die Lampe muß eben noch aufgehängt werden, ehe wir einziehen können. Die Wände sind mit hellem Fichtenholz getäfelt, ein Landschaftsbild hängt an der Wand und ein Spiegel, es gibt eine Blumenvase und rosa Stores an den Fenstern. Sonst hat das Motel nur acht Zimmer mit je vier oder fünf Betten.

»Wir sind noch im Aufbau«, sagt die Chefin. Sie ist erst vor zwei Jahren vor dem Bürgerkrieg in Georgien geflohen. Das Grundstück für das Motel hat die Kreisverwaltung verpachtet, das Geld für den Bau kommt aus Moskau von einem reichen Mann. Im Restaurant holen sich die Fahrer Würstchen, Gulasch und Brathuhn an der Essensausgabe, wo es auch die Flaschen mit Wodka gibt. Sie setzen sich auf weiße Gartenmöbel und loben die Küche. »Wie zu Hause schmeckt das«, sagt ein dicker Fahrer, »und sie – die Chefin – ist unsere Mutter.« Darum hat er ihr auch eine Vase mit Kunstblumen und einen Aschenbecher aus Moskau mitgebracht. »Früher war das so: Hattest du Hunger oder Durst, wolltest du schlafen, dann kriegtest du sowieso nichts. Jetzt gibt es überall Kioske mit Essen und Getränken, und hier kann ich sogar übernachten. Früher gab's ja kaum Tankstellen an dieser ganzen Strecke!«

»Gut, das ist besser geworden«, meint sein Kollege, »und ich bekomme mehr Geld als früher. Aber früher wußte ich im voraus, was ich verdienen würde. Und mich konnte keiner entlassen. Jetzt können sie mich ohne weiteres rausschmeißen.«

»Früher war ich Seemann«, sagt ein Russe aus Lettland, »da waren wir auf See, und die Familie bekam regelmäßig unseren Lohn. Jetzt wird nachträglich gezalt, und wenn unterwegs etwas passiert, ist das unser Problem.« Über die Unsicherheit klagen sie alle. Nur die Fahrer aus Estland sind versichert, erzählt einer. Aber wenn ihm etwas zustoße, bekomme seine Familie ganze 50 000 estnische Kronen, das seien 2 000 Dollar. »Was nützt das einer Familie, wenn der Vater verunglückt ist?« fragt er.

Sie erzählen sich russische Fernfahrergeschichten. Wie ein BMW und ein Mercedes seinen Lastwagen vorn und hinten blockierten, als er angehalten hatte, um Wasser zu holen. Da sprangen ein paar kräftige Burschen heraus. Sie fuchtelten mit Pistolen herum und untersuchten die Ladung: koreanische Fernsehgeräte. »Was sollten wir machen? Wir fuhren mit ihnen mit, und dann haben sie alles geraubt. Ich kann doch nicht meinen Kopf hinhalten, bei diesen Kerls, die vor nichts zurückschrecken.«

Solche Geschichten kennen alle, und sie sind sich einig darin, daß die Polizei dabei mitspielt. »Morgens kontrollieren sie dich in Uniform, und abends machen sie die Schulterklappen ab und rauben dich aus. Das weiß jeder, darüber kann man ganz offen reden.« Nach ein paar Wodka geben sie auch zu, daß sie selber ein bißchen klauen, daß sie billigen Treibstoff kaufen und teuren verrechnen oder auf eigene Rechnung Güter mitnehmen. Das finden sie normal, denn das haben sie

schon immer getan. Aber auf der Straße soll Ordnung herrschen. Da möchten sie eine Regierung, die richtig durchgreift. Aber das sollten nun nicht gerade die Kommunisten sein, meint der dicke Fernfahrer: »Eigentlich bin ich ja noch Kommunist. Als Jelzin hochkam, sind viele aus der Partei gegangen, das fand ich eine Schweinerei. Ich war nicht begeistert, aber ich habe mein Parteibuch behalten. Brauchen werde ich es nicht mehr. Ich will überhaupt zu keiner Partei.«
Selbst wenn die Kommunisten noch einmal an die Macht kämen, würde das die Gesellschaft nicht groß verändern, sagen alle am Tisch. Das würden ganz andere Kommunisten sein. »Das Volk will nicht mehr zurück!« sagt der Fahrer aus Lettland. »Bloß die Babuschkas träumen davon.«
Ersatzteile für unseren japanischen Minibus gibt es auf halbem Weg zwischen Moskau und Petersburg natürlich nicht. Aber abseits der Straße, wo eine Pelztierfarm pleitegegangen ist, haben zwei ehemalige Soldaten eine Werkstatt aufgemacht. Früher haben sie Panzer instand gehalten, jetzt reparieren sie Lastwagen, und die Blattfedern unseres Wagens schweißen sie einfach zusammen. Bei so vielen alten Gebrauchtwagen auf Rußlands Straßen haben geschickte Handwerker genug zu tun, und eines Tages werden sie aus der dunklen Garage der Pelztierfarm eine richtige Werkstatt machen.
Aus dem Schneetreiben tauchen winterlich vermummte Gestalten am Straßenrand auf, die den Autofahrern große Glasvasen entgegenstrecken. Sie hoffen auf Kunden, die auf dem Weg nach Hause noch schnell und billig ein Geschenk kaufen wollen, sagt uns eine Frau. Zuerst erzählt sie, sie habe die Vase statt ihres Lohnes in der Glasfabrik »Roter Mai« bekommen. Dann kommt ein Mann dazu, der schon etwas getrunken hat und erzählt, wie sie wirklich an die Vasen kommen. »Jemand schmuggelt sie aus dem Betrieb, nimmt sie mit nach Hause, und dann kaufen wir sie ihm ab«, sagt er. Eigentlich arbeitet er in einer Holzfabrik, aber von seinem Lohn kann er nicht leben, und die Betriebe, in denen mehr zu verdienen

ist, liegen weit entfernt. Da lohnt die Fahrt sich nicht, meint er.

Aber die Glasfabrik ist nah, und so biegen wir bei der nächsten Kreuzung ab, um sie uns einmal anzuschauen: ein schmuckloses Verwaltungsgebäude am Eingang, dahinter ein großes Areal mit einem halben Dutzend Werkshallen. Die Direktion ist nicht glücklich über unseren Besuch, aber doch so stolz auf ihr Glasmuseum, daß die Leiterin herbeigerufen wird. So führt sie uns zu den Vitrinen, in denen die Fabrik Beispiele aus 136 Produktionsjahren ausstellt: von den Petroleumlampen, die deutsche Werkmeister für einen russischen Unternehmer als Massenware herstellten, über die buntverschlungenen Ziervasen des Sowjetbarock bis zu einigen abstrakten Skulpturen, mit denen der Chefdesigner in den letzten Jahren noch einmal den Trend der neuen Zeit erwischen wollte. Aber das hat die Fabrik auch nicht retten können. Nur in zwei von sieben Werkshallen wird gearbeitet, und in der, die man uns zeigt, sind ganze zehn Leute. Zwei Glasbläser blasen an langen Metallröhren die flüssige Masse zu weißen Kugellampen. Einer von ihnen, der schon einunddreißig Jahre lang dabei ist, schimpft über die aufwendige Handarbeit für ein so simples Produkt. Der Betrieb sei am Ende, weil er sich modernen Methoden nicht angepaßt habe, sagt er ganz offen, während die Leiterin des Museums uns zum Weitergehen drängt. Die Ausrüstung hätte viel früher modernisiert werden müssen, meint der Glasbläser weiter, aber dafür habe sich die Direktion nicht interessiert. Nun sei fast der ganze Betrieb stillgelegt, und vielleicht werde aus der Fabrik überhaupt nichts mehr. Mit dem, was die Arbeiter hier verdienen, können sie wirklich nicht auskommen. »Wir kriegen den Mindestlohn von 50 000 Rubel«, sagt ein jüngerer Glasbläser. Umgerechnet sind das fünfzehn Mark im Monat, und ich frage ihn, wie er davon leben könne. Da grinst er pfiffig. »Man lebt. Ich klaue was und verkaufe das draußen weiter, anders geht es nicht. Wir stehlen und verkaufen, und davon leben wir.«

Er sagt das ganz offen, und sicher weiß auch die Leitung der Fabrik, was da läuft. Ein bißchen geklaut und verschoben haben die Arbeiter hier immer, auch in sowjetischer Zeit, aber nun ist das nicht nur ein Zubrot, sondern die Lebensgrundlage. Und ganz nebenbei hören wir, was die Arbeiter von den Direktoren denken. »Früher waren sie staatliche Angestellte, nun wollen sie Besitzer werden«, sagt einer. »Sie kaufen die Aktien auf, die an die Arbeiter ausgegeben wurden.« Das jedenfalls ist der Verdacht der Leute in der Glasbläserei: daß die Direktoren, ihre Frauen und Verwandten sich die Aktienmehrheit verschaffen wollen und daß es ihnen ganz recht ist, wenn die Fabrik verfällt. Denn solange sind die Aktien billig und erst wenn die Fabrik ihnen gehört, werden sie die Produktion wieder ankurbeln.

Es ist schwer festzustellen, ob solche Vermutungen stimmen, aber es ist ein Verdacht, den ich in russischen Fabriken häufig gehört habe: daß aus den Mitgliedern der alten Wirtschaftsnomenklatur nun die Neureichen der Umbruchgesellschaft werden. »Keiner kontrolliert sie, und sie haben vor niemandem mehr Angst«, meint eine Arbeiterin. »Und was aus uns wird, ist ihnen egal.« Das ist nicht der oft kritisierte Wildwest-Kapitalismus, sondern bloß die Fortsetzung der alten Verhältnisse unter den Bedingungen der neuen Gesellschaft. »Da spielen die Leute aus den Ministerien in Moskau und aus dem Regierungsapparat mit«, sagt ein junger Direktionsmitarbeiter der Waggonfabrik in Twer, der größten in Rußland. Er hat den Verdacht, hohe Beamte im Eisenbahnministerium hätten Interesse daran, das Werk an den Rand des Zusammenbruchs und in den Ausverkauf zu treiben. Die Produktion liegt seit zwei Monaten still. Das Ministerium teilt nicht mit, wieviel Waggons im nächsten Jahr gebraucht werden, und hat bisher nicht für die Wagen bezahlt, die in diesem Jahr geliefert wurden. Die Gründung eines Gemeinschaftsunternehmens mit deutschen Partnern scheiterte, weil das Ministerium keine Abnahmegarantie gibt.

Der Direktor des Werks spricht nicht von einer Verschwörung, aber er sagt: »Die Regierung hat uns im Stich gelassen
und tut so, als sei das ganz normal. Unsere Auftraggeber im
Ministerium versicherten, daß eine größere Zahl von Eisen-
bahnwaggons benötigt werde. Aber auf die Frage, wie viele,
haben wir keine Antwort bekommen. Unsere Auftraggeber
waren nicht fair, und nun haben wir nicht einmal die Finanz-
reserven, um unseren Fachleuten ihre Gehälter zu zahlen und
sie im Betrieb zu halten.« Schuld an dem Niedergang sei die
Reformpolitik der Regierung Gaidar gewesen. Mit dem Abbau der staatlichen Subventionen für die Industrie waren viele
Rüstungsbetriebe und auch das Waggonwerk plötzlich auf sich
selbst gestellt. »Jetzt spricht der Minister wieder davon, daß er
uns irgendwie unterstützen will. Aber kann man sich darauf
verlassen? Wenn in anderen Ländern, in Deutschland oder
Amerika, neue Leute an die Macht kommen, bleibt die Haupt-
richtung der Politik ungefähr dieselbe. Bei uns ist das anders.
Es geht nach dem Motto: Neue Besen kehren gut. Das führt
jedesmal zu einer Umverteilung der Macht und der Finanzen.
Viele Veränderungen mehr aber können wir nicht mehr
durchhalten. So leben wir nach dem Sprichwort: Kommt Zeit,
kommt Rat.«
Aber das ist natürlich nicht die ganze Wahrheit über das Leben in Rußlands Provinz. Genau auf der Hälfte der Strecke
von St. Petersburg nach Moskau liegt die kleine Stadt Torschok, und wenn man von der Hauptstraße abbiegt, glaubt
man, eine altrussische Idylle zu sehen. Einundvierzig Kirchen
gibt es auf beiden Seiten des Flusses Twerza. In den Jahrhunderten, in denen Torschok eine kleine, aber reiche Handelsstadt war, hatte jede der Kaufmannsfamilien Frömmigkeit her-
zeigen und sich mit einer Kirche ein Denkmal setzen wollen.
Einige von ihnen will die orthodoxe Kirche wiederaufbauen
und für den Gottesdienst öffnen. Und die Stadtverwaltung
hofft auf die neuen Reichen, die als Sponsoren den historischen Stadtkern zu renovieren beginnen. Nun wollen sie den

alten Marktplatz rekonstruieren und ein Hotel bauen. Denn eine so schöne altrussische Stadt, meinen sie, muß doch zwischen den beiden Hauptstädten Touristen anziehen. An der Fußgängerbrücke ist der kleine Pavillon aus der Zeit Katharina der Großen wieder frisch gestrichen, und in der langen Reihe einstöckiger Handelshäuser aus dem 18. Jahrhundert haben die ersten Geschäfte aufgemacht.

Einerseits brauchen sie die neuen Reichen, andererseits sind ihnen deren Geschäftsmoral und Lebensstil suspekt – den Männern und Frauen im Vorstand der Puschkin-Gesellschaft von Torschok, die sich im Puschkin-Museum treffen, um das Kulturprogramm ihrer kleinen Stadt für das nächste Jahr vorzubereiten. Früher war es einfacher, Literatur- und Kunstwochen zu organisieren, da zahlte die staatliche Verwaltung – oder sie zahlte nicht. Jetzt müssen sie für ihre »Puschkin-Woche der Literatur und Kunst« Sponsoren suchen und Geschäftsleute überreden, damit die Finanzen stimmen. So ganz paßt es der Vorsitzenden, der Professorin Valentina Kaschkowa, nicht, daß die Puschkin-Tage diesmal mit einem Straßenfest verbunden werden, bei dem es nur abends Gedichte zu hören gibt und tagsüber Musik, Tanz und Schaschlikbuden auf den Straßen. In früheren Jahren waren solche Festtage streng getrennt, und die Freunde der Literatur konnten unter sich bleiben. Sie haben die geistigen Werte des alten Rußland hochzuhalten versucht, haben sich auf Alexander Puschkin berufen, Rußlands Klassiker, der Anfang des 19. Jahrhunderts dreißigmal auf der Reise zwischen Petersburg und Moskau in Torschok war und die Stadt liebevoll beschrieben hat. Sie standen nicht gegen die offizielle Kulturpolitik, aber doch ein bißchen daneben.

Nun gibt ihnen die Verwaltung keine Anweisungen mehr, aber auch wenig Geld. Auch Kultur muß sich wie eine Ware anbieten, seit die Verwaltung sie nicht mehr finanziert. Aber noch kann sie sich behaupten, sagt Valentina Kaschkowa. »Ich sage ja nicht, daß das geistige Leben bei uns sprudelt, aber hier zwischen Petersburg und Moskau machen wir nicht nur nach, was die Leute in den Großstädten schön finden.« So sitzt sie im Puschkin-Museum mit ihren Freunden aus der literarischen Gesellschaft: Lehrerinnen, Bibliothekarinnen, Angestellten, Heimatdichtern. In ihrer Ernsthaftigkeit wirken sie fast rührend provinziell, aber weil sie davon überzeugt sind, daß sie ein großes Stück russischer Kultur verteidigen müssen, zählen sie sich zu denen, die Rußland zusammenhalten, gleichgültig, ob die Gesellschaft sozialistisch oder kapitalistisch ist. Wenn die Lehrerinnen über die heutige Jugend sprechen, sind sie in ihrer Provinzstadt überhaupt nicht hoffnungslos. »Natürlich gibt es junge Leute, die das nicht annehmen wollen, was die Menschenseele rettet, und die tun mir leid«, sagt eine Lehrerin. »Aber so sind doch nicht alle. Neulich haben wir einen Abend veranstaltet, da haben unsere Dichter vorgetragen, einige auch zur Gitarre gesungen, und der Saal war voll. Und als ich meine Schüler am nächsten Tag gefragt habe, sagten sie alle, solche Abende müßte es öfter geben. An diesem Abend gab es keine Disco, aber die jungen Leute waren bezauberte Zuhörer. Vielleicht bin ich zu optimistisch. Aber hier, wo es den schrecklichen Einfluß der Hauptstadt nicht gibt, ist das Leben irgendwie einfacher, reiner. Das rettet unsere Seelen.«

Eine Schulklasse kommt ins Puschkin-Museum. Die Jungen und Mädchen albern herum, während sie sich die Filzpantoffeln anziehen. Aber dann folgen sie der Lehrerin ganz aufmerksam und diszipliniert, als sie ihnen Puschkins Reiseweg durch Torschok beschreibt und die Bilder der Adelssitze zeigt, in denen der Dichter zu Gast war. Die Lehrerin trägt das in jenem liebevollen, ergriffenen Singsangton vor, in dem Russen gerne über das Geistige sprechen, und die Schüler albern da nicht mehr, sondern hören zu. Vielleicht sehen sie zu Hause westliche Shows im Fernsehen oder lesen Comics, aber noch trägt bei ihnen der Respekt vor Kultur – und vor der Lehrerin.

In der öffentlichen Bibliothek von Torschok steht ein Dutzend Leute vor der Buchausgabe. Zwei alte Männer, ein Schüler, aber vor allem junge Frauen wollen Bücher ausleihen. Und die

Leiterin der Bibliothek meint, es seien in den letzten Jahren
mehr Leser gekommen. Einerseits sei das Angebot an Büchern
viel größer geworden, andererseits seien Bücher teuer geworden, und niemand habe Geld genug, die vielen Neuerschei-
nungen zu kaufen. »Die Leute leihen sich Bücher über die
Liebe, Krimis, aber auch an Politik und Geschichte ist das Interesse sehr groß«, sagt die rothaarige Direktorin. »Wir hatten
doch eine kleine demokratische Revolution«, sagt sie. Vielleicht meint sie Glasnost und Perestroika damit oder die Folgen
des gescheiterten Putschversuchs von 1991. »Seitdem wollen
viele Leute moderne Autoren lesen, Nabokov oder Solschenizyn. Aber Tolstoi und Puschkin sind doch beliebter – abgesehen natürlich von den ausländischen Kriminalromanen.«
Es verwundert sie nicht, daß Trivialliteratur aus dem Westen
viel Erfolg hat. Die sei spannender geschrieben, aber im
Grunde genauso oberflächlich wie die Masse der Sowjetro-
mane, die mit anderen Vorzeichen ähnlichen Mustern folge.
Schon früher hat es ihr leid getan, daß so viele Leute lieber
schlechte Bücher lasen als die große Literatur. Insofern ist es
nicht besser und nicht schlechter geworden, meint sie, und für
die Werke, die den Menschen und ihrer Seele helfen, will sie
immer werben. Sie ist eine ernsthafte, anständige Person, und
in der russischen Provinz gibt es viele wie sie. Ohne sich auf-
zulehnen, erhalten sie, was Rußland jenseits aller politischen
und wirtschaftlichen Umbrüche ausmacht.
Als Alexander Puschkin die Annehmlichkeiten des Lebens in
der Provinz zwischen St. Petersburg und Moskau beschrieb,
war das auch seine Antwort auf eine andere Reisebeschrei-
bung, die ein Vierteljahrhundert früher erschienen war. Alexander Radischtschew hatte in seiner *Reise von Petersburg nach
Moskau* das Elend des Landlebens, den Schmutz und Verfall der
Dörfer, die Leibeigenschaft und die Unterdrückung der Bauern durch die Gutsherren geschildert. Heute sind die kleinen
Dörfer abseits der Hauptstraße Radischtschews Welt immer
noch ähnlicher als der Puschkins. In der Ferne der flachen

Landschaft erblickt man zuerst den Wasserturm, dann allmählich die einstöckigen Holzhäuser – die ärmsten und verfallensten liegen gewöhnlich an der Dorfeinfahrt. Wenn es ein zweistöckiges Steingebäude gibt, dann ist es fast immer die Verwaltung, neben der das Denkmal für die Gefallenen des Zweiten Weltkriegs steht. So sieht es auch in Fjodorowka aus. Ende November liegt es tief im Schnee, aber auch der verdeckt nicht die Zeichen des Verfalls. Manche der Holzhäuser sind in den Boden eingesunken und stehen schief hinter den Zäunen, denen fast überall Latten fehlen. Bei anderen sind Fenster zerbrochen und notdürftig zusammengeklebt oder vernagelt. Zu den Brunnen am Straßenrand kommen alte Frauen mit Schulterhölzern, um zwei Eimer Wasser zu holen, oder kleine Jungen mit einer Milchkanne auf dem Schlitten. Die Elektrifizierung des Dorfs war seit Lenin Kernpunkt des kommunistischen Programms für die Landwirtschaft, und Strom gibt es fast überall. Aber zum Bau von Wasserleitungen und Kanalisation ist man siebzig Jahre nicht gekommen. Die besten der Holzhäuser sind aus dicken Baumstämmen gebaut, die eine Ewigkeit halten werden, aber die Schnitzereien über Türen und Fenstern sind abgebrochen und die Farben abgeblättert. Auch diesem Dorf merkt man an, wie wenig der Staat für das Leben der Bauern getan hat. Fjodorowka ist keines von den ganz armen Dörfern, aber gerade deshalb fällt die Vernachlässigung der Häuser ins Auge.

Ein junger Mann in grauer Windjacke kommt auf mich zu. »Was wollen Sie denn hier filmen?« fragt er, und ich rieche seine Wodkafahne. »Etwa, daß unsere Straße schlecht ist? Das ist doch überall so.« Überhaupt schwanken alle Männer, die uns nachmittags zwischen drei und vier auf der Dorfstraße begegnen, ein bißchen. Ein paar Häuser weiter ziehen zwei junge Frauen einen Mann aus der Schneewehe und schieben ihn weiter. Am Ende der Straße streitet sich eine Frau mit ihrem Mann: Er will zu Freunden ins Auto steigen, vermutlich, um mit ihnen weiterzutrinken, und sie will ihn daran hindern.

Ein Mechaniker mit der Zigarette im Mund kommt auf mich zu. »Ihr wollt zeigen, wie man in Rußland lebt?« sagt er. »Gut leben wir. Rußland ist stark, merkt euch das. Immer wieder haben uns Feinde überfallen, und wir haben sie zerschlagen.« Er streckt mir die Faust entgegen, aber er meint es nicht böse, es ist ihm nur gerade so eingefallen, und er taumelt weiter. So stellen sich die Leute in Moskau das Dorfleben vor, und ihre Karikaturen sind, wie sich hier zeigt, nahe an der Wirklichkeit.

Nur ein Mann ist nüchtern: der Verwaltungschef des Landkreises, der mit seinem Auto bei mir anhält. Er stellt sich höflich vor, Michail Jakowlewitsch Nesterow. Er ist gut angezogen und hat wache Augen unter der Fuchspelzmütze. Erst fragt er ein bißchen mißtrauisch, was wir in einem Dorf seines Landkreises machen, aber dann taut er auf und erzählt. Seit neun Jahren, also seit sowjetischer Zeit, verwaltet er diesen Kreis mit zweiundzwanzig Dörfern. »Alles, was mit dem Land und mit dem System in den letzten Jahren geschehen ist, habe ich miterlebt. Alles hat sich vor meinen Augen vollzogen«, sagt er. Die wichtigste Veränderung war das Sinken des Lebensstandards. Hier jedenfalls lebten die Leute schlechter als früher, sagt er, und dafür macht er die Liberalisierungspolitik der Regierung verantwortlich: »Marktwirtschaft und Landwirtschaft gehen nicht zusammen, jedenfalls bei uns nicht.« Vielleicht gebe es in Moskau sogar politische Kräfte, die verhindern wollen, daß die Landwirtschaft funktioniert. Besonders die Kollektivwirtschaft werde vom Staat nicht gefördert, und nach einer kleinen Pause setzt er hinzu: »Wir haben aber eine Reihe Bauern, die sich selbständig gemacht haben, und die bekommen auch keine Unterstützung vom Staat.« Irgendwann wird es besser werden, meint er, aber daß es bald besser wird, kann er nicht glauben. Das liegt nicht nur an der staatlichen Politik, sondern auch an den Bauern selbst, gibt er zu. Die seien schwer zur Arbeit zu motivieren. Das glaube ich ihm gern, nachdem ich seine Bauern auf der Dorfstraße gesehen habe.

Eine alte Frau im dünnen gelben Baumwollkleid kommt mit ihrem Hund auf die Straße, in der rechten Hand hält sie noch die Gabel. Sie ist gerade beim Essen, aber nun muß sie doch sehen, was das für Fremde vor ihrem Haus sind. Daß wir vom Fernsehen und aus dem Ausland kommen, interessiert sie nicht; sie will einfach ihre Unzufriedenheit loswerden. »Niemand kümmert sich um uns alte Leute, wir werden nicht mehr gebraucht. Früher habe ich 120 Rubel Rente bekommen, da habe ich für meine Enkeltöchter Geschenke kaufen können, jetzt bekomme ich 250 000, und davon kann ich allein kaum leben. Alle reden nur vom Geld. Ein Glück, daß ich zwei Kühe habe.«

Man sieht ihrem windschiefen Häuschen an, daß sie auch früher nicht gut gelebt hat, aber besser als jetzt schien es ihr doch. Weil Wahlen bevorstehen, frage ich die Alte, ob sie wählen geht und für wen sie stimmen wird. »Ja, unbedingt gehe ich zur Wahl«, sagt sie. »Für wen ich stimmen werde? Das weiß ich nicht. Jemand sagt mir, wo ich ein Kreuz machen muß oder wo ich ein paar Namen streichen soll. Bei uns ist es so: Wenn die Ziehharmonika spielt, tanzen wir. Was uns die Sowjetmacht sagt, das tun wir auch. Ich war früher Putzfrau. Was uns gesagt wurde, haben wir auch getan.« Aber nun gibt es doch keine Sowjetmacht mehr. Wer sagt dann, was man wählen soll? »Doch«, sagt die alte Frau energisch. »Es gibt die Sowjetmacht. Oder wie heißen die jetzt, dahinten in der Verwaltung?«

Auf der anderen Straßenseite liegt der kleine Dorfladen, ein Holzhäuschen ohne Schaufenster. Man erkennt ihn an der Schrift auf der Hauswand: »Waren des täglichen Bedarfs«. Drinnen drängt sich ein halbes Dutzend Schulkinder an der Theke, und eine rothaarige Frau im hellgrauen Wollmantel schimpft mit ihnen. »Kaum kommen sie aus der Schule«, sagt sie, »da kaufen sie Schokolade und Kaugummi. So fängt das an. Später holen sie sich Zigaretten und schließlich Wodka. Es gibt nichts Heiliges mehr.« Die Kinder kaufen ausländische Süßigkeiten, weil sie billiger sind als russische. Das tut der Verkäuferin leid, denn sie findet russische Schokolade viel besser, sogar gesünder. »Aber wenn die Menschen kein Geld haben, dann ist ihnen das egal. Das billigste ist bei uns sowieso der Wodka.« Die Verkäuferin hat viele Wodkaflaschen ins hölzerne Regal gestellt.

»Zigaretten und Wodka, damit vergiften sich unsere Männer«, sagt eine andere Frau. Auch sie ist mit Windjacke und Wollrock ganz gut angezogen. »Die sitzen herum und trinken, wir Frauen erziehen die Kinder, führen den Haushalt, halten Kühe und bauen Gemüse an. Ein Leben wie im Fernsehen: Die Männer sitzen auf der Fazenda und saufen, und wir arbeiten wie die Sklavin Ysaura.« Das hat die neue Zeit denn doch ins Dorf gebracht: Südamerikanische Seifenopern sind der große Schlager geworden. Aber sonst finden die Frauen, daß sich das Leben nur im Fernsehen verändert hat. Von Demokratie werde bloß geredet.

»Früher waren die Löhne niedrig, und auch in Zukunft werden sie uns mit ein paar Kopeken abspeisen«, sagt die Verkäuferin im weißen Kittel. Manchmal sagen die Frauen, daß es früher besser war, und dann widersprechen sie sich und sagen, auch früher war es nicht gut. Früher war alles rationiert, und man mußte nehmen, was gerade geliefert wurde. Jetzt gibt es viel mehr Waren, aber nun reicht das Geld nicht. Ausländische Lebensmittel sind viel haltbarer als russische Wurst, die schon nach zwei Tagen schlecht werde, sagt eine Frau, aber ihre Freundin hält dagegen: In ausländischen Waren seien zuviel Konservierungsmittel, das sei gesundheitsschädlich. Und während die eine klagt, daß das Geld nicht zum Leben reicht, sagt die andere, sie habe sich gerade eine Waschmaschine gekauft. Nur in einem Punkt sind sie sich einig: Niemand kümmert sich um sie. Es gebe keine Ordnung und keine Polizei mehr. Die Verwaltung funktioniere nicht, und von den Politikern erwarten sie überhaupt nichts.

»Die sitzen in Moskau und kümmern sich um ihre eigenen Angelegenheiten«, sagt die Verkäuferin. »Auf uns spucken sie.«

Aber als ich sie frage, ob früher alles besser gewesen ist, denkt sie einen Augenblick nach und sagt dann: »Früher war es schlechter.« Und die anderen Frauen widersprechen ihr nicht. Nicht nur bei Diskussionen im Dorfladen mischen sich scheinbar unvereinbare Gefühle und Behauptungen. Die Frauen machen sich Sorgen, die das frühere Leben in der Erinnerung schöner erscheinen lassen. Aber zugleich wissen sie, daß es so gut nicht war und daß sie die Zustände von gestern auch nicht zurückhaben wollen. Da bleibt eine große Unzufriedenheit, die einfach ins Leere geht. So machen sie eben weiter.

Die letzten windschiefen Häuser von Fjodorowka liegen am Hang, wo das Land zum Flußtal der Wolga abfällt. Zwischen Dorf und Fluß liegt ein riesiger, festungsähnlicher Backsteinbau mit Hallen und Türmen, umgeben von einer hohen Mauer. Halb wie ein Schloß und halb wie ein Gefängnis sieht der Gebäudekomplex aus. Erst hinter dem Tor erkennt man die kleinen Pferche, in denen viele Pferde zwischen Drahtzäunen stehen. Das merkwürdige Anwesen ist ein privates Gestüt. Sein Besitzer ist ein kleiner, quirliger Mann, der russisch und englisch spricht, beides mit italienischem Akzent. Seine seltsame Lebensgeschichte zeigt auf skurrile Weise, was in der Sowjetunion trotz aller Reglementierung möglich war und was sich heute in Rußland machen läßt. Daß Tito Pontecorvo einmal Besitzer von 160 Rassepferden sein würde, hat niemand voraussehen können.

Sein Vater kam kurz nach dem Zweiten Weltkrieg aus Amerika nach Rußland – ein italienischer Atomphysiker, der nach der Zerstörung Hiroschimas die Kernforschung der USA nicht mehr unterstützen wollte. Bruno Pontecorvo war ein kommunistischer Idealist, der erst in der Sowjetunion merkte, wie wenig das Land seinen Vorstellungen von Fortschritt und Gerechtigkeit entsprach. Aber da saß er mit seiner schwedischen Frau und seinen beiden kleinen Jungen in einer Falle, die freilich nicht unkomfortabel war: in einer Villa beim Atomforschungszentrum Dubna. Das war ein für die Sowjetunion privilegiertes Leben, aber eines gab es nicht – die Genehmigung, jemals wieder ins Ausland zu reisen. Daß er für seinen Kollegen Andrej Sacharow, den Menschenrechtler, eintrat, machte ihn dem KGB erst recht verdächtig. Sein Sohn Tito studierte Meeresbiologie, aber forschen durfte er nur an den bewachten Stränden der Sowjetunion und einmal für kurze Zeit auf Kuba. Er war ein pfiffiger Kerl mit einem Talent zum Playboy und oft zu Besuch im Moskauer Hippodrom, wo die Geschäftsleute aus der Schattenwirtschaft ihre Rubel auf Rennpferde setzten. Da verliebte er sich in die Pferde und legte sich einen Reitstall zu.

Für den Sohn eines bekannten Atomforschers war vieles möglich, was man anderen nicht erlaubt hätte, und in dem Wissenschaftler-Städtchen Dubna schauten die Behörden nicht hin, als Tito Pontecorvo sich am Ortsrand in den Wolga-Auen einen Stall baute. Fast wie ein Detektiv suchte er seine Pferde jenseits des Kaspischen Meers und in den Steppen Zentralasiens. Das waren Achaltekiner, die älteste Zuchtrasse der Welt, die der Stolz der Turkmenen gewesen waren. Aber in den siebziger Jahren schienen sie fast ausgestorben: Nikita Chruschtschow hatte von seiner Amerikareise die Erkenntnis mitgebracht, daß die moderne Landwirtschaft nur Traktoren brauche und daß Rassepferde ein Überbleibsel des Feudalismus seien. Ganze Herden waren daraufhin in Mittelasien abgeschossen worden. Von den Achaltekinern, die im Lande verstreut überlebt hatten, holte sich Pontecorvo zwanzig Pferde zusammen. Das war gegen das Gebot der Partei, denn die erklärte Pferde einerseits zum überflüssigen Luxus und andererseits immer noch zu den Produktionsmitteln, und Privatbesitz an Produktionsmitteln war nicht erlaubt.

Tito Pontecorvo studierte die Gesetzbücher und stellte fest, daß nichts darin stand, was die Pferdehaltung ausdrücklich verbot. Aber es blieb ein gefährliches Unternehmen, das sonst kaum einer riskierte. Fast hätte er deshalb die junge Studentin aus Georgien nicht heiraten dürfen, die er in Moskau kennengelernt hatte. Denn deren Mutter wurde bleich vor Angst, als sie hörte, daß der künftige Schwiegersohn zwanzig Pferde habe. »Deinen Großvater haben die Kommunisten erschossen, und der hatte nur sieben Pferde«, warnte sie ihre Tochter. Und zum erstenmal erfuhr sie ihre Familiengeschichte: Der Urgroßvater, ein Fürst, war in der Revolution umgebracht worden. Die Großeltern wurden nach Sibirien verbannt, und als sie fliehen konnten, ließen sie sich unter falschem Namen in Georgien nieder. Tochter und Enkelin erzogen sie streng in kommunistischem Geist und sorgten dafür, daß sie von den jungen Pionieren bis zum Jungkommunistenverband in allen wichtigen Organisationen Mitglieder wurden. So hatten sie der Enkelin ihre Herkunft verborgen.

Aber eine junge Studentin in den siebziger Jahren kannte die Angst nicht mehr, die das Leben ihrer Großeltern bestimmt hatte, und außerdem schien ihr, dieser italienische Russe mit seinem Moskauer Freundeskreis von Schauspielern, Künstlern, Wissenschaftlern und lebenslustigen Leuten wisse schon, wie er mit dem System zurechtkomme. Damit behielt sie recht. Tito Pontecorvo hielt seine Pferde zusammen, bis die Perestroika anbrach. Da wußte er schon, was er brauchte, um eine große Pferdezucht aufzubauen, und dies war, sagt er, seine beste Zeit. Denn die alten Regeln galten nicht mehr, und mit den neuen konnte man in der Übergangszeit allerlei anfangen. Zwei Jahre lang glaubten die Funktionäre, es sei politisch klug und karrierefördernd, den Aufbau selbständiger Bauernwirtschaften zu unterstützen. Wer sich auf das System verstand und gute Beziehungen hatte, konnte die Chance nutzen. Nur wenige Kolchosbauern haben sich in der Gegend selbständig gemacht, aber über vierzig Wissenschaftler aus Dubna legten sich kleine Bauernhöfe zu. Zwanzig Kilometer vom Forschungszentrum entfernt hatte auch Tito Pontecorvo ein Stück Land gekauft und sich einen Bankkredit beschafft, mit dem er Ställe und Reithalle bauen konnte.

160 Rassepferde besitzt er nun, eigentlich zu viele für das kleine Gelände, das die riesige Mauer umschließt. Aber mehr

als drei Hektar gaben die Bestimmungen über Bodenprivatisierung nicht her, und heute würde er wohl nicht einmal mehr die bekommen. Aus dem Dorf Fjodorowka ist schon der Vorsitzende der Genossenschaft dagewesen und hat Forderungen gestellt. Pontecorvos drei Hektar hatten der Kolchose gehört, ehe er in eine Aktiengesellschaft verwandelt wurde. Deshalb, meinten die Bauern, müßten sie nun mit fünf Prozent an den Profiten der Pferdezucht teilhaben. Sie hatten auch einen schlauen Plan, um ihrer Forderung Nachdruck zu verleihen: Alle Wege zu dem Gestüt führen über das Land der Genossenschaft, und die Bauern drohten, sie würden sie einfach umpflügen, Gräben hindurchziehen und jede Zufahrt abschneiden.

Inzwischen haben die Bauern sich wieder beruhigt, und jedenfalls vorläufig bleiben die Wege befahrbar. Aber damit ist die Zukunft des Gestüts noch längst nicht gesichert. Denn die Gesetze über den Privatbesitz an Grund und Boden sind ungenau formuliert und auslegbar, niemand weiß, wie lange der Staat sich an die eigenen Bestimmungen hält und was eine andere Mehrheit im Parlament beschließen wird. So denkt Tito Pontecorvo schon einmal darüber nach, ob er mit einem Teil seiner Pferde nach Amerika gehen soll. Denn je mehr Geld er mit seinen Achaltekinern in Rußland verdient, um so schwerer wird man ihm das Leben machen, fürchtet er.

Jenseits der Wolga liegt Dubna, die kleine Stadt, in der Tito Pontecorvo aufgewachsen ist. Das war eine ganz eigenartige Gesellschaft, die kurz nach dem Zweiten Weltkrieg künstlich in das flache Bauernland gepflanzt wurde, als Stalin den Vorsprung der amerikanischen Kernforschung einzuholen beschloß. Vor vierzig Jahren, als dort das gemeinsame Kernforschungsinstitut der Staaten des Warschauer Pakts gegründet wurde, war Dubna ein kleines Paradies in der Sowjetunion: eine Stadt im Grünen, in der zwei- und dreistöckige gelbgestrichene Gebäude zwischen Baumgruppen verteilt waren und die Villen der Atomphysiker unter hohen Kiefern standen.

Es war eine freundliche Architektur, und noch heute kann man in Dubna hören, die Häuser seien nach dem Vorbild süddeutscher Siedlungen errichtet – deutsche Kriegsgefangene hatten sie um 1950 erbaut.

Im eigentlichen Forschungszentrum liegen die Laboratorien hinter noblen klassizistischen Fassaden mit hohen Säulen und Portalen, aber anders als bei den meisten Bauten der Stalinzeit sind diese Gebäude von wohlproportionierter, zurückhaltender Monumentalität. Die Kernphysiker hatten Einfluß genug, um sich gute Architekten zu suchen, so, wie sie nach dem Tode Stalins ihre Städtchen und Institute gegen allzu grobe Eingriffe der Funktionäre abschirmen konnten. Sie schufen sich einen Freiraum für Diskussionen, Kunstausstellungen, Konzerte moderner Musik und Dichterlesungen, wie er nirgends in der Sowjetunion zu finden war. Die Spezialgeschäfte, die sie mit Lebensmitteln und Konsumgütern versorgten, waren nur für die Wissenschaftler und ihre Familien da und für die Bevölkerung der Umgebung nicht zugänglich.

Diese Privilegierung bedeutete jedoch auch Isolation – verschärft durch die fast paranoide Spionageangst der Behörden. Die kleine Stadt Dubna war durch einen Ring von Wachposten und Kontrollen abgeschottet. Als ich 1957 zum erstenmal in Dubna war, brachte man uns Journalisten von Moskau aus in schwarzen Staatslimousinen mit zugezogenen Vorhängen zum Kernforschungszentrum. Wir merkten, wie unsere Wagenkolonne ihre Fahrt verlangsamte und an Kontrollpunkten stoppte, sobald wir uns Dubna näherten, und durch die Vorhangspalten sahen wir die Posten am großen Tor, durch das wir aufs Institutsgelände gebracht wurden. Ein Jahr zuvor war das sowjetische Kernforschungszentrum in ein gemeinsames Institut der sozialistischen Staaten umgewandelt worden und hatte gerade den größten Teilchenbeschleuniger der Welt, das von Professor Wladimir Weksler entwickelte Synchrophasotron, in Betrieb genommen. Nun sollten westliche Korrespondenten die Welt über diesen Erfolg der sowjetischen Forschung und die Zusammenarbeit der Staaten des sozialistischen Lagers informieren.

Für uns war eine streng kontrollierte Führung vorbereitet, und das Mißtrauen unserer Moskauer Begleiter war unübersehbar, nicht zuletzt, weil wir Journalisten immer wieder − und natürlich vergeblich − nach Bruno Pontecorvo fragten, dessen Übersiedlung von Amerika nach Rußland damals noch geheimnisumwittert und sensationell war. In dieser Atmosphäre strenger Überwachung aber waren die Gespräche mit den Forschern überraschend sachlich und zivilisiert. Für uns war es ungewöhnlich, bei einer offiziell arrangierten Besichtigung nicht Propagandisten, sondern nachdenklichen Naturwissenschaftlern gegenüberzustehen.

Als ich jetzt wieder nach Dubna kam, gab es keine Anzeichen von Überwachung mehr, und die Kontrollen, die man kaum noch so nennen konnte, schienen mir weniger streng als bei Forschungszentren im Westen. Wir hatten den Pressechef des Instituts in seinem Büro in der Stadt abgeholt. Am Eingang zum Institutsgelände hielt er nur seinen Ausweis an die Windschutzscheibe, dann ließ man uns durchfahren, und er setzte uns am »Flerow-Laboratorium für nukleare Reaktionen« ab. Zwei Vizedirektoren sprachen bei einer Tasse Kaffee über Projekte, von denen ich kaum mehr als den Namen behalten konnte: die Erforschung von Reaktionen zwischen komplexen Nuclei innerhalb eines weiten Bereichs von Energien, eine Untersuchung der Interaktion schwerer Ionen mit Materie und angewandte Forschungen zur Herstellung feinster Kernspur-Mikro-Filter. Sie machten kein Geheimnis daraus, wie wichtig die Zusammenarbeit mit westlichen Physikern − nicht nur wissenschaftlich, sondern auch finanziell − für das Institut geworden ist. Neben Wissenschaftlern aus vielen westlichen Ländern arbeitet in den Laboratorien von Dubna auch eine deutsche Forschungsgruppe an Projekten, die noch mit DDR-Instituten in Angriff genommen wurden und heute von Bonn finanziert werden. Die Grundlagenforschung bekommt in

Rußland bei weitem nicht mehr die Unterstützung, die sie in sowjetischen Zeiten erhalten hatte.

»Das Argument der großen Ost-West-Konkurrenz in der Kernphysik diesseits und jenseits des Eisernen Vorhangs ist weggefallen«, sagte einer der Vizedirektoren. »Aber unter den vielen Instituten, die auf dem Gebiet der Kernphysik und Kernenergieprobleme arbeiten, sind heute viele schlechter dran als Dubna. Bei uns entstand ein großes Finanzierungsproblem, als die Sowjetunion aufgelöst wurde: Da sollten die neuentstandenen Staaten der GUS und einige andere Länder wie Kuba und Vietnam als Mitglieder des gemeinsamen Zentrums sich an den Kosten beteiligen. Das waren komplizierte Verhandlungen, und dabei kam wenig heraus. Aber kürzlich besichtigte Ministerpräsident Tschernomyrdin das Institut, und nun sieht es so aus, als hätten wir im nächsten Jahr weniger Schwierigkeiten.«

Die russische Regierung hat verstanden, daß sie das Forschungspotential von Dubna nicht verfallen lassen oder von der Zahlungsfähigkeit anderer Trägerstaaten abhängig machen darf. Aber bei der Kosten-Nutzen-Rechnung mußte sie die Akzente verschieben. Von den dreihundert wissenschaftlichen Mitarbeitern des Flerow-Instituts stehen nur zweihundert auf der staatlichen Gehaltsliste. Ein Drittel der Arbeiten wird »außerhalb des Budgets« ausgeführt, mit der Maßgabe, industrielle Anwendungen zu entwickeln, die einen Teil der Forschungsarbeit finanzieren. Das hält der Direktor des Instituts, Professor Juri Oganessjan, für nicht unvernünftig. »Einen Teil der öffentlichen Gelder soll man dort investieren, wo dringende Probleme gelöst werden müssen: in der Medizin, der Modernisierung von Produktionsprozessen, der Versorgung mit Lebensmitteln. Die Verteilung der Mittel hängt von der konkreten geschichtlichen Situation und von der wirtschaftlichen Lage ab. So ist das Leben. Aber jede Gesellschaft muß für sich entscheiden, welcher Teil der öffentlichen Mittel so verwendet wird, daß sich die Grundlagenforschung entwickeln kann und die Wissenschaftler ihr Potential ausschöpfen können.«

Für Professor Oganessjan sind das Fragen, mit denen sich Wissenschaftler in aller Welt auseinandersetzen müssen. Aber in Rußland, wo die Forschung jahrzehntelang vom Staat und besonders vom Verteidigungsministerium finanziert worden war, ist die Veränderung besonders einschneidend. Früher kam es auf die Kosten nicht an, wenn ein Projekt staatlich gefördert wurde. Mit dem Ende der Sowjetunion und des kalten Krieges hat die Kernforschung ihren Vorrang verloren. Aber Forschung ist nicht billiger geworden, und Professor Oganessjan weist auf den weltweiten Trend zur Industrialisierung der Wissenschaft hin, der immer größere Mittel erfordert.

»Das, was wir die Großforschung nennen, ist vielleicht in den Dimensionen, aber nicht immer in der Bedeutung groß. Und wo die Wissenschaft direkt und ausschließlich von der staatlichen Finanzierung abhängt, erlebt sie jetzt schwierige Zeiten. Aber die Wissenschaft existiert trotzdem weiter. Sie hat die Inquisition, die Kriege, die Katastrophen überlebt. Auch wenn das Leben schlecht ist, wird der Mensch Wissenschaft betreiben. Andererseits: Wenn man den Wissenschaftlern viel Geld gibt, wenn man sie, wie wir sagen, vergoldet, dann heißt das noch nicht, daß die Wissenschaft aufblüht.«

Mir wird klar, daß der Professor über die Probleme der Forscher in den vergangenen Jahren der Sowjetperiode spricht, als sich die meisten von ihnen aus der Gesellschaft zurückzogen.

»Heute sollte es nicht mehr das klassische Bild des Wissenschaftlers geben, der von sich sagt: ›Dies ist mein Problem, alles andere geht mich nichts an.‹ Aber immer noch ist unser Bildungssystem so angelegt, daß sich der Wissenschaftler fast nur auf sein Spezialgebiet konzentriert. Da hat er dann eine ausgezeichnete Ausrüstung und einen sehr engen Horizont. Schon deshalb kann es nützlich sein, wenn wir uns auch mit angewandter Forschung beschäftigen, auf Gebieten, die heute am aktuellsten sind.«

Die Forscher von Dubna leben nicht mehr in ihrer privilegierten, abgeschotteten Welt, in der es kaum materielle Probleme für sie gab. Auch Wissenschaftler werden heute in Rußland schlecht bezahlt – genau wie Schriftsteller und Schauspieler, sagt Professor Oganessjan. »Wenn es wirklich kritisch wird, muß der Mensch wählen, ob er in der Wissenschaft bleibt. Manche gehen heute in die Industrie, werden Geschäftsleute oder sogar Bankiers. Ich kann ihnen das nicht vorwerfen, das Leben ist schwierig. Vielleicht bekommt unsere Wirtschaft ja auf diese Weise neue Anstöße. Wir sollten solche Prozesse in der Gesellschaft nicht für eine Tragödie halten. Wenn ein talentierter Wissenschaftler ein guter Geschäftsmann wird, kann ich ihm nur alles Gute wünschen.«

Aber von einer engen Verbindung zwischen Marktwirtschaft und Wissenschaft, von der die Politiker in Moskau so gerne reden, hält der Kernphysiker nicht viel. »Man kann nicht sagen, daß ein Wissenschaftler, der im Sozialismus mittelmäßig war, sich nun unter den Bedingungen der Marktwirtschaft irgendwie besonders entfaltet. Oder umgekehrt, daß ein Wissenschaftler, der früher gut arbeitete, nun verloren sei. Wenn Sie einen Menschen aus dem alten System herausreißen, in neue Verhältnisse setzen und nun erwarten, daß er ganz anders ist, dann irren Sie sich. Das gilt höchstens für die Wirtschaftswissenschaftler. Richtig aber ist, daß die Marktwirtschaft die Verhältnisse in der Gesellschaft verändert, weil nicht alles staatlich geregelt wird. Der Wissenschaftler kann diese Freiheit nutzen, um Kreativität zu entfalten. Das betrifft besonders die internationale Zusammenarbeit. Ich sitze zum Beispiel in Dubna und mein Kollege in Darmstadt, aber wir müssen uns unbedingt sehen und unsere Probleme und Ergebnisse besprechen. Früher mußte ich um die Erlaubnis zu einer solchen Reise monatelang kämpfen, dann um die Reisekosten, schließlich um das Visum. Heute ist das anders. Wenn ich glaube, daß ein Experiment in einem italienischen Institut die interessanteren Ergebnisse bringt, dann fahre ich hin. Wenn Kommunikationsprobleme leichter zu lösen sind, ist die wissenschaftliche Arbeit effizienter.«

Dem Direktor des Flerow-Instituts sind nicht nur die gemeinsamen Forschungsarbeiten und Experimente wichtig. Wenn jüngere Mitarbeiter zu ausländischen Instituten fahren, dann bekommen sie eine bessere Vorstellung von der Welt, meint er, sie sollten mit Leuten reden, Museen besichtigen, und daß sie reisen dürften, sei wohl die größte Errungenschaft. Aber auch im eigenen Land möchte Professor Oganessjan die Barrieren durchbrechen, die während der Sowjetzeit zugleich Schutz und Abschottung waren. Früher war Dubna eine Stadt privilegierter Geheimnisträger. Nun möchte er Ärzte, Biologen, Elektronikspezialisten und begabte Studenten der Ingenieurhochschulen in seine Forschungsarbeiten einführen und weiterbilden. Der Umbruch hat organisatorische und finanzielle Probleme mit sich gebracht, aber eben auch Möglichkeiten eröffnet und den Horizont erweitert. Diese neue Freiheit des Denkens und der wissenschaftlichen Arbeit möchten die Kernphysiker sich erhalten. Darin sind sie sich einig, auch wenn sie durchaus unterschiedliche Vorstellungen von der zukünftigen Gesellschaftsordnung Rußlands und der Organisation wissenschaftlicher Großprojekte haben.

Von der Stadt der Kernforscher führt eine Asphaltstraße direkt nach Moskau. Es ist eine der drei Chausseen in der Nähe der Hauptstadt, die immer gut in Schuß waren. Die zweite ist die Straße nach Sagorsk, zum bedeutendsten Kloster der orthodoxen Kirche – sie wurde mit Kirchengeldern gebaut. Die dritte führt in Moskaus westliche Randgebiete, wo sich die Partei- und Regierungschefs ihre Staatsdatschen bauen ließen. Wenn Breschnew, Gorbatschow und schließlich Jelzin in ihren schweren schwarzen Limousinen zum Kreml fuhren, sollten sie keinen Grund haben, über den Zustand der Straßen zu klagen. Alle drei Chausseen sind keine wichtigen Fernverkehrsstraßen, sondern Prestigebauten. Noch in den späten achtziger Jahren war es uns Ausländern verboten, von diesen Straßen ohne Sondergenehmigung abzubiegen. Posten der Verkehrspolizei beobachteten genau, wann ein Wagen mit dem Sonderkennzeichen für Ausländer ihren Kontrollpunkt passierte. Wer nicht in angemessener Zeit den nächsten Posten erreichte, wurde von Einsatzwagen gesucht. Jetzt halten die Polizisten hauptsächlich russische Autos an und suchen nach Waffen oder Rauschgift, nach Mafiagangstern oder nach tschetschenischen Terroristen, die der Hauptstadt Vergeltungsanschläge angedroht haben.

Um unseren Minibus kümmern sie sich nicht, als wir von der Straße abbiegen und durch Dörfer und Industriestädtchen nach Westen, zurück zur Fernstraße Petersburg–Moskau, fahren. In der Stadt Klin finden wir das große weißblaue Schild, das die Autofahrer direkt zur M 10 schickt, und einen alten steinernen Wegweiser, der mit einem Arm nach Moskau, mit dem anderen nach St. Petersburg zeigt. Das ist die alte Straße zwischen den beiden Hauptstädten, auf der früher die Pferdekutschen gefahren sind. Da liegt hinter einem langen schmiedeeisernen Zaun ein Park mit Teich und kleinem Teehäuschen und dahinter das Landhaus, in dem der Komponist Peter Tschaikowsky die letzten Jahre seines Lebens verbrachte. Das große Tor der alten Auffahrt ist verschlossen. Der Park ist zugeschneit, vom Dach des Hauses hängen lange Eiszapfen. Im Sommer ist dies ein Touristenziel, und zweimal im Jahr, am Geburts- und am Todestag, spielen berühmte Pianisten im Wohnzimmer auf Tschaikowskys Flügel seine Werke vor geladenen Gästen. Klin nennt sich gerne Tschaikowsky-Stadt, aber das Denkmal des Komponisten fällt uns bei der Durchfahrt keineswegs gleich ins Auge. Da müssen wir auf der Hauptstraße zurück bis zum Lenin-Denkmal, rät uns ein Einheimischer, und tatsächlich, hundert Meter dahinter, kurz vor der großen ehemaligen Kirche, steht Tschaikowsky in Bronze. Nicht ganz so leicht zu finden, aber auch nicht kleiner als Lenin.

Auf der Fernstraße M 10 sind es nun nur noch zwei Stunden bis Moskau, aber wir biegen unterwegs noch einmal in eine

Stichstraße ein und fahren zu einem eisernen Schiebetor, an dem Soldaten Wache stehen. Hier liegt die Militärhochschule Wystrel. Im Sommer hatte man mir einen Besuch noch abgelehnt. Sie sei nur für russische Journalisten zugänglich, hieß es. Aber drei Monate später hat das Verteidigungsministerium in Moskau anders entschieden, und nun wartet ein Oberst auf uns – fest entschlossen, uns die Hochschule von vorne bis hinten zu zeigen.

Erst einmal wird das Gelände besichtigt. Das ist immerhin 37 Hektar groß. Die Hochschule ist fast eine kleine Stadt mit Alleen, an denen Tannen und Birken stehen. Es gibt moderne, sechsstöckige Häuser für die Familien der Lehrer, Unterkünfte für die zum Kurs abkommandierten Offiziere, ein Hotel, ein Großrestaurant, und hinter dem Lenin-Denkmal steht ein gelber klassizistischer Bau, wie wir ihn bei den Kernforschern in Dubna sahen. Da liegen die großen Hörsäle, und da hat der Kommandeur sein Büro. Weiter hinten, am Ufer eines großen Sees, gibt es Badehäuschen.

»Links der Strand für Frauen, rechts der Strand für Männer«, sagt der Oberst. Ich erzähle ihm lieber nicht, daß ich den Badestrand schon kenne. Vor acht Jahren, als wir Ausländer uns nach Beginn der Perestroika etwas mehr herausnehmen konnten, hatte mich ein etwas betrunkener Feldwebel im Ruderboot dorthin gebracht: Ich hatte ihn beim Angeln am anderen Ufer kennengelernt. Als wir auf dem See ruderten, überkam ihn ein großer Durst, und er hoffte, in den Badehäuschen der Militärhochschule gebe es Bier zu kaufen. Aber es gab kein Bier, und so ruderten wir schnell auf den See zurück, ehe uns einer anhalten und festnehmen konnte. Diesmal nun komme ich ganz offiziell durch das Hochschulgelände zum Strandbad der Offiziere und lobe die schöne Aussicht über den gefrorenen See.

In die Hochschule Wystrel kommen Offiziere der russischen Armee, um sich durch Fortbildungskurse zu qualifizieren – Hauptleute und Majore, vor allem Bataillionskommandeure und Stabsoffiziere der Regimenter. »Fünf Marschälle der Sowjetunion sind unter den Absolventen unserer Hochschule. Mehr als 250 verdienten sich die Auszeichnung ›Held der Sowjetunion‹, und siebzig Prozent unserer Kommandeure des Zweiten Weltkriegs wurden hier ausgebildet«, berichtet Oberst Anatoli Kriworutschin, der stellvertretende Hochschulkommandeur. Er benutzt gern und häufig das Wort »ruhmreich«, wenn er über die Hochschule und ihre Tradition spricht. Die sollen wir auch im Museum kennenlernen.

Da beginnt die Ausstellung mit Bildern des letzten Zaren in Uniform und von Generalen seiner Armee. Wystrel ist 1826 gegründet worden, und bis 1917 war es die Schießschule des kaiserlichen Heeres. Die alten Fotos, die daran erinnern, hat man erst vor zwei Jahren im Eingangssaal der Ausstellung aufgehängt. Dann geht es sehr viel aufwendiger mit Lenin und der Roten Armee weiter, aber da fällt mir eine Lücke auf: Leo Trotzki, der diese Armee aufbaute und kommandierte, ist auch heute nicht zu sehen. Die Darstellung seiner Rolle in der frühen Sowjetgeschichte würde die Ausstellung unnötig politisieren, erläutert ein junger Offizier aus Moskau.

Stalin dagegen taucht häufiger auf, aber sehr prominent wird der Sieger des Zweiten Weltkriegs auch nicht herausgestellt. Traditionsfahnen, Fotos von Kampf und Sieg und die Bilder verdienter Offiziere füllen die meisten Säle. Und dann finde ich im Raum, wo die Gastgeschenke verbündeter Armeen stehen, eine Vitrine mit Freundschaftsurkunden und Wimpeln in deutscher Sprache: zwei Drittel von der Nationalen Volksarmee, die neueren von der Bundeswehr. Oberst Kriworutschin weist nicht besonders darauf hin, aber er spricht von den neuen internationalen Kontakten, die Rußlands Armee nun brauche. Die Hochschule bildet Beobachter für Uno-Missionen und Stabsoffiziere für die Uno-Friedenstruppen aus und bereitet sie auf Aufgaben und Bedingungen vor, für die sowjetische Offiziere früher nicht gerüstet sein mußten. »Es ist kein Zufall, daß dafür gerade die Hochschule Wystrel ausgewählt wurde, denn dies ist eine alte Einrichtung, die die ruhmreichen Traditionen der russischen Armee pflegt«, sagt er. Nun muß diese Armee ihre Augen öffnen für die Verhältnisse in Ländern, die in Jahrzehnten des Kalten Krieges auf der anderen Seite der Front lagen.

Die Lehrer sind Offiziere, deren Denken natürlich noch von der Sowjetunion und ihrer Armee geprägt wurden. Ihre Studenten sind im Durchschnitt ungefähr dreißig Jahre alt, viele noch einige Jahre jünger. Ihre wichtigsten Erfahrungen haben sie gemacht, nachdem die Perestroika begann. Da war Stalin schon als Verbrecher entlarvt, die Partei ein Beamtenapparat, der sich auflöste, und die Geschichte der Sowjetunion hatte ihren Glanz verloren. Das sei vielleicht der wichtigste Unterschied zwischen den Älteren und den Jüngeren, sagt ein 35jähriger Oberst zu mir, als wir auf den Gängen von einem Hörsaal zum anderen gehen. »Die Obersten, die an die fünfzig sind, besonders die, die nicht mehr befördert, sondern pensioniert werden sollen, trauern der Sowjetzeit nach. Für die Bataillonskommandeure, die hier studieren, ist der Kommunismus eine Sache der Vergangenheit. Sie wollen, daß Rußland eine professionelle, starke Armee hat.«

In den Hörsälen stehen die jungen Offiziere höflich auf, salutieren und stellen sich mit Namen und Dienstrang vor, wenn ich sie anspreche. Gleich der zweite, an den ich mich wende, bestätigt indirekt, was der junge Oberst gesagt hat. »Erstens: die Armee ist nicht mehr so politisiert. Es gibt keine Organe der Partei mehr in der Armee«, erklärt ein Bataillonskommandeur und fährt fort: »Zweitens beginnt jetzt die Umrüstung der Armee. Ich glaube, daß sie eine Zukunft hat. Sie hat im Volk immer große Achtung genossen. Und sie wird eine der stärksten der Welt sein – das war sie, und das wird sie wieder.«

Auf politische Fragen lassen sie sich ungern ein – jedenfalls im Gespräch mit einem Ausländer und solange ihre Vorgesetzten dabeistehen. »Seit fünf Jahren gibt es Reformen in der Armee wie im ganzen Land, darüber kann man lange reden«, sagt ein

Hauptmann, aber dann redet er nicht darüber. Nur einer geht auf meine Frage kurz ein: »In der Armee ist es genau wie überall im Land – es gibt Gutes und Fortschrittliches, aber es gibt auch Erscheinungen, die der Vergangenheit angehören. Man kann nicht sagen, daß alles gut geht. Aber es wäre falsch zu behaupten, daß alles schlecht aussieht.« Sie sprechen lieber über militärische Reformen – darüber, daß in ihren Bataillonen jetzt viele Berufssoldaten sind, Leute, die einen Dienstvertrag abgeschlossen haben und mit denen sich gut arbeiten lasse. Sie sprechen von einer neuen Struktur der Streitkräfte, von Brigaden und moderneren, effizienteren Waffensystemen.

In Korridorgesprächen höre ich etwas mehr. »Wenn ich das gleiche verdiente wie unter den Kommunisten, bekäme ich heute zehn oder elf Millionen Rubel«, sagt einer. »Aber davon bekomme ich nicht einmal zehn Prozent. Ein junger Leutnant fängt heute mit 450 000 Rubeln an, der Durchschnitt bei Offizieren liegt bei 600 000, das ist wenig, und oft wird der Sold zwei oder drei Monate zu spät ausgezahlt.« Privilegiert sind sie damit gewiß nicht. Bei jedem privaten Wachdienst in Moskau könnten sie mehr verdienen. Besonders die älteren Offiziere weisen gern darauf hin. Manchmal drängen sie geradezu darauf, daß ihre Studenten die Schwierigkeiten hervorheben. »Wir haben, was wir brauchen. Wir haben eine Wohnung«, sagt der stellvertretende Kommandeur eines Panzerbataillons. »Aber Sie haben lange keine Wohnung gehabt, mußten lange warten«, wirft sein Lehrer ein. Der junge Offizier widerspricht höflich: »Wir haben ein Jahr nach der Hochzeit gewartet. Das ist normal. Jetzt ist alles in Ordnung. Und wenn es in der Armee besser wird, wird es auch für die Familie besser werden.« Sein Nebenmann will sich auch nicht zum Klagen bewegen lassen: »Wahrscheinlich habe ich es besser als die meisten anderen. Wir haben eine Wohnung und ein Auto. Schwierigkeiten gibt es, wenn nicht rechtzeitig gezahlt wird, aber heute hat es ja keiner leicht. Natürlich haben wir mehr Probleme, aber das sind wohl zeitweilige Schwierigkeiten, jedenfalls wollen

wir das mal hoffen.« Aber in Nebenbemerkungen sagen sie
dann doch, die Stimmung vieler Offiziere sei nicht gerade gut.
Manche von ihnen sprechen etwas deutsch. Sie erzählen von
Altenburg, Halle oder Rostock, wo sie stationiert waren.
Daran denken sie gerne zurück. Einige erinnern sich, mich im
deutschen Fernsehen gesehen zu haben, besonders während des
Putsches von 1991, als die sowjetischen Medien sie nicht in-
formierten und sie doch dringend wissen wollten, was sich in
Moskau ereignete. Das erleichtert mir die Gespräche, aber an
größere Fragen, etwa nach der Rolle der russischen Armee in
der Welt, trauen sich die meisten nicht heran.
»Wir sind eigentlich keine Offiziere von so hohem Rang, daß
wir darüber mitreden können«, sagt ein Oberst. »Aber wir haben auch unsere Meinung. Ich beobachte vor allem Europa.
Die Länder Europas haben ihre Streitkräfte nicht so stark reduziert wie Rußland. Und wenn mir jemand sagt: ›Wenn dein
Nachbar stärker ist als du, dann ist das Gleichgewicht da‹, so
habe ich Zweifel an seiner Aufrichtigkeit. Das macht mißtrauisch. Ich glaube, unsere Armee muß stärker werden. Es
gibt ja auch nicht nur Europa. Vergessen Sie Asien nicht, besonders den islamischen Osten. Also: Machen Sie sich keine
Sorgen darüber, daß unsere Armee groß ist. Auch unser Territorium ist schließlich groß, und unsere Grenzen sind lang.«
Ein Marineoffizier will etwas über die Nato sagen. Er kommt
aus Kaliningrad, dem früheren Königsberg. »Polen, Litauen,
Estland und Lettland wollen in die Nato. Dann werden wir im
Gebiet Kaliningrad von Nato-Staaten umringt sein. Manche
fordern sogar, daß die Streitkräfte aus Kaliningrad abgezogen
werden sollen. Dann säßen wir waffenlos mitten in der Nato.
Da macht man sich doch seine Gedanken.« Darüber müssen
seine Kameraden lachen. Das kommt ihnen seltsam vor, vielleicht auch gefährlich, aber sie reagieren nicht so, als sei die
Osterweiterung der Nato ein Thema, das sie erregt und erschreckt. Vielleicht beschäftigt es die Soldaten weniger als die
Politiker und Journalisten.

Der Frage nach dem Krieg in Tschetschenien weichen die Offiziere aus. »Man muß kein Salz in die Wunde streuen«, sagt der stellvertretende Kommandeur der Hochschule. »Das war keine Aufgabe für die Armee. Lassen Sie uns darüber nicht sprechen.« Da klingt Kritik an der Regierung durch. Allen Offizieren ist bekannt, daß sogar Generäle wegen Tschetschenien ihren Abschied genommen haben. In diesem Krieg innerhalb der Grenzen Rußlands haben Tausende junger, kaum ausgebildeter Soldaten ihr Leben verloren, sind Ansehen und Disziplin der Armee erschüttert worden. Kriegführen im eigenen Land, gegen das eigene Volk, dürfe nicht Sache der Armee sein, meinen die Offiziere. Vor fünf Jahren hätten sie das wohl nicht gesagt, jedenfalls nicht so offen. Die Sowjetarmee war die Armee der Partei, deren Auftrag sie auszuführen hatte. Nun fühlen sie sich als die Armee Rußlands, die der Regierung untersteht. Regierungen aber kann man kritisieren, auch wenn man ihnen gehorchen muß. In der Armee des Zarenreichs und des Sowjetstaats gab es eine solche Spannung nicht. Der Begriff des »Staatsbürgers in Uniform« kommt in den Gesprächen an der Militärhochschule auch jetzt nicht vor. Aber wenn ich die jungen Soldaten an der Hochschule anschaue, erscheinen sie mir, so steif und diszipliniert sie auftreten, als die erste russische Offiziersgeneration nach der Perestroika, die sich die Antwort auf ihre Fragen nicht einfach vom Vorgesetzten geben läßt.

Eine Stunde vor Moskau wird der Verkehr dichter und die M 10 zur vierspurigen Autobahn. Hinter den kleinen Dörfern, in denen Frauen noch zum Wasserholen an die Brunnen gehen, liegen die Wohnblocks der Industriestadt Selenogorsk, die in den sechziger Jahren um ein paar Chemiewerke herumgebaut wurde. Und immer wieder fahren wir an Soldatenfriedhöfen und Kriegerdenkmälern vorbei. In dieser Gegend nördlich von Moskau hat sich im Winter 1941/42 das Schicksal Rußlands entschieden. Vierzig Kilometer vor der Hauptstadt steht ein Panzer auf einem Sockel am Straßenrand: Hier stießen die sowjetischen Truppen zum erstenmal durch die Front der anrückenden Deutschen. Ein paar Kilometer weiter erhebt sich ein Obelisk auf dem Hügel, unter dem die Gefallenen begraben sind. Und noch näher an Moskau, nur 23 Kilometer vom Kreml entfernt, sind rechts von der Straße die verschweißten Stahlträger einer Panzersperre aufgestellt. Bis hierher war die Spitze von Hitlers Armee gekommen. Vor wenigen Jahren noch habe ich hier oft junge Paare gesehen, die nach der Hochzeit den Brautstrauß am Denkmal niederlegten. Auch jetzt liegen ein paar vertrocknete Blumen auf dem Sokkel, aber kein Brautpaar ist zu sehen, und es sind auch keine Spuren im Schnee.

Links von uns starten Flugzeuge: Das ist schon der internationale Flugplatz der Hauptstadt. Rechts liegen die ersten Plattenbausiedlungen. Dann fahren wir durch die kleine Stadt Chimki, die längst mit Moskau zusammengewachsen ist. Ich halte Ausschau nach den monumentalen Buchstaben aus Beton, die früher die Grenze der Hauptstadt markierten. Aber die gibt es nicht mehr. Statt dessen steht da eine bunte Plakatwand, und auf dem Bild des Kreml steht mit altrussisch geschwungenen Buchstaben »Moskau«. Jenseits der Brücke, die über die Moskwa führt, ist die fensterlose Seite eines fünfzehnstöckigen Hochhauses mit einem Monumentalgemälde verziert: Ein riesiger Cowboy wirbt für amerikanische Zigaretten.

ZEIT DER UNORDNUNG:
GEWINNER UND VERLIERER

Die neue Politik, die das ganze Land veränderte, war über Moskau wie ein Wirbelsturm hinweggegangen. Das Bild der Hauptstadt hatte sich nicht nur von Jahr zu Jahr, sondern schließlich von Monat zu Monat verändert. Die breiten Boulevards und Ringstraßen um den Kreml und im Zentrum der Stadt, auf denen früher den schwarzen Limousinen der Parteiführer ein breiter Mittelstreifen reserviert gewesen war, hatten sich in einen einzigen Stau verwandelt. Als die Sowjetunion zusammenbrach, hatte es in Moskau 400 000 Autos gegeben, die meisten davon Dienstwagen. Vier Jahre später waren es schon 1,6 Millionen, zum weitaus größten Teil Privatwagen, und in jedem Monat des Herbstes 1995 meldeten die Moskauer 22 000 Autos neu an. Das waren nun nicht mehr teure Mercedes und BMW, die zum Erstaunen der Moskauer schon bald nach der Wende aufgetaucht waren und als Mafia-Karossen galten. Die meisten Autos, die in Moskaus Innenstadt die Luft verpesteten, waren Kleinwagen russischer Herstellung und ausländische Gebrauchtwagen, die teils legal, teils gestohlen und geschmuggelt über die Grenze gekommen waren. Anderthalb Millionen Autos für zehn Millionen Moskauer bedeuteten, daß sich nun doch schon viele Leute ihren alten Traum vom eigenen Wagen erfüllen konnten und daß es nicht nur wenige Neureiche gab, sondern fast ein Fünftel der Moskauer besser lebte als früher.

Aber auch wer sich nun ein Auto leisten konnte, fürchtete eine ungewisse Zukunft. Manche, die sich einen kleinen Wagen gekauft hatten, mußten ihn nun benutzen, um ihr Einkommen aufzubessern. Private Fahrer konnten eine Lizenz erwerben und ihr Auto als ungekennzeichnetes Taxi verwenden. Viele schlossen sich in Genossenschaften zusammen, die kleine Telefonzentralen betrieben. Einmal fuhr mich eine Psychologieprofessorin, die an der Moskauer Universität lehrte, häufiger waren es Ingenieure, die an ihren Arbeitsplätzen zu wenig verdienten oder schon arbeitslos waren. Im Gespräch versuchten sie, die Vor- und Nachteile abzuwägen, die der Umbruch für sie gebracht hatte. Selten war ihr Urteil eindeutig. Für sie selber war das Leben nicht schlechter geworden, sagten sie, und bei manchen hatte das Geld schon für einen Charterflug zum Urlaub in die Türkei oder nach Zypern gereicht. Aber sie machten sich Sorgen darum, wie es in ihrem richtigen Beruf weiterging, denn sie wollten nicht nur Taxifahrer werden, auch wenn man davon leben konnte. Und sie fürchteten, daß ihr Auto eines Tages nicht mehr fahrtüchtig sein würde. Ersparnisse für den Kauf eines neuen Autos hatten sie nicht. Fast jeder kannte einen Kollegen oder wußte von Menschen, die Arbeitsplatz, Auto und Ersparnisse verloren hatten und nun auf den Straßenmärkten ihre letzte Habe anboten. Einigen blieb nur noch übrig, die Wohnung zu verkaufen und in immer dürftigere Unterkünfte zu ziehen. Es kam vor, daß Chauffeure von erschreckenden Begegnungen mit alten Kollegen erzählten: Sie hatten sie verdreckt und abgerissen als Obdachlose wiedergetroffen.

Für viele Russen war der Umbruch eine Zeit der Befreiung, aber für fast alle auch der Auftakt zu einer neuen Unsicherheit. Sie hatten ihr Leben in einem geschlossenen System verbracht, in dem alles geregelt schien – wenn auch nicht immer befriedigend und vernünftig. Aber trotz der Furcht, die die meisten nie ganz verlassen hatte, gab es in ihrem Leben eine gewisse Sicherheit: Wer einen Arbeitsplatz hatte – und die meisten wurden unmittelbar nach der Ausbildung auf eine Stelle abkommandiert –, behielt ihn lebenslang, wenn er kein politischer Dissident war. Dissidenten aber waren die wenigsten gewesen, und die anderen hatten auf den angewiesenen Plätzen schimpfend und enttäuscht weitergearbeitet, wenn sie unzufrieden waren. Nun war fast über Nacht alle materielle und geistige Sicherheit weggefallen.

Die Russen konnten sich nur schwer damit abfinden, aber sie taten es zunächst in der Hoffnung, daß mit der kommunistischen Herrschaft die große Bremse der Wirtschaftsentwicklung weggefallen sei und ein schneller Aufschwung beginne. Dann hatte sich die Perspektive verschlechtert, und für die Mehrheit begann eine Zeit der Preissteigerungen, des Zerfalls und der Inflation, die alle Sparguthaben vernichtete. Wer um 1990 10 000 Rubel auf dem Konto hatte – und das waren nicht so wenige –, konnte sich ausrechnen, daß der Betrag etwa einer Rente für acht Jahre entsprach. Oder es war der Preis eines Kleinwagens – auch wenn man das Auto nicht so bald kaufen konnte, sondern als Nichtprivilegierter jahrelang warten mußte. Vier Jahre später bekam man für 10 000 Rubel gerade noch ein Pfund Fleisch oder ein Kilo Gurken. Im Winter 1991/92 stiegen die Preise schneller, als die Menschen rechnen konnten. Die Inflationsrate lag monatlich bei weit über 200 Prozent und wurde auf eine Jahresinflationsrate von 2 500 Prozent hochgerechnet. Allmählich ließ sich die rasende Preissteigerung verlangsamen, aber noch 1994 lag sie bei 300 Prozent, und im Jahr danach, als wirtschaftspolitische Maßnahmen zu greifen schienen, konnten auch die geübtesten Regierungsstatistiker mit keiner Inflationsrate aufwarten, die unter 200 Prozent lag. Zwar wurden Gehälter und Renten erhöht, aber die Inflation war immer schneller, und seit der Entwertung der Sparguthaben konnten sich Familienmitglieder nicht mehr gegenseitig unterstützen. Gerade diese Hilfe aber hatte früher das Leben der Russen in schwierigen Zeiten erträglich gemacht.

Der Einschnitt traf große Gruppen der Bevölkerung, nicht allein die Schwächeren wie alleinerziehende Mütter, Familien mit vielen Kindern und Rentner. Er betraf auch den ganzen bürokratischen Apparat der Ministerien und Verwaltungen, die mit der Dezentralisierung und Privatisierung einen Großteil

ihrer Funktionen verloren. Die meisten Mitarbeiter hatten ihre
Posten behalten, aber die Gehälter für ihre Tätigkeit, auf die
der Staat nun verzichten konnte, hielten mit den Preissteigerungen nicht Schritt. Nur wenige Menschen in den großen Institutionen und Verwaltungen hatten genügend Initiative und
die Fähigkeit, sich eine neue Existenz aufzubauen oder etwa
in der Akademie der Wissenschaften durch eigene Forschungsarbeiten den Umstieg in die Privatwirtschaft zu schaffen.
Hinzu kam die Angst vor der Arbeitslosigkeit. Die eigentliche
Krise war von der Regierung immer wieder durch Subven-
tionszahlungen an die Industrie und die Erhaltung unprodukti-
ver Verwaltungsstrukturen hinausgeschoben worden, aber jede
Diskussion über Reformen zur Gesundung der Wirtschaft beschwor die Furcht vor dem Verlust von Millionen Arbeitsplätzen herauf. Besonders die Bürger über fünfzig waren besorgt.
Sie näherten sich dem Rentenalter und sahen, wie ärmlich ihr
Leben nach der Pensionierung sein würde. Jedenfalls glaubten
sie nicht mehr, daß die versprochene bessere Zukunft noch zu
ihren Lebzeiten beginnen würde. Solche Erwartungen waren
eine schwache Grundlage für den Aufbau einer demokratischen
und marktwirtschaftlichen Politik, und es schien mir eher ein
Wunder, daß sich die Russen lange Zeit so vernünftig verhiel-
ten und zäh und geduldig weitermachten.
Im westsibirischen Kohlebergbau kündigten die Bergarbeiter,
die monatelang ihren Lohn nicht bekommen hatten, einen
Streik an, dem sich die Ölarbeiter anschließen wollten. Eine
große Energiekrise schien im Herbst 1992 heraufzuziehen, zumal sich die Bergarbeiter gegen Pläne der Regierung wehren
wollten, die die Stillegung unrentabler Zechen vorsahen. Aber
als es im Oktober 1992 in Moskau zum offenen Kampf zwischen Präsident Jelzin und der »rotbraunen« Koalition im Parlament kam, sagten die Bergarbeiter den Streik sofort wieder
ab und stellten sich hinter Jelzin. Noch trauten sie seiner Politik mehr als den Versprechungen der Kommunisten. Aber der
Streik war nur aufgeschoben, so wie die Entscheidung über die

Zechenstillegungen lediglich zurückgestellt war. Früher oder später würden Bergwerke geschlossen werden müssen, in denen sich Kohle nur noch unter viel zu hohen Kosten – und unter ständiger Lebensgefahr für die Kumpel – abbauen ließ. Und dann mußten Zehntausende von Bergleuten, die zu den privilegierten Berufsgruppen gehört hatten, um ihre Zukunft fürchten.

Die Krise, das wußten nicht nur die entschiedensten Anhänger der Reformpolitik, war zwar hinauszuschieben, aber nicht zu vermeiden. 1995 errechneten ausländische Experten bei der ILO, der Internationalen Arbeitsorganisation in Genf, eine Arbeitslosenquote von sieben Prozent. Mit sechs bis acht Millionen Arbeitslosen hätte Rußland, zumal in einer solchen Umbruchzeit, international noch ganz gut dagestanden. Aber die UNO-Fachleute hatten die vielen Formen verdeckter Arbeitslosigkeit – unbezahlte Zwangsbeurlaubung und nicht ausgezahlte Löhne – nicht berücksichtigt. Und in Rußland wuchs die Überzeugung, daß die eigentliche Arbeitslosigkeit noch bevorstehe, wenn die großen Staatsbetriebe auf ihre Rentabilität abgeklopft würden. Welche Betriebe zu erhalten und welche aufzulösen waren, versuchten die wechselnden Regierungen zu ermitteln, indem sie die schwerwiegenden sozialen Belastungen durch den Verlust von Millionen Arbeitsplätzen gegen die Gefahren einer galoppierenden Inflation abwogen. Zuviel Subventionen trieben die Inflation noch schneller voran, zuwenig Subventionen führten in die soziale Krise.

Dies waren Probleme, die vor allem die großen »Ruhrgebiete« im Ural, um Moskau und St. Petersburg betrafen. Wer sollte die maroden Stahlwerke im Ural der Regierung aus der Hand nehmen? Wer die Rüstungsindustrie konvertieren, die ihren Absatzmarkt verloren hatte und deren Umstellung enorme Summen kostete, über die weder der Staat noch private Investoren verfügten? Die Marktwirtschaft, so stellten auch die radikalen Reformer fest, konnte viele Probleme lösen, aber sie konnte nicht die riesigen Trümmerfelder der Staatsindustrie in blühende Landschaften verwandeln. Das war eine Fiktion gewesen, und manche der jungen Reformer hatten sie nur zu gern und ungeprüft von ihren enthusiastischen wissenschaftlichen Beratern aus Amerika übernommen.

In den größten und ältesten russischen Industriegebieten lagen nach 1993 viele Werke ganz oder zum großen Teil still. Eine Stadt wie Jekaterinburg am Ural, die Jelzin als Parteisekretär leitete, als sie noch Swerdlowsk hieß, war fast völlig von der Rüstungsindustrie abhängig gewesen, für die 85 Prozent ihrer Betriebe arbeiteten. Als der Warschauer Pakt aufgelöst, die Sowjetarmee auf die neuen GUS-Staaten aufgeteilt und das Rüstungsbudget der russischen Armee drastisch gesenkt wurde, verlor auch Jekaterinburg die Grundlage seiner Existenz. Boris Jelzin selber erzählte in Moskau, wie die Panzer am einen Ende der Stadt gebaut und dann ans andere Ende gefahren wurden, um dort, auf Halde gelegt, auf die Verschrottung zu warten.

Solange wir uns erinnern konnten, war Swerdlowsk eine für Ausländer gesperrte Stadt gewesen. Nun durften wir sie ungehindert besuchen. Die Stadtverwaltung und die Chefs der Industriebetriebe rechneten damit, daß Unternehmer und Ingenieure aus Amerika und Westeuropa kommen würden, um in Jekaterinburg zu investieren oder sich an der Auswertung der Forschungsergebnisse und Erfahrungen zu beteiligen. In der Stadt hatte man eine Unterkunft für ausländische Besucher eingerichtet: die dritte Etage des Augenkrankenhauses, auf der es sauber und ordentlich zuging, anders als im einzigen Hotel, in dem Fensterscheiben zerbrochen waren und sich abends Gangster Schießereien und Schlägereien lieferten.

In der Stadt stritten fünf Gruppen der organisierten Kriminalität um Macht und Einfluß. Bis 1990 hatte es nur eine kriminelle Struktur gegeben, in der Verbrecher, Schattenwirtschaft und Leute aus dem Sicherheitsdienst und der Stadtverwaltung, die sogenannte Sowjetmafia, zusammenarbeiteten. Nun mischten sich neue Gruppen in den Kampf um die Vorherrschaft ein. Sie drängten sich in die Industrieverwaltungen und Banken, erschossen einander in den neugegründeten Spielkasinos oder auf der Treppe einer privaten Versicherung. In Todesnachrichten und Nachrufen kam dann heraus, daß der Direktor eines Finanzinstituts jahrelang wegen Rauschgift oder Raubmord im Lager gesessen hatte. Was für ein wichtiger Mann er wirklich gewesen war, zeigten erst der Berg von Blumen auf seinem Grab und die langen Kolonnen schwarzer Limousinen, mit denen Mafia-Paten aus der ganzen ehemaligen Sowjetunion zur Beerdigung kamen.

Aber die neugierigen Gäste, die der KGB früher aus Spionagefurcht von der Stadt ferngehalten hatte, reisten auch jetzt nicht an. So wichtig Jekaterinburg als Industriezentrum auch war: Ausländische Investoren konnte die Stadt kaum reizen, und ohne fremde Investitionen kamen die Betriebe nur schwer auf die Beine. Ingenieure des Werks, das SS-20-Raketen hergestellt hatte, nutzten nun ihre aerodynamischen Kenntnisse, um Segelyachten aus Polyester zu bauen. Eine Fabrik, die hochkomplizierte Zündsysteme für Atomwaffen produziert hatte, stellte Ventile für Melkmaschinen her. Das waren Aufgaben, die in keinem Verhältnis zur Leistungsfähigkeit der Anlagen und der Ingenieure standen und mit denen sich der Lebensstandard der Beschäftigten nicht aufrechterhalten ließ.

Selbst großen Werken, die von der Panzerproduktion auf die immerhin ähnliche Herstellung von Traktoren und Lastwagen umgestellt werden sollten, fehlte es an Aufträgen und Abnehmern. Die Inflation hatte alles, auch die Modernisierung der Werke, unerschwinglich teurer gemacht. Gebiete, die früher zu ihrem Absatzmarkt in der Sowjetunion gehört hätten, waren jetzt eigene Staaten. Die Grenzen behinderten den Handel mit Fertigwaren wie mit Rohstoffen und ließen den Finanztransfer zum Erliegen kommen. Die Abnehmer waren zahlungsunfähig, und auch der Staat schickte die zugesagten Zuschüsse zur Aufrechterhaltung der Lohnzahlungen nur mit großen Verzögerungen.

Als ich 1993 nach Jekaterinburg kam, gab es Fabriken, in denen die Arbeiter fünf bis sechs Monate keinen Lohn mehr gesehen hatten. Trotzdem kamen sie immer wieder in ihre Betriebe, um die Maschinen zu warten und arbeitsfähig zu halten, in der Hoffnung, daß es früher oder später wieder Arbeit geben würde. Sie erzählten mir, wovon sie lebten: Im Sommer sammelten sie Beeren im Wald, im Winter suchten sie Gelegenheitsarbeiten wie das Entladen von Zügen und Lastwagen, und sie hielten das durch, solange ihre Frauen in den Verwaltungen noch Arbeit hatten. Manche schimpften auf die Kommunisten, manche auf die neue Regierung, aber daß es bald wieder besser werden würde, konnte keiner glauben.

Das Schicksal kleiner Industriestädte schien noch ungewisser. Ihre Direktoren mußten versuchen, die ein oder zwei Fabriken des Orts irgendwie über Wasser zu halten, denn das ganze tägliche Leben war von ihnen abhängig. Wenn die Fabrik geschlossen wurde, gab es im ganzen Ort keine Heizung, keinen Strom, keinen Kindergarten, keine Bäckerei und kein Geschäft mehr. All die Aufgaben, die in anderen Ländern von den Kommunen oder der Privatwirtschaft übernommen wurden, hatte das sowjetische System den Industriebetrieben zugeordnet, um die herum die Siedlungen während und nach dem Krieg gebaut worden waren.

Ein Abgeordneter aus dem Nordural erzählte mir von einem fast aussichtslosen Fall in seinem Wahlkreis. Da gab es eine Stadt von 60 000 Einwohnern, die alle direkt oder indirekt für ein einziges Chemiekombinat arbeiteten. Weil es ein Werk des militärisch-industriellen Komplexes war, gehörte der Ort zu den geschlossenen Städten, die keinen Namen hatten, sondern nur unter einer Nummer bekannt und auf keiner Karte verzeichnet waren. Auch Sowjetbürger konnten sie jahrzehntelang nur mit einem Sonderausweis betreten. Nun war die Stadt für Russen geöffnet worden, aber die Fabrik durfte selbst der Duma-Abgeordnete nicht betreten. So habe er sich den Direktor kommen lassen und zu ihm gesagt: »Wir müssen doch

überlegen, wie es weitergehen soll. Die Rüstungsausgaben
sinken, und wenn Ihr Betrieb weniger oder gar nicht mehr
arbeitet, dann können Sie die Fabrik vielleicht einmotten, aber
doch nicht eine ganze Stadt mit 60 000 Menschen. Sie müssen
schnellstens beginnen, das Kombinat auf zivile Produktion um-
zustellen.« Der Direktor aber habe ihn resigniert angeschaut
und gesagt: »Wir könnten etwas für den zivilen Markt herstellen, aber es wird Ihnen nicht gefallen: ein Insektenspray, mit
dem Sie eine Kakerlake auf tausend Meter töten können.«
»Da habe ich begriffen«, sagte der Abgeordnete zu mir, »daß
das Kombinat chemische Kampfstoffe produziert. Wie man es
umstellen soll, ist mir bis heute nicht klar. Aber ich denke seitdem ein bißchen anders über Rüstungsetat und staatliche Subventionen als vorher.« So extrem, wie der Abgeordnete sie
schilderte, ist die Lage in den meisten großen und kleinen Städten Sibiriens nicht, aber in vielen ist die Produktion zusammengebrochen, weil sie keine wirtschaftlich begründete Aufgabe mehr erfüllt, und manche Orte im hohen Norden sind
nur Überbleibsel der Vergangenheit. Sie waren als Verwaltungszentren der großen Straflager Stalins oder als Stützpunkte
an der Front des Kalten Krieges entstanden. Wenn sie heute
durch unwegsame Gebiete über Tausende von Kilometern
nicht mehr vom Staat, sondern von privaten Händlern versorgt
werden müssen, wird das Leben der Menschen, deren Einkommen ständig zurückgeht, unermeßlich teuer. Viele kämpften
ums nackte Überleben, und kaum einer profitierte von der
Reformpolitik des fernen Moskau, von der sie nur die Berichte
des Fernsehens erreichten. Im weiten Land hinter dem Ural
stieg die Wut auf die Regierung, und immer mehr Menschen
setzten auf deren radikale Gegner, die Kommunisten und Schirinowskis Nationalisten.
Auch in größeren Industriestädten, in denen die Moskauer
Politik gezielte Veränderungen bewirkte, blieb sie den meisten
Betroffenen unverständlich. Kombinate und Großbetriebe
wurden aus Besitz und Kontrolle des Staats entlassen und gin-

gen in andere Hände über. Was sich Privatisierung nannte, war
ein undurchschaubarer Prozeß. Manchmal gaben Direktoren
großer Betriebe einander Aktienpakete weiter und sicherten so
ihre Macht. In anderen Fällen kaufte das Management mit
Krediten von Banken und Ministerien die Aktien auf. Häufig
behielt der Staat eine Mehrheit oder eine starke Beteiligung.
In den neuen Gesellschaften gab man, zum Beweis sozialen
Bewußtseins, auch Aktien an die Arbeiter aus, aber selten waren das mehr als zehn Prozent, und immer war die Gesellschaft
so konstruiert, daß die kleinen Aktionäre ohne Einfluß blieben.

Bei Uralmasch in Jekaterinburg, einem der größten Werke für
Panzer- und Maschinenbau, sprachen die Arbeiter abfällig von
den Aktien, die sie bekommen hatten. Wenn sie seit Monaten
keinen Lohn bekamen, war ja wohl kaum mit Dividenden zu
rechnen, sagten sie mir am Werkstor. In die Fabrikhallen ließ
die Direktion unser Kamerateam nicht hinein, weil die Stimmung zu schlecht war. Der große Saal des Kulturhauses, in dem
die erste Aktionärsversammlung in der Geschichte von Jekaterinburg stattfand, war für uns ebenfalls gesperrt. Kollegen von
der Lokalzeitung erzählten mir, was sie über die neue Gesellschaft erfahren hatten. Die meisten Anteile waren in großen
Paketen an Aktionärsgruppen aus Moskau und St. Petersburg
gegangen. Wer diese Aktionäre waren und woher das Kapital
stammte, das in Uralmasch investiert wurde, wußten die Journalisten nicht. Sie erzählten, daß Uralmasch im Jahr zuvor eine
Zahlungskrise bewältigt hatte, indem es sich Geld von örtlichen
Mafiagruppen lieh, große Summen, die sicher nicht ohne Berechnung gegeben wurden. Jetzt rätselten die Journalisten, ob
die Aktienpakete mit Mafiageldern gekauft worden seien, ob
das Geld aus unterirdischen Kanälen floß, in die es Partei und
KGB am Ende der Sowjetzeit abgeleitet hatten, oder ob neue
Banken und Unternehmer dahintersteckten, die ihre Vermögen in den Grauzonen des Wirtschaftsumbruchs erworben hatten.

Ältere Arbeiter auf dem Weg zur Aktionärsversammlung sagten mißtrauisch, nun würden private Ausbeuter die Macht im Werk übernehmen. Aber unter den Jüngeren gab es manche, denen die Privatisierung Hoffnungen machte. »Die alten Direktoren hätten das Werk nie wieder in Gang gebracht«, sagte einer. »Aber wenn neue Unternehmer hier Geld hineinstekken, dann müssen sie doch hoffen, daß die Produktion wieder anläuft.« Meine russischen Kollegen hatten Zweifel. Keiner wisse genau, zu welchem Zweck die neuen Leute die Aktien kauften, meinten sie. Wollen sie Uralmasch wirklich noch einmal ankurbeln, oder geht es ihnen nur um den riesigen Grundbesitz und die Vermögenswerte? Letzteres hielten die Journalisten für wahrscheinlicher. Alles, was sie schließlich herausfinden konnten, war, daß die Aktienmehrheit nun in der Hand eines Georgiers liege, der in Moskau wohnen sollte. »Heute bereichert sich jeder, so gut er kann«, sagte ein Reporter. »Das ist Wildwest-Kapitalismus. Den haben die Direktoren ganz schnell verstanden, die Leute aus der alten Wirtschaftsnomenklatura, die jetzt überall die neuen Besitzer werden.« Auf dem Papier sahen die Erfolge der Privatisierung bemerkenswert aus. Am 30. Juni 1994 waren siebzig Prozent der russischen Wirtschaft als privatisiert gemeldet. Fünfzig Prozent der Arbeitskräfte waren nicht mehr in staatlichen Betrieben beschäftigt, und sie lieferten sechzig Prozent der Produktion. Das war eine einschneidende Umstellung der Gesellschaftsstruktur. Die neuen Wirtschaftsführer, auch wenn sie der alten Nomenklatura entstammten, waren nicht mehr die Untergebenen des zentralen Apparats der Partei, ihrer Wirtschaftsabteilungen und der Ministerien in Moskau. Sie wollten nicht wieder dem alten Kommandosystem und der Überwachung durch den KGB unterstellt werden. Aber eine weitergehende Liberalisierung und die Öffnung der Grenzen für ausländische Investoren und Konkurrenten lag auch nicht in ihrem Interesse. Sie wollten für ihre Betriebe Protektion und Subventionen von der Regierung, mit der sie durch viele Fäden verbunden waren. Aber sie stützten auch die Kommunisten und Nationalisten, wenn die auf die Regierung Druck ausübten, um ausländischen Einfluß zu verhindern und die Rüstungs- und Schwerindustrie stark zu erhalten. Die Privatisierungspolitik hatte tatsächlich eine neue Schicht von Besitzern geschaffen – was ja auch ihr politisches Ziel gewesen war. Die Rückkehr zum alten System war schwerer, fast unmöglich geworden. Aber die Verteilung, manchmal Verschleuderung der staatlichen Industrie war unter hohen Kosten für die Wirtschaftskraft des Landes abgelaufen, und sie war von extremer sozialer Ungerechtigkeit gekennzeichnet. Die Wirtschaftsführer betrieben Politik aus eigener Macht, nicht mehr als Funktionäre einer Zentrale. Rußlands Gesellschaft hatte sich wesentlich verändert. Doch eine kapitalistische Unternehmergesellschaft war sie noch nicht geworden, und ob Rußland auf dem Weg zu Marktwirtschaft und Demokratie war, ließ sich an diesem undurchsichtigen Geflecht neuer Strukturen nicht ablesen.

Innerhalb von drei Jahren operierten in Rußland zweieinhalbtausend neugegründeter privater Banken und Hunderte von Versicherungsgesellschaften, die auf dem unübersichtlichen Feld ohne gesetzliche Regelungen und wirksame Kontrolle ihre Chance suchten. Niemand wußte, mit welchen Verbindungen und welchem Kapital sie arbeiteten. Investmentfonds starteten Werbekampagnen im Fernsehen, in denen sie große und sichere Gewinne versprachen – Zinsen von tausend oder zweitausend Prozent. Fachleute wußten, daß diese Unternehmen viel zu unsolide waren, um lange zu überleben, aber Millionen von Bürgern legten ihr Geld bei ihnen an und verloren es, als die ersten Zusammenbrüche und Bankrotte das leichtfertige Vertrauen enttäuschten. Viele der Fonds und Finanzinstitute in der Provinz gingen gleich wieder unter. In Moskau formierten sich nun große Kreditinstitute zu einem Machtkartell, das neugegründete Unternehmen übernahm oder unter seine Kontrolle brachte. Zwanzig große Banken kämpften in der Hauptstadt um Gewinne von Billionen Rubel, wenn der

Staat große Unternehmen der Erdölindustrie, des Bergbaus, der Telekommunikation und der Stahlerzeugung verkaufen mußte, um das Haushaltsdefizit zu decken. In diesem Kampf mit allen Mitteln entstanden neue Seilschaften aus den Finanzgruppen und der Politik, konkurrierende Bündnisse zwischen Bankiers, Parteipolitikern und Regierungsmitgliedern, die einander den neuen Reichtum abjagen wollten. Berichte über Mafiamorde in der Finanzwelt, denen 1995 fast dreißig Geldleute zum Opfer fielen, ließen immer mehr Russen glauben, daß die neue Wirtschaftsordnung in Moskau mit kriminellen Mitteln und auf ihre Kosten errichtet wurde.

Aber zugleich entstand im Lande auch eine Schicht von Kleinunternehmern, die freilich längst noch nicht groß genug war, um als neuer Mittelstand durchzugehen. 1990 hatte es in der Sowjetunion nur 40 000 selbständige Betriebe gegeben. Fünf Jahre später existierten in Rußland eine Million Privatunternehmen mit zehn Millionen Beschäftigten. Mit Restaurants und Kiosken, Geschäften und kleinen Supermärkten hatte es angefangen, dann waren in den Städten Handwerkerkolonnen aufgetaucht, die Reparaturarbeiten übernahmen. An den Rändern der Städte bauten sie nun einen Ring von hölzernen Datschen, kleinen und auch größeren Häusern. Aus den Gruppen, die sich zuerst auf eigene Rechnung und Gefahr zu Gelegenheitsarbeiten anboten, wurden Handwerksunternehmen mit Angestellten. Mit Initiative und technischen Fähigkeiten ließ sich nun gutes Geld verdienen. Aber nicht alle konnten solche Möglichkeiten nutzen, und wer sie nicht hatte, fühlte sich von einer Zukunft ausgeschlossen, auf die andere ihre Hoffnungen setzten.

Achtzig Kilometer von Moskau entfernt stieß ich auf eine Hubschraubereinheit der Armee, bei der diese sozialen Spannungen deutlich erkennbar waren. Die Einheit war vier Jahre zuvor aus der Tschechoslowakei zurückgeholt worden, und noch immer lebten ihre Offiziere in Behelfsunterkünften. Die Unverheirateten wohnten zu viert oder zu sechst auf einer

Stube. Familien hatten ein Zimmer für sich, teilten aber zu fünft Bad und Küche. Was die Offiziere, mit denen ich sprach, besonders verbitterte, war die Tatsache, daß die meisten ihrer Hubschrauber nicht mehr flugtüchtig waren. Die besten der technischen Unteroffiziere hatten nämlich den Dienst quittiert. Sie eröffneten Autoreparaturwerkstätten oder Klempnerbetriebe und fanden Kundschaft genug. Hin und wieder kamen sie in ihrem neuerworbenen gebrauchten Mercedes zur alten Einheit, um zu sehen, wie ihre früheren Vorgesetzten lebten. Solche Besuche verbesserten das Klima in der Hubschraubereinheit nicht gerade.

Wie den Offizieren ging es vielen Leuten in der Verwaltung und an den Universitäten. Ihr Lebensstandard und ihr Ansehen sanken, während Leute, auf die sie herabgeblickt hatten, sie in der neuen Gesellschaft schnell überholten. Selbst Menschen, die weiter zu den Besserverdienenden gehörten, verfolgten die Entwicklung mit kaum verhülltem Neid. Der Chefarzt einer orthopädischen Klinik, den ich gelegentlich traf, konnte sich kaum darüber beruhigen, daß zwei seiner OP-Schwestern einen Friseursalon aufgemacht hatten und ein Vielfaches von seinem Gehalt verdienten. Daß er selber nicht von diesem Gehalt leben mußte, sondern von Privatpatienten und einem kleinen Importhandel mit Medikamenten, vergaß er in solchen Augenblicken des Ärgers.

Es war nicht nur Mafiageld, das in Rußland verdient wurde wenn einfallsreiche Leute die Chance nutzten, die ihnen der Übergang von der Staats- zur Privatwirtschaft bot. Natürlich fielen diejenigen am meisten ins Auge, die in schweren Luxuswagen vor Nachtklubs und Restaurants vorfuhren oder mit Koffern voll Bargeld an die Riviera reisten. Doch unter den Dreißig- bis Vierzigjährigen gab es immer mehr Leute, die ehrlich Geld verdienen wollten und hart und zielbewußt arbeiteten. Sie tranken weniger als ihre Eltern und hatten keine Zeit für die langen, gemütlichen Abende mit tiefsinnigen Gesprächen, die für die ältere Generation zum russischen Leben gehörten.

Ungläubig und überrascht erlebte ein Paar, mit dem ich befreundet bin, wie ihr Sohn sich veränderte. Er hatte Chemie und Physik studiert, promovierte mit einundzwanzig Jahren zum Doktor und fand als hochbegabter Wissenschaftler sofort einen Arbeitsplatz an der Akademie der Wissenschaften. Aber das war ein riesiger, bürokratischer Apparat, in dem ihn alles langweilte. Bald verbrachte er mehr Zeit auf dem Tennisplatz als in seinem Büro. Dann, 1988, änderte sich sein Lebensstil. Die Eltern bemerkten, daß Sascha morgens schon gegen sieben das Haus verließ und erst spätnachts wiederkam. Er hatte sich den Auftrag beschafft, Pläne für die ökologische und technische Sanierung des Hafens von Wladiwostok zu entwickeln, und einen Stab von Experten unter seinen Kollegen gesammelt. Die Arbeit wurde gut bezahlt, und in Wladiwostok, nur eine Flugstunde von Japan entfernt, hatte er sein Geld in den Kauf japanischer Computer gesteckt – ein Beitrag zur Modernisierung der russischen Wirtschaft, fand er, und zugleich ein gutes Geschäft. In die Hauptstadt zurückgekehrt, entdeckte er neue Chancen im Rohstoffexport, einer Grauzone zwischen Staats- und Privatgeschäft, wo am Rande der Legalität Vermögen verdient wurden. Dann übernahm Sascha die Leitung der fünf größten Hefefabriken Rußlands. Juristisch gesehen gehörten sie nicht ihm, sondern einer Genossenschaft, an der die Akademie der Wissenschaften beteiligt war. In der Praxis konnte Sascha wie ein Eigentümer verfahren. Die Hälfte der Beschäftigten entließ er, aber er modernisierte die Fabriken auch, und als sie rentabel zu arbeiten begannen, hatte der junge Chemiker, der nun gerade dreißig Jahre alt war, in wenigen Jahren den Ruf eines erfolgreichen Sanierers und Financiers erworben.

Der Erfolg sei etwas zu plötzlich gekommen, fanden die Eltern besorgt, als ihr Sohn sich eine Penthouse-Wohnung an der Moskwa kaufte, einen großen amerikanischen Wagen fuhr und den Vater zu Neujahr mit einer goldenen Rolex überraschte. Sie waren Intellektuelle, denen der Umgang mit Milliarden und Billionen von Rubeln unheimlich schien. Natürlich war seine Mutter dennoch stolz, als sie mir von seinem neuesten Coup erzählen konnte: Wie Sascha einen Betrieb aus der Rüstungsbranche gerettet habe, indem er einen Kredit von 35 Millionen Dollar beschaffte – aus Japan, wo Sascha einen großen Konzern für die Hightech-Produkte des maroden russischen Werks interessieren konnte. Aber was die Mutter, die im öffentlichen Leben für Demokratie und Marktwirtschaft eintrat, erschreckte, waren die Ansichten ihres Sohnes über die Politik. Nur die Wirtschaftsentwicklung zähle, erklärte er seinen Eltern. Von der Politik brauche man nichts zu erwarten, die werde noch jahrelang von den Leuten aus dem alten System bestimmt werden – von einer Generation, die ihr Denken nie mehr umstellen könne, und das gelte für alle, die über vierzig seien.

Ende August 1995 traf ich ihn auf der Straße bei einer der seltsamsten Demonstrationen, die mir je untergekommen sind. Er stand mit zwei Dutzend Herren in Nadelstreifen auf dem Lubjanka-Platz vor dem russischen Sicherheitsministerium. Sie trugen Kerzen in der Hand, zur Erinnerung an fünfundzwanzig Kollegen, die seit Jahresanfang von der Mafia ermordet worden waren. Umgeben von seinen Leibwächtern, forderte der Vorstand des russischen Unternehmerverbands mehr Ordnung und Sicherheit und entschlosseneres Vorgehen gegen das organisierte Verbrechen. Ich fragte Sascha, warum er unter solchen Bedingungen in Rußland bleibe und ob er sein Geld nicht lieber benutzen wolle, um sich im Ausland, vielleicht in Amerika, etwas aufzubauen. Nein, auswandern werde er nicht, sagte Sascha, dazu sei das Leben in Rußland zu spannend, und die Chancen seien zu groß: »In Amerika arbeiten sie mit Profitmargen von acht bis zehn Prozent, damit fangen wir hier gar nicht an.«

Aber er, der nun selber auf vierzig zuging, dachte anders als früher über die Politik. Er war der Partei Jabloko beigetreten, deren Programm die soziale Marktwirtschaft war. Nun müsse man kämpfen, damit die Kommunisten und Nationalisten nicht das alte Kommandosystem zurückholten, begründete er seinen Meinungswandel, aber auch, damit die Wirtschaftspolitik der Regierung die sozialen Spannungen nicht ins Unerträgliche steigere. Als er nach den Wahlen als Abgeordneter ins Parlament einzog, hatte er diese Hoffnung noch nicht aufgegeben. In der Politik sei fast alles schiefgelaufen, meinte er, aber wenn es gelinge, Zeit zu gewinnen, dann würden Erfolge der Wirtschaft auch die entfernten Gebiete Rußlands erreichen und das politische Klima verbessern.

Tatsächlich waren die Meldungen über die Wirtschaftsentwicklung im Lande widersprüchlich. Es gab durchaus Industriezweige, die sich nach dem Einbruch von 1992 zu erholen begannen. In der ersten Begeisterung über Auslandsimporte hatten die russischen Käufer Produkte der eigenen Industrie in den Regalen stehenlassen. Nur ausländische Schokolade war gut, nur ausländische Konserven hatten die schönen bunten Etiketten. Sogar die russischen Wodkafabriken steuerten in die Pleite, solange alkoholische Getränke wie alle Konsumgüter zollfrei ins Land gebracht wurden. Aber allmählich zeigte sich, daß die russische Industrie einen Markt hatte, wenn sie die neue Konkurrenzlage begriff. Auch gegen die japanischen Mitbewerber setzte die russische Elektronikindustrie nun mehr Fernsehgeräte ab als in den Jahren zuvor. Russische Kühlschränke und als neuester Schlager Mikrowellenherde, auf die sich hochtechnische Fabriken der Rüstungsindustrie umgestellt hatten, ließen sich gut verkaufen. Aber auch wenn sich auf einzelnen Gebieten Erfolge erzielen ließen, konnten sie kaum den Produktionsabfall der Schwerindustrie und den Verlust der Arbeitsplätze in den Industriestädten ausgleichen.

Die Experten der Wirtschaftsstatistik stritten sich mit den Politikern über Trends und Ergebnisse. Die Opposition zitierte die negativsten Zahlen, während die Regierung in Moskau stets Steigerungen aus dem Ärmel zog. Noch mehr als in anderen Ländern war die Statistik in Rußland eher eine Kunst als eine

Wissenschaft. In Sowjetzeiten hatten die Direktoren die Produktionszahlen nach oben frisieren müssen, um bei den zentralen Instanzen Eindruck zu machen. Nun lag es in ihrem Interesse, Verluste zu melden: Nur so konnten sie Subventionen und Unterstützung verlangen. Und sie hatten entdeckt, daß es Steuern zu sparen galt. Im alten System hatte es keine Steuern gegeben, und unter den neuen Verhältnissen gab es noch keine Finanzverwaltung, die die Betriebe zu kontrollieren vermochte. Es gab viel zuwenig Steuerbeamte und Betriebsprüfer, die meisten waren schlecht ausgebildet und hatten wenig Erfahrung, und alle waren schlecht bezahlt. Den Buchhaltern und Beratern der Betriebe waren sie so wenig gewachsen wie den Bestechungsversuchen der Direktoren.

Die alten wie die neuen Manager hatten gelernt, wie man Bilanzen manipulierte. Das verstanden auch die neuen Kleinunternehmer sehr schnell. Keine der Zahlen, die in Moskau veröffentlicht wurden, war etwas anderes als eine politisch gefärbte Schätzung. Immerhin: Englische Wirtschaftswissenschaftler, die die russische Wirtschaftsentwicklung zu bewerten versuchten, kamen im Frühjahr 1995 zu der Überzeugung, Rußland sei dabei, die Talsohle der Entwicklung zu durchschreiten. Wenn man die Schattenwirtschaft und die neuen Kleinbetriebe mit einbeziehe, ergebe sich ein Produktionszuwachs von vier bis fünf Prozent im abgelaufenen Jahr. Aber für die Bevölkerung konnten solche Berechnungen die schweren Verluste nicht wettmachen, welche die Industrie in den Jahren des Zerfalls der Sowjetunion zurückgeworfen hatten.

Was immer an Steuern eingenommen wurde, traf nur zum kleinen Teil bei der Regierung in Moskau ein. Sie finanzierte sich mehr und mehr aus den Einnahmen der immer noch staatlichen Erdöl- und Erdgaswirtschaft und der Rohstoffexporte, mit denen Rußland wie zu Breschnews Zeiten seine Außenhandelsbilanz sanierte. Der Strom der Steuergelder aus den Provinzen versickerte, ehe er die Hauptstadt erreichte. Die Verwaltungschefs hatten sich zu selbstherrlichen Gouverneuren ihrer Provinzen entwickelt, seit sich Präsident, Regierung und Parlament in ständigem Kampf blockierten. Anweisungen aus Moskau waren nun weder klar noch zwingend. Wenn ein Gouverneur für die Privatisierung eintrat, konnte er sich auf Erlasse des Präsidenten und der Regierung berufen. War er dagegen, stützte er sich auf Entschließungen des Parlaments. Fern von Moskau nahm die politische Unabhängigkeit der Regierenden immer größere Ausmaße an. Gebiete, die durch Bodenschätze oder funktionierende Industriestrukturen anderen Landesteilen gegenüber bevorteilt waren, entzogen sich der Kontrolle Moskaus soweit wie möglich.

Zwar war die Russische Föderation auch nach der neuen Verfassung immer noch ein Einheitsstaat, in dem nur nationale Teilrepubliken wie die der Tataren oder Jakuten, Baschkiren oder Kalmücken Anspruch auf eine begrenzte Autonomie erheben und durchsetzen konnten. Aber andere Verwaltungsgebiete waren nicht kleiner und unbedeutender, hatten mehr Einwohner und ein größeres industrielles Potential. Und auch sie forderten nun Rechte der Selbstverwaltung für sich ein, die ihnen Jelzin in Moskau nicht zugestehen wollte. Oft waren die Chefs ihrer Administration engagierte Vertreter von Jelzins Privatisierungs- und Reformpolitik, aber wenn sie die eigene Macht zu erweitern suchten, gerieten sie mit dem Präsidenten in Konflikt.

In Jekaterinburg, wo Jelzin als Parteisekretär geherrscht hatte, saß nun ein Gouverneur Eduard Rossel, der mit den alten und neuen Wirtschaftsstrukturen eng verbunden war. Er wollte die wichtigsten Gebiete des Ural mit ihren Industriestädten und Ressourcen und dazu noch die erdölreichen Nachbargebiete in Westsibirien zu einer eigenen Republik zusammenschließen. Es gab gute wirtschaftliche und politische Argumente dafür, aber Moskau stand immer noch unter dem Schock des Zerfalls der Sowjetunion: Jelzin setzte Rossel ab, doch bei der nächsten Wahl eroberte er sein Amt zurück. So weit hatte die Demokratie nun schon zu funktionieren begonnen, daß die Zentrale ihren Willen nicht mehr umstandslos durchsetzen konnte.

Am östlichen Ende Sibiriens, zehn Flugstunden oder sieben Tage Eisenbahnfahrt von Moskau entfernt, zwang die Wirtschaftsentwicklung Behörden und Betriebe, die Welt aus einem neuen Blickwinkel zu sehen. Nicht mehr in der Hauptstadt und im westlichen Rußland saßen die neuen Partner für Handel und Zusammenarbeit. Es war billiger, Weizen aus Amerika oder Australien zu importieren, als ihn von den Feldern Südrußlands über die transsibirische Eisenbahn heranzukarren. Lammfleisch, das per Kühlschiff aus Neuseeland kam, kostete weniger als das Fleisch der Kühe und Rentiere aus russischer Zucht, auch wenn die Löhne in Rußland erbärmlich niedrig waren. Das riesige China war ein Markt direkt an der Grenze des russischen fernen Ostens, und die Produkte beider Länder ergänzten einander. Südkorea, Japan und Amerika lagen näher und waren besser erreichbar als die meisten russischen Industriegebiete und Städte.

Mit den Handelsströmen veränderte sich auch die politische Perspektive. Rußlands sibirische und fernöstliche Provinzen verfolgten keine separatistische Politik, aber sie nutzten die größere Selbständigkeit, die ihnen durch Moskaus Schwäche zuwuchs. Das riesige Rußland zwischen Europa und Pazifik hätte nach dem Ende des Sowjetimperiums ein Bundesstaat werden können, mit klar abgegrenzten Selbstverwaltungsrechten für die einzelnen Länder. Aber das Auseinanderbrechen der Sowjetunion hatte Angst vor zentrifugalen Prozessen in Rußland ausgelöst. Die neuen Nationalisten sprachen wieder vom starken Staat, und Jelzin traute den Kräften der regionalen Politik ohnehin nicht. Nur wenn er den Demokratisierungsprozeß von Moskau aus direkt kontrollieren und lenken könne, sei das Land vor der Rückkehr der Kommunisten sicher – davon war er überzeugt. So hatte er Rußland eine zentralistische Verfassung geben lassen. Aber unter den neuen Verhältnissen griff die Macht der Zentrale nicht mehr, und die Regelungen der neuen Verfassung reichten nicht aus, um einen natürlichen und befriedigenden Ausgleich zwischen den Ansprüchen Moskaus und jenen der Republiken und Provinzen herzustellen. So war auch Rußland nach dem Ende der Sowjetunion ein Imperium geblieben – mit inneren, wenngleich scheinbar geringfügigeren Spannungen als jenen, derer Gorbatschow am Ende seiner Präsidentschaft nicht mehr Herr werden konnte.

Aber niemand hatte erwartet, daß die schwerste und blutigste Krise im neuen Rußland in einem kleinen Randgebiet des Kaukasus ausbrechen würde. Für die Leute in Moskau waren die Tschetschenen eines jener vielen kleinen Völker am Kaukasus, mit denen Rußland seit den Eroberungen im 18. und 19. Jahrhundert in einem gespannten Verhältnis lebte, das von Mißtrauen, Feindschaft und schwelendem Haß bestimmt war.

Als tschetschenische Nationalisten ihre Republik 1991 für souverän erklärten, paßte das in das Bild der Veränderungen, die sich in vielen großen und kleinen Sowjetrepubliken vollzogen. Auch als sie im September das Parlamentsgebäude von Grosny besetzten und den Obersten Sowjet auflösten, blieb Moskau gelassen und nannte den Staatsstreich einen Sieg der demokratischen Kräfte über die Parteibürokratie. Die Politiker in der Hauptstadt waren in den letzten Monaten vor dem Ende der Sowjetunion viel zu beschäftigt, um die undurchsichtige politische Entwicklung im fernen Tschetschenien ernsthaft zu analysieren, zu bewerten und eine politische oder militärische Strategie zu entwerfen. So war die russische Regierung immer noch unvorbereitet, als die Nationalisten wenige Wochen später einen Schritt weiter gingen und eine Republik Tschetschenien ausriefen, die völlig unabhängig von Rußland sein sollte.

Nun fielen harte Worte in Moskau: Das Parlament verurteilte den Unabhängigkeitsanspruch als Machtergreifung durch illegal bewaffnete Formationen, Präsident Jelzin verhängte den Ausnahmezustand über die abtrünnige Republik. Selbst seine Berater im Geheimdienst wie im Innenministerium warnten vor einer ultimativen Politik, die das Ansehen der Nationalisten bei der tschetschenischen Bevölkerung nur verstärken könnte. Aber Jelzin wollte durchgreifen.

Auf dem Flughafen der tschetschenischen Hauptstadt Grosny landeten Sicherheitstruppen, als könnten sie Tschetschenien in einem Handstreich zurückerobern. Aber einige zehntausend Anhänger Dudajews hatten den Flugplatz eingeschlossen. Mit Kalaschnikows, Gewehren und Dolchen bewaffnet, tanzten die tschetschenischen Männer den wilden und düsteren Reigen, der zweihundert Jahre lang das Zeichen des Aufstands gegen Rußland gewesen war. Sie nannten sich die Nationalgarde General Dudajews, der nun Präsident von Tschetschenien geworden war, und sie fügten Rußland die erste Niederlage des beginnenden Kampfes zu. Die Sicherheitstruppen waren nicht in der Lage, das Flughafengelände zu verlassen. Sie stiegen wieder in ihre Maschinen und flogen nach Moskau zurück. Jelzin hob den Ausnahmezustand auf und erklärte, er habe immer eine politische Lösung gesucht. Seine Mitarbeiter ließen verbreiten, der Präsident sei falsch beraten worden. Wer diese Ratgeber waren, wie Ausnahmezustand und Militäreinsatz vorbereitet worden waren, blieb in jenem Zwielicht, das sich mehr und mehr über alle Entscheidungsprozesse im Apparat des Präsidenten legte.

Die bequemste Lösung schien es, die kleine Republik zu ignorieren und zu isolieren. Aber selbst das vermochte die unentschlossene Moskauer Politik nicht. Anfang Februar 1992 kam ich mit einem ganz gewöhnlichen Schlafwagenzug aus Baku in Grosny an. In Moskau hatte man mir von bewaffneten Banden erzählt, die durch die Stadt zogen, aber nun sah ich nur eine graue, häßliche Industriestadt unter dem Smog der Raffinerien. Ein russischer Journalist, der mich abholte, zeigte mir, was in der Stadt vor sich ging: In den Nebenstraßen luden russische Ingenieure aus der Erdölindustrie ihre Habe auf Lastwagen, um die Stadt zu verlassen. Im Zentrum stand eine Gruppe junger Männer vor der ewigen Flamme des sowjetischen Kriegerdenkmals und wärmte sich daran respektlos die Hände. An einem Zeitungsstand diskutierten alte Männer in Pelzmützen über die neueste Ausgabe des Blatts *Das kaukasische Haus*, dessen Leitartikel alle Kaukasusvölker gegen Rußland mobilisieren wollte. Plötzlich hörten wir Salven aus Maschinenpistolen, aber es war nur eine Hochzeitsgesellschaft, deren Gäste mit ihren Kalaschnikows in die Luft schossen, während sie im Autokonvoi durch die Stadt rasten.

Schräg gegenüber vom Hochhaus des ehemaligen Parteikomitees hatte Tschetscheniens Präsident in einem dreistöckigen weißen Haus sein Büro. Wir waren nicht angemeldet, aber niemand hielt uns auf, als wir in den ersten Stock zu Dudajews Vorzimmer gingen. Dort, sagte mein russischer Kollege, stehe das einzige Telefon der Stadt, von dem man direkt mit Moskau telefonieren könne. Die Sekretäre im Vorzimmer des Präsidenten hatten nichts dagegen, daß ich es benutzte. Die Flügeltür des Präsidentenbüros öffnete sich: Vier Amerikaner, offensichtlich Geschäftsleute, kamen heraus und nach ihnen ein schlanker, schwarzhaariger Mann mit dünnem Oberlippenbärtchen – Dschochar Dudajew. Als ich mich vorstellte, nahm er mich mit in sein Zimmer. Er war mit seinen Gedanken noch bei dem Gespräch mit den Amerikanern und begann mir zu erzählen, daß Tschetschenien als selbständiges, freies Land auch ein reiches Land werden würde, ein Kuwait des Kaukasus. Dudajew war freundlich und selbstsicher, aber er wirkte doch ein wenig befangen: Er hatte sein Leben in der Sowjetarmee verbracht und mit den Medien oder gar mit Ausländern keinen Kontakt haben dürfen. Er hätte auch nur wenig Zeit, sagte er. Wenn ich noch länger in Grosny bliebe, könnten wir uns vielleicht einmal abends ausführlich unterhalten.

Ich ging mit dem Kamerateam zum Waffenarsenal der sowjetischen Armee, einem großen, von einer Mauer umgebenen Areal, auf dem in Schuppen und Hallen Panzer, Geschütze, schwere wie leichte Waffen und Lastwagen untergestellt waren. Das Eingangstor kontrollierten Tschetschenen in Tarnanzügen. Sie seien Afghanistan-Kämpfer, die Präsident Dudajew wieder zu den Waffen gerufen habe, erzählten sie. Ein Bataillon solcher »Afghanzy« bewache das Arsenal, damit die schweren Waffen nicht in falsche Hände gerieten, und es schütze natürlich auch den sowjetischen General, der hier das Kommando führte. Aber wir konnten leicht sehen, daß er in Wirklichkeit ihr Gefangener war.

Die Tschetschenen auf dem Hof diskutierten, ob sie uns zu ihm lassen sollten, rempelten unseren russischen Kameramann an und luden demonstrativ ihre Waffen durch. Nicht alle von ihnen waren nüchtern. Die Begegnung mit ihnen war beunruhigend, aber es half uns, daß wir gerade von Dudajew kamen. So ließ man uns durch die Tür des Verwaltungsgebäudes in die Räume gehen, die sozusagen noch sowjetisch waren.

Der General saß am Schreibtisch seines Arbeitszimmers, daneben das Feldbett, in dem er schlief, und das Funkgerät, mit dem er Verbindung nach außen hielt. Auf der großen Wandkarte hinter ihm zeigten rote Punkte, wo er gedient hatte: in der DDR, in Afghanistan, in Wladiwostok. Nun saß er mit einem Dutzend Offiziere und Unteroffiziere in Tschetschenien hinter den Mauern eines Arsenals, in dem er nichts mehr zu befehlen hatte. Seine Soldaten hatten die Truppe teils mit, teils ohne Erlaubnis verlassen. Die verheirateten Offiziere, sagte der General, habe er ziehen lassen, ihre Familien hätten den Druck der Drohungen und Beschimpfungen nicht mehr ertragen. Die Genehmigung, die Waffenarsenale anzuschauen, gab der General mir leicht und gern, aber sie war nicht viel wert. Wichtiger war die Erlaubnis der tschetschenischen Bewacher. Umringt von ehemaligen Afghanistan-Kämpfern führte man mich zu den langen Reihen der Panzer und Kanonen. In den Schuppen wurden Lastwagen und Panzerspähwagen repariert – es gab genügend Leute, die das in der Sowjetarmee gelernt hatten. Die Sowjetunion hatte im ganzen Lande Millionen junger Männer an den Waffen ausgebildet, mehrere hunderttausend hatten im Afghanistan-Krieg kämpfen gelernt, und die Tsche-

tschenen waren unter den Besten, Härtesten gewesen. Dudajews Nationalgarde, deren erste Kompanien zu exerzieren begannen, hatte keinen Mangel an Waffen und Soldaten.

Abends fuhren wir an den Stadtrand in die Shakespearestraße:
kleine bäuerliche Holzhäuser hinter hohen Zäunen und eisernen Toren. Hier hatten sich vier Brüder des Präsidenten nebeneinander Häuser gebaut. Auf der anderen Straßenseite hatten sie ein kleines Haus für ihren Bruder gemietet, der ein Jahr
zuvor nach Grosny zurückgekehrt war. Er hatte sich kein Haus
bauen können, denn als Offizier der Sowjetarmee wurde er
von Standort zu Standort versetzt, und so hatte er es zwar zum
General gebracht, aber nicht zum eigenen Häuschen. Wir
klopften an das grüne eiserne Schiebetor. Junge Leibwächter
des Präsidenten traten mit ihren Kalaschnikows heraus. Der
Präsident sei nicht zu Hause, sagten sie, und von ausländischen
Besuchern habe er nichts erwähnt. So ernst hatte er seine Einladung am Vormittag vielleicht auch wieder nicht gemeint.

Von der anderen Seite der ungepflasterten Straße schauten uns
zwei Männer in alten Wintermänteln und großen altmodischen Hüten zu – Brüder des Präsidenten, wie sie erzählten.
Das Gesetz der Gastfreundschaft verpflichte sie geradezu, weit-
gereiste Gäste auf dem Weg zu einem Familienmitglied aufzunehmen und zu bewirten. Bis der Präsident kam, erzählten sie
von seiner und ihrer Jugend: wie sie Dschochar als kleines Kind
durch Eis und Schnee auf dem Rücken über die Berge getragen hatten, als Stalin das Volk der Tschetschenen vertrieb und
nach Zentralasien deportieren ließ; wie viele Verwandte in den
kalten, dürren Steppen umgekommen seien; wie sie schließlich
um 1960 nach Grosny zurückkamen und in Erdhöhlen leben
mußten, ehe sie sich im Lauf von Jahren wieder Häuser bauen
konnten. Als uns Dudajew über die Straße in sein Haus bitten
ließ, hatten wir viel gelernt über die Wurzeln, aus denen sein
Nationalismus entstanden war.

Dudajew trug noch den Sportanzug, in dem er vom Judotrai-
ning gekommen war. Eigentlich wollte er nur aus Höflichkeit

ein paar Worte mit uns wechseln, aber dann begann er von Tschetschenien zu erzählen, von seiner Geschichte, seinen Traditionen und seiner Zukunft. Bald holte er Sohn und Tochter dazu, und seine Frau mußte ein Huhn braten. Wenn er von der Würde und dem Mut der Tschetschenen sprach, von der Strenge ihrer Gesetze und dem Zusammenhalt der Familien unter der Führung der Ältesten, dann hörte ich einen romantischen Nationalisten, den ich mir nur schwer als Sowjetgeneral vorstellen konnte. Aber ein Jahr zuvor hatte Dudajew im Baltikum noch eine Luftwaffendivision strategischer Bomber mit Atomwaffen kommandiert. Natürlich war er auch Mitglied der Kommunistischen Partei gewesen, sagte er, das gehörte zur Karriere in der Sowjetarmee, aber es habe ihn nicht daran gehindert, ein tschetschenischer Nationalist zu sein. So ausgeschlossen heute seine Rückkehr in Partei und Armee sei, so undenkbar sei die Rückkehr Tschetscheniens in einen Staatenverband wie die Sowjetunion oder die Russische Föderation.

Da sprach kein Irrsinniger, wie seine Feinde in Moskau behaupteten, aber eines war klar: Der Mann war fanatisch entschlossen und nicht durch Drohungen einzuschüchtern. Ich erinnerte mich an das, was mir sein Bruder erzählt hatte: »Nach tschetschenischer Sitte bestimme ich als ältester unter den Männern. Ich habe Dschochar gebeten, nicht Präsident zu werden. Aber er hat nicht auf mich gehört. Das wird eine Tragödie für die ganze Familie.« Der Bruder fürchtete, andere tschetschenische Clans und Banden trachteten Dschochar Dudajew nach dem Leben. Niemand ahnte, daß sich eine viel größere Tragödie ankündigte.

Die Sperrstunde war längst vorbei. Die Fahrt durch die dunklen Straßen der Stadt, in der an allen Ecken bewaffnete Posten standen, war für uns lebensgefährlich. Dudajew wies fünf seiner Leibwächter an, uns ins Hotel zu eskortieren. Sie seien absolut zuverlässig, sagte er, Vettern und Neffen, alles Verwandte. Dudajews Familie gehöre zu einem der kleineren tschetschenischen Clans, erzählte man mir in den nächsten Tagen. Gerade das habe es ihm ermöglicht, Präsident zu werden, weil sein Aufstieg das Gleichgewicht der traditionellen Kräfte nicht veränderte. Aber das war nur eine Erklärung, und je mehr ich über die politischen Kräfte in Grosny erfuhr, desto undurchschaubarer stellte sich mir die Lage dar. Da hatten sich konkurrierende nationale Gruppierungen gebildet, die untereinander und mit Dudajew zerstritten waren. Andere waren mit demokratischen Programmen aus dem Zerfall des Sowjetsystems hervorgegangen und hatten sich auf der Basis alter Beziehungen zusammengeschlossen. Auch nationalistische Intellektuelle erzählten mir von der Sorge, nach der Trennung von Rußland könne Dudajew Tschetschenien zu einer Diktatur und zu einem islamischen Gottesstaat machen. Unter Politikern wie Geschäftsleuten gab es Gruppen, die an Dudajew Kritik übten. Sie wollten für Tschetschenien soviel Unabhängigkeit wie möglich, aber nicht einen völligen Bruch mit Rußland, der die Gefahr eines Krieges mit sich brachte.

In Grosnys Innenstadt gab es mehr schwere Autos der Luxusklasse als in irgendeiner russischen Stadt außer Moskau. Offenbar saßen in Grosny nun Leute mit Geld und Verbindungen. Der Versuch, Tschetschenien zu isolieren, war gescheitert und hatte nur so etwas wie eine »kriminelle Freihandelszone« geschaffen, in der russische Sicherheitsorgane keinen Zugriff mehr hatten. Im Laufe weniger Monate wurde Grosny zur Drehscheibe eines Waffenhandels, der ohne Beteiligung hoher russischer Militärs nicht funktioniert hätte. Geschäftsleute und ihre politischen Freunde aus Rußland und anderen GUS-Staaten wickelten über Grosny große Deals mit Erdöl und Erdölprodukten ab. In Moskau klagte die Russische Staatsbank über betrügerische Transaktionen und die Fälschung von Dokumenten und Wertpapieren in großem Stil. Die russische Wirtschaft werde in Grosny um Billionen betrogen, behauptete man – aber das ging nur im Zusammenspiel mit russischen Banken.

Während die Regierung in Moskau Dudajew mit Sanktionen drohte, schlossen die russischen Nachbarregionen sogar ganz offiziell Wirtschaftsabkommen mit Tschetschenien ab. Vielleicht konnte es in Moskau keine Tschetschenien-Politik geben, weil sich wirtschaftliche Interessen, strategische Überlegungen, nationale Parolen und chauvinistische Vorurteile mit der Gier nach dem schnellen Geld auf widersprüchliche Weise verbunden hatten. Fast drei Jahre ließ die Moskauer Politik Präsident Dudajew gewähren. Weder bei seinen Verbündeten noch bei seinen Gegnern versuchten Jelzins Berater, Verbindungen aufzubauen und Einfluß zu gewinnen.

In Grosny konnte Präsident Dudajew seine Gegenspieler ausschalten. Allein die Besetzung des Parlaments durch die Nationalgarde und die Zerschlagung der organisierten Opposition hatte fünfzig Menschenleben gekostet. Jelzins politische und militärische Berater in Moskau waren nicht in der Lage, die inneren Kräfteverhältnisse in Tschetschenien zu verstehen, geschweige denn zu nutzen. Aus Jelzins Präsidentenapparat kamen nur widersprüchliche Signale. Einmal hieß es, eine Lösung dürfe nur mit friedlichen Mitteln gefunden werden, dann wurde mit strengen Maßnahmen gedroht. Beides trug nur dazu bei, den Präsidenten Dudajew zu stärken. Dem russischen Geheimdienst fiel nichts Besseres ein, als einige Gegner Dudajews für einen Staatsstreich aufzurüsten. Aber die Offensive der Opposition, offen als das Ende Dudajews angekündigt, wurde Ende November 1994 bei Grosny zerschlagen. Was das schlimmste war: Siebzig russische Offiziere und Soldaten wurden gefangengenommen. Damit war sichtbar bewiesen, daß die Russen mehr als nur Hintermänner waren. Wieder war ihre Politik kläglich gescheitert.

Noch Anfang Oktober 1992 hatte Jelzin gesagt, Rußland dürfe in Tschetschenien unter keinen Umständen Gewalt anwenden, denn ein Verstoß gegen dieses Prinzip könne zu Erhebungen im ganzen Kaukasus führen. Im Parlament wie in der Presse hörte man nur Stimmen, die eine militärische Intervention für ausgeschlossen und sinnlos erklärten. Aber in geheimen Sitzungen hatten die Vertreter der Armee, des Innenministeriums und der Sicherheitsdienste mit Jelzins engsten Beratern den Beschluß gefaßt, Dudajew zu stürzen.

Ihr Plan einer verdeckten Intervention war gescheitert. Nun wählten sie den Krieg. Der Sicherheitsrat beschloß unter dem Vorsitz Präsident Jelzins den Einmarsch russischer Truppen, und Boris Jelzin unterzeichnete das Dekret, das Tschetschenien, obwohl es noch immer als Teil Rußlands galt, praktisch den Krieg erklärte. Bis heute weiß niemand, welche seiner Berater ihn dazu bewogen haben und welche ihn warnten. Eindeutig steht fest, daß die meisten die militärische Lage in absurder Leichtfertigkeit völlig falsch einschätzten. Verteidigungsminister Gratschow redete, als könne ein Fallschirmjäger-Regiment Grosny im Handstreich nehmen.

Aber der Feldzug war schlecht vorbereitet, die Soldaten waren zum großen Teil junge Rekruten, und ihre Schwäche zwang die Armee zu immer brutalerem Einsatz militärischer Gewalt gegen tschetschenische Kämpfer wie gegen die Zivilbevölkerung. Zuerst wurde Grosny zerstört – ohne Rücksicht darauf, daß in der Stadt auch immer noch Tausende von Russen lebten. Dann rollte die Walze der Vernichtung über die Dörfer der Tschetschenen hinweg. Wieder schien die Parole zu gelten, unter der Zar Nikolaus I. seine Soldaten in den Kaukasus geschickt hatte: Befrieden oder ausrotten.

Es gab keine Erklärung oder Rechtfertigung für diesen Krieg, die das Parlament und die russische Öffentlichkeit hätte befriedigen können. Bei denjenigen, die den Tschetschenien-Krieg ablehnten, wie bei den anderen, die ihn gewinnen wollten, sanken Ansehen und Glaubwürdigkeit des Präsidenten, je länger die mörderischen Kämpfe andauerten. Das Fernsehen brachte dem ganzen Land den Krieg ins Wohnzimmer, die zerstörten Dörfer, die verstümmelten jungen Soldaten, die Proteste von russischen Müttern, die ihre Söhne aus Tschetschenien zurückzuholen versuchten. Das war eine wichtige

Veränderung: Anders als ein Jahrzehnt zuvor konnte keine Zensur den Informationsfluß unterbrechen und die Schrecken geheimhalten.

Jelzins Mitarbeiter warfen den Medien zersetzende Berichterstattung und Sensationsjournalismus vor. Sie übten Druck auf die Fernsehsender und Zeitungen aus, aber nun mußten auch sie die neuen Rechte der Presse und die Meinungsfreiheit respektieren, und solange die Journalisten mutig genug blieben, war eine Informationssperre nicht durchzusetzen. Die schrecklichen Bilder verschwanden nicht mehr von den Bildschirmen. Aber auch die Medien in Rußland und im Ausland waren nicht in der Lage, den undurchsichtigen Entscheidungsprozeß im Kreml zu durchleuchten. Sie konnten nicht erklären, wie es zu dem Dekret gekommen war, mit dem Jelzin Rußland in den Krieg gestürzt hatte. Eine politische oder militärische Notwendigkeit war nicht zu erkennen. Keine neuen Entwicklungen hatten Jelzin gezwungen, die Einheit des russischen Territoriums zu diesem Zeitpunkt durch Truppeneinsatz zu erhalten, nachdem in mehr als drei Jahren des Zögerns alle politischen Chancen verpaßt worden waren. Hatte Jelzin selber den militärischen Kraftakt angeordnet, um vor den Wählern als starker Mann dazustehen, wie seine Gegner meinten? Oder war er umgeben von einem Kreis schlechter Berater, die ihn überredet hatten, die Armee nach Grosny zu schicken? Undurchschaubar blieb, auf welche Weise und mit welchen Absichten Jelzin das Land in einen langen blutigen Krieg geführt hatte.

Die Undurchsichtigkeit des Entscheidungsprozesses war fast ebenso beunruhigend wie der Krieg selbst. Auch dieser Präsident hatte sich durch einen Apparat, der nur ihm persönlich verpflichtet war, und durch Berater, deren Funktion und Mandat nie definiert wurden, von den Vorgängen im Lande abgekapselt. Rußland schien in einen politischen Zustand zurückzufallen, wie er die längste Zeit der russischen und sowjetischen Geschichte geherrscht hatte: Es war, als säße im Kreml ein Zar Boris, von dem viele sagten, er wirke nun wie der alte Breschnew. Auch viele Menschen im weiten Land kehrten zu alten Denk- und Verhaltensmustern zurück. Nach Augenblikken des Erschreckens und der Verunsicherung nahmen sie die Politik wie zuvor als unabänderlich hin, und das wichtigste schien ihnen, sie aus dem eigenen Leben möglichst herauszuhalten.

AM KAUKASUS:
AKTIVISTEN DER MARKTWIRTSCHAFT

Nach Stawropol zu fahren, an den Nordrand des Kaukasus, erschien meinen Moskauer Freunden als unnötig riskantes Unternehmen. Noch immer wurde in Tschetschenien gekämpft. In den Zeitungen der Hauptstadt konnte man lesen, daß sich Bevölkerung und Polizei darüber stritten, wie man Vorstöße tschetschenischer Freischärler stoppen sollte, damit es nicht noch einmal zur Eroberung eines russischen Städtchens wie in Budjonnowsk kommen würde. Gerade erst hatten sich hundert tschetschenische Freischärler bei russischen Polizisten freie Durchfahrt erkauft, tausend Geiseln im Krankenhaus genommen und waren schließlich mit freiem Geleit abgezogen. Die meisten Toten hatte es längst zuvor gegeben, als russische Streitkräfte ohne Plan und schlecht vorbereitet Grosny, die Hauptstadt Tschetscheniens, im Sturm erobern wollten. Seither, so meinten meine Freunde in Moskau, herrsche im Gebiet Stawropol der Ausnahmezustand. Wenn einen die Kaukasier nicht ausraubten, könne man versehentlich von der Polizei erschossen werden. Ich hatte mit alten Freunden in Stawropol telefoniert, und die meinten, bei ihnen sei alles ruhig. Irgendwie war das typisch für alle Auskünfte, die man in einer russischen Stadt über eine andere einholte: Die Gefahren lauerten immer dort, wo man nicht war. Fragte man in Moskau nach Petersburg, dann wurde man vor Kriminalität und Mafia gewarnt. Erzählte man in Petersburg, daß man in Moskau lebt, schüttelten die Leute erschrocken den Kopf und wunderten sich, daß man in dieser Mafiastadt überleben konnte. Was Stawropol und den nördlichen Kaukasus anging, waren die meisten Russen sowieso davon überzeugt, daß die »Schwarzen«, die man höflicher »Staatsbürger kaukasischer Nationalität« nennt, jeden weißen Mann – ob Russe, Deutscher oder Amerikaner – bedrohen und ausrauben würden. Aber ich wollte in die tiefe Provinz fahren und in eine Gegend, in der ich Dörfer und Menschen kannte, um zu erfahren, wie sich ihr Leben verändert hatte.

Stawropol ist zwei Flugstunden von Moskau entfernt, und für die meisten Moskauer, egal, ob sie Parlamentsabgeordnete oder Taxifahrer sind, scheint der Nordkaukasus eine ferne und undurchsichtige Gegend zu sein. Der Flugplatz von Stawropol aber lag im Sonnenschein, als wir am späten Vormittag ankamen, und er sah fast genauso aus wie vier Jahre zuvor, als ich ihn zum letztenmal und noch in sowjetischer Zeit gesehen hatte. Vielleicht standen weniger Flugzeuge herum als damals. Auf die Anzeigetafeln konnte man sich immer noch nicht verlassen. Aber die Ausweise von Ausländern wurden nicht mehr kontrolliert, und gerade damit hatten wir gerechnet, weil hier doch wegen des Krieges in Tschetschenien Gefahrenzone war. Die Leute am Flughafen schienen das nicht zur Kenntnis zu nehmen. Sie bemerkten wohl auch nicht, was sich geändert hatte: Nun gab es eine saubere Toilette, für die man umgerechnet zehn Pfennig bezahlen mußte – sie war privatisiert worden. Das Restaurant war geschlossen, aber es gab einen Schnellimbiß mit nachgemachten Hot dogs und schweren russischen Bratwürsten, Wodka, Coca-Cola und ausländischen Schokoriegeln. Es gab türkische und chinesische Klamotten, um die sich keiner mehr riß. Und überhaupt: Niemand stand mehr Schlange. Das hatte es, vom Wodka abgesehen, nicht gegeben, wenn ich früher in Stawropol angekommen war. Ich war fast ein bißchen enttäuscht: Das wirkte alles ziemlich normal wie ein Land am Rande der Dritten Welt, aber weniger exotisch, als es die reglementierte Wirklichkeit der alten Sowjetunion gewesen war.

Manchmal dachte ich, wir hätten diese alte Sowjetunion wiedergefunden. Im Hotel »Intourist« in der Innenstadt war die junge Frau an der Rezeption zwar ein bißchen freundlicher und lächelte uns an, aber die Zimmertür war offenbar mehrfach aufgebrochen worden, weil Gäste den Schlüssel mitgenommen hatten. Noch machte sich niemand die Mühe, die Bruchstellen zu reparieren. Drinnen im Zimmer, Kategorie »Demilux«, standen zwei schmale Betten über Eck auf den L-förmigen Raum verteilt, die Scheibe des einen Fensters war zersprungen, und über den Nachttisch wanderte eine Kakerlake. Vom Balkon blickte man auf einstöckige Häuser und ihre Hinterhöfe und auf Frauen, die Kartoffeln schälten und zuschauten, wie sich ihre Hunde bissen oder paarten. Von hier oben sah es aus, dachte ich, als ob die vier Jahre nicht vergangen wären.

Allerdings gab es nun keine »Deschurnaja« mehr, keine Etagenfrau, die uns früher überwacht und bemuttert hatte. Unten in der Hotelhalle standen dafür drei kräftige Männer, einer im Tarnanzug, die beiden anderen mit dem blauweiß gestreiften Trikot der Fallschirmjäger, dem neuen Machosymbol, unter der zivilen Windjacke. Einer hatte eine Pistole, und sie paßten auf, daß nur die richtigen Leute ins Hotel kamen. Groß war der Andrang nicht, dafür sorgten schon die Preise. Für das Zimmer zahlte ich 200 000 Rubel, kein Ausländerpreis, sondern so viel, wie jeder russische Gast hinblättern mußte. Das riesige Restaurant war halbdunkel und fast leer. Nun hieß es »Nightclub«, und eine Drei-Mann-Kapelle bemühte sich um Stimmung und Rockmusik. Die Kellnerinnen trugen Miniröcke, aber sie standen immer noch in der Ecke und redeten miteinander, ohne die Gäste zu beachten. Eine telefonierte schon mit einem Handy. In der Hotelhalle war die erste Welle von Modernisierung und Verwestlichung schon wieder verrauscht. Vom Devisenladen waren nur ein paar Reklameplakate für deutsches Bier und französische Kosmetik übriggeblieben: Hier hatten Touristen Westwaren gekauft, aber Touristen kamen kaum noch, und Westwaren gab es überall in der Stadt gegen Rubel.

Draußen schien die Mittagssonne auf die hübsche russische
Provinzstadt. Stawropol hat im Zentrum einen breiten, mit
Bäumen bepflanzten Boulevard. Angelegt wurde er von den
adligen Gouverneuren, als aus der Kosakenfestung im frühen
19. Jahrhundert eine Gouvernementshauptstadt wurde, die ein
bißchen hauptstädtisch aussehen sollte. Gleich links vom Hotel
standen fast hundert Menschen vor einem zweistöckigen Häuschen, das sich Immobilienbörse nannte. Manche hatten sich
Schilder umgehängt: »Kaufe Wohnungen«, »Zweizimmerwohnung zu verkaufen«, »Suche ein Zimmer. Bin Student«. Junge
Ehepaare studierten die Anzeigen, die an die Wand geklebt waren. Alte Frauen suchten nach Mietern oder auch nach Käufern
für ihre Wohnungen. Smarte junge Männer, künftige Immobi-
lienhaie, fischten nach Kunden. Zwanzig Meter weiter herrschte tiefe, provinzielle Ruhe. Familien im Sonntagsstaat schauten
sich die neuen Geschäfte an. »London ist das nicht«, sagen die
Moskauer, wenn sie durch ihre neuen Einkaufsstraßen gehen.
»Moskau ist das auch nicht«, könnten die Stawropoler sagen.
Aber es ist auch nicht mehr die alte Sowjetunion mit den tristen, halbleeren Staatsläden. Da gibt es so ziemlich alles zu kaufen, was in China, in der Türkei oder in Polen billig zu haben ist und nett aussieht, und vieles, was eigentlich niemand
braucht: seltsam bunte Liköre aus der ehemaligen DDR, Mineralwasser aus Irland, Pralinen aus Aachen und Würste aus der
Bretagne. Für russische Einkommensverhältnisse war alles recht
teuer, aber keiner der Läden war leer und ohne Käufer.
Am Boulevard gibt es nun ein paar kleine Straßencafés und ein
türkisches Schnellrestaurant, in dem Georgier Gyros absäbeln.
Das ist immerhin besser geworden. Früher mußte man Ausländer sein oder Delegationsmitglied, Funktionär auf Dienstreise oder Schwarzhändler mit viel Geld, wenn man in einem
der wenigen Hotelrestaurants seinen Hunger stillen wollte. Auf
der anderen Seite des Boulevards drängen sich Hunderte von
Menschen in schmalen Gassen zwischen den Verkaufsständen
vor den Markthallen. Tonbandkassetten mit westlicher Film-

musik, warmes Fladenbrot, Berge von Melonen, Kartoffeln und Tomaten gibt es da. Und in der Halle Würste und Räucherfleisch vom Feinsten, selbstgemacht von den Männern der Verkäuferinnen, und scharf eingelegten Kohl nach koreanischer Art, wie er neuerdings überall in Rußland gekauft wird. »Woher kommen Sie?« frage ich eine der Verkäuferinnen, die sehr fernöstlich aussehen. »Wir sind Hiesige«, sagt sie. »Früher waren wir sowjetisch, jetzt sind wir russisch.« Seit die Unruhen im Kaukasus bei den Russen die Angst vor Fremden wachsen ließen, will niemand mehr Ausländer sein. Und diese Frauen mit dem auf koreanische Art eingelegten Gemüse sind ja auch keine Koreanerinnen mehr: Ihre Großeltern sind aus dem sowjetisch-koreanischen Grenzgebiet nach Mittelasien deportiert worden, und dann haben sich ihre Eltern nach Rußland, in den nördlichen Kaukasus, aufgemacht. Die Russen in Stawropol sind schließlich auch erst zweihundert Jahre da. Damals haben sie das Land den Tataren und Türken abgenommen, und heute beunruhigt es sie, daß aus dem Süden diesseits und jenseits des Kaukasus Menschen hereinkommen, die beweglicher und geschäftstüchtiger sind als sie.

Mein Freund Iwan Iwanowitsch Schljachtin hat da wenig Berührungsangst. Der untersetzte, quirlige Mann hat sich im Leben durchgesetzt. Als Dorfjunge hat er die Kühe gehütet, aber auch fleißig gelernt. So durfte er Journalismus studieren, fing als Lokalkorrespondent an und brachte es zum Funktionär im Jungkommunistenverband von Stawropol. Aber ein Bürokrat wurde er nie. Er war immer einer von den jungen Leuten mit Temperament und Ellenbogen, denen im alten System alles zu langsam ging. Als ich ihn kennenlernte, leitete er das kleine Provinzstudio des Fernsehens in Stawropol. Er fuhr mit mir und dem Kamerateam in Gorbatschows Heimatdorf, brachte uns mit Gorbatschows Schulfreunden zusammen und ließ uns auch filmen, was wir nicht sehen sollten – das Häuschen von Gorbatschows Mutter etwa. Dazu gehörte 1989 noch Mut. Die Glasnost, die neue Offenheit, hatte gerade erst begonnen, und

es war keineswegs klar, ob man Lebenslauf und private Geschichte des Generalsekretärs der Partei ausforschen dürfe. Iwan Iwanowitsch hatte sich über solche Bedenken hinweggesetzt. In Gorbatschows Heimat sei ja nichts Schlechtes zu sehen, meinte er damals, und daß er uns filmen ließ, hat ihm tatsächlich nicht geschadet. Im Gegenteil, er hatte Erfolg damit, immer neue Kamerateams aus Japan, Amerika, Westeuropa in Gorbatschows Heimat zu führen. So machte er sein Provinzstudio zum Anlaufpunkt vieler ausländischer Korrespondenten, die aus Südrußland berichten wollten – natürlich nicht umsonst, sondern gegen Dollar und D-Mark. Mit den Devisen kaufte er Kameras, Schnittplätze und Computer. Aus dem Studio wurde die Fernseh- und Rundfunkgesellschaft Stawropol, die er nun zum Zentrum eines Netzes für Südrußland und den Kaukasus ausbaut. Denn die Fernsehzentrale in Moskau hat bei den Machtkämpfen in der Hauptstadt ihre starke Stellung verloren, selbst die finanzielle Abhängigkeit ist dahin, seit die Mittel aus Moskau spärlich und unregelmäßig fließen und die Sender weitgehend selbst für ihre Kosten aufkommen müssen. 1991 hatte Iwan Iwanowitsch Schljachtin einen kurzen Ausflug in die Marktwirtschaft unternommen und sich zwei Maklerplätze an der neugegründeten Getreidebörse von Stawropol gekauft. Aber das war zu früh, die Börse paßte noch nicht in das System der landwirtschaftlichen Verkäufe und Ablieferungen, sie wurde geschlossen, und Iwan Iwanowitsch verlor sein Geld. So konzentrierte er sich auf seinen Fernsehsender, machte seine Gesellschaft stärker und selbständiger und sich selber zu ihrem Präsidenten. In seinem Chefbüro sitzt er nur selten. Er muß mit Politikern und Behörden verhandeln, von denen er Zuschüsse braucht, und mit den neuen Geschäftsleuten, deren Werbung seine Sendungen finanziert.
Am Sonntagnachmittag nimmt er mich zu einem Geschäftstermin mit. Wir fahren in seinem schwarzen Wolga. Das ist kein Luxuswagen, sondern unauffällige Mittelklasse, und so groß ist Iwan Iwanowitsch noch nicht, daß er schon Telefon

im Auto hätte, aber das kommt nächstes Jahr, sagt er. Der Mann, den er aufsuchen will, gilt als einer der reichsten der Gegend. Wir fahren zum Vorsitzenden der Vereinigung der 250 000 Armenier, die im Stawropoler Gebiet leben, denn der will für seine Landsleute eine regelmäßige Sendung im Fernsehen einführen und dafür bezahlen. Er erwartet uns auf seinem Landsitz, sagt Iwan Iwanowitsch, in einem Dorf außerhalb der Stadt, wo dieser erfolgreiche Geschäftsmann, einer der neuen Millionäre, sich gerade eingerichtet hat. Eigentlich hatte ich nun eine der neureichen Villen erwartet, Backstein mit Türmchen und glänzendem Blechdach wie am Rande von Moskau. Aber so weit ist man in Stawropol wohl noch nicht.

Wo die Asphaltstraße endet, biegt man über staubigen Schotter in eine Siedlung von neugebauten einstöckigen Wochenendhäusern und dann durch ein etwas baufälliges Gartentor. Dahinter stehen zwei flache, etwas windschiefe Häuschen in einem vernachlässigten Garten. Unter einem Holzdach ist ein langer Tisch aufgebaut, links davon brennt ein offenes Feuer unter einem riesigen schwarzen Kessel und daneben liegen aufgereiht die Spieße mit Hammelfleisch. Unter einem alten Apfelbaum steht der Chef, ein dicker Armenier im Jeanshemd. Vier seiner Mitarbeiter kümmern sich um das Essen. Er selber führt uns über seinen Besitz, den er gerade erst erworben hat. Ganz genau erfahre ich von ihm nicht, wie er dazu gekommen ist. Da widerspricht er sich ein bißchen: vielleicht gekauft, was rechtlich noch gar nicht möglich ist, vielleicht von einer Tante geerbt, von der man nichts Näheres hört. Wo der Obstgarten endet, wachsen Tomaten und grüne Bohnen. Ein kleiner Bach fließt durch den hinteren Garten, da will er einen Teich anstauen, in dem man Fische angeln kann, und dann will er einen kleinen Pavillon bauen und mit seinen Freunden am Wasser sitzen. Dreihundert Quadratmeter wird der Teich groß, sagt er, und vielleicht wird er auch an Stelle der halbverfallenen Bauernhäuser eine Villa bauen.

Am langen Tisch wird nun von den Männern aufgetragen. Die einzige Frau – »eine von meinen drei Frauen«, sagt der Chef – wird eher wie ein Gast behandelt oder wie eine Hausfrau, die aus dem Hintergrund die Party lenkt. Aus dem großen schwarzen Topf kriegen wir Chaschlama, halb Suppe, halb Gulasch. Da haben Hammelfleisch, Tomaten, Pfefferschoten und Zwiebeln schichtweise übereinander geköchelt, und das Ganze ist mit Bier aufgegossen worden – mit russischem Bier, weil das westliche dafür nicht geeignet ist, sagt der Armenier. Früher war er Sekretär des Jungkommunistenverbands in einer großen Fabrik, dann wurde er Leiter der Wirtschaftsverwaltung seines Bezirks und nun, nachdem es Jungkommunistenverband und Sowjetstaat nicht mehr gibt, hat er seine eigene Firma aufgemacht. Sie heißt Kosmos, baut Häuser, betreibt Fabriken, die Würste und Pelzmäntel herstellen, und ist im allgemeinen Handel tätig, wie er sagt.

Er spricht viel und hält gerne Reden: Manchmal bringt er Trinksprüche auf Frieden und Völkerfreundschaft aus, wie sie sowjetische Funktionäre immer auf der Zunge hatten. Manchmal, und das ist dann wohl an meinen Freund vom russischen Fernsehen gerichtet, bekennt er seine Liebe zu den Russen, die ihm noch lieber seien als die Armenier, und dann spricht er über seine hundertfünfzig armenischen Neffen ersten und zweiten Grades in Stawropol, von denen jeder eine Kalaschnikow im Schrank habe. Deshalb könne ihm auch keiner drohen. Eigentlich will er jedem Neffen einen Mercedes schenken, prahlt er, und wenn ich die Autos in Deutschland besorgen und nach Rußland bringen könne, würde ich auch einen abbekommen. Er sei ein wichtiger Mann, sagt der Armenier, das könne man schon daran sehen, daß zur Beerdigung seines Vaters dreitausend Gäste gekommen seien. Mit dem heutigen System in Rußland ist er nicht zufrieden, da sind die Steuern zu hoch, da brauche man mehr Staatshilfe für die Wirtschaft, wie in Westeuropa, wo die Landwirtschaft subventioniert werde. Also hält er nicht viel von den demokratischen

Politikern, den Vertretern von Marktwirtschaft und Liberalisierung, und über den ehemaligen Ministerpräsidenten Gaidar und seine Reformpolitik kann er nur lachen.

Er selber, findet er, versteht das System, wie es war, ist und wie es sein wird. Man brauchte eine Art Pinochet, einen von oben geregelten Kapitalismus. So ähnlich habe er das unter schwierigen Bedingungen als Wirtschaftsfunktionär im Sowjetsystem auch hingekriegt. »Überhaupt«, sagt er, »Führerschaft ist in den Genen begründet, nicht in der Politik. Unter jedem System wäre ich ein Führer gewesen, egal ob kommunistisch, faschistisch oder kapitalistisch.«

Wir sitzen am langen Tisch, vor Schaschlik, Schafskäse, frischen Kräutern und Gemüse. Der Lieblingsneffe des Chefs singt armenische Romanzen und erzählt Anekdoten, in denen manchmal Lenin, manchmal Jelzin schlecht wegkommen. »Eigentlich bin ich ein geistiger Mensch«, sagt er, »oder ein produktiver.« Aber in der Produktion sei leider nichts zu verdienen, so habe er in den Handel gehen müssen. Die Trinksprüche steigern sich zu überschwenglichen Belobigungen. Auch für mich als Deutschen fällt etwas ab. »Ihr habt es richtig gemacht. Ihr habt den Kommunismus schon erreicht, nämlich das gute Leben. Darum geht es doch, nicht um Ideologie. Hier in Rußland ging es schief, weil wir falsch angefangen haben mit der Verwaltung der Armut«, sagt der neue Kapitalist, der früher ein Funktionär war.

Er schlägt sich auf die Schenkel und bietet einen Beitrag zur Völkerfreundschaft an: Wenn es in Deutschland so viel Ärger mit den Türken gebe, dann könnten er und seine Neffen doch mal mit den Kalaschnikows kommen und die Sache in Ordnung bringen. Man weiß nie so ganz genau, was ernst gemeint und was nur Prahlerei oder Übertreibung ist. Zwischendurch verhandelt der Chef mit dem Fernsehpräsidenten über die neue Sendung, und die kräftigen Mitarbeiter sitzen unterm Apfelbaum und spielen Schach. Weil die Trinksprüche lang sind und das Essen und Trinken auch immer weitergeht, legen wir

eine Banjapause ein. Der Neu-Millionär hat ein provisorisches
Schwitzbad gebaut: eine kleine Hütte mit einem Holzofen und
drei engen Sitzplätzen und daneben eine kalte Dusche, aber die
tröpfelt nur, weil es keine Wasserleitung gibt, sondern bloß das
Regenwasser, das auf dem Dach aufgefangen wird. So habe ich
mir den Komfort der »Neuen Russen« eigentlich nicht vorgestellt. Aber an Macht und Geld fehlt es nicht. Er läßt uns mit
seinem Auto zur Stadt zurückbringen. Dieser Wagen hat ein
Nummernschild der Armee. Da wird man nicht von den Polizeiposten angehalten.
Am nächsten Morgen begleite ich meinen Freund zum Rektor der Universität. Der Wissenschaft geht es schlecht, soviel
weiß ich aus Moskau, aber hier sieht es so schlecht nicht aus.
Früher war dies eine Lehrerbildungsanstalt, nun nennt sie sich
Pädagogische Universität, wie viele sowjetische Hochschulen,
die sich zumindest dem Namen nach aufwärtsentwickeln. Ein
Hauptgebäude mit den massiven klassizistischen Bögen der
Stalinzeit, dahinter die praktischen, langweiligen Institute und
Wohnheime aus der Ära zwischen Chruschtschow und Gorbatschow. Die Studenten und Studentinnen wirken sehr ordentlich, weder im Westen noch in Moskau sieht man an den
Universitäten so viele frischgestärkte weiße Blusen. Immer
noch bewerben sich fünfmal mehr Schüler um einen Studien-
platz, als die Universität aufnehmen kann. Ihr Rektor, an die
vierzig und früherer Jungkommunistenfunktionär, ist fest entschlossen, die Stawropoler Staatliche Pädagogische Universität
zu einer klassischen Universität mit der ganzen Bandbreite der
Studienfächer zu machen. »Von der ideologischen Einengung
müssen wir zur Vielfalt der modernen Gesellschaft kommen«,
sagt er. So gibt es nun neunzehn Spezialbereiche, und der
neueste und populärste ist die Informatik, für die im Erdgeschoß des Hauptgebäudes mehrere Räume mit Computern
eingerichtet wurden. Wo früher die Leninbüste stand, steht
nun ein PC auf dem Sockel.
»Es geht jetzt nicht um eine kommunistische, kapitalistische

403

oder sozialistische Ordnung. Die neue Wirklichkeit ist die Informationsgesellschaft«, meint der Rektor. Das fordere einen neuen Zugang zu den Perspektiven der Gesellschaft, besonders für die Studenten, die nun Pädagogik, Journalismus und Jura studierten oder die als Volkswirtschaftler Manager werden wollen. Früher habe man nach einem vorgegebenen Plan gearbeitet, wie viele Funktionäre verschiedener Sparten, wie viele pädagogische und technische Spezialisten auszubilden seien. Heute sei das alles nicht mehr berechenbar. Auch die Studenten hätten verstanden, daß ein Diplom als solches nicht ausreicht, sondern daß man anwendbare Kenntnisse braucht. Früher war das Arbeitsleben im Apparat geregelt und gesichert, wenn man einmal ein Diplom hatte. Heute, sagt der Rektor, wissen die Studenten, daß man auch mit Diplom arbeitslos werden kann.

Der Rektor erinnert sich an die Vergangenheit, die erst fünf Jahre zurückliegt. Damals sei das Ziel Erziehung gewesen und nicht Ausbildung. Man habe fremde Einflüsse, etwa aus Amerika, einfach verdammt, aber gleichzeitig unterderhand bewundert. Damals habe man über Amerika gar nicht offen sprechen können, und nun erst erfahre man, wie schrecklich die amerikanische Gesellschaft sei, so schrecklich, daß man dort abends Sperrstunden für Jugendliche einführen müsse. Da fühlt sich der Rektor in alten Vorurteilen bestätigt. In Amerika herrsche eben ein Mangel an Gemeinschaftssinn, das sei eine Schwäche. Nun aber wolle man auch in Rußland aus dem Kollektiv heraus, das sei nicht klug. Überhaupt hat er Zweifel an den USA: Die Amerikaner wollten wohl kein aufblühendes Rußland, da seien ihm die Deutschen schon näher.

Wenn der Rektor redet, mischen sich alte kommunistische Klischees mit neuen, ebenso vorgestanzten Redensarten. Aber recht hat er schon, wenn er meint, die Deutschen hätten – ähnlich wie die Russen heute – ihr Problem mit der Neubewertung der Geschichte und der Philosophie. Nur gebe es heute in Rußland bei den Wissenschaftlern leider kein Interesse an der Aufarbeitung der russischen und sowjetischen Geschichte. Ich frage ihn, welche Bücher die Studenten denn als Lehrmaterial bekommen, nachdem die Standardkurse der kommunistischen Vergangenheit abgeschafft sind. Er zeigt auf sein Bücherbord. Da stehen, in Russisch, eine »Geschichte der UdSSR« von dem amerikanischen Politologen Jeffrie Hoskin, ein Buch des italienischen Historikers Boffa, den ich in den fünfziger Jahren als Journalist in Moskau kannte, und dann noch eine Übersetzung aus dem Französischen. Deutsche Autoren sind nicht dabei und, was noch wichtiger ist, keine russischen. Geschichte studieren die jungen Leute anhand von Zeitungs- und Zeitschriftenartikeln, die ihre Lehrer für sie fotokopieren. Immerhin, auch das ist neu, denn früher war der Besitz von Fotokopiergeräten strafbar. Aber ein richtiges, historisch und wissenschaftlich zuverlässiges Bild biete man den Studenten auf diese Weise nicht. »Da werden die Jahre des Sozialismus allgemein negativ dargestellt«, meint der Rektor. »Da können die Studenten nicht verstehen, warum ein provinzieller Rechtsanwalt namens Lenin Millionen Menschen in Bewegung bringen konnte.« Aber es gibt auch eine positive Bilanz: Gerade die Studenten, die Lehrer werden wollen, seien sehr interessiert an Geschichte, wollten mehr über die Vergangenheit wissen, möglichst so, daß sie den Stoff überprüfen können. So hat sich der Rektor über eine Doktorarbeit gefreut, die sich mit den Beziehungen zwischen dem Gebiet Stawropol und dem Ausland, insbesondere Deutschland und Ungarn, beschäftigte.

Er ist ein energischer, effektiver Mann, der Erfolg haben will. Nachdem alle Gouvernements und Republiken seit dem Ende der Sowjetunion ihre eigene Universität bekommen haben, sogar die Kalmücken, sagt er, müsse das Gebiet Stawropol nun auch seine pädagogische Hochschule zur Volluniversität erheben. Dafür arbeitet er. Nur die Finanzierung ist schwierig. Der Gouverneur unterstützt ihn hauptsächlich mit Worten. Aus Moskau und dem Staatsbudget kommt Geld für neue, zusätzliche Fächer wie Informatik, aber der Staat fordert auch, daß die Universität dreißig Prozent der Kosten durch Eigeneinnahmen aufbringt. Doch wie soll die Uni in einem landwirtschaftlichen Gebiet wie Stawropol soviel Geld verdienen? Für Investitionen, Neubauten und Renovierungen ist gar kein Geld im Budget vorgesehen. Die Wissenschaft habe es schwer, sagt der Rektor. Fünfzig Prozent der Studenten bekommen Stipendien, andere werden von der Universität finanziell unterstützt. Nur bei zehn Prozent zahlen die Eltern oder private Arbeitgeber. Da sei ein ungelöster Widerspruch im Bewußtsein, meint der Rektor. »Zu Hause herrscht der Kapitalismus. Da haben sie ein Haus, das ist ihr eigenes, da haben sie ihr Auto, da bezahlen sie ihre Urlaubsreise. Aber beim Studium soll wieder der Sozialismus gelten: Das muß der Staat, das muß die Universität bezahlen.« Im übrigen denkt der Rektor gerade darüber nach, wo er seinen nächsten Urlaub verbringen soll – in der Türkei oder in Griechenland. Eine Woche in Antalya, so steht es in dem Prospekt auf seinem Schreibtisch, kostet mit Flug 850 D-Mark. Das ist einerseits nicht viel, andererseits doch, wenn man, wie der Rektor, von der Universität nur 150 Mark im Monat bekommt. Wie er fahren Zehntausende ins Ausland auf Urlaub, ohne daß man recht versteht, woher sie das Geld haben.

Der große Platz im Stadtzentrum heißt immer noch Leninplatz, und Lenins Denkmal steht auch noch, weil es schon so lange dagestanden hat. Ein Strauß vertrockneter Tulpen liegt davor. In den rechteckigen, hellen Gebäuden, deren imitierter Marmor Macht und Modernität ausstrahlen sollte, residierten früher Parteisekretäre wie Gorbatschow. Nun hat hier der von Jelzin eingesetzte Gouverneur seinen Sitz. Im Frühjahr 1995 hatte die Lokalzeitung ihn und seine Mitarbeiter zutiefst verunsichert. Zum 1. April druckte sie auf der Titelseite einen Artikel über die Wiederbelebung der KPdSU, die ihre alten Rechte und Räume zurückerhalten werde. Bei der Morgenkonferenz tuschelten besorgte Bürokraten: Wo sie denn arbeiten sollten, wenn die kommunistische Parteiorganisation wieder in das Regierungsgebäude einzöge. Aber das Ganze war nur ein Aprilscherz, freilich einer, der den Nerv einer immer noch unsicheren neuen Gesellschaft empfindlich traf.

Die Aufregung ist längst vorbei, als ich im August das Komitee für Privatisierung der Staatsunternehmen im Weißen Haus von Stawropol treffe. Der stellvertretende Gouverneur Wladimir Ryschinkow, der den Vorsitz im Komitee führt, ist ein gebildeter Mensch mit Hornbrille, der sich durch den Dschungel oft undurchsichtiger Fälle von Kauf und Verkauf, Wert und Preis der unzähligen Staatsbetriebe dieses Gebiets schlagen muß. In der ersten Etappe von 1992 bis 1994 hat man siebzig Prozent der Industrie von Stawropol irgendwie privatisiert. Manchmal haben die alten Direktoren den Betrieb aufgekauft, häufiger ist der Staat in eine Aktiengesellschaft eingestiegen, die nun nicht mehr einem Ministerium oder der zentralen Planung untersteht, aber so privat auch wieder nicht ist. Manche der privatisierten Betriebe haben fünf- oder zehntausend Aktionäre, weil ja jeder Bürger vom Staat einen Privatisierungsgutschein als Fahrkarte in den Kapitalismus bekam, wie Boris Jelzin sagte. Einige Betriebe funktionieren trotz der schwierigen Besitzverhältnisse, aber im Grunde geht es der so privatisierten Industrie nicht gut. Im Stawropoler Gebiet sind die staatlichen Einnahmen um die Hälfte zurückgegangen, das muß von Moskau aus ersetzt werden, und deshalb führt Stawropol auch keine Steuern ab.

Und nun, sagt der stellvertretende Gouverneur, beginnt die zweite Etappe: Seit Juni 1995 wird staatlicher Besitz verkauft, und zwar gegen Geld, nicht mehr gegen Anteilscheine. Eigentlich brauchte man dafür ein ausgebautes Netz, eine Infrastruktur mit Börsen, Maklern und Informationen über den Zustand von Betrieben oder Gebäuden. In der ersten Privatisierungsphase ist jeder fünfte Bürger eine Art Aktionär geworden, aber das war eine Zeit der Inflation, das Investitionsklima war schlecht, und das Geld ging an die Banken und Investitionsfonds. Manche von denen sind inzwischen bankrott gegangen, und das Geld der Kleinanleger ist hin. Aber das war noch in einer Zeit der halbstaatlichen Privatisierung, meint der stellvertretende Gouverneur, inzwischen wisse man, daß das Funktionieren der Mechanismen eine Sache der Selbstregulierung sei. Denn das Geld fließe dahin, wo es sich lohnt, und keine staatliche Regulierung könne es lenken. Und niemand, meint er, könne hoffnungslos unrentable Firmen retten. So habe man gerade den früheren Flughafen am Rande der Bäderstadt Pjatigorsk verkauft. Von dort waren kleine Maschinen gestartet, die über den Feldern der Kolchosen Schädlingsbekämpfungsmittel versprühten oder auch Schwerkranke ins Hospital brachten. Aber dann haben die landwirtschaftlichen Betriebe die Dienste der kleinen Flugzeuge immer weniger in Anspruch genommen, weil sie sie nicht mehr bezahlen konnten. Nun hat eine private Firma die Schulden übernommen und das Gelände erworben, wahrscheinlich um dort einen Villenvorort zu bauen.

Mein Kollege vom Fernsehen findet das alles nicht ganz richtig. Wieviel habe denn das Gebiet Stawropol bei Privatisierungsverkäufen eingenommen, fragt er. Wenig, sagt der stellvertretende Gouverneur. Denn die erste Phase der Privatisierung über Anteilscheine habe kein Geld in die Kassen bringen sollen. Das war mehr eine psychologische Maßnahme: Die Leute in den Betrieben waren der Ansicht, daß sie durch ihre Arbeitskraft zum Aufbau beigetragen hätten, und das mußte man honorieren. Aber nun werde nur noch gegen Geld verkauft. Mein Kollege Iwan Iwanowitsch hat da schon neue Zweifel: Würden dann nicht die Ausländer Rußlands Reichtum für billiges Geld an sich bringen? 51 Prozent der russischen Papierindustrie seien schon in deutscher Hand, habe er gehört. Der russische Wald werde von den Deutschen abgeholzt, das sei eine nationale Schande. Er selber müsse für seine Zeitschrift Papier in Finnland kaufen, weil es dort billiger sei als bei den russischen Fabriken oder den Fabriken der Deutschen in Rußland. Aber vielleicht sei es doch vernünftiger, wendet der Chef des Privatisierungskomitees ein, russisches Holz in modernen Fabriken zu Papier verarbeiten zu lassen, als schlechtes Papier von russischen Werken zu kaufen, die viel mehr Bäume nutzlos zermahlen. Doch bei Iwan Iwanowitsch liegen da wirtschaftlicher Verstand und nationales Gefühl im Streit.

Abends essen wir im Restaurant »Waldwiese«. Das ist ein einstöckiger Bau aus hellgrauem Schiefer, den ein georgischer Architekt und Unternehmer gebaut hat. Er und seine Familie sind vor einem halben Jahr von der Konkurrenz oder von der Mafia umgebracht worden. Wem das Restaurant heute gehört, ist nicht ganz klar. Danach muß man nicht unbedingt fragen. Wir sitzen draußen unter Weinreben und essen roten Kaviar, gebratenes Hühnchen, eingelegte Pilze. Es gibt einen kleinen Familienstreit. »Schlecht haben wir früher ja auch nicht gelebt«, meint Iwan Iwanowitsch Schljachtin. »Wir hatten doch immer alles.« Das ärgert seine Frau. »Was hatten wir denn vor fünf Jahren?« fragt sie. »Nichts, die Geschäfte waren leer, 200 Gramm Butter im Monat, für Fleisch und Wurst mußte man anstehen. Das heißt, ich mußte anstehen, du warst ja im Büro.«

Irgendwann fällt mir auf, daß die Frau des stellvertretenden Fernsehchefs kein Fleisch vom Teller nimmt, auch kein Hühnerfleisch. Warum, frage ich, und sie sagt halb verlegen und halb stolz, sie und ihr Mann seien Moslems, und auch Hühnerfleisch könne sie nicht essen, wenn auf demselben Teller Schweinefleisch gelegen habe. Sie ist keine Russin, das habe ich ihr angesehen, sondern Tscherkessin. Und ihr Mann ist Nogaier. Nach vielen Trinksprüchen verrät er mir etwas: »Wenn die Revolution nicht gekommen wäre, würde ich heute meinem Volk auf weißem Pferd voranreiten.« Zwar war er früher einmal Feldwebel bei der Raketentruppe, dann Student der Philosophie, des Marxismus-Leninismus und des Journalismus und schließlich Parteisekretär für Fragen der Ideologie, aber sein Vater war ein Fürst, Oberhaupt des kleinen Steppenvolks der Nogaier, eines Turkstammes, der heute noch 30 000 Menschen zählt. Früher hat er davon nicht einmal heimlich erzählt, nun ist er stolz darauf. Die eigene Sprache seines Volks versteht er kaum, und da seine Frau Tscherkessin ist, haben sie mit ihren Kindern von Anfang an Russisch gesprochen. Die hübsche, sehr stille Frau wirkt im Umgang mit uns Ausländern scheu. Aber in Wirklichkeit ist sie eine höchst energische Person, Direktorin der größten Molkerei von Stawropol und, so flüstert mir mein Kollege zu, auch die größte Aktionärin des privatisierten Betriebs.

Am nächsten Morgen fahren wir nach Priwolnoje, hundert Kilometer entfernt. In diesem Dorf ist Michail Gorbatschow geboren und aufgewachsen. Es war auch in der sowjetischen Zeit ein ungewöhnlich ordentliches Dorf, vielleicht weil seine Bauern unter dem Zaren nie Leibeigene waren und sich auch unter den Kommunisten ein Stück Selbständigkeit bewahrt hatten. Iwan Iwanowitsch hat kein besonderes Interesse an diesem Besuch. Für das Fernsehen sind hier keine Reklameaufträge zu holen, aber er fährt mit mir, weil ich, wie er es nennt, alte Adressen besuchen will. Sehr viel hat sich da nicht geändert, scheint mir. Die Hauptstraße ist ungepflastert wie zuvor, es gibt viele Pferdewagen und wenige Autos. Einmal fährt ein Motorrad mit Beiwagen an uns vorbei, und die Jungen haben ihre Mützen wie amerikanische Baseballkappen nach hinten umgedreht. In der Mitte des Dorfs schläft das Kulturhaus wie vor fünf Jahren. Der frühere Lebensmittelladen, in dem es damals so gut wie nichts gab, hat nun einen Turm: Er ist zur orthodoxen Kirche geworden, in der alle paar Wochen ein Geistlicher Gottesdienst hält. Dahinter der Kulturpark: Schon vor fünf Jahren war das Karussell kaputt, nun ist es überwuchert. Zweihundert Meter weiter ist das neue Einkaufszentrum: ein Kiosk, der einmal ein Bauwagen war, und in einem zweistökkigen Haus ein sogenanntes Handelskontor, das geschlossen ist und dessen Schaufenster leer sind.

Auf dem Kriegerdenkmal dahinter sind die Namen der vielen

Gorbatschows verzeichnet, die im Zweiten Weltkrieg gefallen sind. Die Büsten von Marx und Lenin und ein neues Denkmal für »Kommunisten/Internationalisten«, sowjetische Soldaten, die in Afghanistan ums Leben kamen, stehen vor dem Verwaltungsgebäude. Früher saß hier die Kolchosverwaltung, jetzt die Aktiengesellschaft, die aus dem Kolchos entstanden ist. Alles ist ordentlich, Rosen blühen in den Beeten mit gestutzten Rabatten. Jungen kommen auf dem Fahrrad vorbei. Von einem Pferdewagen, neben dem ein Fohlen läuft, winkt ein Mädchen mit Minirock und knapper roter Bluse, auch die ältere Frau im Haushaltskittel winkt uns beiden vom Kutschbock zu.

Vor dem einstöckigen Verwaltungsgebäude sitzen zwei junge Frauen und tratschen. Drinnen gehen wir von Tür zu Tür, niemand ist da. Nur der Chef wartet auf uns im Sitzungszimmer. Am langen Tisch, an dem ich vor fünf Jahren mit Gorbatschows Schulfreunden sprach, sitzt er obenan: genau wie früher die Kolchoschefs. Aber so selbstsicher wie sein Vorgänger ist er nicht. Er ist auf zwei Jahre zum Direktor dieser dörflichen Aktiengesellschaft gewählt. Ein Jahr ist schon vorbei, und im kommenden Jahr, wenn er sich zur Wiederwahl stellt, wird es schwierig. »Das wird die schlechteste Ernte seit Jahren«, sagt er. »Im Frühjahr hatten wir zwanzig Grad minus, dann Tauwetter, dann wieder Frost. Da haben wir die ganzen Felder nachsäen müssen. Dann kriegten wir im Mai 50 Grad plus und keinen Regen, sondern auch noch Hagel. Gegen Hagelschläge sind wir einigermaßen versichert. Aber weil viel Getreide vertrocknet ist, sieht es schlecht für die Ernte aus. Wir hatten mit sechsundzwanzig Zentner Weizen pro Hektar gerechnet, nun werden wir wohl nur siebzehn bis achtzehn Zentner einfahren.«

Er hat ein paar Ähren in der Hand und zerreibt sie: viel Spelzen, kaum Körner, und die sind vertrocknet. Er kann sie wegpusten, so dünn und trocken sind sie. Für Nikolai Bryschachin, der im nächsten Jahr wiedergewählt werden muß, ist das ein bedrückendes Ergebnis. Früher war er Abteilungsleiter in der Landwirtschaftsverwaltung der Hauptstadt Stawropol, da konnte ihm nichts passieren, egal, wie die Ernte ausfiel. Nun muß er wirtschaftlich rechnen und auch noch seinen Bauern erklären, warum es in diesem Jahr wenig Geld geben wird. Als Priwolnoje noch ein Kolchos war, mußte sich der Vorsitzende mit Partei und Verwaltung gut stellen, dann war er fast unumschränkter Herr. In der Aktiengesellschaft, deren Land, Vermögen und Technik nun den Bauern gehören, entscheiden sie auf der Gesellschafterversammlung über den Chef und Direktor. Als er 1994 Direktor wurde, haben die Bauern pro Monat 850 000 Rubel verdient, doppelt soviel wie ein Arbeiter in Moskau, und in Wirklichkeit bekamen sie noch mehr, weil ihr Einkommen nicht nur aus Geld bestand, sondern auch aus Getreide und Lebensmitteln, deren Preis niedrig berechnet wurde. Wegen der schlechten Ernte werden die Bauern nun viel weniger bekommen, und das wollen sie nicht einsehen. Auch Direktor Bryschachin findet, daß seine dörfliche Aktiengesellschaft mehr staatliche Hilfe braucht. In Amerika oder Westeuropa stütze der Staat die Landwirtschaft, nur in Rußland werde mit Marktwirtschaft experimentiert, und das bedeutet für die Modernisierung des ehemaligen Kolchos Kredite mit Zinsen von 230 Prozent. Wie solle man da gutes Saatgut in Deutschland oder Italien kaufen? Priwolnoje mit seinen 4 500 Menschen habe schon jetzt eine Milliarde Rubel an Krediten zurückzuzahlen, das sind rund 300 000 Mark. Woher er das Geld nehmen solle, fragt Nikolai Bryschachin.

Er sieht aus wie einer der Bauern, die ihn gewählt haben: Ein Quadratschädel über breiten Schultern, kein aus der Stadt abgeordneter Bürokrat, sondern einer, der die Härten des Landlebens wirklich kennt. »Der Winter wird sehr schwer«, sagt er, »und dann müssen wir hohe Steuern auf den Bodenbesitz bezahlen, egal, wie die Ernte ist. Die Preise für Dieselöl und Strom steigen ständig. Wir haben außerdem zu viele Landmaschinen, die stehen still oder arbeiten nur ein bis zwei Tage pro

Woche. Das konnte man sich früher leisten, als der Staat stolz darauf war, daß wir die Landwirtschaft mechanisierten. Nun sehen wir, daß wir das nicht bezahlen können.« In Priwolnoje sind jedem Bauern 7,5 Hektar des Landbesitzes überschrieben worden, die gehören ihm nun als Aktionär, aber verkaufen darf er sie nicht. Außerdem bekam jeder ein Drittel Hektar als Eigentum zur privaten Bearbeitung, auf dem er sein Gemüse anbauen kann, und natürlich haben alle einige Kühe, Schweine, viele Enten, Hühner, Truthähne und Kaninchen. Jeden Tag treibt einer die Kuhherde auf die Weiden am Straßenrand oder am Flußufer. Das machen sie im Dorf abwechselnd.

So war es schon immer, lange vor den Kommunisten. Gartenland und Hausvieh sind viel wichtiger als das Bargeld, das die Bauern am Jahresende bekommen. Sie tauschen Eier oder Karotten gegen Rote Bete und Kohl und den Überschuß gegen Wodka. Schafe halten die Bauern nicht mehr, obwohl das einmal ein von Gorbatschow geförderter Wirtschaftszweig war. Damals hatte man zwischen Priwolnoje und den Wolgasteppen Merinoschafe eingeführt, und der Staat kaufte die Wolle zu festen Preisen, um daraus die Uniformen der Sowjetarmee und des Warschauer Pakts zu machen. Nun gibt es weniger Soldaten, und den rauhen Uniformstoff will keiner mehr haben, weil Stoffe aus australischer Wolle billiger sind und vielleicht auch besser. Die Bauern von Priwolnoje haben noch viele tausend Kilo Merinowolle in den Schuppen liegen, die ihnen niemand abnimmt. Das verstehen sie nicht. »Selbstregulierung der Wirtschaft«, sagt Direktor Bryschachin, »ist unter solchen Bedingungen unmöglich. Früher haben wir alles für den militärisch-industriellen Komplex produziert. Nun brauchen wir eigentlich ein Reformprogramm, aber es muß von oben geplant und durchdacht sein, und vielleicht müßte man es auf fünfzehn Jahre strecken.«

Die landwirtschaftliche Aktiengesellschaft von Priwolnoje ist kein Einzelfall, aber typisch ist sie auch nicht, sagt Iwan Iwanowitsch. Es gibt in Rußland keine allgemeinen Normen für

den Umbau der Landwirtschaft. Fünfzig Kilometer entfernt
liegt ein ehemaliger Kolchos, von dem man in Priwolnoje
Wunderdinge gehört hat. Dort ist der Direktor ein schlauer,
welterfahrener Mann, ein früherer Parteifunktionär, der sogar
Abgeordneter im Obersten Sowjet der UdSSR gewesen ist. Er
hat die Sache ganz anders angepackt. Zunächst hat er eine Bank
gegründet und die Bauern überredet, ihre Ersparnisse als
Kapital einzubringen. Das war ganz zu Anfang der Reform-
periode, als das Geld noch mehr wert war, und er hat es arbeiten lassen. Dann hat er den Maschinenpark nicht abgebaut,
sondern ausgebaut, und nun rollen die Mähdrescher der Aktiengesellschaft über weit entfernte Felder. Von Süden nach
Norden folgen sie der Erntezeit, bis weit hinüber zum Ural.
Schließlich ist die dörfliche Aktiengesellschaft in den Autohan-
del eingestiegen: Sie reimportiert russische Kleinwagen, die
zum Subventionspreis nach Polen verkauft wurden. Man muß
sich nur mit dem undurchsichtigen Zoll- und Subventions-
system auskennen, wenn man sie mit Gewinn zurückbringen
will. Der Direktor hat das so erfolgreich gemacht, daß die Bauern als Aktionäre nun ganz zufrieden sind, und jetzt will der
Direktor einen zweiten Kolchos übernehmen und angliedern
und die Dörfer seinem Konzern einverleiben.
Wenn Iwan Iwanowitsch Schljachtin davon erzählt, kann
Direktor Bryschachin in Priwolnoje nur staunend den Kopf
schütteln. Davon hat er gehört, aber wie sein Kollege das hingekriegt hat, ist ihm ein Rätsel. Natürlich ging das nur, weil
der Mann Beziehungen hat und schon immer wußte, was im
alten und neuen System vielleicht nicht ganz legal, aber auch
nicht strafbar war.
In Priwolnoje haben die Bauern versucht, mit dem Boden und
den Mitteln des Kolchos, der fast nur dem Namen nach eine
Aktiengesellschaft geworden ist, weiterzumachen. Aber mit der
Privatisierung der Landwirtschaft ist es nicht vorangegangen.
Nur 37 Bauern haben sich selbständig gemacht und eigene
Höfe gegründet. Das war 1992, und seither hat es kein Bauer

mehr gewagt, aus der Gemeinwirtschaft auszutreten. Denn die
Einzelbauern mit ihren wenigen Hektar trifft die Mißernte am
härtesten. Und sie haben gar keine Aussicht, Kredit zu bekommen. Noch sind sie jedenfalls schlechter dran als die anderen,
denen der Verbund mehr Sicherheit gibt.

Am Rande des Dorfs liegt der kleine Friedhof. Die Grab-
steine stehen zwischen Birken und Weidenbüschen, ein paar
Kühe grasen am Eingang, zwischen den Gräbern häuft sich
frisch gemähtes Gras. Da ist der Grabstein aus poliertem
schwarzem Granit, den Gorbatschow seinem Vater setzte, und
die Bauern des Dorfs lobten schon früher, daß der Parteichef
den toten Vater ehrte. Daneben liegt nun das Grab seiner Mutter, die im Sommer 1995 starb. In diesem August steht da noch
ein vorläufiges Holzkreuz zwischen vielen Blumen. Als Gorbatschows Mutter starb und der Sohn – nun nicht mehr Wür-
denträger von Staat und Partei – zur Beerdigung kam, da war
das ganze Dorf Priwolnoje dabei, erzählen die Bauern. Denn
Gorbatschows Mutter hatten sie immer sehr verehrt. Mit dem
Sohn allerdings legten sie sich an, als die Trauerfeier zu Ende
ging: Warum er die Sowjetunion zerstört habe, fragten sie, und
Gorbatschow antwortete, das sei ja nicht er gewesen, sondern
Jelzin. Und warum er die sowjetischen Soldaten so schnell aus
Deutschland zurückgeholt habe, obwohl sie doch in Rußland
keine Bleibe hätten, und auch da sagte Gorbatschow, das sei
Jelzins Entscheidung gewesen. Für die Politik des ehemaligen
Nachbarsohnes haben die Bauern keine Sympathie, für ihn selber aber schon. Das sei doch kränkend gewesen, sagt ein Bauer,
daß Gorbatschow zur Beerdigung seiner Mutter nach Priwolnoje kam und daß kaum ein Politiker des Gebiets ihn begrüßt
habe, bloß irgendein stellvertretender Gouverneur. »Die dachten alle, der Jelzin verzeiht ihnen nie, wenn sie bei der Beerdigung von Gorbatschows Mutter gesehen werden.«

Die nächsten Wahlen stehen in vier Monaten an, aber keiner
in Priwolnoje denkt über sie nach. Im Dorf gibt es keine Parteien oder Parteivertreter. Und wer liest schon Zeitungen, seit

sie so teuer geworden sind? »Wahrscheinlich werden wir wählen«, sagen die Bauern. Aber wen? Vielleicht die Partei der Agrarier, die die Bauern vor der Marktwirtschaft zu bewahren verspricht, vielleicht die Kommunisten, unter deren System doch alles stabil und berechenbar war. Eigentlich trauen sie keiner Partei, und es ist ihnen fast gleichgültig, welche gewinnt, denn sie glauben, daß sie schließlich wie eh und je von ihrem eigenen Gemüsegarten, von den Hühnern, Schweinen und Kühen leben müssen. Daß sie jetzt mehr Kühe haben, aber keinen festen Lohn, macht sie mißtrauisch. 1993 haben sie deshalb die Kommunisten und die mit ihnen verbündete Agrarpartei gewählt. Der Direktor sagt nicht, wie er diesmal wählen wird. Er will nicht über Politik reden, und mein Freund Iwan Iwanowitsch meint nur: »Ich war zwar Kommunist, aber nun bin ich in keiner Partei.«

Über das flache Land nördlich des Kaukasus fuhren wir durch Weizenfelder und über die großen Ebenen der Sonnenblumen zu den Hügeln von Pjatigorsk. Das ist ein Kurort mit Tradition: Russische Aristokraten und Großbürger tranken hier Quellwasser und badeten in mineralischen Thermen, wenn es sie nicht nach Baden-Baden oder nach Spa zog. Für Sowjetbürger, denen das Ausland versperrt blieb, war es ein Wunschtraum, eine Kureinweisung in die Sanatorien von Pjatigorsk zu bekommen. Aber dem Badeort hat die neue Zeit nicht gut getan. Nur ein Drittel ist Kurzone, der Rest gehört dem Handel und einer Industrie, die die Luft verpestet. Jetzt, da es viele private Autos gibt, liegt die Innenstadt unter Smog. Im Zentrum öffnete sich ein Stahltor für Iwan Iwanowitsch, und wir fahren aufs Fernsehgelände. Auch hier hat er ein Büro, einen kleinen Saal, größer noch als das Präsidenten-Arbeitszimmer in der Gebietshauptstadt Stawropol. Da steht der große Schreibtisch mit Computeranlage, Fax und Handy. Zwei Sekretärinnen sind auf die Ankunft des Chefs vorbereitet, und während ich ein Mineralwasser trinke, nimmt Iwan Iwanowitsch Meldungen entgegen, gibt Anweisungen, telefoniert mit Behörden und Geschäftsleuten, um Sponsoren und Werbung für seine Fernsehprogramme aufzutreiben.

Um seinen Fernsehsender am Leben zu erhalten, hat Iwan Iwanowitsch schon eine Reihe von Nebenbetrieben eröffnet. Möglichkeiten dafür gab es genug. Das Fernsehstudio in Pjatigorsk liegt am Fuß des Berges auf einem großen, wertvollen, aber ungenutzten Gelände. Ein Stück davon hat die Fernsehgesellschaft bereits vermietet. Interessenten fanden sich schnell, denn das Fernsehgelände wird am stählernen Eingangstor von Polizisten der Sondertruppe, mit Maschinenpistole und kugelsicherer Weste, bewacht, und das weiß man heute zu schätzen, seit im nahen Tschetschenien Krieg herrscht. Anderswo hat das Fernsehen Läden eröffnet, um durch den Verkauf von böhmischem Glas und japanischer Elektronik seine Finanzen aufzubessern. Auf dem bewachten Gelände in Pjatigorsk hat sich eine artverwandte Firma angesiedelt: Sie vertreibt Satellitenschüsseln, Fernsehantennen und Vernetzungssysteme für die Computer der neuen Banken. Es ist ein Zwei-Personen-Betrieb. Der Besitzer ist Rundfunkingenieur, seine Frau ebenfalls. Sie haben sich im fernen Kirgistan, in Zentralasien, kennengelernt, als er, ein Russe, dort in der Armee diente und sie, eine Koreanerin, beim Rundfunk arbeitete. Als er nach Pjatigorsk zurückging, folgte ihm seine Frau nicht ohne Besorgnis. Das war Mitte der achtziger Jahre, und in Kirgisien waren die russischen und koreanischen Freunde davon überzeugt, daß Pjatigorsk am Kaukasus ein Zentrum der Mafia sei, in dem niemand sicher leben könnte.

Aber so schlimm war es nicht, sagt Natascha. Ihre Eltern zogen aus Zentralasien nach, weil dort Nationalismus, Islamisierung und Arbeitslosigkeit das Leben für alle schwermachten – für Russen, Deutsche, Juden und Koreaner, die Stalin dahin umgesiedelt hatte. In Pjatigorsk fühlt sich die koreanische Natascha inzwischen gut aufgehoben, wieder im Schoß der Familie, der Wirtschaftsvereinigung koreanischer Geschäftsleute, deren dreihundert Mitglieder zusammenhalten. Auch ihr russischer Mann Pjotr ist inzwischen von dieser Vereinigung aufgenommen worden. Das gibt ihm Sicherheit. Jedenfalls, so sagen beide, ist es mit der kaukasischen Mafia nicht annähernd so schlimm, wie man in Kirgisien erzählt hat. Man müsse nur wissen, wem man was und wieviel zu zahlen habe, dann gehe es schon ganz gut: Man müsse die Abgaben eben wie einen Steuersatz einberechnen.

Pjotr kennt die neuen Reichen, denen er Appetit aufs westliche Fernsehen zu machen versucht. »Da sind Leute, die haben schon ein Haus, eine Datscha, einen offenen Kamin, zwei Autos und zwei Garagen. Und die muß ich nun davon überzeugen, daß sie auch zweiundzwanzig Fernsehprogramme brauchen«, sagt Pjotr. Manchmal gelingt es ihm auch, einer der neuen Banken oder Investmentgesellschaften ein Informationssystem zu verkaufen. Aber reich ist er damit nicht geworden, sagt seine Frau. Sie ist die Buchhalterin des Unternehmens und muß von den Einnahmen nicht nur die Steuern abziehen, sondern auch die viel zu vielen Sonderabgaben für Straßenbau, Polizei, Zukunftsaufgaben der Stadtverwaltung und was sich die Stadtverwaltung sonst noch einfallen läßt, wenn sie Geld braucht. Das heißt, sagt sie, daß in der Produktion die Steuern über hundert Prozent liegen können und beim Handel fast unberechenbar sind.

So sitzen sie in dem umgebauten Halbkeller eines Hauses, das das staatliche Fernsehen leerstehen und verfallen ließ. Wie schafften sie die Renovierung? »Eigentlich ganz einfach«, sagt Natascha. »In der Innenstadt hat eine türkische Baufirma ein Hotel umgebaut, und die Angestellten weigerten sich weiterzuarbeiten, wenn sie nur russisches und nicht auch türkisches Fernsehen empfangen könnten. Da haben wir angeboten, ihnen eine Schüssel zu installieren, wenn sie uns dafür das Trümmerhaus des Fernsehens umbauten.«

Nun sitzt ihre Firma also im ordentlich weißgekalkten Halbkeller hinter dem bewachten Tor des Fernsehgeländes und zahlt Miete, mit der das Fernsehen Programme bezahlt. Es scheint, als verdienten sie gut. »Aber«, meint sie, »wir verdienen nicht genug, um die Mafia zu interessieren.« Angst haben sie nur einmal gehabt, im Frühsommer 1995, als tschetschenische Freischärler den kleinen Ort Budjonnowsk besetzt hatten und die Forderung stellten, im Fernsehen eine Erklärung abzugeben. Das nächstgelegene Fernsehstudio war Pjatigorsk, und gleich hinterm Eingang saßen Pjotr und Natascha in ihrer Firma und hatten Angst: Wenn die Tschetschenen gekommen wären, hätte eine einzige Kugel die 450 000 D-Mark vernichten können, die sie da investiert hatten, und dann wären sie erledigt gewesen.

Wenn sie darüber nachdenkt, bekommt Natascha Sehnsucht nach der Breschnew-Zeit. Damals war sie Radioingenieurin gewesen, mit festem Gehalt, ohne jeden Streß. Die Eltern sind heute begeistert, weil die Kinder selbständige Unternehmer geworden sind. Aber sie, Natascha, findet diese Selbständigkeit zu anstrengend. Ohne die Hilfe des Familienverbands wäre es überhaupt nicht gegangen, denn den Aufbau von Pjotrs Betrieb haben koreanische Verwandte finanziert. Damals fuhr er mit einem geliehenen Militärlastwagen von Pjatigorsk nach Moskau und zurück, um Satellitenschüsseln zu kaufen und in den Nordkaukasus zu bringen. Die verkaufte er zunächst an ausländische Studenten aus Marokko und anderen arabischen Ländern, weil die Schüsseln in Rußland viel billiger waren als im Westen. Wie die Studenten sie im Flugzeug mitnahmen, konnte ihm gleichgültig sein. Er bekam die Schüsseln jedenfalls ganz offiziell von einer deutschen Firma in Moskau, die die Zollprobleme für ihn geregelt hatte.

Ihre Freunde haben nicht immer freundlich darauf reagiert, daß Pjotr und Natascha selbständige Unternehmer wurden. Manche halten sie inzwischen für steinreich und wollen nichts mehr mit ihnen zu tun haben, obwohl Pjotr und Natascha vorläufig gerade eben so auskommen. Neue Bekannte sind nur am Geld interessiert, meint Natascha, und mit denen könne sie nichts anfangen. Also bleiben sie für sich. Ab und zu kommen

Schulfreundinnen aus Kirgistan zu Besuch, und dann sei alles wie früher. Eigentlich möchte Pjotr eine Art Baumarkt in Pjatigorsk aufmachen. Der Bedarf ist da, aber er braucht dazu einen ausländischen Partner, und im Westen haben die Leute Angst, am Rande des Tschetschenienkriegs und im Kernland der kaukasischen Mafia zu investieren.

Seit Natascha im Streß lebt, kämpft sie mit einer unbestimmten Allergie. Deswegen hat sie im vorigen Jahr in einem guten Sanatorium in der Nachbarstadt Kislowodsk gekurt – zwanzig Tage lang für 3,5 Millionen Rubel. Ein Inflationsjahr später kostete es schon um die Hälfte mehr. Natürlich hätte sie für das Geld in die Türkei oder nach Griechenland fahren können, wie die meisten ihrer Geschäftspartner, aber sie traut den heimischen Heilwässern mehr. Natascha und Pjotr leben bescheiden – sie wollen nicht auffallen. »Andere in der Stadt werden Millionäre«, sagt Pjotr. »Sie leben von Spekulation und Geldwechsel, dazu braucht man weder Büro noch Geschäftslokal, das macht man auf der Straße, ohne Steuern zu zahlen, und dann kann man das Geld ins Ausland schicken. Da liegt es dann sicher, und niemand weiß, wie man sein Geld verdient hat.« Aber das will er nicht.

Natascha und Pjotr nehmen mich mit in das Restaurant »Goldener Drache« am Stadtrand. Es ist Teil eines neuen Gebäudekomplexes an der Ausfallstraße und gehört einer Aktiengesellschaft, deren Gesellschafter fast ausschließlich Koreaner sind. Das Essen im Restaurant – vom Kaviar bis zu den fleischgefüllten Pfannkuchen – ist eher russisch als koreanisch. Schließlich sind die Besitzer auch schon die Enkel einer koreanischen Generation, die von Stalin nach Rußland verpflanzt wurde. Aber sie halten zusammen, das gibt ihnen Sicherheit, wie anderen ethnischen Gruppen in Rußland. Und natürlich handeln sie mit Südkorea, seit das erlaubt ist. Darum haben sie ein Warenhaus mit technischen Geräten, Möbeln und Kleidern errichtet. Neben dem Restaurant vermieten sie Räume an eine Bank aus Istanbul, die hier im Nordkaukasus einerseits Ange-

hörige türkischer Volksgruppen und andererseits alle die an-
spricht, die ihr Geld bei einer Firma mit Westerfahrung anle-
gen wollen. Der »Goldene Drache« ist in Schnellbauweise er-
stellt, die chinesischen Seidenlaternen hängen an Spanplatten.
In Westeuropa würde das Restaurant nicht zum Feinsten gehören, aber im Süden Rußlands sind Gaststätten mit sauberen
Tischdecken, bemühter Bedienung und liebevoll angerichte-
tem Essen noch nicht die Regel.

Das größte und teuerste Hotel in Pjatigorsk heißt »Intourist«
und steht gleich neben dem Lenin-Denkmal, an der gewaltigen Freitreppe, die sich den Berg hinaufzieht. Hier verbinden
sich die Vor- und Nachteile des alten und neuen Systems. In
der Halle kann man Aktien kaufen und Geld wechseln, da gibt
es deutsches Bier in Dosen, kanadischen Whisky, französische
Büstenhalter und gefälschte amerikanische Zigaretten aus Polen und Rumänien. An der Rezeption steht man Schlange,
muß den Ausweis vorzeigen, bekommt widerwillig den Zimmerschlüssel und den Auftrag, sich bei der Etagendame zu melden. Im Zimmer ist die Bettwäsche nicht gewechselt, das Fenster läßt sich nicht öffnen, weil, so heißt es, sonst Gangster von
außen einsteigen würden, und die übliche Kakerlake läuft über
das Kissen. Auch sonst ist alles wie früher. Frühstück gibt es im
Hotel »Intourist« von Pjatigorsk nur, wenn man halb ums Gebäude herumgeht. Auf der ersten Etage ist da wieder ein halb-
dunkles und fast leeres Restaurant, und für den Frühstücks-
coupon servieren zwei freundliche, dicke Damen Tee, Quark,
Dauerwurst und kalten Grießbrei. Iwan Iwanowitsch und ich
nehmen das so hin, aber drei russische Gäste im Unterhemd,
tätowiert bis an die Ohren und muskulös, randalieren so lange, bis sie deutsches Bier und russische Kohlsuppe bekommen.
Die zwei dicken Kellnerinnen umsorgen sie mütterlich.

Am Fuß der großen Freitreppe, wo das Lenin-Denkmal steht,
sitzt die Stadtverwaltung, im Haus, von dem aus früher das
Parteikomitee die Kurstadt beherrschte. Pjatigorsk, so sagt der
stellvertretende Bürgermeister, sei seit dem 18. Jahrhundert ein

421

Vorposten der russischen Kultur am Kaukasus und trotz aller kaukasischen Kriege eine ganz friedliche Stadt, in der verschiedene ethnische Gruppen zusammenleben. In vierundzwanzig Sanatorien haben noch 1990 rund 200 000 Gäste das heilsame Wasser getrunken. Heute sind es viel weniger. Denn die Leute haben Angst, weil Pjatigorsk so nah am Kaukasus liegt, so nahe am Krieg in Tschetschenien. Aber, so gibt er zu, es könne auch damit zusammenhängen, daß Pjatigorsk schon seit Jahren keine idyllische Kurstadt mehr sei. Mit der Industrialisierung zur Zeit der Sowjetunion sei eben auch die Luftverschmutzung gewachsen, gar nicht zu reden von den vielen Autos, die sich heute durch die schmalen Straßen des Stadtkerns schieben. Und was noch schlimmer sei: Zu viele der Einwohner seien Pensionäre, die sich hier ansiedelten und nun, weil die Renten zu niedrig sind, der Stadt auf der Tasche lägen.

»Na ja, wir kriegen das schon wieder hin«, sagte der stellvertretende Bürgermeister. »Nun bauen wir erst mal eine Straßenbahn. Das Geldchen dafür ist da, trotz des Defizits im Budget, und dann wird die Innenstadt Fußgängerzone.« Er hofft, seine Stadt wird aufblühen, wenn Hotels und Sanatorien erst einmal Privatbesitz oder Aktiengesellschaften werden. So genau weiß er nicht, welche Form das annehmen wird. Aber eines weiß er schon: Die drei oder vier Sanatorien, die als erstklassig gelten, sind heute überfüllt, während der untere Durchschnitt leersteht. Die Gäste stellen höhere Ansprüche, seit sie selber bezahlen müssen und nicht mehr auf Betriebskosten kuren. Da sieht der stellvertretende Bürgermeister nur eine Zukunft: Seine Stadt muß wirtschaftliche Sonderzone werden, in der das Steueraufkommen als Kredit rückinvestiert wird und nicht nach Moskau fließt. Sie muß ökologische Sonderzone werden, in der die qualmende Industrie abgebaut wird, und sie muß sich der Welt öffnen. Dazu, findet er, hat sie den ersten Schritt getan, seit die ehemals katholische Kirche nicht mehr Baustofflager ist, sondern ein Konzertsaal, in dem auch gelegentlich ein Gottesdienst abgehalten wird.

An der Ausfallstraße nach Südosten, die ins Gebirge und Richtung Tschetschenien führt, steht ein Komplex von Läden, Werkshallen und Garagen, in dem es, so scheint mir, fast alles gibt. Zur Straße hin liegt ein Einkaufszentrum mit Apotheke, einem Restaurant und, was es früher auch nicht gab, einer gut funktionierenden Tankstelle. Das Gebiet dahinter ist von einer zwei Meter hohen Mauer umschlossen, das Stahltor ist gut bewacht. Das ist der Konzern »GR & S«, benannt nach Gawrilow Roman und Söhnen. Im Nordkaukasus oder vielleicht in ganz Südrußland ist dies das größte der neuen Privatunternehmen. Der Chef, Roman Gawrilow, ist nicht da, er verhandelt in Moskau. Die riesige Direktionsetage glänzt vor Marmor und Kristallüstern, aber sie ist menschenleer. Nur ein alter Mann sitzt da, der für den Chef auf alles aufpaßt, und er holt dann den Assistenten des Präsidenten, einen jüngeren Mann, der von der Bedeutung seines Chefs zutiefst überzeugt ist.

Er zeigt uns den Sitzungssaal für hundertzwanzig Personen: Da habe Präsident Gawrilow kürzlich eine Konferenz über den Krieg in Tschetschenien und seine Folgen abgehalten, mit wichtigen Politikern aus Moskau und Vertretern der verfeindeten tschetschenischen Gruppen. Roman Gawrilow sei politisch und sozial sehr aktiv, sagt sein Assistent, und außerdem habe er als Geschäftsmann auch ein Interesse daran, daß sich die Lage im Nordkaukasus beruhigt und stabilisiert. Gawrilow hat viele Interessen. Das kann man sehen, wenn man über das Gelände geführt wird. Da liegen nebeneinander lauter kleine Betriebe: eine Möbelfabrik, eine Wurstfabrik, eine Anlage zum Abfüllen von Mineralwasser, eine Bäckerei, ein Kabelwerk, eine Werkstatt für Pelzmäntel und Lederverarbeitung, eine Druckerei. Halbfertig sind eine Glasfabrik, die Flaschen für das Mineralwasser herstellen soll, und eine Wodkabrennerei. GR & S – der Assistent nennt es das Imperium von Gawrilow – ist auch ein Bauunternehmen, das Wohnblocks und Geschäftshäuser errichtet. Zweihundert Lastwagen gehören dazu, dreißig Geschäfte in den Städten des Nordkaukasus, eine Filiale in Moskau und eine in Tel Aviv.

»Das haben wir alles selber aufgebaut«, sagt der Assistent. »Das sind keine Staatsbetriebe, die bloß privatisiert wurden. Darauf sind wir stolz.« Gawrilow habe klein angefangen, mit der Tankstelle und dem Einkaufszentrum an der Straße, und immer wenn Geld da war, habe er es investiert und einen neuen kleinen Betrieb hinzugefügt. Jetzt seien Reisebüros dazugekommen und eine kleine Charterfluglinie nach Israel. Roman Gawrilow ist Jude, sein Assistent ist ein Moslem aus Dagestan. Natürlich weiß der Präsident, daß er sich im Hexenkessel des Kaukasus absichern muß. In seinem neuen Hotel hat er Flüchtlinge aus dem kriegsverwüsteten Tschetschenien untergebracht, meistens jüdische Familien, aber auch Tschetschenen und Russen. Wohltätigkeit, so erfahren wir, gehört zu Gawrilows vielen Interessen. Er unterstützt den Reformkurs Moskaus in der Politik, aber am wichtigsten sei die Wirtschaft, sagt sein Assistent.

»Wenn Unternehmer die Wirtschaft in Gang setzen, wird die Politik folgen. Wir brauchen Stabilität, weil wir bauen und produzieren, nicht bloß Handel treiben. Die Behörden sollten das honorieren, denn der Handel bringt keine Steuern auf, der ist steuerlich gar nicht zu fassen. Wir transferieren unser Geld nicht ins Ausland, wir investieren hier sogar Gelder, die aus Israel kommen. Wenn Rußland die Krise hinter sich hat und die westlichen Geschäftsleute einsteigen wollen, dann sind wir schon da.« Der Assistent ist überzeugt vom großen Potential des Landes am Rande des unruhigen Kaukasus.

Roman Gawrilow ist Vorsitzender des Unternehmerverbandes im Nordkaukasus. Sein Konzern ist ein Familienbetrieb. Vizepräsidenten sind seine Frau und der älteste Sohn. Der zweite Sohn leitet die Restaurants, zwei Söhne studieren noch, zwei Töchter sind verheiratet. Roman Gawrilow raucht und trinkt nicht, aber frei von Eitelkeit scheint er nicht zu sein. Über seinem Schreibtisch hängen unzählige Fotos, die ihn mit

Politikern, Regisseuren, Dichtern und dem Patriarchen der orthodoxen Kirche Rußlands zeigen. Wie hat er das alles geschafft? »Roman Gawrilow ist ein geborener Direktor«, sagt sein Assistent bewundernd. »Er war eigentlich immer Direktor. Erst leitete er einen Konzern in Tschetschenien, dann war er so etwas wie ein Industrieminister in der Verwaltung der Karatschaiisch-Tscherkessischen Republik, schließlich Direktor eines Werks hier in Pjatigorsk und 1989, als es mit der Sowjetunion zu Ende ging, da begann er, seinen eigenen Konzern aufzubauen.« Wir sehen ihn auf dem großen Foto über dem Schreibtisch: ein kleiner, untersetzter Mann mit Brille, ein moderner Patriarch, umgeben von Frau und Kindern. Er erscheint mir als Unternehmer von einem Schlag, den es im Westen seit ein oder zwei Generationen kaum noch gibt. Er hatte gelernt, sich im Dschungel der Staatswirtschaft durchzuschlagen, und nun stürzt er sich in den neuen Wildwest-Kapitalismus. Sicher könnte er angenehm leben, wenn er mit seinem Geld emigrierte. »Aber wozu?« fragt der Assistent. »Im Westen ist alles schon geregelt, da ist es langweilig, was kann man da schon machen? Hier bei uns ist noch alles möglich.«
Auf der staubigen Landstraße kommen wir nun immer wieder an schwerbewaffneten Posten und Schützenpanzern vorbei. Tschetschenien und der Krieg rücken näher. Wo die Straße zum Dorf Staropawlowsk abzweigt und ein Panzer als Denkmal an den Zweiten Weltkrieg erinnert, sitzen ein paar Uniformierte im Gebüsch: Männer mit schwarzen Pelzmützen, die hochgeschlossene Tunika der Kosaken mit Patronengurten behängt. Sie warten als Freunde auf uns. Auf einem weißen, bestickten Tuch bringen sie ein rundes Brot und ein Fäßchen Salz zur Begrüßung. Vor fünf Jahren war ich einige Tage bei ihnen zu Besuch gewesen. Damals war Staropawlowsk eines der ersten Dörfer, in denen sich die Kosakenschaft neu begründete. Der Kolchoschef war zugleich Kosakenataman, Herr über die ersten bewaffneten Patrouillen, die nachts um das Dorf ritten und über den Flußlauf des Terek spähten, wo das Land der

Kabardiner und Balkaren liegt, Moslemvölker, gegen die die Kosaken zweihundert Jahre lang kämpften. Staropawlowsk war als eines der Wehrdörfer an der Kutusow-Linie gegründet worden, als Rußland seine Vorposten immer weiter nach Süden schob.

Als ich den Ataman von Staropawlowsk 1991 besuchte, war in Moskau gerade der Augustputsch gescheitert. Da hatten auch 150 Kosaken Boris Jelzin am Weißen Haus verteidigt, in alten Uniformen, die sie sich beim Moskauer Filmstudio besorgt hatten. In Staropawlowsk nahmen die obersten Atamane der Kosakenschaft neue Mitglieder auf – in einer düsteren nächtlichen Zeremonie, in der ein Pope sie auf die Kosakenknute absoluten Gehorsam schwören ließ. Einige sprachen davon, daß man sich eigene Panzer kaufen sollte, um die Armee zu unterstützen.

Aber nun, beim zweiten Besuch, wirkt der Ataman von Staropawlowsk ganz zivil. Er ist auch nicht mehr Kolchoschef. Das Dorf ist nun eine Genossenschaft und hat sich einen rußlanddeutschen Ökonomen als Geschäftsführer engagiert. Nur mit Kosakentradition allein geht es nicht, wenn man ums wirtschaftliche Überleben kämpfen muß. Der Ataman ist nur noch Direktor der kleinen Betriebe, in denen die Genossenschaft einen Teil ihrer Produkte selber verarbeitet: die Ölmühle für die Sonnenblumenkerne, die Buchweizenmühle, die Bäckerei und die neugegründete Wurstfabrik. Groß ist das alles nicht. Die »Wurstfabrik«, zu der man uns führt, ist ein Zimmer, in dem ein Mann einen überdimensionalen Fleischwolf dreht und eine Frau die Wursthäute stopft. Die Konditorei haben sie schließen müssen, sagt der Ataman, denn die Leute haben für so etwas kein Geld mehr, oder sie geben es für andere Dinge aus.

4 200 Einwohner hat das Dorf, aber es wächst. Innerhalb von wenigen Monaten sind dreißig russische Familien aus Tschetschenien zugezogen, und aus den Städten kommen junge Leute zurück, weil es sich trotz aller Schwierigkeiten auf dem Land

leichter leben läßt. Zwar ist das Bargeld äußerst knapp, aber jeder bekommt Weizen, Mais und Futtergetreide für das Vieh, das alle Familien halten. Es gibt viel mehr Kühe als zur Kolchoszeit, sagt der Ataman, 850 Stück in der Herde der Genossenschaft und noch einmal soviel bei den Familien. Das Dorf ernährt sich selbst, die Familien tauschen untereinander, was sie selber anbauen. Darum hat auch das Restaurant geschlossen, auf das der Ataman vor fünf Jahren so stolz gewesen war. Die zwei kleinen Kioske, in denen neue Händler Kleidung und Süßigkeiten angeboten hatten, sind inzwischen vernagelt. »Die eigentlichen Schwierigkeiten macht uns der Staat, das ungeregelte System«, sagt der Ökonom. »Wir zahlen 86 Prozent Steuern. Kredite kosten heute 213 Prozent Zinsen. Aber noch leben wir.« Dieselkraftstoff und Elektrizität sind sehr teuer geworden. Die Wolle der Schafherden ist auch hier fast unverkäuflich. Die Fleischfabrik in der Stadt zahlt wenig und manchmal erst nach einem halben Jahr, wenn die Inflation den Profit schon weggefressen hat.

200 Bauern haben sich selbständig gemacht, als der Kolchos aufgelöst wurde. Jeder hat seinen Anteil am Boden bekommen, ganze fünfeinhalb Hektar. Davon können die Neubauern nicht leben. Einige pachten Land dazu, andere haben sich zu kleinen Genossenschaften zusammengeschlossen, vermieten Traktoren und Mähmaschinen. 1991 gab es heftige Diskussionen unter den Bauern, wer einen Anteil bekommen solle, wenn das Kolchosland verteilt würde: ob alle im Dorf oder nur die Kosakenfamilien, die schon vor der Kollektivierung hier gelebt hatten. Dann haben sie den Beschluß gefaßt: Jeder Bauer bekam fünfeinhalb Hektar. Als ein Jahr später das Gesetz erlassen wurde, daß auch die Leute in der Verwaltung, die Mechaniker, der Arzt und die Krankenschwester beteiligt werden müßten, war der Boden verteilt, und kein Bauer will Land zurückgeben. Der Direktor der Genossenschaft ist ebenfalls leer ausgegangen. »Den haben wir auch nicht vergoldet«, sagt der Ataman. Dieser Kolchos ist keine Aktiengesellschaft geworden, er be-

trachtet sich als Genossenschaft besonderer Art, bei der die Bauern eigenes Land haben und nur die Nebenbetriebe gemeinsam unterhalten. Das ist eine einmalige Organisationsform, die es sonst nirgends gibt. Der Ataman meint, dies sei nun bald das zehnte Experiment mit der Umorganisierung der Landwirtschaft, das er im Dorf erlebt hat. »Ich bin eine Art Kolchoschef unter erschwerten Bedingungen«, sagt der Ökonom. »Jetzt kann jeder mitreden. Langfristig investieren ist schwer, weil alle schnell Geld sehen wollen. Und die Bauern hier sind ganz schön sture Köpfe.«

Das Dorf liegt still in der Mittagshitze: kleine, ordentliche Häuser mit hohen, festen Zäunen. Da steht eine ganze Reihe ein- und zweistöckiger Neubauten, Einfamilienhäuser aus weißen Ziegeln. Hundertfünfzig Baugrundstücke hat das Dorf im letzten Jahr ausgewiesen. Und wie bauen die Leute, wenn alle sagen, daß kein Geld da ist? Sie bauen eben, sagt man, und unser Fahrer erinnert sich an seine Schwiegermutter in einem kleinen Tscherkessendorf, eine Witwe mit kleinem Häuschen, die sich jetzt ein zweites Haus in ihrem Garten baut. Geld hat sie auch nicht, sagt der Fahrer. Man müsse nur wissen, wie man an Baumaterial kommt, dann sei es nicht teuer. »Wenn sie in der Stadt große Wohnhäuser bauen, dann steht im Plan, daß die Zimmer 2,20 Meter hoch sind. Aber sie bauen nur zwei Meter hoch. Da bleibt dann bei einem großen Haus ein Haufen Backsteine übrig«, erläutert der Fahrer, »und die sind billig.« Aber so sei das bei ihnen in Staropawlowsk natürlich nicht, korrigiert ihn der Ökonom.

Auf dem kleinen Stausee am Rand des Dorfes schwimmen fast zweihundert Gänse. Kinder springen vom Staudamm ins Wasser. Das Dorf feiert das Neptunfest mit Schwimmwettbewerb. Die Mütter haben sich modisch angezogen, nur die älteren Frauen tragen noch die Kopftücher der Bäuerinnen. Wir fahren durch eine Furt, an der Jungen zu Pferde die Kühe hüten, und dann durch den Wald. Da riecht es nach Rauch und Schaschlik: Die Kosaken laden zum Mittagessen ein. Der Ritt-

meister und zwei Männer in Tarnuniformen schleppen einen
riesigen Kessel Schulum, Hammelfleischsuppe, an und haben
frische Karauschen aus dem Stausee gegrillt. Eine Kiste Wodka haben sie auch mitgebracht, aber wir trinken nur symbolisch
und wenig. Es ist viel zu heiß. Der Ökonom wie der Ataman
sind nüchterne, praktische Leute, die mittags keine langen
Trinksprüche ausbringen, statt dessen klären sie meinen Fernsehkollegen über die neue Tauschwirtschaft auf. Sie haben zum
Beispiel einen Vertrag mit einem Atomkraftwerk, das vom
Dorf mit Lebensmitteln beliefert wird und dafür monatlich
fünfzehn Plätze in seinem Sanatorium zur Verfügung stellt.
»Wir leben noch«, sagt der Ökonom immer wieder, halb zufrieden und halb besorgt. Über Politik will keiner sprechen. Es
gibt in diesem Dorf keine Vertreter politischer Parteien. Von
denen höre man nur etwas im Fernsehen, aber das interessiere
kaum, denn zu Politikern und Regierung habe sowieso niemand Vertrauen.
Mit dem selbstgebackenen Brotlaib und dem Salzfäßchen, das
die Kosaken uns schenkten, fahren wir nach Pjatigorsk zurück.
Da hat mein Fernsehkollege noch mit einem weiteren Werbe-
kunden zu verhandeln. Am Stadtrand steht ein sechsstöckiger
Neubau, fast schloßartig mit Bögen und Türmen. Im einen
Flügel werden Schaffellmäntel genäht, in den anderen soll eine
Wurstfabrik, und in der Mitte werden einmal in großen Räumen Modenschauen und kulturelle Ereignisse stattfinden, falls
sich eine westliche Bekleidungsfirma als Partner beteiligt. Im
Augenblick reicht das Geld nicht einmal für den Ausbau der
Wurstfabrik, sagt die Präsidentin der Firma. Valja Gawrilowa
ist ein Bündel von Energie und Enthusiasmus und die Schwester des Großunternehmers, dessen Konzern wir morgens besucht hatten. Natürlich hat sie ein Telefon in ihrem VW-Bus,
und als es klingelt, muß ich als Dolmetscher einspringen, denn
der Anruf kommt aus dem Süden Italiens, und verständigen
können sich die Partner nicht. Also vermittle ich in Englisch.
Wann denn der Lastzug in Bari ankomme, mit dem Valjas

Mann Kleidung, Schuhe und Handtaschen abholen soll? Er
kauft dort auch Schaffelle für die Pelzmantelherstellung, weil
sie im fernen Süditalien billiger sind als im Kaukasus.
In der Innenstadt zeigt uns Valja Gawrilowa das kleine Kauf-
haus ihrer Firma Vera. Fast sieht es aus wie eines der kleinen
Palais, die vor der Revolution in der Kurstadt Pjatigorsk gebaut wurden, aber es ist ein Neubau, mit geschwungenem
schmiedeeisernem Balkon und reichverzierten Stuckdecken.
Dafür hat Valja Gawrilowa extra einen rußlanddeutschen Stuk-
kateur aus Moskau kommen lassen. »Wenn wir schon bauen,
dann soll es auch schön sein und zum alten Charakter der Stadt
passen«, sagt sie. Das Grundstück hatte die Stadt angeboten, mit
der Auflage, die vom Einsturz bedrohte Wand des Studenten-
heims nebenan wieder aufzubauen. Sie konnte nur schätzen,
was das kosten würde. »Das Angebot der Stadtverwaltung kam
eines Abends«, sagt Valja. »Und am nächsten Morgen habe ich
zugegriffen. Bei uns muß man sich schnell entscheiden.«
Nun bietet das Warenhaus Vera modische Kleidung und Ac-
cessoires an, nach Qualität und Geschmack deutlich besser als
die Billigware, die die Händler aus der Türkei oder China sonst
auf die Märkte bringen. Die Verkäuferinnen sind aufmerksam
und höflich, auch das ist hier nicht die Regel: Frau Gawrilowa
hat drei Monate mit ihnen üben müssen. »Dann haben wir
eröffnet, und in jeder Abteilung sollte der erste Kunde ein kleines Geschenk bekommen. Als ich kam, waren die Geschenke weg, und kein Kunde hatte eines gesehen. Die Verkäuferinnen hatten eine kleine Gewerkschaftssitzung veranstaltet
und beschlossen, Geschenke für Kunden seien überflüssig. Sie
selber hätten ja auch Verwandte und Kinder, und so haben sie
alles unter sich verteilt«, sagt Frau Gawrilowa. »Nichts ist hier
einfach und selbstverständlich.«
Sie wohnt in einer kleinen Straße am Stadtrand hinter einem
hohen Zaun mit großem eisernem Tor. Angst habe sie eigentlich nicht, meint sie. Die Nachbarn kennen sich, alle passen auf.
Nebenan hat ihr Vater sein Haus, schräg gegenüber wohnt eine

Tante. Es sind einstöckige Häuser, eher unauffällig gebaut. Die Gawrilows haben fünf Zimmer, ordentlich und bequem eingerichtet, und dahinter ein großes gelbes Plastikdach über dem Hof, unter dem sich im warmen Sommer das Leben abspielt. Da sitzen wir am langen Holztisch mit der ganzen Familie. Zwei Töchter um die Zwanzig studieren in Moskau. Die eine will Ärztin werden, die andere Juristin. Sie war kürzlich zu einem Sechs-Wochen-Seminar in Hamburg und würde gern ein Jahr in Deutschland arbeiten und studieren. Der zehnjährige Sohn hat gerade erklärt, er wolle in Zukunft in England zur Schule gehen. Er gibt sich ein bißchen wie ein junger Lord, und als er seinen Vater einmal auf einer Geschäftsreise nach Italien begleitete, erzählt die Familie, da hätten die Italiener den Eindruck gehabt, er sei ein reiches Kind aus gutem Hause und der Vater sein Hauslehrer. Der Junge war ins Restaurant gegangen, hatte vom Besten bestellt, und dann mußte der Vater ihn auslösen. Das findet die Familie komisch.

Nur die drittälteste Tochter will einmal in Pjatigorsk ins Geschäft einsteigen. Deswegen haben sie der Firma ihren Namen gegeben. Vera, das heißt Hoffnung, und die Mutter hofft, daß wenigstens diese Tochter ihr Erbe antritt. Über die Zukunft der anderen Kinder ist sie besorgt. Halb ernst und halb komisch sagt sie immer wieder zu Stella, der Tochter, die in Deutschland studieren möchte: »Also, jetzt mußt du erst mal heiraten, und zwar einen Juden. Es muß keiner von unseren sein, von mir aus kann es auch ein europäischer Jude sein, aber erst wird geheiratet, und dann kannst du immer noch im Ausland studieren.« – »Nein«, sagt die Tochter auf deutsch zu mir, »damit bin ich nicht einverstanden.« Es sind guterzogene, höfliche Kinder. Sie tragen auf, waschen ab, setzen sich wieder zu uns und reden mit. Zwischendurch geht die älteste Tochter ins Nebenhaus, um den Großvater zu versorgen. Dies ist ein ganz enger Familienclan. Die Eltern sind noch geprägt von der kleinen Gemeinschaft, aus der sie kommen: Bergjuden aus Dagestan, ein ganz besonderer Schlag. Auf den Zusammenhalt und

die engen Bindungen haben sie ihr Leben aufgebaut. Überall
am Kaukasus leben Menschen in solchen ethnischen und re-
ligiösen Gemeinschaften, Tscherkessen und Tschetschenen,
Karatschaier und Abasinen, und die vielen anderen in diesem
Gebiet mit siebzig Nationalitäten und Sprachen.

Mein Kollege Iwan Iwanowitsch Schljachtin ist Russe, aber
stolz darauf, von Kosaken abzustammen. Wenn ich mit ihm
übers Land fahre, denke ich manchmal, er betreibt sein Dienst-
geschäft wie eine Kavallerieattacke. Immer weiter, ohne Pause
geht es nach Kislowodsk, dem schönsten und grünsten Kurort am Kaukasus. Aber für den berühmten botanischen Garten haben wir so wenig Zeit wie für die hübsche Trink- und
Wandelhalle aus dem vorigen Jahrhundert. Wir fahren, ganz
prosaisch, zu einer Fabrik, die Haushaltsartikel aus Plastik und
Souvenirs aus Porzellan herstellt. Vielleicht läßt sich da Werbe-
zeit für das Regionalfernsehen verkaufen, vielleicht kann Iwan
Iwanowitsch einen günstigen Preis für Werbegeschenke aus-
handeln, für Aschenbecher zum Beispiel, die, mit Bildschirm
und Mikrofon verziert, beim zwanzigsten Jubiläum seines Studios nützlich wären. Für mich gebe es da etwas Schönes zu
sehen, sagt er: Vasen, Dosen und Kaffeeservice, die reich mit
Blümchen geschmückt sind.

»Teure Handarbeit«, sagt der Direktor, »etwas für reiche Leute.
Wenn der Lebensstandard steigt, dann steigt auch unser Absatz wieder. Heute geht es in erster Linie darum, den Betrieb
zu erhalten.« Davon hängen 1 400 Arbeitsplätze ab. Die Löhne
entsprechen dem Durchschnitt von 350 000 Rubel bis zu
800 000, das sind rund 100 bis 200 Mark. Die staatliche Fabrik
ist vor drei Jahren eine Aktiengesellschaft geworden. Alle, die
schon 1989 hier arbeiteten, wurden Mitbesitzer, wer später
kam, ging leer aus und ist jetzt nur Angestellter. Der Staat hält
keine Anteile mehr. Dafür hat die Fabrik nun 700 Aktionäre,
alle im Betrieb beschäftigt, Besitzer von Aktien, die unverkäuflich sind. 700 Aktionäre seien doch eine ganze Menge, sage
ich, und der Direktor muß lachen. »Das macht die Arbeit sehr

schwierig, eigentlich unmöglich. Und alle zwei Jahre muß ich mich zur Wiederwahl stellen.« Allerdings war er schon zehn Jahre Direktor, ehe die Fabrik privatisiert wurde, und keiner kennt die Chancen und Schwierigkeiten besser als er. »Die Fabrik braucht neue Maschinen, aber wie soll man das finanzieren?« fragt er. »Der Staat gibt keine Kredite mehr, und das geht anderen Betrieben genauso. Darum helfen wir uns gegenseitig, indem wir einander Kredite einräumen.«

Das ist tatsächlich überall so, und hier wie anderswo hat niemand mehr den Überblick über die Kredite, die in Rußlands Provinzen in Umlauf sind. Theoretisch könnte der Betrieb sein Kapital aufstocken, aber dann müßten die 700 angestellten Aktionäre eigenes Geld zuschießen, und das wollen sie nicht. Die meisten der Porzellanmaler, Plastikformer und Ingenieure, fast alle Russen, brauchen ihr Geld, denn das Leben wird immer teurer. Der Direktor, das merkt man an seinem Namen, ist Georgier, kommt von der anderen Seite des Kaukasus, und eigentlich ist er Ausländer, seit Georgien ein selbständiger Staat wurde. Aber solange er sich nicht zum georgischen Staatsbürger erklärt, wird das alles nicht so genau genommen.

Der nächste Mann, den wir treffen, ist ein Armenier, der schon seit zwei Jahrzehnten in Kislowodsk als Schlagertexter und Komponist lebt. Damit hatte er jahrelang bescheidene Erfolge in der Provinz, aber nun werden seine romantischen und patriotischen Lieder kaum noch gespielt. Im Radio und Fernsehen läuft eine andere Art von Musik. »Alles amerikanisiert«, schimpft er. »Und schauen Sie doch mal ins Fernsehen, wer macht denn da die Programme? Lauter Juden in Moskau.« Er wird melancholisch, wenn er darüber nachdenkt, daß er seine Kunst aufgeben mußte, um ins Geschäftsleben zu gehen, in eine härtere neue Welt. An diesem Tag mag er uns seine alten Schlager nicht vorsingen: Gestern ist einer seiner Geschäftspartner auf der Straße erschossen worden, das hat ihn erschüttert. Womit er selber eigentlich handelt, bekomme ich nicht heraus, vielleicht mit Champagner aus Rostow. Es lohnt sich wohl, denn die Familie kann sich verbessern. Noch sitzt er mit Frau und zwei Söhnen in der schäbigen Zweizimmerwohnung im grauen Plattenbau. »Aber das ist bald vorbei«, sagt seine Frau. »Vielleicht ziehen wir nächste Woche aus. Wir haben schon ein Haus gesehen, das wir kaufen möchten, eins mit fünf Zimmern und Garten.« Und als Iwan Iwanowitsch nun aus voller Brust Kosakenlieder schmettert, da vergißt sein armenischer Freund schließlich den Mord am Kollegen, setzt sich ans Klavier und singt seine Lieder vor. »Aber nur ernste. Heute keine lustigen«, sagt er. Spätabends fährt er uns zum Hotel. Eigentlich will er uns noch das neue Spielcasino zeigen, aber es ist uns zu spät.

Vor dem Frühstück am nächsten Morgen ruft der Hoteldirektor an: Er möchte sein Haus zeigen und was es alles zu bieten hat. Denn das Hotel ist halbleer. Früher kamen Gäste aus Deutschland – bevor die Leute aus der DDR nach Westen reisen konnten. Nun bleiben auch die russischen Gäste aus. Dabei hat sein Hotel »Intourist-Narsan« viel zu bieten: wirklich schön eingerichtete, moderne Luxussuiten mit Vollpension für 80 Mark pro Tag, ein Schwimmbad und eine ganz modern eingerichtete Kuranlage mit Ärzten, Masseuren und Schwestern. Doch das nützt ihm nun wenig, seit die Ausländer sich vor Rußland fürchten und die Russen vor dem Kaukasus. Viele fahren sowieso lieber nach Griechenland oder in die Türkei, wo man für 600 Dollar, Flug inklusive, erleben kann, was dem Normalbürger früher verboten war.

Wir fahren hinauf in die Berge, und nun nimmt Iwan Iwanowitsch seine Frau und seine kleine Tochter mit. Archis, wo der Kaukasus am schönsten ist, galt immer als Ferienparadies. In der Nähe des Dorfes liegt die Parteivilla, die Gorbatschow bauen ließ und in der er sich mit Helmut Kohl traf, als sie das letzte Gespräch über die deutsche Vereinigung führten. Es ist eine schöne Fahrt über den Paß, wo Adler und Raben kreisen. Immer seltener werden die Dörfer. Fast jedes hat nun eine neugebaute Moschee: Hier wohnen Karatschaier, ein Turkvolk, das den Russen unheimlich ist. Sie teilen das Land mit den Tscherkessen, die als freundlich und angepaßt gelten. Aber die Karatschaier seien eher wild und unberechenbar wie die Tschetschenen, erzählen sich die Russen. Also halten wir in einem kleinen Dorf, wo Kosaken gesiedelt haben, und kaufen uns auf dem Markt Tomaten, Würste und Mineralwasser für das Picknick am Fluß, nahe der Straßensperre aus Beton mit den Polizeiposten in schußsicheren Westen.

Wo das Flußtal des Selendschuk enger wird, stehen ein paar Jungen im Schottergeröll am Rande der weidenbewachsenen Au und angeln Forellen. Dafür braucht man hier keinen Angelschein, sowenig wie die Leute einen Jagdschein brauchen, wenn sie mit der Flinte in die Wälder ziehen. In einer Straßenbiegung versperrt uns eine hölzerne Stange den Weg. Vor einer Baracke sitzen drei alte Männer und fordern Wegezoll. Wer in die Berge will und kein Hiesiger ist, der muß nun, das hat die Gemeinde neu eingeführt, so etwas wie eine Kurtaxe bezahlen. »Man muß eben selber sehen, wie man zu Geld kommt, seit man vom Staat nichts mehr zu erwarten hat«, sagt einer der alten Männer.

Dreißig Kilometer weiter, direkt an der Einfahrt des Dörfchens Archis, steht dann der Staat mit seiner Macht: Eine Kompanie Grenzsoldaten, verstärkt durch Sondertruppen, hat das Sanatorium an der Ortseinfahrt in eine Kaserne verwandelt. Autos mit fremder Nummer müssen anhalten und werden kontrolliert. Die Soldaten halten die Maschinenpistolen im Anschlag. Das hat es früher nicht gegeben. Früher bin ich hier noch tagelang über die Berge gewandert, ohne einen Polizisten zu sehen. Aber nun gibt es eine Grenze. Seit die Sowjetunion aufgelöst wurde, beginnt hoch oben am Kluchorpaß das Ausland. Auf der anderen Seite des Kaukasus, wo Georgien liegt, kämpfen die Abchasen für einen eigenen Staat. Tschetschenische Freischärler sind vor drei Jahren schwerbewaffnet über die Pässe dieses Gebirges gezogen, um die Abchasen zu unterstützen. Die russischen Soldaten haben sie nicht gehindert, sagen die Leute, denn damals, als es gegen Georgien ging, waren die Tschetschenen fast Verbündete. Nun sind sie Feinde, die am anderen Ende des Kaukasus mit den Russen im Krieg liegen.

Die neue Unsicherheit hat das Leben in Archis verändert. Den kleinen Markt, auf dem die Touristen früher Schaffelle und selbstgestrickte Pullover kauften, gibt es nicht mehr, Touristen sind kaum noch da. Es gibt keine kleinen Zeltlager mehr, und die Hütten aus Sperrholz, in denen man billig übernachten konnte, fallen in sich zusammen. Bei manchen der Sanatorien sieht man an den zerschlagenen Fensterscheiben, daß hier kaum noch jemand wohnt. Nur unten am Fluß, wo das reißende Wasser gegen die Felsbrocken schlägt, ist im Kurheim »Energetika« ziemlich viel Betrieb. Hier bin ich einmal untergekommen, als es noch das Betriebskinderheim des Stawropoler Elektrizitätswerks war, und dann ein zweites Mal, als es schon eine Pension für Funktionärsfamilien geworden war. Im Hof kann man an den Nummern der geparkten Autos erkennen, wo die Gäste heute herkommen: aus den größeren Städten Südrußlands, 300 bis 400 Kilometer entfernt. Und man sieht auch, wer sie sind – gehobener Durchschnitt, der noch keine ausländischen Autos besitzt.

Die Pension sieht aus wie ein überdimensionales Hexenhaus. Hier hat ein Architekt seinen Traum von russisch-kaukasischer Freizeitarchitektur mit bunten Felssteinen und spitzen Mansarden ausgelebt. Auf jedem Balkon sind Bindfäden gespannt, an denen Hunderte trockener Pilze aufgereiht sind. Vor der Tür steht ein älterer Georgier im gelben Seidenhemd, mit Frau und Schwägerin, beide ganz traditionell im hochgeschlossenen schwarzen Kleid, und zwei Enkelkindern in bunten Jogginganzügen. Ein paar junge Frauen auf der Bank daneben tragen bunte Leggings, T-Shirts oder rüschenbesetzte Blusen. Die Männer, die zu ihnen gehören, im offenen Hemd und zerknitterten Hosen, geben nicht viel auf Kleidung. Uns teilt der Direktor die Luxussuite zu: zwei Zimmer mit schweren, etwas abgeschabten Sowjetmöbeln, ein Bad, in dem die rostigen Rohrleitungen tropfen und die Toilette keine Brille hat: genau wie früher. Jetzt gibt es zwar ein Fernsehgerät, angeschlossen an eine Satellitenschüssel, aber es zeigt nur ein Programm: einen türkischen Unterhaltungskanal. Vor dem Balkon versperrt ein Haufen Baumaterial den Blick auf die Berge. Der Löschzug der Feuerwehr steht auf Ziegelsteinen aufgebockt, hinten ohne Luft in den Reifen.

Hier war das neue Rußland noch nicht angekommen, das merkten wir auch, als wir um sieben Uhr vor dem Speisesaal standen und mit den anderen Gästen geduldig warteten, daß die Tür geöffnet würde. Das Essen stand schon auf dem Tisch, und es war, als ob ich nie fortgewesen wäre: kalter Grießbrei mit einem großen Stück Butter, drei Brocken Fleisch in brauner Gulaschsoße mit Buchweizengrütze und Brot. Gurken und Tomaten hatten wir selbst mitgebracht. Wir saßen mit einem jungen Ehepaar aus Rostow am Tisch, Lehrern an der Mittelschule, und einer stämmigen Professorin von der Landwirtschaftshochschule in Stawropol. Ihr Freund, ein Mann aus der Verwaltung, hatte Champagner und Wodka mitgebracht. Alle an unserem Tisch schienen zufrieden. Aber zwei jüngere Frauen am Nebentisch zogen Vergleiche mit ihrem Urlaub im Jahr zuvor. Da waren sie am Mittelmeer gewesen, in der Türkei. Selbst in einfachen Hotels wird man da richtig bedient und bekommt viel mehr geboten, erzählten sie. Und die Professorin an meinem Tisch meinte, es sei kein Wunder, daß so viele Sanatorien in Archis leerstehen. »Unser ›Energetika‹ ist noch das beste. In den anderen alten Häusern würde ich keinen Urlaub machen. Dafür ist es heute zu teuer geworden.«

Aber das ist nicht der einzige Grund dafür, daß manche Gästehäuser, die äußerlich ganz gut aussehen, dennoch leerstehen. Das Sanatorium nebenan hat sogar eine Sauna und ein Hallenschwimmbad, offenbar war es einmal für bessere Gäste gebaut worden. Es hat im Erdgeschoß eine Halle mit bunten Glasfen-

stern und Majolikafresken, die früher Tanz- und Vortragssaal
war, aber im ganzen Haus sind nur zwei Zimmer belegt. Die
zwei alten Frauen, die noch für Ordnung sorgen, wissen nicht,
warum keine Gäste kommen. Das Gästehaus hatte sich das
Parteikomitee von Rostow gebaut. Aber die KPdSU gibt es
nicht mehr. Vielleicht gehört es nun der Stadt Rostow, meinen die alten Frauen. Sie haben gehört, daß eine große Baufirma das Haus gekauft haben soll. »Dieses Sanatorium muß
man im Auge behalten«, überlegt Iwan Iwanowitsch ganz ge-
schäftstüchtig. »Das könnte man günstig kaufen, in diesem Jahr
noch nicht, aber vielleicht im nächsten. Am besten, kurz bevor die wirtschaftliche Stabilisierung anfängt.«
Der Freund der Landwirtschaftsprofessorin ist einer der beiden
Gäste in dem fast leeren Haus. Der frühere Direktor hat ihm
einen Zimmerschlüssel gegeben, und die alten Frauen, die gerade die Treppe fegen, fragen nicht, warum. Sie sind ganz froh,
daß sie nicht allein im Haus bleiben. Aus der alten Zeit mit den
vielen Gästen hängt noch ein Plakat im Aufgang: »Der Alkohol ist der Feind der Gesellschaft, das Trinken alkoholischer
Getränke ist im Hause verboten.« Aber das hatte schon damals
wenig Wirkung. Natürlich macht der Verwaltungsmann oben
in seinem Zimmer eine Flasche Cognac auf, während die Professorin weiter unermüdlich Pilze einlegt. Das bringt sie gerade
dem Sohn ihres Freundes bei, einem Informatikstudenten, der
nun an die vierzig oder fünfzig Einmachgläser mit Pilzen auf
dem Fensterbrett stapelt. Jeden Morgen um sieben zieht sie mit
Rucksack und Korb in den Wald, und meist gelingt es ihr,
auch ihren etwas lethargischen Freund in die Pilze zu treiben.
Eigentlich sei ihm diese russische Leidenschaft fremd, erzählt
er mir beim Cognac. Er ist kein Russe, sondern stammt aus
dem kleinen Volk der Abasinen, dreißigtausend Menschen mit
einer der kompliziertesten Sprachen der Welt, in der es gar
keine Namen für Steinpilze oder Pfifferlinge gibt. Den meisten
Völkern der Berge seien Pilze unheimlich, sagt er. Abasinen
und Karatschaier äßen sie nicht, sondern staunten immer noch

ein bißchen über die russischen Kurgäste, die ihre Balkons mit Pilzketten behängen.

Draußen war der Mond aufgegangen. Wir standen am Bergfluß und sprachen von der Natur. Unser Freund umarmte einen der großen Bäume. »So«, sagte er, »muß man die Lebenskraft der Natur in sich einströmen lassen.« Dann trank er die Sektflasche aus und zerschmetterte sie klirrend am Felsen.

Am nächsten Morgen ruft die Natur in die Pilze. Die Professorin besteht darauf, daß auch wir mit ihr zum Pilzesammeln ins Naturschutzgebiet des Sofiatals gehen. Wo das Reservat anfängt, ist das Wächterhäuschen leer und halb verfallen. Früher mußten sich Wanderer hier melden und ihre Route angeben, und Autos und Lastwagen brauchten einen Genehmigungsschein. Jetzt rollen immer öfter Autobusse am Wachhäuschen vorbei: Scharen von Pilzsammlern, die am Wochenende unter Plastikplanen und in Zelten übernachten, Schulklassen auf Ausflügen, junge Leute mit Kartons voll Bier und Sektflaschen. Kuhherden werden aus dem Dorf in den Wald getrieben. Aber nach dreißig Kilometern, wo die Straße nur noch für Geländewagen passierbar ist, liegen die Täler wieder still und ungestört da.

Die Professorin sucht ihre Pilze. Ihr Freund und ich fangen Grashüpfer und versuchen, erfolglos, mit Bindfaden und einem kleinen Haken, Forellen zu fangen. Dann folgen wir einem kleinen Feldweg, an dessen Ende drei Häuser stehen. Eines hat keine Fensterscheiben mehr und nur noch ein halbes Dach, ein anderes ist eine saubere Unterkunft, und daneben liegt eine kleine Molkerei, mehr eine Art Milchsammelstelle. Zwei Frauen arbeiten hier: eine Karatschaiin mit großem Kopftuch, die uns nur stumm anguckt, und eine andere, die gerne erzählt: Sie ist Chemielehrerin in der Kreisstadt, und jeden Sommer kommt sie mit ihrer Tochter hierher, prüft die angelieferte Milch, verdient ein bißchen Geld dabei und macht gleichzeitig Ferien. Früher gehörten das Land und die Herden zu einer Kolchose. Die ist nun aufgelöst, aber die Bergbauern haben das Land nicht bekommen: Die Armee hat es aufgekauft. Auch die Herden gehören der Armee, die beiden Frauen in der Molkerei sind bei ihr ebenso angestellt wie die Hirten. Auf diese Weise werden die Soldaten, die in Archis kaserniert sind, mit Milch und Butter versorgt. Außerdem hat das Militär das Grenzgebiet besser unter Kontrolle. Wir trinken Sauermilch und blicken über das Tal, wo am Waldrand zwei Jungen auf einem Pferd mit ihren großen Hirtenhunden fünfzig oder sechzig Kühe bewachen. Geändert habe sich eigentlich nichts, seit die Armee hier im Grenzgebiet sei, sagt die Chemielehrerin. Und ob es so gefährlich sei, wie die Leute am anderen Ende Rußlands denken? Die Frau versteht die Frage falsch. »Nein«, sagt sie, »die Bären kommen ja erst im Winter aus den Bergen ins Tal, und so viele gibt es gar nicht mehr.«

Aber auch die Wildhüter gibt es nicht mehr, die Bären, Steinböcke und die kleinen Wisentherden vor Jägern schützten. Früher haben manche Männer im Dorf als Förster und Wildhüter festen Lohn vom Staat bekommen. Andere waren Hausmeister und Handwerker in den Sanatorien. An der Kreuzung zwischen Bürgermeisteramt und Autobushaltestelle wollen vier Frauen selbstgestrickte Pullover und Socken an die Wochenendtouristen verkaufen. Das Leben sei schwer geworden, sagt die eine. Sie habe drei erwachsene Töchter zu Hause, alle arbeitslos, die sie ernähren müsse, und noch eine vierte, die in Stawropol studiert. Zwei ihrer Töchter waren Putzfrauen, eine war Köchin im Sanatorium gewesen, nun sitzen sie zu Hause und stricken. Wolle haben sie von dem Dutzend eigener Schafe. Und sonst: Sie leben von ihrem Garten und ihren Hühnern. Wo kein Geld ist, blüht auch der neue Kleinhandel nicht wie in den größeren Städten.

Neben der Bushaltestelle ist das staatliche »Magazin«, wo es vor ein paar Jahren einmal am Tag Brot, immer Buchweizengrütze, manchmal Mineralwasser und sonst nichts zu kaufen gab. Brot ist nun immer vorhanden, es gibt zwei Sorten Wurst, Zahnpasta, Seife, Plastiktassen und Blusen aus der Türkei. Der Zeitungskiosk nebenan ist geschlossen. Dafür steht dahinter eine Bude, in der es gefüllte Kartoffelpfannkuchen und Wodka gibt. Ein langer weißer Schuppen, der einmal Einkaufszentrum werden sollte, steht leer. Da haben immer schon Vorhänge-schlösser an den Türen gehangen, erinnere ich mich. Frü-her gab es keine Waren, und nun fehlt es an Geld. Nur einen Raum hat eine Händlerin von der Ortsverwaltung gemietet: Sie verkauft Kleidung und hat ein seltsam gemischtes Angebot ausgelegt: eine Bohrmaschine, Kämme, zwei Spaten, Pralinen aus Belgien, bulgarischen Rotwein, russischen Champagner und Wodka. Von dem haben die jungen Männer, die draußen im Gras des Straßengrabens sitzen, schon einige Flaschen in-tus.

Auf der ungepflasterten Dorfstraße zwischen den Gemüsegär-ten und den kleinen Häusern begegnen wir Polina. Im Som-mer 1991 hatte sie uns das Häuschen ihrer verstorbenen Tante zur Verfügung gestellt, als wir in den überfüllten Sanatorien kein Zimmer fanden – ein Häuschen mit zwei Zimmern und eiskalt fließendem Quellwasser im Hof und einem Kalb im of-fenen Stall, das uns manchmal besuchen kam. Polina, ungefähr fünfzig Jahre alt, ist eine resolute Person, so etwas wie die stell-vertretende Bürgermeisterin von Archis. Und natürlich müs-sen wir zu ihr nach Hause kommen. Da wohnt sie, unverhei-ratet, mit ihrer Mutter, ihrer Schwägerin und einem Neffen. Die letzten Jahre waren schwer, erzählt sie, aber damit meint sie nicht die Veränderungen in der Politik. Eine ihrer Schwe-stern ist an Krebs gestorben, der Bruder, der bei der Feuerwehr war, bei einem Unfall umgekommen. Nun sind die drei Frauen auf sich allein gestellt, das ist das Schwierige. Sonst hat sich ihr Leben wenig verändert.

Polina hat ein kleines ordentliches Haus und bestickte Schon-deckchen über den dicken Federkissen auf Bett und Sofa. Zum Haus gehören mehrere kleine Anbauten. Einer war mal ein Bauwagen, an den schließt sich die Garage mit dem Auto des Bruders, das nun keiner mehr fährt, und wie angeklebt daneben das Schwitzbad. Gegenüber steht ein hölzerner Container mit zwei Räumen: einen bewohnt die Schwägerin, der andere ist die Familienküche. Zwischen den Häuschen blühen die Blumen, dahinter liegt das Gartenland: ein Kartoffelfeld. Gurken und Mais wachsen da, und auf der großen Wiese macht der Neffe Heu. Sechzig Schafe hat die Familie, die sind jetzt in den Bergen, und drei junge Ochsen haben Nachbarn mit auf die Alm genommen.

Polinas alte Mutter spricht kaum ein Wort Russisch, untereinander sprechen die Frauen Karatschaiisch, und Polina übersetzt für uns. Die Mutter sitzt in ihrem Zimmerchen vor dem Foto des verstorbenen Mannes und einem Bild der Kaaba in Mekka. Sie lächelt uns freundlich an und zeigt, daß sie sich über den Besuch freut, aber als die Schwägerin Essen bringt, da geht sie hinaus, und auch Polina will sich nicht zu uns setzen. Nur die Gäste sitzen und essen, nicht die Frauen des Hauses. So gehört es sich. Aber schließlich setzt sich Polina doch an den Tisch, damit wir uns besser unterhalten können. Sie hat das strenge schwarze Kopftuch abgelegt, das sie auf der Straße trug, und nun ist zu erkennen, was für eine gutaussehende Frau sie ist. Auch eine gescheite Frau: Sie hat in Pjatigorsk Germanistik studiert. Dann schickte der Staat sie als Deutschlehrerin in ihr Dorf zurück, machte sie zur Leiterin der fünfklassigen Schule. Sie hätte gern weiterstudiert und ein zweites Examen abgelegt, aber den Studienurlaub verweigerte man ihr. So hat sie dann gekündigt und ist in die Dorfverwaltung gegangen. Aus dem Dorf kommt sie nicht weg, die Hoffnung hat sie lange aufgegeben.

Als ich sie 1991 kennenlernte, sprachen wir über Politik, und damals war sie für Gorbatschow. Sie war von ihm nicht gerade begeistert, aber mit dem alten System konnte es nicht mehr weitergehen, meinte sie, das war versteinert und ausgelaugt. Was seither gekommen ist, gefällt ihr nicht. »Ich war Kommunistin, und mein Parteibuch habe ich nicht weggeworfen, auch wenn es die KPdSU nicht mehr gibt«, sagt sie. »Von mir aus

könnte die Sowjetunion wiederkommen. Das denken hier
viele, und die alten Leute werden alle die Kommunisten wählen.« Das überrascht mich. Denn die Karatschaier sind mit den
Kommunisten nicht gut gefahren. Stalin ließ ihr ganzes Volk
nach Zentralasien deportieren. Viele starben auf dem Transport
in den Viehwagen und verhungerten in den Steppen, weit entfernt von ihren Bergen. »Ach, das waren nicht die Kommunisten«, sagt Polina jetzt. »Das war dieser Parteichef Suslow in
Stawropol, der hat das angerichtet. Er war ein russischer Nationalist. Stalin haben sie diesen Aussiedlungsbefehl einfach
vorgelegt, der wollte das gar nicht.«
Aber dann fällt ihr ein, was vielleicht in den letzten Jahren
doch besser geworden ist. »Als uns Chruschtschow zurückkehren ließ, da gab man uns unsere Häuser nicht wieder, die
mußten wir den russischen Siedlern abkaufen, und man verbot uns, hier neue Häuser zu bauen. Wir mußten in unseren
Hütten bleiben, darum sieht das Dorf so schlecht aus, auch
wenn viele inzwischen etwas aus ihren Häusern gemacht haben. Nur der Staat durfte hier Sanatorien errichten. Und da
stehen sie nun. Jetzt dürfen wir bauen, aber nun haben die
meisten kein Geld.« Ihr tut es leid, daß die Kolchose aufgelöst
wurde und damit die Organisation, die das Dorf zusammen-
hielt. Bürokratie, Schlamperei und der Befehlston der Funktionäre haben ihr damals nicht gefallen, aber nun gibt es für
viele Leute gar keinen Rückhalt mehr, keine Anlaufstelle, wo
sie ihre Sorgen loswerden können – das fehlt vor allem älteren
Leuten, die keine große Familie haben.
Wir essen, was Polinas Familie im Garten geerntet hat – Gurken, Zwiebeln und Kartoffeln. Zu Hammelfleischfrikadellen
und hausgemachtem Käse gibt es Tee aus Bergkräutern. Polina
erzählt von ihrem Neffen, der jetzt in den Schulferien im Garten arbeitet. Er soll Jura studieren, hat sie beschlossen, aber das
kostet viel Geld, seit das Studium nicht mehr kostenlos ist. Sicherlich fünf Millionen Rubel wird man da brauchen, und
dann muß man noch Geld locker machen, damit er nicht in die

Armee eingezogen wird. Von ihrem Gehalt kann sie das nicht bezahlen, aber irgendwie weiß sie schon, daß sie es schaffen wird. Da muß die Schafherde helfen, so schwierig das ist, seit auch Polina die Wolle nicht mehr verkaufen kann. Ich kann mir schwer vorstellen, wie ihre Rechnung aufgehen soll, aber das geht mir in Rußland jetzt meistens so, wenn ich nach Einkommen und Ausgaben frage.

Polinas Mutter will uns Plastiktüten voll Gemüse und Käse mitgeben, aber wir möchten die Gastfreundschaft nicht strapazieren. Lieber kaufen wir uns im Dorf ein paar Eier, denken wir. In den zwei Geschäften gibt es sie nicht, aber überall laufen Hühner herum, und so klopfen wir an die Gartentore. Doch da sind, so scheint es, keine Eier zu haben. Die Bauersfrauen schauen uns mißtrauisch an. »Ich habe vier Männer im Haus, da kommen die Hühner gar nicht nach«, sagt eine Frau und fragt doch noch einmal zurück: »Fünfzig Eier wollen Sie?« – »Nein«, sage ich, »das ist ein Mißverständnis. Fünf Eier!« – »Ach so«, sagt die Bäuerin. »Die können Sie haben«, und holt die Eier aus der Küche. Und was kosten die? »Nichts«, sagt die Frau. »Ich verkaufe nie auf dem Markt. Nehmen Sie sie nur mit, essen Sie sie, das ist gut für Ihre Gesundheit.«

Vom Ortsrand, wo in windschiefen Schuppen die Lastwagen und Geräte des ehemaligen Kolchos verrosten, führt eine schmale, ungewöhnlich gepflegte Asphaltstraße in den Wald. Wir sprechen mit einem Reiter, einem Karatschaier auf dem Weg in die Berge. Daß er ein Pferd hat, macht ihn stolz. Früher war es den Karatschaiern untersagt, Pferde zu halten, sie galten als Überreste feudaler Tradition. Durch das Pferdeverbot wollte das System auch den Stolz der Bergbewohner brechen. »Nun will jeder wieder ein Pferd haben«, sagt der Mann, »und alle Jungen wollen reiten.« Er hat sogar zwei Pferde, eine kleine Kuhherde und will jetzt zu seinen zweihundert Schafen. Nur das erste Stück des Weges führt auf der Asphaltstraße durch den Wald; sie gehört zum nobelsten Sanatorium der ganzen Gegend. »Da haben die Gäste es gut«, meint der Hirte, »zu gut.

Der Staat zahlt denen alles. Für ganze 200 000 Rubel kriegen sie den Flug und zwei Wochen Ferien mit Verpflegung.« Das glauben jedenfalls die meisten Leute im Dorf, für die das Sanatorium eine abgeschlossene, fremde Welt ist. Es gehört dem Innenministerium in Moskau, und früher sicherte sogar ein Panzer im Wald den Zugang zum Sanatorium.

Der Hirte reitet ins Gebirge hinauf, wir kommen zum großen Gittertor vor dem Wachhäuschen. Dahinter liegt ein großer Ziegelbau unter glänzendem Blechdach, gebaut im Stil eines übergroßen Schweizer Chalets. Drei Männer kommen schwitzend und hechelnd angelaufen, in knappen Dreiecksbadehosen und mit bloßem Oberkörper, Fitneßfans, die nach dem Marathontraining Klimmzüge machen, Polizeioffiziere auf Urlaub. Sie lassen die Muskeln spielen, aber das imponiert der Haushälterin im weißen Kittel gar nicht, die uns fremde Besucher mißtrauisch anschaut. Am Zaun hängt ein großes Schild: »Durchgang verboten«. Aber der Wachmann im blauweiß gestreiften Fallschirmjägertrikot ist freundlich und läßt uns ein paar Meter herein. Er sitzt da und schnitzt Holzlöffel, die will er an Touristen verkaufen. Früher war er Soldat in Afghanistan, jetzt hat er hier einen ruhigen Posten. Er ist Karatschaier, und ich frage ihn, was sich denn verändert hat, seit Karatschai-Tscherkessien eine eigene Republik innerhalb Rußlands geworden ist und nicht nur Unterbezirk des Gebiets Stawropol. »Überhaupt nichts«, sagt er. »Wir hatten gedacht, es wird besser, wenn die Finanzen direkt von Moskau überwiesen werden und nicht in Stawropol versickern. Aber nun schickt Moskau sowieso kein Geld mehr, und daß wir unsere eigene Republik haben, ist wohl mehr ein moralischer Erfolg.« So sehen das die meisten Leute, auch die jüngeren, deren nationalistische Reden die Russen vor ein paar Jahren erschreckt hatten. »Nur in den Städten ist etwas anders geworden: Die Leute, die früher Unterchefs waren, sind nun zu Oberchefs aufgestiegen. Vielleicht war es das, was sie wollten«, sagt der Wachmann.

Zwei junge Mädchen in bunten Sommerkleidern kommen aus dem Wald zurück, Studentinnen aus Moskau, die hier mit den Eltern Ferien machen. Natürlich haben sie Pilze gesammelt. Gut, daß es die Pilze gibt, denn wie soll man sich sonst die Zeit vertreiben? Wir wandern zum Dorf zurück, und von links und rechts kommen Kühe und immer mehr Kühe, sie ziehen käuend neben uns her. Es wird Abend, und sie sind auf dem Weg nach Haus. Hirtenjungen reiten heran, treiben die Kühe ihrer Familie aus der Herde heraus, die anderen ziehen die Dorfstraße hinauf und bleiben muhend vor den hölzernen Gartentoren stehen, bis ihnen geöffnet wird.

Am nächsten Morgen müssen wir abreisen. Polina begleitet uns ein Stück. Zwanzig Kilometer nördlich vom Dorf, wo wieder eine gute Asphaltstraße über den Fluß den Berg hinanführt, halten wir an einem Wachhäuschen. Polina verhandelt mit dem Posten, dann wird das Gittertor elektrisch geöffnet. Oben, jenseits des Waldes hinter dem nächsten Berg liegt eines der bedeutendsten astrophysikalischen Observatorien der Welt. Da war ich schon einmal, 1989, aber damals kam ich nicht durch das Eingangstor, sondern auf einem Waldweg. Ein junger Astronom hatte mich eingeschmuggelt, damit ich vor einer Wanderung bei ihm übernachten konnte, in der kleinen Stadt der Wissenschaftler, die für Ausländer streng verbotenes Territorium war. Ganz ernst nahmen die Wissenschaftler das Verbot schon damals nicht. Sogar der Direktor hatte sich mit mir unterhalten, aber er riet mir, morgens sehr früh aufzubrechen, damit mich das »Personal« nicht sehe.

Das Personal, das war wohl der KGB oder Spitzel, die mich und meine Gastgeber denunzieren konnten. Diesmal fährt Polina mit mir ganz direkt zum Verwaltungsgebäude. Sie hat da etwas zu regeln, denn die Wissenschaftlerstadt gehört zu ihrer Gemeinde. Während sie Rentenfälle bespricht, läßt sie den Leiter der Abteilung für Auslandsbeziehungen herbitten. Der bringt einen Prospekt auf Englisch und Russisch mit einer genauen Beschreibung der astronomischen Ausstattung, des riesigen Radioteleskops und der großen Fernrohre. Natürlich, sagt er sofort, müsse ich das Observatorium besichtigen. Er will mir die Fachbibliothek zeigen und fragt, ob ich Schule und Kindergarten sehen wolle. In der Schule haben sie nun einen Lehrer aus Cambridge, der den Kindern Englisch beibringt. Das kleine Gästeheim wird ausgebaut zum Hotel für Austauschwissenschaftler, die aus vielen Ländern der Welt kommen. Kürzlich erst hätten sie eine ganze amerikanische Schulklasse zu Besuch gehabt, aber die mußte schnell wieder abfahren, weil den Behörden in Moskau die Lage wegen des Kriegs in Tschetschenien unsicher schien. Das habe den Kindern sehr leid getan.

Wie bei den Kernforschern in Dubna, nahe der Hauptstadt Moskau, erlebe ich nun in den Bergen des Kaukasus, wie sehr sich Leben und Arbeitsbedingungen der Wissenschaftler verändert haben. Mit der Geheimhaltung ist es vorbei. Im Gegenteil: Der Leiter der Auslandsabteilung hofft, daß ich über das Observatorium im Ausland berichten werde. Er besteht geradezu darauf, daß ich einen der Wissenschaftler kennenlerne, einen Astrophysiker, der vom Sowjetstaat ausgezeichnet wurde und international bekannt und angesehen ist. Er kommt ganz leger in Jeanshemd und Hose, ein grauhaariger Lockenkopf mit hellen Augen. Jetzt sei die Situation normaler und besser geworden, sagt er. »In der ganzen Welt hat die Astronomie schließlich das gleiche Forschungsobjekt, da war die Abschottung ganz anormal. Heute vergleichen wir unsere Forschungsergebnisse weltweit. Wir haben ein Satellitentelefon, tauschen uns mit Universitäten in aller Welt aus, und demnächst gehen wir auch ans Internet.« Manches sei allerdings schwierig geworden. Der Etat ist kleiner, besonders weil die Forschungen für das Verteidigungsministerium fast eingestellt sind. Das macht das Observatorium zum Teil dadurch wett, daß es Arbeitsplätze am großen Teleskop an ausländische Astrophysiker vermietet.

»Früher hatten Wissenschaftler bei uns ein hohes Ansehen, überdurchschnittliche Einkommen, Privilegien«, sagt der Physiker. »Das ist vorbei. Heute verdient ein Professor ungefähr soviel wie ein Lastwagenfahrer bei einer neuen Privatfirma. Aber das hat auch etwas Gutes: Die Leute, die nur wegen des Geldes und der Vorteile in die Wissenschaft gingen, das tote Holz, das wir mitschleppten, die gehen nun wieder weg. Früher haben hier hundertzwanzig Wissenschaftler gearbeitet, jetzt sind es schon zwanzig weniger.« Um die tut es ihm nicht leid, aber er fürchtet doch, daß begabte jüngere Leute nicht mehr in das Städtchen oben am Berg ziehen wollen, sondern sich besser bezahlte Jobs in der Privatindustrie suchen.

Achthundert Meter höher auf der kargen Bergkuppe steht silberglänzend und surrealistisch wirkend die riesige Kuppel des Observatoriums. Mit sechs Metern Durchmesser war das Teleskop bis vor wenigen Jahren das größte der Welt. Das drittgrößte ist es immer noch, und das größte in Rußland wird es lange bleiben, sagt einer der Physiker. Denn eigentlich war geplant, ein neues, moderneres Forschungszentrum in den Gebirgen Zentralasiens zu bauen, wo der Himmel noch klarer ist, aber Zentralasien gehört nicht mehr zu Rußland, und die neuen Staaten haben andere Sorgen als die astronomische Forschung. 2 100 Meter hoch, blicken wir über die weiten Berge des Kaukasus. Gleich hinter dem Observatorium zieht eine Schafherde langsam über die Kuppe. Raben umkreisen uns, ein riesiger Mönchsgeier schwebt durch die Wolken.

Unten im Tal möchte ich einen Abstecher machen. Da hatte ich auf einer Wanderung einmal drei verfallene Kirchen gefunden und die steinernen Trümmer der Mauern einer alten Stadt. Hier war vor tausend Jahren die Hauptstadt der Alanen, eines Reitervolks, das bis tief nach Europa vorstieß und seine byzantinischen Kirchen baute, ehe die Moslemvölker in den Kaukasus drangen. Diese Spuren der Alanen, von denen sonst nichts geblieben ist, würde ich gern noch einmal sehen, aber nun versperrt ein Schlagbaum den Weg. Drei alte Männer verweigern die Durchfahrt: Die eine Kirche werde renoviert, da habe es schon einen orthodoxen Gottesdienst gegeben, und nun hätten sie strenge Anweisung von der Kirchenleitung, niemanden durchzulassen, damit ja nichts gestohlen werde. So geht das: Ein Tor hat sich geöffnet, dafür schließt sich ein anderes.

Nun fährt uns ein junger Mann in seinem Geländewagen, der Schwiegersohn eines Freundes von Polina. Er hat Zeit, sagt er. »Ich bin arbeitslos – ein Arbeitsloser mit eigenem Auto, wie in Amerika.« Sportlich fit und im Freizeithemd sieht er auch ein bißchen amerikanisch aus. Er bringt uns ins Kreisstädtchen Selendschuksk zum Haus seiner Schwiegereltern. Da steht natürlich schon das Mittagessen auf dem Tisch, Pilaw mit Hammelfleisch, Teigtaschen in Brühe, frisches Gemüse und selbstgemachter Saft für die Gäste, und dann sprechen wir über das Leben.

Der Schwiegervater war bei der Staatsanwaltschaft, seit einem halben Jahr ist er pensioniert und nun selbständiger Rechtsanwalt. Er ist ganz zufrieden und klagt nur, daß die Leute auf dem Land noch nicht wissen, wie nötig sie einen Rechtsanwalt brauchen. Wenn er sie vor Gericht vertreten muß, sind die Gebührensätze niedrig. Für eine Beratung wollen sie nicht zahlen, denn, meint er, sie wissen noch nicht, was ein Familienanwalt ist, der ihr Leben begleiten und ordnen kann. Das sei wichtig, seit das Leben freier, aber auch komplizierter geworden ist. Offenbar hat er früher gut verdient, mehr vielleicht als nur sein Gehalt bei der Staatsanwaltschaft, aber auch mit dem, was er heute verdient, kann er gut leben. Er hat dieses Fünfzimmerhaus gekauft und umgebaut, und ihm gehört auch ein großes Wochenendhaus mit Obst- und Gemüsegarten am Rande der Berge. »Besuchen Sie uns, bleiben Sie ein paar Monate, da können Sie in Ruhe ein Buch schreiben«, bietet er gastfreundlich an. Für Tochter und Schwiegersohn hat er eine Wohnung gekauft, als sie ganz überraschend aus Moskau zurückgekommen sind.

Warum sie aus der Hauptstadt aufs Dorf zogen, frage ich. Darüber will der Schwiegersohn nicht reden. Er möchte das

449

Thema wechseln, aber seine junge Frau hat schon zu erzählen begonnen und läßt sich nicht unterbrechen. Ihr Mann war Lehrer an der Politakademie der Sowjetarmee. »Wäre er 1991 nicht aus dem Dienst geschieden, dann wäre er heute Major«, sagt sie. »Aber die Armee hatte ja keine Zukunft, keine Perspektive für ihn. Da ist er mit Freunden in den Handel gegangen. Sie haben Waren aus Weißrußland geholt und in Moskau verkauft, und zunächst ging es ganz gut. Aber kaum hatte er sich seinen Mercedes gekauft, da stoppten ihn abends zwei Wagen. Sie drängten ihn an den Straßenrand, und vier Männer mit Maschinenpistolen bedrohten ihn: Wenn er nicht zehn Millionen Rubel zahlte – und das war damals viel Geld –, wollten sie mich und meine Tochter umbringen. Da hat er gezahlt, wir haben unsere Sachen gepackt, und drei Tage später waren wir hier.«

Zuerst habe sie tagelang nur geweint, weil es in der Kleinstadt so langweilig ist. Nun hat sie sich wieder eingewöhnt. Wir sitzen alle auf den hölzernen Stufen vor dem Haus, unter Weinreben am Blumengarten. Ein riesiger Truthahn folgt der Hausfrau wie ein Hund, die Hühner gackern. Die Frau des Rechtsanwalts erzählt von ihren Kühen und Kälbern, die auf der Alm sind, und ihr Mann sagt, was er für seinen Schwiegersohn plant: Der soll demnächst in den Polizeidienst eintreten, das werde für ihn als ehemaligen Offizier nicht schwierig sein, dann läßt ihn das Innenministerium kostenlos Jura studieren, und später wird er auch Rechtsanwalt.

Auf der Rückfahrt nach Stawropol werden wir von einem Armenier gefahren, der in Aserbaidschan geboren wurde und nun in Rußland lebt. Seit sich in seiner Heimat Armenier und Aserbaidschaner umbringen, will er nicht mehr zurück. Seine Frau ist Tscherkessin, sagt er, und es sei nicht leicht gewesen, sie zu heiraten: Die Tscherkessen sind Moslems, er selber aber ist als Armenier ein Christ, auch wenn er nur einmal im Leben zu einer Beerdigung in der Kirche war. Seine Frau studierte am Technikum, als er sie kennenlernte. In einer Moschee war sie nie im Leben gewesen. Aber am Tag, als sie auf dem Standesamt heiraten wollten, kam ihre Mutter aus dem Dorf angereist und zog seine Braut an den Haaren aus dem Haus. Geheiratet haben sie schließlich doch. Sein Schwiegervater freilich weigerte sich, den armenischen Mann seiner Tochter kennenzulernen. Der Vater ist nun schon tot, und bei der Witwe sei er jetzt Lieblingsschwiegersohn, obwohl er Armenier ist. »Aber was sind wir schon? Wir sind alle Menschen«, sagt der Chauffeur. »Früher waren wir Sowjetbürger, jetzt sind wir Russen.« An der nächsten Polizeisperre, an der er langsam und vorsichtig vorbeifährt, fällt ihm dann ein, daß es doch nicht so einfach ist. »Wenn man aus dem Kaukasus stammt – Schwarze nennen sie uns –, kann die Polizei ziemlich grob sein. Die schlagen erstmal zu, und dann fragen sie. Vielleicht entschuldigen sie sich später, aber die Nieren sind dann schon kaputt. Tschetschenen, die in Stawropol lebten, haben sie in 48 Stunden rausgejagt, als unten der Krieg anfing.«

Der Fahrer erzählt und erzählt, und ich denke auf dem Weg zum Flugplatz über die Lebensläufe nach, die aus der alten Sowjetunion ins neue Rußland führen.

SCHLUSS:
RUSSISCHE PERSPEKTIVEN

Gibt es was Neues in Moskau?« fragte ich Sascha, den Fahrer, der mich am Moskauer Flughafen abholte. »Nichts Besonderes, immer das gleiche Durcheinander«, sagte er. Er benutzte das Wort »Bardak«, das eigentlich »Bordell« bedeutet. Aber die Russen gebrauchen es, wenn sie von Unordnung und Korruption sprechen. Ende 1995 hörte ich das Wort immer häufiger, auch von Bekannten, die sich sonst gewählter ausdrückten. Es war nicht so, daß es allen von ihnen schlecht ging oder daß sie gar verzweifelten. Sie hatten sich irgendwie in den neuen Verhältnissen eingerichtet und gelernt, sich auf die eine oder andere Weise durchzuschlagen. Ihnen war die neue Freiheit zu wichtig, als daß sie sich in die Enge früherer Zeiten zurücksehnten, die eine bescheidene materielle Sicherheit geboten hatte. Aber alle waren unzufrieden. Die geistige Unordnung beunruhigte sie mehr als die materiellen Schwierigkeiten. Vier Jahre nach dem Ende des Kommunismus schienen die neuen Ideen bereits wieder verbraucht. Demokratie, Pluralismus, Marktwirtschaft – diese Worte waren für viele nun schon fast so entwertet wie die kommunistischen Schlagworte der vorherigen Epoche.

»Vielleicht taugen die Russen einfach nicht zur Demokratie«, meinte meine Kollegin Natascha. Ich versuchte, sie zu beruhigen: Das habe man von den Deutschen 1945 auch gesagt. Aber so leicht war sie nicht zu überzeugen. Vielleicht sei Rußlands demokratische Phase schon wieder vorbei, meinte sie pessimistisch. Immer habe es in der russischen Geschichte kurze Abschnitte gegeben, in denen die autoritäre Herrschaft die Zügel lockerte, und immer sei dann nach Zeiten der Verwirrung ein starker Herrscher gekommen und habe das Land nach innen unfrei und nach außen mächtig gemacht. So eine Wende fehle ihr am Ende ihres Lebens gerade noch, sagte sie. In den wenigen Jahren seit dem Umbruch sei bereits eine ganze Generation demokratischer, reformorientierter Politiker verschlissen worden, meinte sie sorgenvoll. Die Tatsache, daß bisher keine wirklich starken Männer um die Macht kämpften, war nur eine schwache Beruhigung. Wenn das Durcheinander Rußland in die Anarchie führe, dann sei irgendwo im weiten Land auch schon der Mann geboren, der mit harter Hand die Ordnung wiederherstellen werde.

Hatten wir alle, meine Freunde und Bekannten in Rußland wie im Westen, zu große Hoffnungen auf die Wende gesetzt? Das kommunistische System war erst vier Jahre zuvor in sich zusammengesunken. Davor lagen vier Jahre Perestroika, aber siebzig Jahre kommunistische Macht und Jahrhunderte zaristischer Autokratie. Da gab es kaum Abschnitte der Geschichte, an die eine demokratische Politik hätte anknüpfen können. Weder Traditionen noch Institutionen standen bereit, um den Übergang zu erleichtern. Die Umkehrung aller überkommenen politischen Vorstellungen ist nicht die Sache von wenigen Jahren. Auch unter Journalisten und Wissenschaftlern, mit denen ich befreundet bin, gibt es viele, die auf dem langen Weg zu einer unabhängigen Justiz, einer freien Presse, einer zivilisierten Marktwirtschaft und einer Polizei, die die Rechte des einzelnen respektiert, Geduld und Hoffnung verlieren und dem Land einen starken Führer wünschen – vorzugsweise einen Demokraten, der autoritär regiert.

Das hatten sie von Jelzin erhofft. Dann begannen sie ihm zu mißtrauen, weil er zuwenig Rücksicht auf die Einhaltung demokratischer Normen nahm und zu eigenwillig regierte. Nun zweifelten sie auch daran, daß Jelzin überhaupt noch ein starker Mann sei. Die enormen Belastungen der Übergangszeit hatten seine Gesundheit zerstört. Wenn er redete, waren seine Sätze bisweilen kaum zu verstehen, oft ging er steif wie ein alter Mann, manchmal schien er Schwierigkeiten zu haben, einem Gespräch zu folgen und zu reagieren. Der Umbruch, der das ganze Land in die Krise führte, hatte auch in Jelzins Persönlichkeit Spuren hinterlassen. Auch in ihm waren die gewohnten Vorstellungen von Politik und Wirtschaft im Laufe weniger Jahre zerbrochen. Über diesen schmerzhaften Prozeß schrieb er 1994 in seinen Aufzeichnungen, er habe ihn zeitweilig in zermürbende Depressionen, Schlaflosigkeit, Kopfschmerzen, Tränen und Verzweiflung gestürzt.

Der Präsident lebte im Dauerstreß. Weder Parlament noch Regierung noch die Verwaltungsorgane im Lande funktionierten nach den anerkannten Regeln einer demokratischen Gesellschaft. Nur die Macht des Präsidenten konnte Veränderungen bewirken, konnte sie zu echten Reformen verfestigen. Aber die Felder, auf denen er Entscheidungen zu treffen hatte, waren so vielfältig und verwirrend unübersichtlich und die Diskussionen so uferlos, daß Jelzin, bewußt oder unbewußt, die klassisch russische Lösung suchte: Er baute sich einen Präsidentschaftsapparat als Regierungsinstrument auf.

Mehr als dreieinhalbtausend Menschen arbeiteten nun in den Gebäuden am Alten Platz, wo einst das Zentralkomitee der KPdSU das kommunistische Imperium verwaltet hatte. Jelzins Präsidentenverwaltung war in die ehemalige Kommandozentrale der Sowjetunion mit mehr Mitarbeitern eingezogen, als das ZK je gehabt hatte. Von hier kamen nun die Tausende von Erlassen, Anweisungen und Regelungen, mit denen der Apparat des Präsidenten an den Ministerien der Regierung und am Parlament vorbei in die Entwicklung des Landes eingriff. Der Apparat war eine Über-Regierung geworden. Aber wer war eigentlich dieser Apparat, der sich niemandem als dem Präsidenten verpflichtet zu fühlen brauchte und den der Präsident schließlich selbst nicht mehr überblickte?

Da gab es die Experten der vielen spezialisierten Abteilungen und über ihnen die immer enger werdenden Kreise der Vertrauten des Präsidenten, deren Namen man auch in Moskau kaum kannte. Nach älteren Mitarbeitern, die Jelzin aus der Parteiverwaltung nachgezogen hatte, spielten nun Männer eine Rolle, die ihm aus ganz praktischen Gründen stets nah sein mußten: die Führer seiner Sicherheitsdienste und Leibgarden. Sie kontrollierten den Zugang zu ihm ebenso wie den Strom der Informationen, die ihn erreichten. Ihre Funktionen waren ebenso undurchsichtig wie ihre Verbindungen zu Industrie und Rüstungswirtschaft und den Nachfolgeorganisationen des alten KGB. Oft war es unklar, ob der Apparat den Willen Jelzins ausführte oder ob er den Präsidenten für seine Entscheidungen einspannte. Wenn Jelzin allerdings gesund war und den Sitzungen präsidierte, dann entschied und regierte nur er. Aber wer regierte in Zeiten, in denen Jelzin ausfiel oder abwesend war? Wie erklärte sich eine mysteriöse Operation seiner Leibgarde, die plötzlich die Verwaltungsräume einer großen Bank besetzte, deren Chef als Hintermann des Moskauer Bürgermeisters Luschkow galt? Waren das Positionskämpfe im Vorfeld der nächsten Präsidentenwahl? Und in welchem Auftrag und mit welcher Legitimation handelte Jelzins Sicherheitschef, durch dessen Hand fast alle Erlasse gingen, die dem Präsidenten vorgelegt wurden? Wie kamen im engen Kreis des Präsidentenapparats und im Sicherheitsrat die Entscheidungen zustande, die Rußland 1994 und 1995 in den Sumpf des Tschetschenienkriegs hineinzogen? Das letzte Wort hatte Jelzin, aber wer hatte ihm die Informationen und einen falschen Lagebericht vorgelegt? Jelzin hatte sich 1994 in eine ähnliche Lage gebracht wie Gorbatschow am Ende seiner Amtszeit, als ihn seine Mitarbeiter über die Steuerung des Informationsflusses manipulieren konnten.

Jelzin allerdings war ein zu schlauer und machtbewußter Innenpolitiker, als daß er sich einem einzelnen Apparat ganz ausgeliefert hätte. Durch die neue Verfassung hatte er sich die »Machtministerien« direkt unterstellt: Innen- und Verteidigungsministerium sowie das Bundeskomitee für Sicherheit, den Nachfolger des KGB. Er konnte sie gegen seine Präsidialverwaltung ausspielen wie gegen die Regierung des Ministerpräsidenten Tschernomyrdin. Konkurrenz und Eifersucht zwischen diesen Organen sorgten dafür, daß Jelzin die Macht nicht ganz aus den Händen glitt. Aber der Eifer, mit dem der Präsidentenapparat alle anderen zurückzustutzen und zu neutralisieren versuchte, erinnerte viele Russen an die Machenschaften und Intrigen eines byzantinischen Hofstaats, in dem Geheimsekretäre und Günstlinge über das Schicksal des Landes entschieden.

So hatte es die Regierung schwer, sich unter der Bevölkerung Ansehen zu verschaffen. Jelzin selber, aber mehr noch seine engen Mitarbeiter, behandelten den Ministerpräsidenten Tschernomyrdin wie den Leiter einer Hauptverwaltung für Wirtschaft, wenn sie bei Abwesenheit oder Krankheit Jelzins jede Gelegenheit benutzten, der Öffentlichkeit klarzumachen, daß sie Viktor Tschernomyrdin keine der Vollmachten des Präsidenten zu überlassen bereit waren. Von politischen Entscheidungen blieb er weitgehend ausgesperrt. Sein Versuch, den Tschetschenien-Krieg durch Verhandlungen mit den Geiselnehmern zu entschärfen, wurde sogleich gestoppt. Es sah so aus, als wolle der Apparat unbedingt verhindern, daß der Ministerpräsident als Friedenspolitiker Profil gewann.

Viktor Tschernomyrdin hatte vielen Russen im Laufe der Zeit Hoffnungen auf den Beginn einer relativen Stabilität eingeflößt. Er war ein großer, etwas schwerfälliger Mann ohne jedes Charisma, aber er strahlte gerade deshalb eine gewisse Zuverlässigkeit aus: ein Manager aus der Führungszentrale der Öl- und Gasindustrie, einem der wenigen Industriezweige, die produktiv waren und von deren Exporten Rußland lebte. Er war ein Mann der Staatswirtschaft ohne politische Ambitionen gewesen, als das Parlament Jelzin zwang, ihn als Nachfolger für den reformfreudigen Ministerpräsidenten Gaidar zu benennen. Tschernomyrdin aber erwies sich als ein pragmatischer Mann, der auf Jelzins Linie zu operieren verstand. Eine Schocktherapie radikaler Reform lag ihm fern. Er versuchte, die Gefahren abzuwägen, die der Wirtschaft durch Inflation und Subvention und ihre sozialen Folgen drohten. Seine Außenwirtschaftspolitik hatte mit Abschottung nichts zu tun, sondern stützte sich im Gegenteil stark auf die Zusammenarbeit mit dem Westen. Schließlich kam er nicht aus der Schwer- und Rüstungsindustrie, die staatliche Unterstützung und Protektion forderte, sondern aus jenem finanzkräftigen Verbund der Energieexporteure, deren Geschäftsbeziehungen schon immer ins Ausland gereicht hatten.

Anders als die Hintermänner im Präsidentenapparat, die Tschernomyrdin immer wieder vor der Öffentlichkeit abzuwerten versuchten, verstand Jelzin sehr wohl, wie wichtig dieser Ministerpräsident für ihn war. Aber dann gab es wieder Momente, in denen er Tschernomyrdin als einem Konkurrenten mißtraute. Boris Jelzin bereitete sich Ende 1995 trotz seines Herzinfarkts auf den Kampf um die Mehrheit im Parlament und die Präsidentschaftswahl 1996 vor. Er wollte sich nicht noch einmal im Kampf mit einem feindseligen, in sich zerrissenen Parlament zerreiben lassen. Was Rußland brauchte, so schloß er nicht unzutreffend, war ein Parteiensystem, in dem die politische Mitte die entscheidende Kraft darstellte. Zwei starke Parteien sollten das Mittelfeld untereinander aufteilen: eine Partei der rechten Mitte unter der Führung Ministerpräsident Tschernomyrdins und eine Partei der linken Mitte unter Iwan Rybkin, der als Kommunist in die Duma gekommen war und dann als Parlamentspräsident eine pragmatische Politik des Krisenmanagements betrieben hatte.

So stellte sich Jelzin seine politische Zukunft gerne vor: es sollte ein Zusammenspiel geben zwischen dem starken Präsidenten und einem Parlament, in dem gemäßigt linke und rechte Praktiker die Alternativen der Reformpolitik ohne ideologischen Eifer und Ehrgeiz diskutierten. Aber das war ein abstraktes Denkspiel ohne reale Chancen, denn Jelzin war nicht mehr stark genug, um zwei solchen künstlichen Parteien Leben einzuhauchen. Iwan Rybkin und sein Mitte-Links-Block scheiterten schon in der Gründungsphase: Niemand nahm ihnen ab, daß sie eine Oppositionspartei seien, den meisten erschien Rybkin als Marionette des Präsidenten. Ministerpräsident Tschernomyrdin hatte es leichter, seine Partei zu organisieren – unterstützt von den staatlichen Verwaltungen, von Geschäftsleuten und Banken, die die Wirren eines neuen Machtwechsels fürchteten. Aber *Unser Haus Rußland* blieb eine Partei ohne Basis, eine Organisation von Regierungsleuten und Provinzfürsten, von Politikern, die zwar an der Macht, aber nicht beliebt waren. Eine große Volkspartei konnte daraus nicht werden.

Jelzins Versuch, in der Duma, dem russischen Parlament, eine arbeitsfähige Basis für seine Politik zu schaffen, war schon lange vor den Wahlen gescheitert. Die anderen Parteien, die Jelzin ursprünglich unterstützt hatten, waren inzwischen weder starke noch zuverlässige Verbündete. Die Parteien des Reformflügels hatten Jelzins Politik mit immer schärferer Ablehnung und deutlichen Protesten verfolgt. Aber sie hatten sich dennoch nicht als Oppositionsparteien profilieren können. Im russischen Parlament gab es seltsamerweise beides nicht: weder eine Regierungskoalition noch eine wirkliche Opposition. Ministerpräsident Tschernomyrdin regierte mit Ministern, die nach politischen Beziehungen oder auch Fachkenntnissen ausgewählt waren, aber nicht mit einer Koalition, die von Fraktionen im Parlament getragen wurde.

So saßen im Kabinett Reformer, die in der ersten nachsowjetischen Phase von Jelzin geholt worden waren, neben Nationalisten und Kommunisten, die Jelzin berufen hatte, um politischen Gegenwind abzufangen. Die meisten demokratischen Parteien und Gruppierungen wurden nicht von landesweiten oder regionalen Vereinigungen gestützt. Sie existierten vor allem in der Hauptstadt, und ihre politische Aktivität beschränkte sich fast ausschließlich auf die Duma. In diesem Parlament aber hatten Parteien keine erkennbare Funktion und schon gar nicht die Macht, den Regierungskurs mitzubestimmen oder ihm erfolgreich entgegenzutreten.

Die Demokraten, die sich um den ehemaligen Ministerpräsidenten Jegor Gaidar scharten, suchten ihre Rolle als moralische Instanz: als Warner vor Verstößen gegen demokratische Prinzipien und vor Verletzungen der schwachentwickelten Rechtsstaatlichkeit. Das trennte sie von anderen Gruppierungen, die entschiedener auf politischen Machtgewinn setzten. So hatte Grigori Jawlinski seiner demokratisch orientierten *Jabloko*-Partei frühzeitig ein Programm sozialer Marktwirtschaft geschneidert, in dem er seine Art der Wirtschaftsreform deutlich von der Schocktherapie Gaidars absetzte, die sozialen Bedürfnisse der Bevölkerung hervorhob und im Laufe der Zeit immer stärker Rußlands nationale Interessen betonte. Jawlinski ist ein ehrgeiziger Mann und fest entschlossen, um das Präsidentenamt zu kämpfen. Das macht es ihm schwer, mit anderen demokratischen Politikern zu taktischen Übereinkünften zu kommen. Und er steht vor einer weiteren Schwierigkeit: Obwohl kein anderer Politiker Boris Jelzin so oft und heftig angriff und mit Mißtrauensanträgen unter Druck zu setzen versuchte, sah ihn die Bevölkerung nicht als den Herausforderer, der die Opposition verkörperte, sondern als einen unter vielen anderen Vertretern des neuen politischen Systems.

Als personifizierte Opposition trat Wladimir Schirinowski im Parlament auf. Aber mit drohenden Reden und Ausfällen, die bis zu Schlägereien vor der Präsidentenbank gingen, war in dieser Duma auch nichts durchzusetzen. Das Aufsehen, das Schirinowski und seine Abgeordneten mit solchen Auftritten erregten, ließ viele seiner Wähler an ihm zweifeln. Sie hatten erwartet, daß er und seine Partei, die 1993 die meisten Stimmen gewonnen hatte, die russische Politik auf einen neuen Kurs bringen würden. Aber auch ein Schirinowski konnte in diesem machtlosen Parlament nicht lange die Rolle des starken Mannes spielen. In den größeren Städten begannen seine früheren Anhänger sich von ihm abzuwenden.

Die Kommunisten benutzten die Duma als Tribüne, von der sie über das Fernsehen zum ganzen Land sprechen konnten. Sie versuchten nicht, im Bündnis mit anderen Fraktionen und Gruppierungen Stimmen zu sammeln, um die Regierung und den Präsidenten durch Mißtrauensvoten unter Druck zu setzen. Ihnen genügten propagandawirksame Auftritte und die Zugeständnisse, die Jelzin ihnen machen mußte, wenn er einen Kommunisten als Landwirtschaftsminister ins Kabinett holte oder jene nationalen Töne anschlug, die in den Reden der Kommunisten wie der Anhänger Schirinowskis immer häufiger anklangen. Der Führer der Kommunisten im Parlament, Gennadi Sjuganow, war kein brillanter, mitreißender Redner, aber das war für seine Partei zunächst kein so großer Nachteil. Der Kampf gegen die Regierung wurde von den Kommunisten nicht im Parlament geführt, sondern bei den Wahlkampfvorbereitungen im Lande. Dafür waren die Kommunisten gut ausgestattet.

Das Organisationsnetz der KPRF, der Kommunistischen Partei der Russischen Föderation, überspannt ganz Rußland. Nach eigenen Angaben hat die Partei eine halbe Million Mitglieder und 20 000 Büros in den Städten und Dörfern aller Verwaltungsbezirke Rußlands. Das unterscheidet sie von den anderen Parteien, die kaum über einen Apparat verfügen und sich durchweg um einen oder mehrere Führer gebildet haben. Es ist die Stärke und die Schwäche der Kommunisten, daß ihre Partei keine profilierten Führer hat. Ihre Organisation beruht auf den Resten der alten KP-Organisation und auf der nostalgischen Unterstützung durch deren Mitglieder, die meist schon ältere Leute mit viel Zeit für die Parteiarbeit sind. Die führenden Funktionäre der Partei sind um die fünfzig Jahre alt und hatten in der KPdSU zu den jüngeren Leuten im Mittelfeld gehört, die ohne besonderes Interesse an ideologischen Auseinandersetzungen Gorbatschow, der Perestroika und der Parteireform von Anfang an Widerstand geleistet hatten. Der zweiundfünfzigjährige Chef der Partei, Gennadi Sjuganow, hatte Marxismus-Leninismus studiert, ehe er Propagandist im Parteiapparat von Leningrad wurde. Dort war der Parteisekretär

Grigori Romanow am Ende der Breschnew-Ära einer der großen Provinzfürsten gewesen, ebensosehr russischer Chauvinist wie Sowjetfunktionär und ein mächtiger Mann im verfilzten Geflecht von Partei und Rüstungsindustrie. Unter Sjuganows Führung schien es, als werde die neugegründete Kommunistische Partei der Russischen Föderation an solche Traditionen anknüpfen.

Ein streng kommunistisches, ideologisches Programm versuchte der gelernte Marxist-Leninist Sjuganow der Partei nicht aufzuzwingen. Das Schicksal radikaler leninistisch-stalinistischer Gruppen links von den Kommunisten mahnte ihn zur Vorsicht. Das waren Splittergruppen, die weder koalitions- noch mehrheitsfähig waren und Sjuganow ständig vorwarfen, er führe die wiedergegründete kommunistische Partei in den »Sumpf des Sozialdemokratismus«. Aber auch mit den Reformkommunisten, die nach einer sozialdemokratischen Ausrichtung suchten, hatte Sjuganow nichts gemein. Das war eine intellektuelle Minderheit, während seine Politik an die große Masse der Wähler appellieren sollte. Sjuganow setzte nicht auf ein Programm, das der marxistischen Theorie entsprach, sondern auf die Chance einer populistischen Partei, mit nationalen und sozialen Forderungen die Verlierer des Demokratisierungsprozesses und der Reformen zu gewinnen. Häufiger als von einer kommunistischen sprach Sjuganow von einer nationalpatriotischen Partei, die sich in den Dienst des nationalen Befreiungskampfes zur Rettung Rußlands stelle.

Als die Kommunisten im Sommer 1995 ihre Wahlplattform vorstellten, kam darin nicht einmal das Wort Kommunismus vor. Lenin wurde erwähnt, aber seine Verdienste wurden auf eine eigenartige Formel gebracht: Er habe den mächtigen Staat nach dem Zusammenbruch des Zarismus im Jahr 1917 wiederhergestellt. Das innenpolitische Programm blieb verschwommen: einerseits Demokratisierung mit einem pluralistischen Parteiensystem, andererseits die Abschaffung der Präsidialverfassung und die Ersetzung der parlamentarischen Institutionen durch ein Sowjetsystem. Einerseits Marktwirtschaft mit verschiedenen Formen öffentlichen und privaten Eigentums, andererseits Vorrang für Staatsbesitz und zentrale Kontrolle der Wirtschaft. Je nachdem, zu welchen Zuhörern Sjuganow gerade spricht, kann er die eine oder die andere Richtung des Parteiprogramms betonen. Die Doppeldeutigkeit entspringt nicht nur taktischem Kalkül. Zu den Mitgliedern der Partei gehören verbitterte Alt-Stalinisten, die die Basisorganisation zusammenhalten, ebenso wie neue Bankiers und Industriemanager, die den Wahlkampf finanzieren. Die verschiedenen Gruppen in der Partei haben gegensätzliche Interessen. Die Schlagworte, die sie verbinden und die auch bei den Wählern am besten ankommen, entstammen nicht der kommunistischen Ideologie, sondern älteren Vorstellungen von einem starken russischen Staat mit einer besonderen Rolle in der Welt. Nun ließ sich auch das Mißtrauen gegen das Ausland wiederbeleben, das den älteren Menschen jahrzehntelang von der Propaganda eingeflößt worden war und noch tiefere Wurzeln in der russischen Geschichte hatte. Am Ende der Sowjetzeit hatten viele vom Westen einfache, schnell wirkende Rezepte erwartet, die Lebensstandard und Komfort jenem Wohlstandsniveau annähern sollten, das die Sowjetbürger trotz aller Propagandaberichte über Streiks und Armut im Westen überschätzten. Die großen Hoffnungen waren natürlich enttäuscht worden, sie hatten sich nicht erfüllen können.

Der Kommunist Sjuganow fand einen Sündenbock, dem auch die Nationalisten alle Schuld zuschrieben: es war eine Verschwörung des Auslands. Die Sowjetunion sei Opfer eines psychologischen Krieges geworden, den die Amerikaner im Streben nach Weltherrschaft entfesselten. Sie hätten die Sowjetunion mit Hilfe von Verrätern zerstört: durch Gorbatschow, Schewardnadse und Jelzin − und durch die Massenmedien, deren Kritik am Sowjetsystem und seiner Geschichte vom CIA bezahlt worden sei. Auch jetzt noch setzten diese Mächte ihren Kampf gegen Rußland angeblich fort. Deshalb brauche das Land eine starke Staatsführung, die die Wirtschaft gelenkt aufbaue, der Rüstungsindustrie und der Armee zu neuer Kraft verhelfe und Rußland wieder zu einer Großmacht erhebe, die ihre eigenen Interessen- und Einflußzonen zu beherrschen vermag. Als Endziel steht im Programm der russischen Kommunisten die Wiederherstellung der Sowjetunion in ihren alten Grenzen – freilich nicht mit den militärischen Mitteln der Unterwerfung, sondern »auf freiwilliger Grundlage«. Das gefiel jenen Wählern, die sich nach der alten Union oder dem alten Reich zurücksehnten, für die Wiederherstellung aber keinen Krieg riskieren wollten.

Die Neuwahlen zur Duma, die im Dezember 1995 stattfanden, erschienen wie ein Vorlauf zur Präsidentenwahl. An ihren Ergebnissen, meinten Beobachter, werde sich ablesen lassen, wieviel Unterstützung die Politiker hatten, die sich auf eine Präsidentschaftskandidatur vorbereiteten. Aber auch diese zweiten Wahlen zur russischen Duma endeten ohne klares Mandat. Die Kommunisten waren nun die stärkste Partei, aber sie hatten nur etwas mehr als ein Fünftel der Wähler für sich gewonnen. Bei näherem Hinsehen zeigte sich, daß sie ihre Wählerbasis nur unwesentlich verbreitert hatten. Sie hatten die Stimmen der ebenfalls kommunistisch geführten Agrarpartei an sich gezogen, die nach dieser Wahl nicht wieder ins Parlament kam. Schirinowskis LDPR hatte die Hälfte ihrer Stimmen verloren, lag aber mit zwölf Prozent immer noch auf dem zweiten Platz. Nur zwei weitere Parteien hatten die Fünf-Prozent-Hürde übersprungen: Tschernomyrdins *Unser Haus Rußland* und Jawlinskis *Jabloko.* Da die Hälfte der Abgeordneten nicht über eine Parteiliste, sondern direkt gewählt wurden, stellten sich die Mehrheitsverhältnisse in der Duma anders und unübersichtlicher dar, als die Prozentzahlen erwarten ließen. Die Stellung der Regierung blieb auch in der neuen Duma unverändert: Sie war nicht stark, aber praktisch unabsetzbar.

Für die Präsidentschaftskandidaten brachten die Wahlergebnisse also kaum neue Klarheit. Keine ihrer Parteien hatte einen so eindrucksvollen Vorsprung, daß ihr Führer mit sicheren Chancen rechnen konnte. Auf der Suche nach zusätzlichen Wählern entdeckten sie das Potential der kleinen Parteien, die knapp unter der Fünf-Prozent-Hürde den Sprung ins Parlament verfehlt hatten. Die drei Gruppierungen, die auf jeweils knapp über vier Prozent gekommen waren, strebten in ihren eindeutig nationalistischen Programmen eine Wiederherstellung des russischen Reichs möglichst in den Grenzen der alten Sowjetunion an. Andere Gruppierungen, die sich zentristisch oder patriotisch nannten, hatten ebenfalls Programme mit nationalen Parolen. Es war klar, daß jeder künftige Präsidentschaftskandidat diese Stimmung in der Bevölkerung einkalkulieren mußte.

Das galt auch für Boris Jelzin. Als er Anfang Dezember den Westen mit harschen Worten anging, hatten seine Freunde und Feinde das als den Beginn seines Wahlkampfes gewertet. Aber dann schien ihn ein Herzinfarkt aus dem Rennen zu werfen, und als er sich kaum erholt hatte, folgte die nächste Katastrophe im Kaukasus. Wieder hatten tschetschenische Freischärler Geiseln genommen. Wieder erwies sich die Ankündigung, mit den eingeschlossenen Geiselnehmern in wenigen Tagen fertig zu werden, als leichtfertige Prahlerei der Armee. Wieder erlitt die Armee trotz des brutalen Einsatzes ihrer technischen Überlegenheit schließlich eine Niederlage. Als der Anführer der tschetschenischen Geiselnehmer mit einem Teil seiner Männer und sogar einer Anzahl von Geiseln entkam und auf tschetschenischem Territorium Pressekonferenzen abhielt und Interviews gab, war nicht nur die Armee gedemütigt, sondern auch Boris Jelzin. Die meisten seiner früheren Freunde und Anhänger verziehen ihm nicht, daß er keinen politischen Ausweg fand, sondern nur Gewaltaktionen anordnen konnte. Seine Gegner und ein großer Teil der Bevölkerung nannten ihn einen machtlosen Präsidenten, der die Kontrolle über das Land verloren hatte. Wie konnte Jelzin hoffen, noch einmal zum Präsidenten gewählt zu werden?

Einzig die Tatsache, daß die russische Innenpolitik einem Trümmerfeld glich, ließ ihm noch eine gewisse Chance. Schirinowski oder Sjuganow als künftiger Präsident Rußlands – diese Vorstellung erschreckte auch viele Russen, die sich geschworen hatten, Jelzin nicht noch einmal zu wählen. Aber wenn sich die Demokraten nicht auf einen starken Kandidaten einigten, der mit gewissen Aussichten antreten konnte, gab es nur die Wahl zwischen Schirinowski und Sjuganow oder Jelzin – vorausgesetzt, Jelzins Gesundheit ließ ihn bis zum Wahltag nicht wieder im Stich. »Der Gedanke, noch weitere Jahre mit einem Präsidenten Jelzin zu leben, ist schrecklich«, sagte ein Schriftsteller, der zu seinen Bewunderern gehört hatte. »Aber was aus Rußland wird, wenn Schirinowski oder Sjuganow gewinnt, mag ich mir gar nicht vorstellen. Dann wird die ganze Gesellschaft wieder auf den Kopf gestellt.« Das war etwas, was die meisten Russen fürchteten – sogar viele von denen, die zu den Verlierern des Umbruchs gehörten. Wenn ein Mann wie Jelzin noch eine Chance hatte, dann nicht, weil die Russen Hoffnungen auf ihn setzten, sondern weil sie einen erneuten Machtwechsel fürchteten.

Zu viele Russen waren von den Folgen einer Politik enttäuscht, die sich ihnen als demokratisch präsentiert hatte. Die neuen Zustände erschienen ihnen als die Herrschaft neuer Cliquen, die Besitz und Macht untereinander verteilten und nur selbstsüchtig eigene Interessen, aber nicht die des Staates und der Gesellschaft verfolgten. Die politischen Programme hatten ihre Glaubwürdigkeit verloren. Die Russen suchten andere Antworten und glaubten, sie in ihrer Geschichte zu finden.

Seit das Denkgebäude der Sowjet-Politik einzustürzen begann, war ich immer häufiger auf Gesprächspartner gestoßen, die Rußland als »eurasisches« Land bezeichneten, das sowohl in Europa wie in Asien liege und deshalb ein Staat mit eigener Kultur und Zivilisation sein müsse. So grenzten sie es gegen die liberalen und demokratischen Einflüsse aus dem Westen ab. Russische Offiziere in Tadschikistan, die im Kampf gegen islamische Freischärler aus Afghanistan standen, hatten mit mir darüber geredet. Russische Journalisten an einem Lagerfeuer in Tschetschenien hatten Gedichte zitiert, die Rußlands barbarische Kraft gegen den dekadenten Demokratismus des Westens ausspielten. Philosophen hatten mir begründet, daß Gemeinschaft und Verbundenheit, wie sie den Russen eigen wären, wichtiger seien als Wahlen und formale Demokratie. Orthodoxe Geistliche sprachen davon, daß auch das russische Reich mit der Auflösung der Sowjetunion zerstört worden sei. Große Manager der Rüstungsindustrie hatten solche Ideen angeführt, um die Notwendigkeit staatlicher Protektion für ihre Fabriken zu begründen.

Die meisten von ihnen waren mir zunächst als pseudophilosophische Sektierer erschienen, die auf sehr russische Art in kleinen Zirkeln am Rande der gesellschaftlichen Auseinandersetzung alte Mythen aufwärmten. Aber einer meiner Freunde, ein Historiker, hatte mich gewarnt. »Es geht schon wieder los«, sagte er halb verzweifelt, halb resigniert. »Statt pragmatische Lösungen zu suchen, fliehen wir schon wieder in große Ideen. Bald heißt es wieder, das Ausland sei schuld, wenn wir mit unserem Leben nicht fertig werden.«

Gegen 1990 hatten manche meiner Gesprächspartner solche Ideen benutzt, um die Sowjetideologie zu kritisieren, die sie damals ein importiertes westliches Denkprodukt nannten. 1995 fand ich immer mehr Menschen, denen die Verschmelzung kommunistischer und national-russischer Ideen überzeugender erschien als die Übernahme westlicher Konzepte einer individualistisch und liberal geprägten Gesellschaft. Das war eine Chance für Nationalisten und Kommunisten. Auch Boris Jelzin, der die veränderte Stimmung im Lande erkannt hatte, paßte seine Politik dem nationalistischen Trend an.

Vier Jahre nach dem Ende der Sowjetunion war Rußland immer noch damit beschäftigt, seinen Platz in der Weltpolitik und in der neuen sicherheitspolitischen Konstellation zu suchen. Die Westeuropäer und Amerikaner konnten bei diesem

Versuch, Rußlands Interessen zu definieren, nur wenig Hilfe leisten. Sie waren selber von dem Tempo der sich überstürzenden Ereignisse überrollt worden und hatten eher mit improvisierten Vorschlägen reagiert als mit durchdachten Konzepten für die Einbindung Rußlands in neue Strukturen der Friedenssicherung und Konfliktlösung. Jahrzehntelang festgelegt auf Denkgewohnheiten des Kalten Krieges, hatte der Westen Signale des Wandels in der sowjetischen Außenpolitik zu lange mißverstanden und unterschätzt.

In den letzten zwei Jahren sowjetischer und den ersten zwei Jahren russischer Außenpolitik hatte Moskau die Nato nicht mehr als feindliches Bündnis betrachtet, sondern als Verteidigungsorganisation akzeptiert, die als Antwort auf die sowjetische Bedrohung entstanden war. Diese Einschätzung erwuchs aus der Kritik an der sowjetischen Politik überhaupt und paßte zu dem Wunsch, innenpolitische Reformen voranzutreiben, Militärausgaben zu reduzieren und die wirtschaftliche Zusammenarbeit mit dem Westen zu verstärken. Aber diese Veränderung kam für den Westen zu schnell und zu überraschend, um die neuen Möglichkeiten zu nutzen. Die westliche Sicherheitspolitik kannte als Instrument zur Stabilisierung der Lage in Osteuropa nur die Nato, und je mehr Gewicht eine Osterweiterung der Nato in den Planungen für die Zukunft bekam, desto stärker wurde das Mißtrauen in Moskau. Wenn diese Nato nach der Auflösung des Warschauer Pakts und dem Ende der Ost-West-Konfrontation ihre Aufgabenfelder und den Kreis der Mitgliedsländer eher erweiterte als verringerte – war sie dann nicht doch das politische und militärische Instrument der Amerikaner, die die alte Grenze des Kalten Krieges immer näher an Rußland heranschoben? Mit dieser Warnung hatten konservative Kritiker schon früh gegen die neue Außenpolitik Gorbatschows und Jelzins konspiriert.

Von 1993 an wurden solche Bedenken in Moskau immer häufiger laut, und nun kamen sie auch von Männern wie dem Außenminister Andrej Kosyrew, der lange Fürsprecher einer westlich orientierten Außenpolitik gewesen war. Das hatte mit Veränderungen des innenpolitischen Klimas zu tun: Weder griffen die wirtschaftlichen Reformen, noch hatten sich die übertriebenen Hoffnungen erfüllt, mit westlicher Hilfe und Technologie Rußlands Industrie schnell aus der Krise zu führen. Die nationalistische Propaganda drängte auch die demokratischen Reformer dazu, sich stärker gegen den Westen abzusetzen und als Verteidiger russischer Interessen aufzutreten. Einige Jahre lang hatten sie geglaubt, rationale Zusammenarbeit und nicht der Konflikt nationaler Interessen würde die Außenpolitik nach dem Ende des Kalten Krieges bestimmen. Aber die nationalen Interessen Rußlands gab es natürlich wirklich. Und es war praktisch unumgänglich, daß sie in Widerspruch zu den Interessen der Nachbarn und auch Amerikas gerieten.

Auch in einer Phase des Umbruchs und des Zerfalls war Rußland eine große Macht geblieben. Allein sein wirtschaftliches Potential und seine riesigen Ressourcen an Erdöl und Erdgas sorgten dafür, daß sich die unmittelbaren Nachbarn trotz aller Furcht vor dem großen Partner wirtschaftlich von Rußland nicht abwenden konnten. In den Kriegen und Bürgerkriegen in den Randgebieten der ehemaligen Sowjetunion fiel Rußland die Rolle einer Vormacht fast automatisch zu. Russische Soldaten sterben an der Grenze zwischen Tadschikistan und Afghanistan, damit der afghanische Glaubens- und Bürgerkrieg nicht ganz Zentralasien überzieht. Im Transkaukasus wurden russische Truppen als Friedensstreitkräfte in Konflikte gezogen, für deren Lösung weder die russische noch die westliche Politik Vorstellungen anzubieten hat. Der große Nachbar Rußland trat als Ordnungsmacht in Gebieten der ehemaligen Sowjetunion auf, zu deren Befriedung kein westliches Land seine Truppen einsetzen mochte.

Wenn russische Soldaten an Grenzen der ehemaligen Sowjetunion fallen, die nicht die Grenzen Rußlands sind, dann ist das eine Verführung dazu, in den Kategorien des alten Imperiums zu denken und von seiner Wiederherstellung zu träumen. Kein westliches Konzept definierte, wie weit die russische Politik noch als Beitrag zur Friedenssicherung gelten konnte und wo die Grenze zur Einschüchterung oder Erpressung kleinerer demokratischer Nachbarn überschritten wurde.

Jenseits aller politischen Problematik gibt es klassische Konflikte wie den Kampf um das Erdöl am Kaspischen Meer und in Zentralasien – ein Pokerspiel um Milliarden, bei dem große amerikanische Konzerne mit Unterstützung ihrer Regierung Rußlands kleinere Nachbarn auf ihre Seite zu ziehen versuchen. In solchen Auseinandersetzungen sind die Interessen der Amerikaner und der Europäer nicht immer deckungsgleich. Als großer Nachbar im Osten spielt Rußland für die Mitteleuropäer eine andere Rolle als für die fernen Amerikaner. Die Berechenbarkeit seiner Entwicklung und seine Stabilität haben für Europa einen anderen Stellenwert als für die USA, die in Rußland mehr den Rivalen als den Partner sehen. Für mitteleuropäische Industrieländer wie Deutschland ist Rußland auf Grund der langen Tradition wirtschaftlicher Zusammenarbeit wichtiger als für alle anderen: ein Land mit gewaltigem wissenschaftlichem und technischem Potential, reich an Rohstoffen, und der letzte große Markt, der sich von Europa aus in der Welt noch erschließen läßt.

Die Chancen der Zusammenarbeit sind enorm. Aber Konflikte sind unausweichlich. Das Mißtrauen ist auf beiden Seiten nicht immer unbegründet. Aber so, wie es für Rußland darauf ankommt, seine wirklichen nationalen Interessen von imperialen Machtträumen zu trennen, muß sich der Westen von jener lange eingeübten Abwehrhaltung befreien, die die Ziele der russischen Politik mit denen der sowjetischen gleichsetzt. Nirgends in der russischen Politik der neunziger Jahre ist der Gedanke wiederbelebt worden, Rußlands Armee sei so etwas wie der militärische Arm der Weltrevolution. Rußland ist auf Grund seiner nuklearen Streitkräfte auch in dieser Phase des Umbruchs und Zerfalls eine Großmacht. Aber wenn es wieder eine Macht werden wollte, die ihre Armee in Europa oder gar global einsetzt, um Territorien und Einflußzonen zu erobern, so müßte dem ein Kurswechsel in Moskau und ein Wiederaufbau von Armee und Rüstungsindustrie vorausgehen, der kaum weniger als ein Jahrzehnt dauern könnte.

Diese Armee, deren Selbstbewußtsein ebenso erschüttert ist wie ihre militärische Einsatzfähigkeit, findet es schwierig genug, Rußlands lange Grenze vom Kaukasus bis zum Pazifik – also besonders zu China und zur islamischen Welt – zu sichern. Aus der Sicht russischer Offiziere ist diese Aufgabe mindestens so dringend wie die Erhaltung der Stärke ihrer Armee an den Grenzen zu den Nachbarn im Westen. Quer durch die Parteien und die Bevölkerung aber werden alte Ängste geschürt, wenn der Westen die Ausdehnung des Nato-Bündnisses bis an Rußlands Grenzen als wichtigstes Projekt seiner Sicherheitspolitik diskutiert. Natürlich drängen Polen und andere Staaten des ehemaligen sowjetischen Machtbereichs unter den Schutzschirm der Nato, der sie vor Erpressungen durch den großen russischen Nachbarn bewahren soll. Wenn die Aufnahme der osteuropäischen Staaten in die Europäische Union aus wirtschaftlichen Gründen zu teuer und zu schwierig erscheint, bietet sich allzu leicht die Nato-Osterweiterung als Ersatz zur Stärkung ihres Sicherheitsgefühls an. Aber wenn die neuen Mitglieder bis zur Nato-Tauglichkeit aufgerüstet werden müssen, damit sie zu ihrer Verteidigung wesentlich beitragen können, wird dies einen Prozeß der Militarisierung des russischen Denkens auslösen, durch den aus den heutigen Befürchtungen zukünftige Gefahren werden können. Deswegen sollte Rußland kein Veto über die zukünftige Politik der Nato eingeräumt werden, aber vor der Verwirklichung solcher Pläne müssen alle Möglichkeiten zur gemeinsamen Abstimmung ausgeschöpft sein, damit Osteuropa nicht in den Rivalitätskonflikt zwischen Amerika und Rußland, der die Weltpolitik zweifellos weiterhin beherrschen wird, einbezogen wird. Beim heutigen Zustand der russischen Armee ist es keine Frage von großer Eile und Dringlichkeit, eine Osterweiterung der Nato gegen den Widerstand Rußlands durchzusetzen, ehe solche Konzepte durchdacht sind, und dafür auf die Suche nach Formen gemeinsamer Friedenssicherung zu verzichten.

Dazu freilich müssen Grundfragen geklärt werden, die seit dem Ende der achtziger Jahre in westlichen Diskussionen ebensooft auftauchen, wie sie verdrängt werden: Was ist eigentlich Rußland – ein Stück Europa oder doch so etwas wie ein eigener Kontinent, der von Polen bis Alaska reicht und mehr asiatische als europäische Landmasse besitzt? Ein Zehntel der Erde mit hundertfünfzig Millionen Menschen läßt sich nicht wie Portugal oder Polen in Europa einbinden. Bei der Aufnahme in den Europarat wurde nur allzu deutlich, daß Russen und Europäer einander mit höchst ungenauen und meist gegensätzlichen Erwartungen umarmten. Sie blieben mißtrauisch, aber sie bauten immerhin keine neuen Hürden auf.

Natürlich wird Rußland ein schwieriger Partner und Kontrahent bleiben. Ein Land dieser Größe mit so vielen ungelösten Problemen wird nicht so bald zur Ruhe kommen. Rußland muß die historischen Vorstellungen und Träume von seinem Platz in der Welt mit seiner wirklichen Stärke – und auch seiner Schwäche – in Einklang bringen. Auch eine klassische nationale Interessenpolitik wird immer wieder zu Reibungen, vielleicht zu Krisen führen – mit den Nachbarn in Europa und Asien ebenso wie mit dem großen Rivalen Amerika. Aber es sind Spannungen, die mit diplomatischen Mitteln gelöst werden können – vorausgesetzt, daß man im Westen aufhört, die russische Politik als Fortsetzung des Sowjetimperialismus zu betrachten. Nach einer kurzen Phase der Euphorie, als Europa glaubte, Gorbatschow könne eine russische Demokratie aus dem Boden stampfen, hat sich das westliche Bild von Rußland wieder verdüstert. Gleichzeitig verlor Rußland seinen Glauben an den selbstlos helfenden demokratischen Westen. Nach dem Ende solcher Selbsttäuschungen wird es Zeit, die Interessenlage der Partner ohne ideologische Scheuklappen neu zu definieren.

Das ist eine Forderung, die sich nicht nur an Moskau richtet. Nach dem Zusammenbruch der Sowjetunion hatte sich der Westen allzu schnell befriedigt zurückgelehnt, überzeugt davon, daß nach dem Zusammenbruch des gefährlichen Gegenspielers die Welt ohne größere Hindernisse auf dem Weg zu einer marktwirtschaftlichen, demokratischen, sorgenfreien Zukunft sei. Jahrzehntelang hatten Konferenzen und Institutionen mit riesigen Forschungsapparaten regelmäßig die Strategien Amerikas, Europas und Japans gegenüber der Sowjetunion analysiert und abgestimmt. Nach 1990 schienen den meisten Regierungen und Politikern angesichts des Zerfalls der Sowjetunion solche Anstrengungen überflüssig. Wertvolle Zeit ging verloren, als eine improvisierende westliche Außenpolitik sich nicht von den alten Denkmustern lösen konnte. 1995 wußte man: Der Zerfall der Sowjetunion hatte nicht das Ende der Geschichte gebracht, wie es ein Berater des amerikanischen Präsidenten George Bush vorausgesagt hatte. Zwar standen sich die Weltmächte nicht mehr in drohender Atomrüstung an der Front eines Kalten Krieges gegenüber, aber sie stießen auf anderen, vielleicht älteren Spannungsfeldern aufeinander.

Was für einem Rußland würde die Welt in Zukunft gegenüberstehen? Das fragten sich die ausländischen Beobachter in Moskau, aber mehr noch meine russischen Freunde. Vor ein paar Jahren hatten Gorbatschow und Jelzin von einer Wohlstandsgesellschaft gesprochen, die Schweden oder der Bundesrepublik Deutschland ähnlich sein würde. Darauf hofft kaum noch einer, und die jungen Wirtschaftswissenschaftler und Unternehmer, die Rußland als künftiges Amerika gesehen hatten, mögen sich an solche Träume nicht mehr erinnern. »Vielleicht wird Rußland ein riesiges Italien«, überlegte ein gescheiter Schriftsteller, der eine eigene Fernsehsendung über russische Literatur hat, und zählte auf, was er für mögliche Parallelen hielt. »Ein Land, in dem die Mafia alle Parteien finanziert, in dem die Einkommen statistisch unter der Armutsgrenze liegen und die Menschen doch – zum Teil sogar ganz gut – weiter-

leben. Mit einer Staatsindustrie, die jahrzehntelang nicht aufgelöst und privatisiert werden kann. Und mit Regierungswechseln, bei denen nur die Amtsinhaber ausgetauscht werden.«
Aber dann schien ihm Italien doch das falsche Vergleichsmodell für sein Land, das so groß ist wie ein Kontinent und reich an Erdöl und Bodenschätzen. Ich machte einen anderen Vorschlag, um ihn zu reizen: Brasilien. Ein Land der Dritten Welt? Das mißfiel ihm erst recht, aber er spann den Gedanken weiter: »Was bei uns geschieht, sieht wirklich aus wie ein südamerikanischer Weg zum Kapitalismus«, überlegte er. »Wir werden ein Land, in dem sich Seilschaften und Oligarchien in der Führung ablösen, eine Scheindemokratie. Die Oberschicht könnte ganz gut davon leben, daß sie sich und den Staatsapparat mit dem Export von Rohmaterialien, Erdgas und Erdöl finanziert. Statt die Industrie mühevoll für den Konkurrenzkampf auf dem Weltmarkt zu modernisieren, kann man sie verfallen lassen.« Auf dem Lande müßten die Menschen sich selber ernähren. In den Städten müsse der Staat für einen Lebensstandard knapp über dem Existenzminimum sorgen. Mit dem krassen Gefälle zwischen Reichen und Armen könnte das Land leben, wenn Ordnung und Sicherheit von Polizei und Mafia gemeinsam aufrechterhalten würden. So ein System, meinte er eher resigniert als zynisch, könne unter fast allen politischen Vorzeichen funktionieren, und es sei gleichgültig, ob seine Führer sich Nationalisten, Kommunisten oder Demokraten nennen.
Je länger er laut nachdachte und je später der Abend wurde, desto düsterer malte der russische Kollege seine Vision von Rußlands schrecklicher Zukunft aus. Er frönte der alten russischen Leidenschaft, sich von extremen Gefühlen tragen zu lassen: Rußland kann alles, oder es kann gar nichts. Wenn Rußland nicht mächtig und großartig war, dann mußte es alle anderen Länder wenigstens an Schrecken, Zerfall und Chaos übertreffen.
Vielleicht war Rußland weder ganz so großartig noch ganz so

schrecklich, wie mein Freund glaubte, dachte ich. Aber ich wußte auch, daß der Schriftsteller nicht nur phantasierte. Wir kannten beide Beispiele genug, die sich zu einem erschreckenden Bild der Zukunft zusammenfügen ließen. Wir hatten die Fabriken gesehen, wo die Direktoren ihre Arbeiter in unbezahlten Urlaub schickten und die Produktion verfallen ließen, bis sie selber die Werke billig erwerben konnten. Wir hatten die Auktionen gesehen, auf denen Betriebe und Wohnungen an die gerissensten und skrupellosesten Käufer verschleudert wurden. Es hatte zu viele ungeklärte Mafiamorde gegeben, denen Kollegen von uns zum Opfer gefallen waren. Nächtelang waren wir mit den Sondereinsatzgruppen der Polizei unterwegs gewesen, die mit Machinenpistolen und kugelsicheren Westen Mafiabanden aufstöbern sollten und dabei unschuldige Bürger, die ihren Verdacht erregten, brutal zusammenschlugen. Uns taten die jungen Soldaten leid, die als Kanonenfutter verheizt wurden, und wir hatten auch die anderen gesehen, die die Leichen getöteter Feinde mit einem Fußtritt umdrehten. Wir waren in verfallenen Dörfern gewesen, in denen die jungen Männer ihre Seele und ihre Zukunft versoffen, ohne aufzubegehren. Wir hätten lange Listen mit den Namen von Gouverneuren, Bürgermeistern und Beamten aufstellen können, die sich ihre Villen und Datschen bauten, während sie die Renten zurückhielten, auf die Zehntausende alter Leute angewiesen waren. Wir hatten im Parlamentsrestaurant mit den Abgeordneten Würstchen und Lachs gegessen und zugehört, wie engagiert sie über die Verteilung von Eigentumswohnungen an Parlamentsmitglieder sprachen und wie gleichgültig über das Haushaltsdefizit. Zwei Politiker, die gerade von einer Sitzung bei Präsident Jelzin kamen, hatten sich neben uns belustigt erzählt, wie Schirinowski und Sjuganow sich fröhlich gestritten hatten: Wer von ihnen den anderen einsperren würde, nachdem sie gemeinsam die Demokraten ins Gefängnis gebracht hätten. So unvorstellbar erschien uns das leider nicht, als daß wir darüber mitlachen konnten.

Aber all das war auch nicht die ganze Wahrheit über das weite Land. Immer wieder hatte ich mit Staunen gesehen, wie zäh und geduldig die Russen weitermachten und wie vernünftig sie in einer Welt des Umbruchs und des Zerfalls geblieben waren, auf die ihr Leben sie nicht vorbereitet hatte. Ihnen verdankte das Land, daß es in der Krise nicht zusammengebrochen war. Da waren die Arbeiter, die ihre Maschinen noch warteten, wenn der Lohn schon lange ausblieb. Die Beamten, die trotz des erbärmlichen Gehalts ihren Dienst taten, während ihre Frauen sich Jobs suchten, um die Familie zu ernähren. Die Lehrerinnen in den Dorfschulen, die von dem Gemüse lebten, das sie in ihrem Garten anbauten. Die Eisenbahnen und Busse fuhren, die Kinder gingen zur Schule, die Fernheizung funktionierte, in den Theatern wurde gespielt. Das Leben war schwierig geworden, aber es ging weiter.

Es gab so viele, die ihr Leben selbst in die Hand zu nehmen wagten: Arbeiterinnen, die ihrer Fabrik ein Dutzend Strickmaschinen abkauften und eine Genossenschaft gründeten, Handwerker, die sich selbständig machten und kleine Betriebe aufbauten, die Ärztin, die ihre kleine Praxis eröffnete. Überall im Lande, weit von Moskau, hatte ich die neuen Wurstfabriken, Schneiderateliers, Restaurants und Ziegeleien gesehen, die großen und kleinen Geschäfte. Manches entstand aus der Not, weil es sinnlos geworden war, auf die Hilfe des Staates zu warten, aber dies waren auch die Anfänge einer neuen Selbständigkeit. Die großen Industriebetriebe, die aus der Kontrolle des Staates entlassen worden waren, und die neuen Reichen, die Vermögen begründeten, schufen sich ihre Lobbys und setzten ihre eigenen Interessen gegen den Staat durch. Ganze Regionen versuchten, ihre eigenen Ressourcen zu erschließen, ohne auf Anweisungen aus der Hauptstadt zu warten. Was sich abspielte, war oft weder schön noch erbaulich, aber es waren Prozesse, die Rußland veränderten und neben dem Staatsapparat eine private Gesellschaft entstehen ließen, so wirr und ungeordnet sie auch noch war.

In dieser Zeit des Umbruchs ist der Glaube an die Macht und Weisheit Moskaus schwächer geworden und im weiten Lande bilden sich allmählich neue Zentren der Entwicklung heraus. In den Provinzen am Pazifischen Ozean oder nördlich des Kaukasus, in Sibirien und in Rußlands Kerngebieten erlebte ich, wie sich bei den Menschen ein eigenes Lebensgefühl herausbildete, wie sie sich der eigenen Möglichkeiten bewußt wurden, bewußt werden mußten, weil sie sich von Moskau im Stich gelassen fühlten und sich der Zentrale entfremdeten. Aber was sich im Lande entwickelt, ist nicht Separatismus. Rußland zerbricht nicht, auch wenn der Krieg in Tschetschenien zeigt, wie fragil die Formen staatlichen Zusammenhalts in unübersichtlichen Randgebieten wie dem Kaukasus sind. Neunzig Prozent der Bevölkerung, nicht nur die Russen selbst, wollen nicht, daß der Staat aufgesprengt wird. Aber noch immer ist Rußland weit entfernt von einer wirklichen föderalen Verfassung, in der alle Völker und Landesteile sich gleichberechtigt aufgehoben fühlen. In der Staatskrise von heute stehen sich die Interessen der Regionen und der Zentralgewalt unversöhnt gegenüber, und die Furcht vor weiterem Verfall hilft denen, die wie Kommunisten und Nationalisten auf den alten Glauben an die Allmacht des Zentralstaates bauen. Rußland ist riesenhaft, und ein so weites Land muß, wenn es eine Demokratie werden will, neue staatliche Formen und Strukturen entwickeln. Die sind in keinem Lehrbuch zu finden.

Das wichtigste aber ist: Es gibt keine amtliche, staatlich verordnete Meinung mehr. Die Russen schimpfen nicht nur in der Wohnküche – sie haben keine Angst mehr, offen und öffentlich zu klagen, zu kritisieren und zu fordern. Journalisten in Zeitungen, Rundfunk und Fernsehen kämpfen um das neugewonnene Recht, auch über das zu berichten, was zentrale und lokale Instanzen vertuschen wollen. Das sind neue Freiheiten, an denen viele Russen Geschmack gefunden haben und die ihnen nicht weniger wert sind als niedrige Mieten und billige Lebensmittel. Ich kenne niemanden, der diese neuen Freiheiten aufgeben will, aber viele Menschen fürchten dennoch um ihre Zukunft, wenn die Macht des Staats verfällt und er sie nicht mehr beschützt.

Seit fünf Jahren ist Rußland auf dem langen und schwierigen Weg vom Imperium zum Staat der russischen Bürger. Immer in seiner Geschichte hat sich dieses Rußland als mächtiges Reich verstanden, in dem Staatspolitik mehr wog als das Recht. In den wenigen Jahren des Umbruchs hat sich keine zivile Gesellschaft mit unabhängigen Institutionen entwickeln können. Selbst Demokraten neigten mit verständlicher Ungeduld dazu, Veränderungen zu erzwingen. Sie fürchteten, die Staats- und Machtgläubigkeit ihrer Mitbürger könne den Prozeß des Übergangs zu einem modernen, demokratischen Staat umkehren und Rußland noch einmal unter dem schweren Deckel des Bleisargs begraben, der unter Zaren und Kommunisten dem Land den Atem genommen hatte.

Vor fast vierzig Jahren sagte mir Boris Pasternak, er spüre, daß eine neue Epoche zu wachsen beginne, leise und unauffällig wie das Gras. Aber in Rußlands Geschichte wechseln die Gezeiten nicht schnell. Auch an Pasternaks Schicksal erwies sich, wie viele schmerzhafte Brüche seine Heimat noch zu durchleben hatte. Rußland war nicht geworden, was er gehofft hatte, aber fast ein halbes Jahrhundert nach Stalin war es dennoch ein anderes Land – ein Land ohne verbotene Bücher und ohne verbotenes Denken. Nichts wird den Wandel aufhalten, meint heute Jelena Bonner, die Witwe Andrej Sacharows: »Selbst wenn Sjuganow gewinnt, wird das nur noch der Altweibersommer des Kommunismus.« Am Ende des ersten Jahrtausends seiner Geschichte ist Rußland wieder auf der Suche nach sich selbst. Aber diesmal gibt es mehr Hoffnung, daß sein Weg nicht in Zwangsherrschaft und Machtwahn zurückführt.

»Ich hoffe, bald wird dir niemand mehr zuhören, wenn du von Rußland erzählst«, sagte ein russischer Freund, »weil Rußland ein ganz langweiliges, stinknormales Land wird.« Ich verstand, was er meinte und was er sich wünschte. Aber ich wußte, das

würde noch lange dauern, und eigentlich, dachte ich, wäre ich
traurig, wenn dieses weite und tiefe Land nichts anderes würde
als langweilig und normal.

NOTIZ DES AUTORS:

Vor fünfunddreißig Jahren habe ich zum erstenmal in den Büchern *Boris Pasternak. Eine Bildbiographie* (München 1958) und *Gespräche in Moskau* (Köln 1961) versucht, meine Erfahrungen in Rußland niederzuschreiben. Darauf greife ich zum Teil in den Kapiteln dieses Buches über die fünfziger Jahre zurück.

G. R.